KB144903

동아시아 지역질서 이론: 불완전 주권과 지역갈등

동아시아 지역질서 이론: 불완전 주권과 지역갈등

2018년 6월 15일 초판 1쇄 인쇄
2018년 6월 20일 초판 1쇄 발행

지은이 전재성·민병원·은용수·신욱희·손열·이용욱·김애경·정주연·이정환·신기영·최경준·
         장기영

편집 김천희
디자인 김진운
마케팅 남궁경민

펴낸이 윤철호·김천희
펴낸곳 ㈜사회평론아카데미
등록번호 2013-000247(2013년 8월 23일)
전화 02-2191-1133 팩스 02-326-1626
주소 03978 서울특별시 마포구 월드컵북로12길 17

이메일 academy@sapyoung.com
홈페이지 www.sapyoung.com
ISBN 979-11-88108-70-1 93340

사전 동의 없는 무단 전재 및 복제를 금합니다.
잘못 만들어진 책은 바꾸어드립니다.

이 저서는 2015년 대한민국 교육부와 한국연구재단의 지원을 받아 수행된 연구입니다. (NRF-2015S1
A3A2046903)

동아시아 지역질서 이론: 불완전 주권과 지역갈등

전재성 엮음

사회평론아카데미

머리말

이 책은 서울대학교 국제문제연구소에 소속된 "복합조직원리론과 동아시아 지역질서: 이론 개발과 실천 전략" 연구단의 공동 연구의 결과이다. 본 연구단은 한국 연구재단의 한국사회과학연구지원사업(SSK) 지원하에서 동아시아의 국제정치와 동아시아 국가 단위의 특성을 연구해 온 중형사업단(NRF-2015S1A3A2046903)으로 10여 명의 정치학자들이 수년간 함께 연구하여 왔다.

동아시아는 정치, 경제, 사회문화 등 모든 면에서 다른 지역에 못지않게 역동적인 지역이며 이 지역의 이론화는 동아시아는 물론 지구적 현상을 분석하는 데 많은 기여를 한다. 근대 국제정치의 주역이었던 서구 국가들의 국제정치학자들이 유용한 이론들을 생산해온 것이 사실이지만 세계 각 지역의 특수성을 온전히 담고 있지는 못하다. 냉전이 끝나고 각 지역별 국제정치와 단위들의 특성이 더욱 두드러지면서 서구중심의 이론화를 넘어서려는 노력은 이미 새로운 현상이라고 부르기 어렵다.

비서구 지역의 정치학자들은 물론 서구의 학자들도 비서구의 경험, 서구와 비서구의 관계, 서구 주류국제정치이론의 특수성을 함께 고민하여 진정한 지구적 일반 국제정치학 이론을 만드는 노력을 기울이고 있다. 이러한 노력이 매우 어렵기 때문에 거대이론 단위의 이론화보다 중범위 단위의 이론화에 집중하는 경향이 강해진 것도 사실이지만, 국제정치의 기본 개념, 가설, 규범적 기초가 여전히 큰 힘을 발휘하고 있다는 점에서 서구 이론의 성과를 포괄하면서 동시에 넘어서는 노력은 가치가 있다.

한국에서도 한국적 국제정치학 이론, 동아시아인들이 만드는 동아시아 이론의 의미를 놓고 오랜 논쟁을 해온 것이 사실이다. 지금까지 축적된 국제정치학 이론들을 배제하는 것이 아니라 동아시아의 경험을 보태 갈등하는 요소들을 화해하고, 통합적으로 이론화의 노력을 기울이는 것이 필요하다면 한국적, 동아시아적 국제정치이론 역시 의미 없는 것은 아니다. 이 책은 국제정치학과 비교정치학을 연구하는 학자들이 함께 동아시아의 여러 현상을 연구한 것으로 부분적으로는 동북아시아의 현상을, 때로는 동남아시아까지 포함한 넓은 의미의 동아시아를 대상으로 삼고 있다.

본 연구단의 모든 면을 챙겨주고 있는 장기영 박사와 최경준 박사께 깊은 감사를 드리고 연구단 활동을 도와주는 조교들에게도 감사의 말을 전한다.

전재성

차례

제1장

서 론

전재성(서울대학교)

이 책은 동아시아의 국제정치와 각 국가의 정치, 정치경제를 설명하는 데 기존의 서구 이론을 활용하면서도 한국의 시각에서 비판적으로 보완하는 설명틀을 모색한다. 동아시아의 국제정치를 이론화하는 작업과 더불어 비교정치의 시각에서 동아시아 국가들의 정치, 경제, 사회문화 등에 관한 여러 이슈들을 새로운 관점에서 설명하고자 하는 것이다.

국제정치학계에서는 최근 동아시아를 포함한 비서구의 국제정치 현실을 설명하는 데 현재의 국제정치이론이 설명적, 규범적 한계를 가진다는 문제의식이 꾸준히 증가해왔다. 현존하는 국제정치이론 자체가 국제정치의 현실을 충분히 설명하지 못하는 많은 문제점을 안고 있는데다가 주류 국제정치이론이라고 불리는 패러다임들이 유럽과 미국을 중심으로 발전해왔고 비서구의 상황을 충분히 반영하지 못하고 있기 때문이다. 20세기 중반 식민지에서 해방되어 주권국가체제를 온전히 달성하지 못하고 내전, 경제적 어려움, 강대국의 개입, 지역 내 안보갈등 등 다양한 문제를 겪고 있는 중동, 아프리카, 라틴 아메리카, 그리고 아시아 등 비서구의 지역들은 온전한 주권국가체제, 더 나아가 유럽처럼 지역다자질서를 이루어야 한다는 규범적 전제하에 현재 자신의 체제를 뒤떨어진 것으로 보는 규범적 자기한계도 가지고 있다.

현재의 주권국가체제가 17세기를 기점으로, 특히 30년전쟁(1618-1648)을 마감한 베스트팔렌 조약을 기점으로, 유럽에서 발원하여 비서구로 전파된 것이기 때문에 서구의 국제정치이론을 불가피하게 따라야 한다는 것이 일견 성립되는 듯 보인다. 그러나 그 전파의 과정이 예외 없이 제국주의를 타고 폭력적으로 강제된 것이라는 점에서 과연 그러한 강제에서 빚어진 역사적 현실이 현재 서구의 국제정치이론에 온전히 반영되어 있는가를 다시 질문하게 된다. 제국주의를 매개로 확산된 지구적 주권국가 체제의 현실이 확산 당시의 경험을 내장하고 있기 때문이다. 현재 많은 비서구 이론가들은 각자의 경험을 통해 근대의 지구 국제정치를 새롭게 이론화하려는 탈식민 (post-colonial), 탈서구(post-Western)의 전회(turn)를 추진하고 있다. 인도 와 중동, 동아시아는 근대 초 유럽에 비해 뒤지지 않은 문명을 가지고 있었 고 현재도 여러 면에서 발전된 지역이기 때문에 3세계의 시각을 대변하는 지역이라고 볼 수는 없지만 근대 국제정치에서 주체라기보다는 객체의 입 장에서 서구적 근대와 문명을 모델로 변화되어 왔다는 사실을 부정하기 어 렵다.

비서구의 국제정치적 현실을 설명하려면 현재 국제정치학 이론의 다양 한 문제점을 고려하면서도 비서구의 역사적 경험을 통합하되 비서구의 현 실에 국한되어서도 안 되고 서구 주류의 국제정치이론을 단순히 취사선택 해서도 안 된다. 이론화의 기초를 다시 반성하고 유럽에서 발원한 근대 국 제정치 자체를 새롭게 이론화하는 동시에 비서구의 경험도 함께 유기적인 전체로 보는 노력이 필요하다. 국제정치이론은 국제정치의 현실과 역사를 이론화하는 것인데 역설적으로 그 현실이 시공적으로 너무 광범위하기 때 문에 현실에 기초한 이론화를 추구하는 것은 한 사람, 혹은 한 국가의 학계 의 노력만으로는 무척 어렵다.

동아시아 국제정치이론의 경우 동아시아의 역사 연구와 현실 분석의 기 반이 우선 확립되지 않으면 이론화가 어렵다. 동아시아의 역사를 서구 주류 이론에 따라 재단하면서 서사를 구성하고 다시 이론적으로 설명하는 방식 은 주류 이론을 소비하는 것을 넘어서기 어렵다. 아무리 다양한 이론적 시 각을 수입하고, 현실의 한 측면만을 간결성(parsimony)의 원칙에 충실하게 분석해도 국제정치 전체를 보는 체계가 없으면 현실을 분석하는 데 한계를 가지게 된다.

현재의 국제정치이론은 대부분 3세계의 경험을 서구 국제정치 경험의 변이 혹은 파생물 정도로 취급한다. 근대화이론처럼 아직 주권국가체제로 충분히 근대화되지 못한 후진 지역으로 보거나, 권력의 측면에서 강대국이 아닌 약소국의 대외관계로 본다. 동아시아, 더 좁게는 동북아시아 역시 근대 국제정치의 타자로서 모순을 고스란히 안고 있다. 분단된 한국과 중국, 그리고 패배한 제국으로 보통국가의 지위를 잃어 이를 회복하고자 하는 일본은 모두 스스로 생각하는 정상적이고 완전한 주권국가의 꿈을 이루지 못했다. 더욱이 서로가 온전히 상대방을 근대주권국가로 인정하지도 않고 있다. 남북한, 중국과 대만, 그리고 지금의 일본과 군사력을 온전히 갖춘 보통국가 일본 간에 존재하는 상호 인정의 어긋난 조합은 동북아 국제정치를 복잡하게 만들고 있다. 주변의 강대국들, 특히 미국과 러시아는 이러한 상황을 자신의 국익에 맞게 활용하는 역외 개입정치를 오랫동안 해왔다.

이 책은 동아시아 국제정치 행위자로서 국가의 특징을 불완전 주권국가라는 점에서 찾는다. 그리고 게임의 규칙은 주권의 게임과 근대 국제정치 게임이 복합된 양 차원의 게임이라는 것이다. 행동은 한편으로는 정상적인 근대 국제정치의 게임을 하는 면이 있지만 다른 한편으로는 주권 게임의 행동을 하는 특징을 보인다. 예를 들어 한국과 중국은 분단 국가로 역사에 기반한 이상적 영토 개념과 현실 영토 간의 불균형, 역사에 기반한 이상적 국민 개념과 현실 국민 간의 불균형, 이상적 영토와 국민을 대표하는 정부의 불완전성의 결함을 안고 있다. 일본은 패전으로 인한 이상적 영토와 현실 영토 간의 불균형과 태평양전쟁 패전으로 인한 헌법상의 군사 제한으로 정부의 기능적 결손을 가지고 있다. 이 상황에서 불완전 주권 국가들의 대내, 대외전략의 핵심은 주권의 완전성을 실현하는 것이다.

한국, 중국, 일본 등 불완전 주권 국가들 간 관계는 온전한 국제사회를 이루지 못하고 있다. 두 개의 한국, 두 개의 중국, 과거 근대 제국의 팽창주의 역사를 가지고 있는 일본은 서로 간에 승인의 과정을 완결하지 못하고 있다. 두 개의 한국은 국제연합에서 두 주권국가의 지위로 개별 가입했지만 남북한 간 특수 관계를 유지하고 있으며, 중국과 일본은 두 개의 한국 승인을 완결하지 못했다. 중국은 남북한 모두를 승인하고 양자와 수교했지만, 일본은 북한에 대해 국제연합을 통해 국가 승인을 했지만 수교하지 못했다.

두 개의 중국은 중국 본토의 전략으로 대만이 국가 지위를 상실했지만 실제 전략에서 대만은 중국을 견제하는 중요한 세력으로 남아 있다. 일본은 한국, 중국과 수교하여 정상적 외교관계를 유지하지만 과거사 반성에 대한 갈등으로 보통국가화에 대해 한국, 중국의 견제가 지속되고 있다.

동아시아 국가들이 서로를 정당한 적으로서 상호 승인과 생존의 과정을 완성하지 못하는 한, 무정부상태 속의 사회, 혹은 무정부상태적 사회(anarchical society)를 만들지 못한다. 생존의 기본 단위가 상호 인정되지 못하고 상호 경쟁의 대상이 되는 한, 근대 국제정치의 기본 조직원리로서 무정부상태를 이루지 못하고, 전(前)무정부상태(pre-anarchy) 상태, 혹은 국제정치적 근대로의 이행과정에 있다고 볼 수 있다.

한중일 3국 관계에서 보이듯 비서구 지역의 국가들은 주권 게임과 근대 국제정치 게임을 동시에 수행하는, 두 차원의 국제정치를 거의 모든 사안에서 행하고 있다. 예를 들어 한국과 중국은 통일, 일본은 보통국가화의 국가전략을 추구하고 있으므로 안보, 경제, 사회문화 등 국제정치의 모든 사안에서 주권완성이라는 목표를 추구하며 주권 게임을 벌이고 있다. 더불어 상호 간의 영토분쟁도 완결된 국민국가 간의 영토분쟁이 아니라, 주권국가로 완성되어 가는 과정의 영토분쟁의 성격을 가지고 치열하게 갈등하고 있다. 동시에 한중일 3국은 불완전 주권국가이지만 이미 각각 국민국가로 위치가 굳어졌으므로 국제무대에서 온전한 주권국가인 것처럼, 혹은 유사주권국가(quasi-sovereign state)로 활동하며, 전형적인 근대 국제정치 게임을 벌이고 있다. 권력과 국가이익을 극대화하는 한편, 그 과정에서 상호간의 협력을 도모하는 전형적 국제정치를 주권 게임과 동시에 수행하고 있다. 따라서 한중일 3국은 거의 모든 국제정치 사안에서 주권 게임과 근대 국제정치 게임의 양 차원 게임을 벌이며 양자가 복합되면서 기존의 국제정치이론에서 설명하고 예측하는 바와는 다른 양상을 보인다.

주권 게임에서는 현실적 요소도 중요하지만 인식의 요소도 매우 중요하다. 근대 국제정치체제는 주권국가를 둘러싼 구성적, 인식적 요소가 체제의 지속성을 보장한다. 주권평등, 내정불간섭, 영토 보전 등의 규범이 내재화되어 행위자들이 팽창적, 주권침해적 행동을 외교전략의 대안에서 제외하기 때문이다. 그러나 주권국가체제의 규범이 약한 동북아의 경우 상대방의 행동이 주권규범에서 어긋난다고 인식할 여지가 크고, 이러한 상호 오해가 국가들 간의 실제 관계를 악화시키는 경우가 많다.

이 책은 이러한 이론적 특징을 염두에 두고 동아시아 국제정치를 이론적으로 분석한다. 이 책의 장들은 이론과 메타이론의 장들, 동아시아 국가들 간의 관계를 분석한 장들, 그리고 동아시아 각 국가들의 특수성을 논의한 장들로 크게 나눌 수 있다. 2장은 국제정치체제의 구조와 유형을 분석한 장으로 기존의 서구중심적 논의를 비판적으로 조망하면서 동아시아에 대한 함의를 끌어내고 있다. 이 장은 국제정치체제의 구조적 변화에 대한 관심과 모델화가 냉전기와 탈냉전기에 어떤 방식으로 이루어졌는가에 대하여 탐구한다. 거시적 차원에서 국제정치의 극화현상 및 다양한 행위자의 역할과 관계에 대한 논의가 계속되어 왔는데, 냉전기에는 시대적인 영향으로 인해 양극화와 다극화에 관한 모델이 주류를 이루었고, 특히 시스템적 사고와 국제사회의 관념이 영향을 미쳤다. 탈냉전기에 들어와서는 새롭게 나타난 단극체제의 가능성과 더불어 국민국가의 틀을 넘어서는 다양한 행위자의 복합적 관계에 대한 모델들이 만들어지기 시작했으며, 세계공동체라는 궁극적인 이상형을 향한 열망도 이러한 작업에 반영되어 있다. 이 장에서는 냉전기의 대표적인 두 가지 논의, 그리고 탈냉전기의 네 가지 논의들을 살펴보고 이들 각각에서 나타나는 유사점과 차이점들을 짚어보면서 국제정치체제의 복잡성과 안정성, 그리고 규범적 측면에서 국제정치이론과의 연관성을 논의하고 있다. 그리고 이러한 논의가 동아시아 등 비서구지역의 질서를 이해하는 데 어떤 한계와 의미를 갖는지도 살펴본다.

3장은 최근 국제정치학의 중요한 주제로 등장하고 있는 감정의 요소를 이론적으로 분석하고, 국가의 집단감정 발생 메커니즘을 제시하고 있다. 그리고 이러한 요소가 동아시아 외교정책과 주권연구에 주는 함의를 연구한다. 이 장은 동아시아 국가들의 외교관계를 이해하고 주권에 대한 연구를 발전시키는 데 있어서 사회 전체적 차원에서 발생, 촉발되는 집단감정에 대한 이론적 이해가 중요한 공헌을 할 수 있다고 본다. 이를 전제로 집단감정의 발생 메커니즘을 분석하는데, 우선 사회심리학 이론과 미디어커뮤니케이션학 연구를 원용하여 집단감정 발생 메커니즘과 탈개인화(depersonal-ization) 과정이 밀접한 양(positive)의 상관관계가 있음을 주장한다. 나아가 이러한 상관관계를 '국제정치적' 맥락에서 좀 더 세밀하게 분석하고 있다. 특히 탈개인화와 함께 탈'개별'집단화 메커니즘에 대한 이해가 중요함을 지적하면서 사회 '전체' 수준에서 공유되고 있는 국가정체성을 재현(repre-sent)하는 상징물(symbols)이나 서사(narratives)의 '표상적' 활성화 여부가 집단감정 발생에 매우 중요한 변수가 될 수 있음을 논증한다. 물론 국가정체성은 다양한 범주들로 구성되며 이들이 발휘하는 집단결속력은 결코 등가적이지 않다. 따라서 국가에 대한 소속감을 환기시키고 사회적 결속력을 담보하는 능력이 가장 큰 정체성을 '우위'(주인) 정체성으로 개념화하고 이것의 '표상적' 활성화를 핵심변수로 삼는다. 이를 바탕으로 국가와 사회 차원에서 유발되는 집단감정의 메커니즘과 집단감정의 발생 정도에 인과적 영향력을 행사할 수 있는 변수들을 도출하고, 이를 이론적 가정(명제)으로 만들어 제시하고 있다.

4장은 현대 동아시아 국제정치의 조직원리를 만들어낸 샌프란시스코 체제를 새롭게 조망하고 현재의 관점에서 중국의 부상이 샌프란시스코 체제의 전환에 어떠한 영향을 미치고 있는지를 분석한다. 냉전기 한국의 안보는 한미일 삼각안보체제에 의해 유지되어 왔지만 냉전의 종언은 세계질서의 커다란 전환의 양상을 가져왔으며, 이는 다극체제, 일극체제, 새로운 양극체제의 논의를 거쳐 현재는 다양한 형태의 무질서에 대한 논쟁으로 이어지고 있다. 즉 냉전의 종언 직후의 '과거로의 복귀'(back to the future), 9·11로 이어지는 '일극적 순간'(unipolar moment), 중국의 부상에 따른 'G2'와 '아시아의 세기' 논의를 지나서 '미국의 부활' 가능성, 중국의 '신창타이,' 복수의 '지역'의 등장으로 특징 지어지는 모호하고 복잡한 상태로 이어지고 있는 것이다.

이를 분석하려면 중국의 부상에 따른 구조적 맥락의 변화와 함께 한국이라는 주체가 지역체제의 구조 변화와 어떠한 방식의 상호구성을 이루어 나갈 것인가의 문제를 함께 다루어야 한다. 이 장은 샌프란시스코 체제라고 지칭되는 기존의 안보체계가 중국의 부상에 따라 어떠한 영향 아래 놓이게 될 것이며, 그러한 양상에서 한국이라는 행위자에게 주어지는 정책적 범주는 어떠할 것인가에 대해 검토하고 있다. 중국의 부상에 대한 다양한 해석과 그 지정학적, 지경학적 결과를 분석하고, 샌프란시스코 체제의 형성과정과 그 안보-경제-관념의 연계 방식과 변화의 측면을 검토한 후, 동아시아 안보에서 중국의 부상과 미국의 역할이 상충되는 부분을 고찰해 보고, 이에 관한 한국의 기존 샌프란시스코 체제의 전환적 시도 방식에 대하여 논의 하고 있다.

5장은 동아시아 국제관계의 한 부분으로서 한일관계의 특성을 위안부 합의의 국제정치에서 찾는다. 그리고 한일 양국이 불완전 주권국가 간 경쟁과 협력의 동학을 어떻게 보여주는지 시사점을 제시하고 있다. 일본군 위안부 문제를 둘러싼 한일 양국의 외교교섭은 주권 게임과 근대적 국제정치 게임이 복합되어 전개된 과정이라 할 수 있다. 분단된 한국과 군사주권을 완전히 행사하지 못하는 일본은 상호 인정이 어긋난 관계라 할 수 있으며 이로 인해 양국이 조우하며 일정한 정체성 갈등을 겪는 것은 필연의 수순이다. 일본이 군사적 주권국가를 완성하려는 시도가 한국에게 근대 이행과정에서 겪은 제국, 식민지의 기억을 되살리고, 나아가 일본이 제국의 부활을 상상하는 것으로 인식될 때 양자관계는 안보와 경제적 이익을 계산하는 근대적 국제정치 게임의 수준을 넘게 된다. 위안부 문제는 주권 게임의 속성을 배태하고 있는 사안으로서 본질적으로 인류보편의 가치 추구와 관련된 쟁점이 특정한 주권적 정체성 추구와 연계되어 안보화(과잉안보화)되어진 사례라 할 수 있다. 이 장은 정체성을 매개로 한 주권 게임이 관계의 안보화를 초래하는 메커니즘을 안보-경제-정체성 넥서스(nexus)란 개념틀로 파악하고, 이 속에서 주권파급효과가 근대적 국제정치 관계가 규정하는 이익의 특정한 한계(parameter)를 넘어서는 경우 균형의 힘이 작동하여 영향을 완화시키는 현상을 개념화한다. 이 개념틀을 통해 박근혜 정부의 대일 위안부 외교 사례를 분석한다. 박근혜 정부의 강고한 정체성의 정치와 한미일 안보협력, 그리고 한일경제관계의 연계와 연쇄 과정에 주목하는 동시에, 이러한 연계가 부정적 파급효과를 야기할 때 이를 완화하려는 외부적 개입과 내부적 대응의 동학을 추적한다. 박근혜 정부가 무리한 합의에 도달한 것은 정체성 정치가 초래하는 부정적 파급효과를 억제하려는 미국 정부의 지속적인 압력과 일거에 문제를 해결하려는 한국 지휘부의 하향식 정책결정이 결합되어진 결과라 할 수 있다.

6장은 동아시아 국제관계의 경제적 측면을 분석하고 있다. 경제위기를 통해 어떻게 지역협력이 제도화되는지, 그 과정에서 합리주의와 구성주의의 융합과정모델을 제시하고 있다. 이 장은 치앙마이 이니셔티브의 사례를 통해 금융, 통화 위기가 언제, 어떤 조건에서 경제주권 회복의 성격을 띠는 지역협력체의 제도적 발전으로 연결되는지를 문제의식으로 하여 융합과정모델을 제시한다. 이 문제에 관한 대표적인 연구인 헤닝의 분석을 소개하고 비판적으로 검토함으로써 헤닝의 합리주의 모델이 내재하고 있는 분석적 한계를 구성주의 시각의 융합을 통해 극복하는 시도를 한다. 이 장은 헤닝의 합리주의 분석방법이 역설적이게도 인식과 의미지향적인 구성주의의 해석학적 과학에 의존하고 있음을 밝힘으로써 과정중심의 융합모델을 제시한다.

변수중심의 합리주의와 과정중심의 구성주의의 융합으로 구체적이며 포괄적인 통합분석틀을 도출하고, 이를 동아시아의 치앙마이 이니셔티브의 제도화 과정에 적용함으로서 그 유효성을 논증한다. 융합과정모델은 검증 가능한 경험적 분석을 위해 순차성을 두어 명료하게 제시한다. 이 장에서 제시된 이론적 분석틀은 경험적 검증을 통해 동아시아를 비롯한 다른 지역의 제도적 금융협력의 발전(혹은 실패)의 원인과 과정에 새로운 시각을 제공해 줄 것으로 전망하고 있다.

7장은 동아시아 국가인 중국의 국가이익이 어떻게 재구성되고 있는지와 중국의 동아시아 정책이 이를 통해 어떻게 전개되고 있는지를 살펴본다. 이 장은 중국이 국제체제와의 상호작용을 통해 중국의 국가이익이 끊임없이 확대·재구성되었고, 중국의 동아시아 정책에 반영되었음을 분석한다. 중국의 국제적 위상이 높아지면서 재구성된 중국의 국가이익은 중국의 동아시아 정책에도 반영되었고, 정치·안보적 차원에서 중국은 동아시아 국가들과의 갈등도 불사하며 '핵심이익'을 지키면서, 기존질서에 도전하는 모습을 보이고 있다. 경제적 차원에서는 중국이 자국의 경제력을 바탕으로 동아시아 경제질서 재구축에 매진하고 있다. 이러한 모습은 미국 중심의 질서에 도전한다는 인상을 주지 않기 위해 노력했던 이전과는 대조적인 모습으로 확대·재구성된 중국의 국가이익이 반영된 것이다. 이처럼 중국은 동아시아 질서 재구성에 있어 발언권과 영향력을 확대하려는 모습을 보이는데, 중국이 발언권과 영향력을 어떻게 확대할 것인지는 향후 동아시아 질서 모습에 매우 중요한 요인이다.

중국의 이익이 중국의 경제력과 맞물려 확대·재구성됐듯이 동아시아 질서에 대한 중국의 태도, 정책 역시 지속적으로 진화될 가능성이 있다. 중국의 부상이 현재 진행형이듯이 중국이 생각하는 이상적인 동아시아 질서도 현재 재구성되어가고 있고, 그 모습도 명확하지 않다. 그럼에도 불구하고 중국은 동아시아 질서가 구성되어 가는 과정에서 자국의 영향력의 최대화를 도모할 것이고, 이 과정에서 기존 질서의 운영원리가 중국의 입장에서 불공정하다고 판단될 때는 수정하려는 모습을 보일 것이다. 이 장은 중국이 동아시아 국가들이 갖는 '불완전 주권'국가라는 특징을 가지면서 천하질서를 운영했던 경험을 가진 국가로 보고, 권위주의 체제를 유지하는 중국이 일반 대중들의 민족주의 정서가 더해지면서 내재된 전통적 제국성이 쉽게 표출될 가능성도 배제할 수 없다고 분석하고 있다.

8장은 중국의 시장과 국가 관계를 분석하고 있다. 현실 자본주의의 문제는 성장의 동력이 되어 온 '개인의 욕구'가 '공동체의 집합적 복리 및 공존'과 충돌하고 시장의 조정기능을 보완할 국가의 권위는 약화되면서, 자본주의의 발전이 공동체의 번영을 위협하고 시장이 국가의 권위와 정당성을 침식하는 양상을 보이고 있다는 사실이다. 이러한 상황에서, 공유제와 적극적인 국가개입에 기반하면서도 성공적으로 경제성장을 이뤄 온 중국의 사회주의 시장경제는 국가와 시장 간의 새로운 균형점을 제안하고, 국가의 권위 및 공동체적 가치를 회복할 단서를 줄 수 있는 흥미로운 사례이다.

이 장은 그러나 중국의 사회주의 시장경제가 자본주의의 모순에서 결코 자유롭지 않으며, 국가의 위기에 오히려 더 취약한 상황에 처해 있음을 보여준다. 강력한 국가권력이 스스로를 규제하는 제도적 장치를 만들어 그 힘을 효율적으로 제한할 때 비로소 경제적 불안정성과 정치적 정당성의 위기를 극복할 수 있다는 점에서, 중국의 사회주의 시장경제가 제안하는 시장과 국가의 공존방식은 결코 해결이 쉽지 않은 한계를 가지고 있다고 분석하고 있다.

9장은 동아시아 국가 일본의 특성을 헌법 개정 과정을 통해 분석하고 있다. 일본의 자민당은 2005년에 '신헌법초안(新憲法草案)'의 이름으로 헌법 개정안을 최초로 당론으로 채택하였으며, 2012년에는 '일본국헌법개정초안(日本国憲法改正草案)'의 이름으로 두 번째 개정안을 당론으로 채택하였다. 두 초안은 9조 개정을 통한 '전쟁이 가능한 나라'로의 개헌이라는 공통점을 지닌다. 하지만, 2005년 초안은 국가에 대한 개인의 권리, 상징으로서의 천황에 대한 조항에서 현행 헌법의 내용을 유지하고 있는 반면에, 2012년 초안은 천황의 존재와 역할, 국가 대 개인의 관계에 있어서 현행 헌법을 근본적으로 부정하는 내용이 담겨 있다.

이 장은 자민당이 당론으로 채택한 두 초안 사이의 상이한 내용은 자민당 당내 정체성 갈등에서 기인한다고 본다. 헌법개정 논의과정에서 드러나는 개헌의 방향성에 대한 정체성 갈등구조는 '보통국가' 대 '아름다운 나라'로 비유될 수 있다. 2000년대 들어 자민당 내에서 9조 개정은 상수이지 논쟁지점이 아니다. 자민당의 두 개의 헌법개정 초안은 9조 변경으로 어떤 국가를 만들고 싶은가의 질문에 대한 상이한 가치를 반영하고 있다고 분석하고 있다.

10장은 디아스포라 이론의 관점에서 동아시아 속 재일 코리안의 지위를 분석하고 있는데, 이는 불완전 주권 국가의 국민 개념, 역사 및 특성과 관련된 의미 있는 주제이다. 이 장은 전후 동아시아의 국제정치학적인 맥락에서 재일코리안의 역사와 현재 및 집단적, 개인적 경험을 이해하는 개념틀로서 디아스포라론이 가지는 유용성과 한계를 검토하고 있다. 일본의 한반도 식민지화와 패전, 그리고 전후 남북 분단의 냉전시대를 걸쳐 형성된 재일코리안의 역사는 이제 100년을 넘어서고 있다. 그동안 재일코리안은 내부적으로 다양화되었고 도일 1세대가 저물고 3, 4세가 핵심으로 등장하는 긴 역사를 가지게 되었다.

재일코리안들은, 한편으로는 정주국에 완전히 정착하여 다수집단의 문화와 삶의 방식을 수용하면서도, 다른 한편으로는 과거에 떠나왔으며 미래에 귀환할 수 있는 모국(그것이 현실적인 존재 또는 상상속의 고향이든)을 가지고 있다는 점에서 재일코리안은 초국가적 이주집단이나 국민국가 내의 소수민족집단과도 다르며, 동아시아 지역의 식민지의 역사와 전후의 냉전으로 대변되는 국제정치의 영향하에 형성되었다는 점에서 다른 디아스포라와도 차별된다. 거주국에 기반을 가지면서 모국에 대한 정치적 유대를 유지하는 재일코리안과 같은 디아스포라는 근대적 의미의 단일국민국가의 구성원으로 완전히 포섭되지 않으면서, 국제 정치적 행위자로 독립적인 역할을 한다. 이러한 의미에서 디아스포라는 국민국가의 기본 전제인 영토, 충성심, 주권의 단일성과 통일성을 재고할 수 있는 개념적인 가능성을 제시한다.

11장은 북한이라는 정치체의 특성을 주권과 주체사상의 관계 속에서 찾고, 구체적인 경험적 연구로 식량 원조 사례를 분석한다. 이를 통해 북한 주권개념의 특수성과 대외정책 구속력을 검토하고 있다. 이 장은 서구에서 기원한 근대적 주권개념과 주체사상에 기반한 북한의 주권개념을 비교한다. 북한의 주권개념은 대내적 최고성과 대외적 평등성, 그리고 타국의 내부 문제에 대한 불간섭주의를 내세운다는 점에서 유럽에서 기원한 근대적인 주권개념과 표면상 유사성을 지니고 있다. 그러나 20세기 중후반 특수한 환경 속에서 약소국의 생존전략으로 소수의 국가지도자에 의해 개발된 이념에 기반을 두고 있으며, 반제국주의 세력의 국제적 결집과 경제적 자립(자력갱생)의 확보라는 모순적인 정책을 제시하고 있다는 점에서 주권개념의 형성과정과 내용에 있어서 서구적인 주권개념과 차이점을 보여주고 있다.

이 장은 북한의 주권개념이 지닌 특수성을 주권개념이 만들어진 역사적 맥락, 개념형성의 주체, 주요 내용, 그리고 국내 및 국제체제의 동의구조를 중심으로 살펴보고, 이러한 주권개념이 북한의 외교정책에서 어떻게 적용 및 발현되는지를 대북 식량 원조의 사례들을 통해 규명한다. 주체사상에 기반한 북한의 주권개념은 이와 모순될 수 있는 다양한 대외 경제정책과 양립할 수 있을 정도로 탄력적이지만, 정보에 대한 통제와 현실에 대한 왜곡을 통해 보완되어야 하므로 또한 충분히 탄력적이지 않다. '이념에 의한 현실의 합리화'가 아니라 왜곡된 '현실에 의한 이념의 합리화'가 주체에 기반한 주권개념이 지배하는 북한에서 나타나고 있다고 분석한다.

12장은 동아시아의 냉전이 형성되어 가던 1945년에서 1952년까지의 안보환경 변화가 미국 정치엘리트들의 재일조선인 인식에 어떠한 영향을 미쳤는지를 통해 동아시아 국제정치의 특수성을 분석하고 있다. 이 장은 일본이 패전을 선언한 1945년부터 샌프란시스코 평화조약체제에 편입한 1952년까지 냉전이라는 구조적 변화 속에서 주체인 미국의 엘리트 정치인들의 안보위협 인식이 일본 사회 내의 재일조선인이라는 소수민족집단의 사회적 지위에 끼친 영향에 대하여 규명한다. 이 장은 일본의 패망 직후 재일조선인이 '해방민족'(liberated people)으로 간주되다가 일본정부의 통제 및 배제의 대상(궁극적으로는 '완전한 외국인')으로 전락한 과정에 냉전 초기 미국 정치엘리트들의 안보위협인식이 중요하게 작용하는 과정을 분석한다. 냉전초기 미국 정치엘리트들이 재일조선인을 위협적인 공산주의 세력으로 인식하게 됨으로써 재일조선인에 대한 일본정부의 통제력이 점차 강화되어 가는 결과를 야기하였으며, 그러한 과정에는 미국 정치엘리트들의 동아시아 및 일본의 정치적 환경에 대한 새로운 이해 및 사회화(socialization) 과정이 바탕이 되었다고 본다.

제2장

국제정치체제의 구조와 유형: 서구중심적 논의와 동아시아에 대한 함의

민병원(이화여자대학교)

* 이 글은 2014년 "국제정치체제 모델의 다양성과 변화: 냉전기와 탈냉전기의 비교"라는 제목으로 『한국정치학회보』 제48권 2호에 게재된 논문을 수정 및 보완한 것임.

I. 들어가는 말

국제정치의 거시적인 구조를 이해하고 진단하는 일은 이론화 작업에 있어 중요한 몫을 차지해왔다. 이러한 임무는 국제정치의 패러다임이 크게 바뀌기 시작한 탈냉전기에 들어와 더욱 강화되고 있지만, 냉전기에도 이는 국제정치 이론가들의 지속적인 관심사였다. 많은 학자들은 현재의 국제정치 구조에 내재된 핵심적 요소를 모델로 구현하고, 그 이외에 가능한 여러 대안들을 적절한 형태의 시나리오로 구성해왔다. 이러한 작업을 통해 사람들은 국제정치의 구조가 지닌 현재와 미래 모습을 가늠하고 진단하고 있는데, 고도로 이론화가 이루어지는 오늘날에도 이와 같은 모델화 작업이 갖는 의미는 자못 크다. 이 글에서는 지금까지 이루어져온 국제정치체제의 구조에 대한 모델화 작업을 전체적으로 살펴보고, 그로부터 현실정치 차원과 이론적 차원에서 어떤 의미를 찾을 수 있는지 논의한다.

사회과학에서 '모델(model)'이란 현실의 단순한 재구성으로서 특징적인 핵심요소만을 추출하여 현실에 익숙해지게끔 도와주는 역할을 수행한다. 사람들은 시스템의 '구조'를 보여주는 모델을 이용하여 복잡한 현실의 중요한 단면을 파악하고, 이를 기반으로 하여 미래의 변화를 가늠한다. 물론 모델이 현실의 다양한 측면을 제대로 설명하지 못하는 경우도 많으며, 반대로 현실에 존재하지 않는 가상의 모델이 만들어지기는 경우도 있다. 하지만 현실과 인간의 사고 속에서 이루어지는 국제정치의 여러 모습을 유형화하고 비교함으로써 이론적으로나 실천적으로 교훈을 얻게끔 해주는 '휴리스틱(heuristics)'의 기능이야말로 모델화 작업의 중요한 기여하고 할 수 있다. 역사적 실재나 경험적 탐구의 대상이 아니라 할지라도, 모델은 그 자체로서 충분한 계몽적 가치를 지닌다.[1]

이 글은 이와 같은 '모델'의 역할을 염두에 두면서 국제정치체제의 구조유형에 관한 냉전기의 논의, 그리고 탈냉전기에 들어와 새로운 변화를 드러내기 시작한 모델화 작업을 비교한다. 그럼으로써 전통 국제정치이론의 논의 속에서 구조 모델화 작업이 갖는 의미를 분석하고, 미래의 국제정치체제 변화에 관심을 가진 연구자들에게 도움이 되는 시사점을 도출한다. 이 글에서 '냉전'과 '탈냉전'의 두 시기를 구분하는 이유는, 20세기 이래로 국제정치학의 거대한 흐름 속에서 반세기에 걸쳐 진행되어온 자유진영과 공산진영 사이의 대립구도가 무너지면서 새로운 패러다임의 필요성이 커졌기 때문이다.[2] 이 전환점을 지나면서 기존의 국제정치이론들도 큰 변화를 겪기 시작했는데, 문제의식과 인식론, 그리고 접근방법에서 과거와 다른 모습들이 노정되었다. 예를 들어 실증주의에 대한 성찰적 재검토가 이루어지기 시작했고, 마르크스주의의 변용과 더불어 구성주의와 같은 대안이론이 주목을 받기 시작했으며, 현실주의와 자유주의이론 내에서도 세분화된 하위 이론들이 증가했다. 여기에 더하여 유럽중심적 국가 패러다임의 대안을 모색하고 비서구적 국제정치의 방향을 탐구하려는 노력들도 활발하게 이루어져왔다.[3]

이와 같은 현실세계의 변화와 이론적 맥락에서 이 글은 '냉전'이라는 시기와 '탈냉전' 시기 사이에 국제체제의 구조를 바라보는 시각에 있어 완연한 차이가 존재할 것이라는 전제하에 두 시기를 비교한다. 냉전체제가 붕괴된 1990년대 초 이후 국제정치를 바라보는 시각과 접근방법에 큰 변화가 일어난 것이라고 본다면, 최소한 국제체제를 모델화하는 작업에도 눈에 띄는 변화가 있을 것이라는 기대가 가능하기 때문이다. 특히 이 글에서는 탈냉전

....

1   Morton A. Kaplan, *System and Process in International Politics* (New York: John Wiley & Sons, 1957), p. 21.

2   John Lewis Gaddis, "International Relations Theory and the End of the Cold War," *International Security* 17-3 (1992), pp. 6-10.

3   Amitav Acharya and Barry Buzan (eds.), *Non-Western International Relations Theory: Perspectives on and beyond Asia* (New York: Routledge, 2010).

기의 국제정치체제가 과거에 비해 훨씬 더 복잡하고 다양한 양상을 띠면서 '불안정성'에 대한 이론적 관심도 더 커졌을 것으로 보고 두 시기 사이의 차이를 짚어본다. 이를 위해 다음에서는 먼저 냉전기에 활동했던 두 학자들의 논의를 통해 당시의 국제정치체제에 대한 모델화 작업을 살펴보고, 이어서 1990년대 이후 활발하게 전개된 탈냉전기의 모델화 작업을 대표적인 국제 정치학자들의 저작을 중심으로 소개한다. 마지막으로 이러한 비교를 통해 얻을 수 있는 시사점들을 국제정치이론의 관점에서, 특히 동아시아의 맥락에서 심층적으로 탐구한다.

II. 냉전기의 국제정치구조에 대한 인식: 시스템 사고와 국제 사회론

냉전시대의 국제정치에 관한 인식은 초강대국의 등장과 핵무기, 그리고 양극화라는 몇 가지의 특징으로 간략하게 묘사할 수 있다. 19세기를 지배했던 5~6개 강대국들의 세력균형(balance of power) 관행과 유럽 협조 체제(Concert of Europe)는 미국과 소련이라는 초강대국의 등장으로 말미암아 새로운 구조적 변화를 겪었고, 상호 간에 공멸을 초래할 수도 있는 가공할만한 핵무기의 위력이 암운을 드리우면서 냉전기의 국제정치는 극도의 긴장과 불안을 유지해야만 했다. 여기에 더하여 전 세계가 초강대국 중심의 양대 진영 사이에 치열한 대결구도를 형성하면서 언제라도 갈등이 폭발할 수 있는 일촉즉발의 상황을 연출해왔다. 이런 상황에서 국제정치학자들은 다양한 고민과 격론을 통해 세계질서의 구조를 진단하고 미래를 예측하는데 상당한 노력을 기울여왔다. 이 시기의 정치적 분위기가 매우 경직되어 있던 까닭에 다양한 논의가 활발하게 이루어지지 못했지만, 나름대로 국제 체제의 구조를 진단하고 분석하려는 여러 시도들이 이어져왔다.[4]

이 글은 당시의 대표적인 두 학자들의 국제정치체제 유형화 작업을 집중적으로 살펴보고, 그로부터 냉전기를 지배했던 국제정치의 기상도를 분석한다. 우선 1950년대 말 시스템이론을 기반으로 국제정치의 이론화를 추구했던 모턴 캐플란(Morton A. Kaplan)의 국제정치 모델을 살펴보고, 1970년대 말 '국제사회(international society)'의 개념을 통해 미국식 정치이론의 한계를 넘어서려 했던 헤들리 불(Hedley Bull)의 세계질서 논의를 비교한다. 냉전기에는 이외에도 다양한 모델링 기법과 시뮬레이션 방법을 통해 미래사회를 진단하려 했던 시도들이 있었다.[5] 하지만 이러한 노력들은 대부분 큰 성과를 거두지 못한 채 학계의 관심 밖으로 밀려났는데, 이런 맥락에서 오늘날까지 국제정치의 미래사회 모델과 관련하여 자주 언급되는 캐플란과 불의 논의는 냉전기 국제정치학의 모델링 작업을 대표하는 양대 사례라고 보아도 무리가 없을 것이다.

....

4 '시스템' 또는 '체계'는 구성요소와 그들 사이의 상호작용, 구성요소의 속성, 조직화, 행위를 규정하는 법칙, 하위시스템 등으로 이루어지며, 주변의 환경과 구분되는 통합된 '전체'를 가리킨다. 시스템의 구성요소가 많아지면서 상호작용의 복잡성이 증가하고, 주변 환경에 열린 상태에서 구성요소들의 행위에 대한 예측이 어려워지게 되면 이를 '복잡계(complex systems)'라고 부른다. Lars Skyttner, *General Systems Theory: Problems, Perspectives, Practice* (New Jersey: World Scientific, 2005), pp. 105-6.

5 1960년대 이후 로마클럽의 '성장의 한계(Limits to Growth)' 모델, 해롤드 게츠코우(Harold Guetzkow)의 INS(Inter-Nation Simulation), 스튜어트 브레머(Stuart Bremer)의 SIPER(Simulated International Processer) 및 GLOBUS 등 현실 세계를 모사하고 미래를 예측하기 위한 대형 시뮬레이션 프로젝트들이 여기에 포함된다. 하지만 이러한 시도들이 의미 있는 성과를 거두지 못하면서 시뮬레이션의 초점이 이론적으로 정교한 모델을 구축하는 방향으로 전환되기 시작했다. Donella Meadows et al., *The Limits to Growth* (New York: Universe Books, 1972); Stuart A. Bremer, *Simulated Worlds: A Computer Model of National Decision Making* (Princeton: Princeton University Press, 1977); Stuart A. Bremer, *The GLOBUS Model: Computer Simulation of Worldwide Political and Economic Developments* (Boulder: Westview Press, 1987) 참조.

1. 시스템 사고를 기반으로 한 극화 현상의 분석

1950년대 후반은 미소 간에 핵무기 개발 경쟁과 이데올로기의 대립으로 말미암아 치열한 공방전이 벌어지던 시기였다. 따라서 국제정치이론가들의 관심은 19세기의 다극화 체제에 대비하여 초강대국 중심의 양극화 구도가 어떤 방식으로 전개될 것인가에 놓여 있었다. 캐플란이 6가지의 국제체제 모델을 제시하면서 '세력균형 모델'과 '양극화'의 두 모델을 먼저 다룬 것도 이런 맥락에서였다. 그는 당시의 양극화 구도를 '느슨한 양극체제(loose bipolar system)'라고 불렀는데, 이는 북대서양조약기구(NATO)와 같은 '블록행위자' 또는 국제연합(UN)과 같은 '보편행위자'가 두 초강대국과 공존하면서 초국가적 규범을 관리하기 때문에 붙여진 이름이었다.[6] 캐플란은 블록 또는 국제기구가 수평적인 차원에서 관리되기만 한다면 과거의 '세력균형체제'와 유사한 국제체제라고 보았다. 만약 다자간 기구가 결여된 상황에서 각각의 블록이 융통성 없이 운영될 경우에는 '경직된 양극체제(tight bipolar system)'로 전락할 것이라고 보았다.

하지만 캐플란의 시스템 논의는 무엇보다도 '세력균형체제'에 집중되어 있었는데, 그는 국제정치의 '균형(equilibrium)' 추구 현상, 즉 행위자들 사이의 상호작용을 통해 자동으로 안정을 이루어가는 '사회체제(social system)'의 특징에 관심을 보였다. 19세기 유럽의 강대국정치가 대표적인 사례인데, 캐플란은 이러한 경험이 역사적으로 반복되는 패턴이기 때문에 이론적 의미 부여를 통해 과학적 보편성을 획득할 수 있다고 보았다.[7] 그리하여 캐플란은 느슨하거나 경직된 형태의 양극화 체제와 세력균형 기반의 다극화 체제를 관통하는 일반 시스템 모델을 구축하고자 하였다. 그는 또한 세력균형체제에 포함된 강대국의 수에도 관심을 보였는데, 예를 들어 세 강대

....

6   Kaplan (1957), pp. 36-7.
7   Kaplan (1957), p. 25.

국 사이에 세력균형이 형성될 경우 한 나라가 견제의 대상이 될 가능성이 크다고 보았다.[8] 따라서 세력균형 체제에서는 강대국의 수가 적을수록 긴장 상태가 조성되기 쉬운 반면, 그 수가 늘어날 경우 특정 국가의 세력 확대를 견제하기 위한 '동맹' 형성이 가능해지면서 체제의 안정을 위한 선택의 폭이 넓어지고, '균형자(balancer)'의 역할과 위상이 크게 증가하게 된다.[9]

한편 캐플란은 '느슨한 양극체제'의 보편적 행위자, 즉 다자간 국제기구의 역할이 확장될 경우 새로운 유형의 '보편적(universal) 국제체제'가 가능하다고 보았다. 이 체제는 기존 강대국을 포함한 국가 행위자들을 그대로 유지하면서 통합과 유대감을 증진시킨 경우를 가리킨다. 특히 초국가 차원에서 별도의 사법적, 경제적, 정치적, 행정적 기능이 이루어짐으로써 시스템 구성원들 사이에 공동의 가치체계가 작동할 수 있도록 한다.[10] 이러한 공동의 유대감이 더욱 발전할 경우 '위계질서형(hierarchical) 국제체제' 모델이 만들어지는데, 여기에서는 초국가적 규범이 하향식으로 부과됨으로써 주권 국가의 권한과 기능이 상당한 제약을 받게 된다. 이런 체제는 상당한 수준의 정치적 통합을 달성한 경우로서 안정적인 체제라고 할 수 있지만 이것이 항상 바람직한 것이라고 보기는 어렵다는 것이 캐플란의 생각이었다. 만약 이 체제가 소수의 권위주의적 정치인에 의해 좌우되는 '지시적(directive)' 국제체제라면 궁극적으로 불안정한 속성을 띨 것이기 때문이다. 이와 같은 '보편적 국제체제'와 '위계질서형 국제체제'는 오늘날 유럽연합 모델보다 진전된 형태라고 평가할 수 있는데, 1950년대 후반에는 유럽 통합 움직임이 일천한 수준이었다는 점을 고려할 때 이러한 모델화 작업의 계몽 효과는 자

....

8　캐플란은 세력균형을 유지하는 데 필요한 최소 강대국의 수를 '필수 국가 행위자(essential national actors)'라고 불렀다. 그는 필수 국가 행위자가 셋일 경우 최소한의 요건으로 세력균형체제가 작동할 수 있지만, 역사적 사례를 찾아보면 그 수는 셋보다 큰 경우가 많았다고 주장한다. Kaplan (1957), p. 34; Michael Sheehan, *The Balance of Power: History and Theory* (London: Routledge, 1996) 참조.

9　Sheehan (1996), pp. 124-5.

10　Kaplan (1957), p. 46.

못 크다.

이상의 대표적인 국제체제 유형과 더불어 캐플란은 별도의 가상 모델을 제시하고 있는데, 이는 핵무장을 한 두 초강대국 사이의 대결이 첨예하게 이루어지던 1950년대의 상황에서 팽배하던 비관적 전망을 바탕으로 한 것이었다. 그는 모든 행위자들이 핵무기를 보유할 경우 힘의 불균형 정도와 상관없이 서로를 파괴할 수 있는 역량을 갖추게 되는데, 이러한 상태를 '단위거부권(unit veto) 국제체제' 모델이라고 불렀다.[11] 모든 국가가 핵무기를 통해 자신의 일방적인 거부권을 행사할 수 있기 때문이다. 이런 체제에는 국제기구와 같은 보편적 행위자가 존재하지 않으며, 핵무기와 같은 파괴적 수단으로 말미암아 불안과 긴장이 상존할 수밖에 없다.[12] 이러한 모델이 실제로 이루어질 가능성은 낮다. 하지만 미국과 소련 이외의 여러 나라들이 핵무장 대열에 동참하면서, 그리고 9/11 테러 이후 비국가 단체들까지 핵무기 보유경쟁에 뛰어들면서 '단일거부권 국제체제' 모델에 근접한 상황이 발생할 가능성도 무시할 수 없는 지경에 이르고 있다. 표 1은 캐플란의 6가지 구조모델을 정리하고 있다.[13]

이상에서 살펴보았듯이 캐플란은 시스템 이론의 관점에서 국제정치 현상의 주요 유형들을 모델로 구현했다. 1960년대에 들어와 자신의 모델을 현실에 맞게 보완하기는 했지만, 여전히 원래의 6가지 모델의 원형은 이후에도 학계에서 널리 회자되었다.[14] 이와 같은 모델 작업은 전통적인 국제정치

....

11 Kaplan (1957), pp. 50-1.

12 Stansfield Turner, "The Specter of Nuclear Proliferation," *Security Dialogue* 29-3 (1998), pp. 293-4.

13 이 글에서 다루고 있는 국제정치체제 모델링의 여러 작업은 표 1에서 표 6에 이르기까지 국제체제의 유형, 주요 행위자, 구조적 특징, 안정성, 그리고 역사적 사례에 따라 정리되었다. 이 중에서 '안정성(stability)' 항목은 해당 학자들이 시스템에 대하여 어느 정도 주관적인 평가를 하고 있는가를 분석하여 '안정'과 '불안정' 그리고 두 속성 모두를 포함하는 '복합'의 항목으로 대별하였고, 경우에 따라 "매우" 또는 "다소"라는 표현을 부가하였다.

14 캐플란은 1960년대에 들어와 양극화 모델의 여러 가지 변형된 모델을 제시했는데, 여기에는 '매우 느슨한 양극체제(very loose bipolar system)'와 '데탕트 체제(détente system)'가 포함되

표 1 캐플란(1957)의 국제정치체제 모델

구조 유형	주요 행위자	구조적 특징	안정성	역사적 사례
위계질서형 국제체제	국제기구+국가	- 비지시형(민주적), 지시형(권위적) - 기능적 역할분담	안정	
보편적 국제체제	국제기구+국가	- 국가의 하부체제화 - 국가 간 유대감 형성	안정	
느슨한 양극체제	국제기구+강대국	- 양극화 - 블록기구 또는 보편적 국제기구	안정	20세기 세계 (NATO, UN)
경직된 양극체제	강대국	- 양극화 - 양 진영이 위계질서형이면 안정적	다소 안정	
세력균형체제	강대국	- 다극화, 균형 지향적 - 강대국 수와 동맹 옵션의 비례	복합	19세기 유럽
단위거부권 국제체제	국가	- 분산형, 홉스의 자연상태에 근접 - 모든 행위자가 파괴적 무기 보유	매우 불안정	

학 이론을 과학적으로 발전시키는 노력에서 출발한 것이었는데, 무엇보다 사물이나 현상을 종합적인 관점에서 이해하려는 '시스템' 사고의 영향을 크게 받았다.[15] 그는 시스템 사고를 통해 국제정치의 과학적 이론화가 가능하

....

는데, 실제로 1970년대에 들어와 이러한 모델이 작동했다는 점은 그의 유형화 작업에 큰 의미를 부여한다. 이와 더불어 그는 양극화 체제가 좀 더 불안정한 방향으로 흘러갈 경우를 상정한 변형 모델, 즉 '불안정 블록 체제(unstable bloc system)'와 '불완전 핵확산 체제(incomplete diffusion system)'도 설정했다. 이러한 체제들은 미국과 소련의 통제권이 느슨해진 틈을 타 블록이 와해되거나 핵무기가 확산되는 현상을 염두에 둔 것이었다. Morton A. Kaplan, "Variants of Six Models of the International System," in James N. Rosenau (ed.), *International Politics and Foreign Policy: A Reader in Research and Theory* (New York: The Free Press, 1969a), pp. 300-3.

15 Morton A. Kaplan, "The Systems Approach to International Politics," in Morton A. Kaplan (ed.), *New Approaches to International Relations* (New York: St. Martins Press, 1968), pp. 381-404; Morton A. Kaplan, "The Nee Great Debate: Traditionalism vs. Science in International Relations," in Klaus Knorr and James N. Rosenau (eds.), *Contending Approaches to International Politics* (Princeton: Princeton University Press, 1969b), pp. 48-9. 시스템 이론을 국제정치의 이론화에 적극 도입했던 캐플란은 반복적으로 관찰되는 '패턴'을 일반화하는 데 관심이 컸고, 특히 시스템을 구성하는 단위체들의 속성과 기능, 그들 사이의 관계를 이해하는 데 시스템적 시각이 필수불가결하다고 보았다. Kaplan (1969a), p. 291.

다고 보았으며, 6가지의 모델링 작업을 통해 적은 수의 변수로도 일반적인 명제를 검증할 수 있는 도구를 만들어낼 수 있다고 주장했다.[16] 훗날 현실주의 국제정치 이론가인 케네쓰 월츠(Kenneth Waltz)는 이러한 캐플란의 작업이 시스템과 환경을 제대로 구분하지 못했고 단위체인 국가의 상호작용과 시스템 사이의 상호작용을 분명하게 밝혀내지 못했다는 이유로 혹독한 비판을 가했지만, 그럼에도 불구하고 그의 작업은 냉전기 국제정치의 구조를 체계적으로 이론화하려는 초기의 노력으로서 중요한 의미를 갖는다.[17]

2. 국제사회의 개념과 미래의 질서

1977년에 발간된 헤들리 불의 『무정부적 사회(The Anarchical Society)』는 본격적으로 세계정치에서 '질서'의 문제를 다룬 저술로서, 시스템 시각에 근거한 캐플란의 실증주의적 접근방법 대신 '국제사회'라는 개념을 정교하게 이론화하면서 양극화 체제 이후의 가능한 세계질서 모델을 그리고 있다. 불은 모두 8가지의 가능성을 묘사하고 있는데, 그 중 4가지는 기존 국가체제의 변화를, 다른 4가지는 국가체제를 넘어선 대안의 체제를 다루고 있다. 우선 냉전기의 양극화 체제가 국가 중심의 다극화 체제로 이행할 수 있는 몇 가지 가능성을 모델화하고 있는데, 첫 번째는 '비무장 세계(disarmed world)'로서 현존하는 주권국가들 사이에 합의를 통해 초국가 차원의 권위가 구축되고 궁극적으로 무장을 해제하는 시나리오가 가능하다고 보았다.[18]

....

16　Morton A. Kaplan, "Problems of Theory Building and Theory Confirmation in International Politics," *World Politics* 14-1 (1961), p. 9.

17　월츠는 캐플란의 작업이 하나의 '이론(theory)'으로 보기에는 미흡하며, 단지 접근방법 또는 분류법(taxonomy)에 그친다고 폄하했다. 그에 따르면 캐플란은 시스템 이론을 더욱 애매모호한 것으로 만들어버렸다. Kenneth N. Waltz, *Theory of International Politics* (Reading, MA: Addison-Wesley, 1979), p. 57.

18　Hedley Bull, *The Anarchical Society: A Study of Order in World Politics* (New York: Columbia University Press, 1977), pp. 234-8.

물론 군축의 경우에도 다양한 정도로 편차가 있을 수 있지만, 양극화의 대립이 첨예하게 이루어지던 1970년대의 상황에서는 대단히 실현 불가능한 모델이었다고 할 수 있다.

한편 이러한 비무장 세계와 달리 좀 더 실현 가능한 모델로서 '국가연대(solidarity of states)'와 '이데올로기적 동질체제(ideological homogeneity)'를 들고 있는데, 전자는 국제연합과 같은 범세계적 규모의 협력을 통해 기존의 국가체제를 극복할 수 있는 그로티우스(Grotius)적 대안이며, 후자는 국가들 사이의 이데올로기적 이질성과 차이를 극복할 수 있는 칸트(Kant)적 세계적 차원의 공화국을 염두에 둔 모델이었다. 전자의 경우에는 20세기 초 국제연맹의 집단안보체제가 가장 유사한 역사적 사례였다고 볼 수 있으나, 사실상 공통의 연대의식을 결여함으로써 성공을 거두지는 못했다. 후자의 경우에도 19세기 초반 나폴레옹에 대항하기 위한 신성동맹과 같은 사례들이 있었고, 마르크스주의를 기반으로 하는 국제 사회주의 공동체를 향한 열망도 비슷한 경우라고 할 수 있다. 불이 제시한 네 번째 모델은 '다수의 핵무기 보유국'으로 구성된 세계인데, 캐플란의 '단위거부 국제체제'와 마찬가지로 핵무기를 보유한 모든 나라들이 각자 거부권을 행사할 수 있기 때문에 결국 홉스(Hobbes)적 자연상태가 되고 말 것이라는 결론에 도달했다.[19]

헤들리 불의 경우, 세력균형 체제와 양극체제를 중심으로 모델을 구축한 캐플란과 달리 기존의 국가들이 하나의 '국제사회'를 형성하면서 만들어내는 다양한 모습에 주안점을 두었다. 앞서 언급한 불의 네 모델은 모두 국제사회가 존재한다는 전제 하에 가능한 것들인데, 그의 이론에 따르면 국제사회는 복수의 주권국가, 상호작용, 공통의 규범을 모두 갖추고 있어야만 가능하다.[20] 따라서 불은 복수의 국가와 그들 사이의 상호작용은 존재하지만

....

19 Bull (1977), pp. 238-48.

20 Bull (1977), pp. 248-9; Hedley Bull, "Society and Anarchy in International Relations," in Herbert Butterfield and Martin Wight (eds.), *Diplomatic Investigations: Essays in the Theory of International Politics* (London: George Allen & Unwin, 1966), pp. 35-50.

공통의 규범이 없는 경우를 '국제체제 국가군'으로, 복수의 국가가 존재하지만 상호작용이 거의 일어나지 않는 경우를 '비(非)국제체제 국가군'으로 구분했다.[21] 전자의 유형이 '다수의 핵무기 보유국' 모델과 마찬가지로 홉스적 자연상태에 근접하다고 본 반면, 후자의 경우에는 범지구적 상호작용이 결여된 루소(Rousseau)적 고립사회와 유사하다는 것이 그의 생각이었다.

이와 대조적으로 불의 '세계정부(world government)'는 전통적인 주권국가가 소멸된 형태의 극단적 통합을 상정한 모델로서, 유럽연합과 같은 정치적 실험을 유사한 사례로 꼽을 수 있지만 권력의 집중에 대한 우려로 인해 그에 반대하는 목소리도 크다는 점을 지적하고 있다. 마지막으로 그는 주권국가 체제가 사라지고 다른 유형의 정치체제가 대안으로 등장하면서 권력의 분산화가 일어나는 경우를 '신중세주의(new medievalism)'라고 명명했다. 본래 중세 기독교 사회의 경험을 바탕으로 한 시나리오인 이 모델은 정치적 권위의 중첩과 다원적 충성심을 특징으로 하지만, 이 역시 근대의 주권국가와 같은 안정성을 기대하기에는 무리라는 것이 그의 판단이었다. 하지만 불의 논의가 냉전이 한창이던 1970년대의 상황을 배경으로 한 것이라는 점을 감안할 때, 그의 모델이 오늘날에도 상당한 적실성을 지니고 있다는 점은 놀랄 만하다. 표 2는 헤들리 불의 여덟 가지 국제정치체제 모델을 요약 및 정리하고 있다.

....

21　불은 원래 이들 각각을 '체제이지만 사회는 아닌 형태(system but not a society)' 및 '국가이지만 체제는 아닌 형태(states but not a system)'로 묘사했지만 여기에서는 논의의 편의를 위해 각각 '국제체제 국가군' 및 '비(非)국제체제 국가군'으로 줄여서 부르기로 한다. Bull (1977), pp. 249-50.

표 2 불(1977)의 국제정치체제 모델

구조 유형	주요 행위자	구조적 특징	안정성	역사적 사례
비무장 세계	국제기구+국가	- 모든 국가가 무장 해제에 합의 - 비현실적인 모습, 실현 불가능	안정	
국가연대	국제기구+국가	- 범세계적 협력과 기구 - 부분적으로 가능하지만 한계	안정	국제연맹의 창립취지(실패)
이데올로기적 동질체제	국가	- 국제적 이데올로기와 국가의 공존	안정	신성동맹, 국제 사회주의운동
다수의 핵무기보유국	핵무기 보유국	- 캐플란 단위거부 국제체제와 유사 - 극도의 긴장상태	매우 불안정	
국제체제 국가군	국가	- 복수의 주권국가와 상호작용 - 국제체제이지만 국제사회는 아님	불안정	
비(非)국제체제 국가군	국가	- 지역 차원 연대 또는 보편적 고립 - 루소의 자기충족적 사회와 질서	복합	
세계정부	세계공화국, 세계도시	- 주권국가들의 주권 상실 - 질서와 자유 사이의 대치관계	안정	
신중세주의	국가 하부단위체	- 권위의 중첩, 다원적 충성심 - 영토와 국민에 대한 주권 상실	불안정	중세 기독교세계

III. 탈냉전기의 시나리오: 정치단위체의 재편성과 복합적 진단

앞선 논의에서 다룬 캐플란과 불의 국제정치체제 모델은 냉전과 초강대국의 핵대결이라는 특수한 상황을 배경으로 만들어진 것이었다. 무엇보다도 두 초강대국 중심의 질서에 대한 관심이 컸던 냉전기에 비해 1990년대의 탈냉전기에는 국제정치체제에 관한 논의의 폭이 확대되면서 자연스럽게 비(非)국가적, 비(非)강대국적 모델의 비중이 커지기 시작했다. 또한 반세기에 가까운 냉전체제 이후의 세계질서가 소련 및 공산권의 붕괴로 인해 새로운 구조적 변화를 겪을 것이라는 기대와 전망이 봇물처럼 일어났는데, 여기에서는 이러한 논의들을 중점적으로 살펴보고자 한다. 이 기간 중에 이루어진 여러 모델작업 중에서 조지프 나이(Joseph Nye), 로버트 하카비(Robert Harkavy), 제임스 로즈노(James Rosenau), 그리고 마이클 월쩌(Michael

Walzer)의 모델을 대표적인 것으로 꼽을 수 있다. 이외에도 다양한 모델화 작업이 이어졌지만, 이러한 네 학자들의 작업은 탈냉전기 세계질서의 여러 가능성들을 다양한 각도에서 진단하기 위한 유형화 작업이라는 점에서 주목할 만한 가치가 있다.

1. 냉전 이후의 시나리오 개편: 단극체제와 광역 질서에 대한 관심

1990년대에 들어와 세계질서의 구조적 변화 중 눈에 띄는 현상은 양극화 구도가 사라지고 미국을 유일한 헤게모니로 하는 일방적 체제로 전환되기 시작했다는 점이다. 물론 19세기 수준의 강대국들은 여럿 존재했지만, 미국을 견제하거나 추월할 수 있는 역량을 갖춘 '제2의 초강대국'은 당분간 등장하기 어렵다는 전망이 지배적이었다. 이런 점에서 학자들은 1990년대 이후의 세계질서가 '단극(unipolar)체제'에 접어들었다고 진단하기 시작했다.[22] 이처럼 탈냉전기 질서가 미국 주도의 제국질서(imperium)라는 특징을 띠고 있기는 했지만, 군사 분야를 제외한 경제, 산업, 금융, 문화 등 다른 영역에서는 오히려 권력이 분산되는 추세가 동시에 일어나고 있었다. 이런 맥락에서 탈냉전기에 비정치적, 비군사적 분야에서 두드러지게 나타나는 미국 지배체제의 종말을 '탈미국적(post-American) 세계'라고 부르기도 한다.[23] 따라서 탈냉전기의 질서가 단지 단극체제로 진행하는 것인지, 아니면 다극체제로 진행하는 것인지에 대해서는 분명한 합의가 이루어지지 못해왔

....

22 크라우트해머(Charles Krauthammer)는 서구 국가들 중에서 미국이 압도적인 권력을 보유하고 있는 까닭에 '단극(single pole)'을 달성했으며, 이러한 추세는 심지어 9/11 테러 이후에 강화되었다고 주장한다. 그가 보기에 EU나 독일, 일본, 러시아 등은 미국의 상대가 되지 못하며, 급속하게 성장하는 중국도 여전히 미국과 큰 격차를 보이고 있다. Charles Krauthammer, "The Unipolar Moment," *Foreign Affairs* 70-1 (1990/1991), pp. 23-33.
23 자카리아(Fareed Zakaria)는 지난 500여 년간의 세계가 세 가지의 흐름, 즉 서구 세계의 성장, 미국의 성장, 그리고 '기타 세계(the rest)'의 성장으로 이루어져 왔다고 본다. Fareed Zakaria, *The Post-American World* (New York: W. W. Norton, 2008), pp. 4-5.

다. 이러한 맥락에서 세계질서의 여러 모델을 유형화하는 작업들은 탈냉전기에 들어와 이론적 선도모형으로서 새로운 의미를 갖기 시작했다.

이러한 추세와 관련하여 여기에서는 먼저 단극체제의 등장을 강조하면서 동시에 지역주의 및 블록화의 가능성을 탐색하고 있는 나이의 모델과 하카비의 모델을 함께 살펴보고자 한다. 조지프 나이는 1992년 발간된 논문에서 냉전 이후의 국제정치 구조에 대한 전망을 5가지 모델로 제시하였는데, 여기에는 냉전기의 유산인 '양극체제'와 '다극체제' 이외에도 새롭게 유일 강대국으로 떠오른 미국을 염두에 둔 '단극 헤게모니(unipolar hegemony)' 모델이 포함되어 있다. 하지만 나이는 탈냉전기의 세계질서가 이 중 어느 것에도 해당되지 않는다는 점을 분명하게 주장하고 있는데, 역사적 경험에 기초한 모델만으로는 점점 복잡해져가는 세계의 모습을 담아내기에 한계가 있다는 것이 그의 생각이었다.[24] 또한 나이는 부분적으로 지역화의 추세도 고려하여 '3개 경제블록(economic blocs)' 모델도 제시하고 있는데, 이것은 유럽연합과 아시아의 성장으로 인해 세계질서가 비군사적 영역에서 세 지역으로 나뉘게 될 것이라는 전망을 담고 있다. 그에 따르면 이러한 모델 역시 지나치게 단순한 모델로서 탈냉전기의 복잡한 세계를 그려내는 데 적합하지 않은 것이었다.[25]

나이가 가장 중점을 두었던 모델은 '다층 상호의존(multilevel interdependence)' 모델이었는데, 이것은 세계질서의 최상위에 군사적 차원의 미국 주도 단극질서가 존재하고, 그 아래에 경제적 차원의 중위권 국가들이 포진하고 있는 형국을 보인다. 또한 최하단부에는 다양한 초국가적 상호의

....

24   나이는 새로운 현상을 이해하는 데 과거의 개념틀에 집착할 경우 '개념의 감옥(prison of old concepts)'에 빠져 올바른 결과를 얻을 수 없다고 주장했다. Joseph Nye, Jr., "What New World Order?," *Foreign Affairs* 71-2 (1992), p. 8. 로즈노도 같은 맥락에서 '개념의 감옥'을 벗어난 새로운 프레임이 필요하다고 주장한 바 있다. James N. Rosenau, *Turbulence in World Politics: A Theory of Change and Continuity* (Princeton: Princeton University Press, 1990), p. 37.

25   Nye (1992), pp. 86-8.

존 층위가 복합적으로 받치고 있는 권력분산형 구조를 지닌다. 이런 상황에서 미국이 최대의 유일 강대국이기는 하지만 일방적 헤게모니 또는 단극체제를 구현하기는 어렵다. 여기에 권력자원이 다원적으로 활용되는 복잡한 세계정치의 모습을 고려할 때 이를 설명하는 모델 역시 보다 정교한 형태로 만들어질 필요가 있다는 것이다.[26] 이와 같이 나이의 관점은 국가체제 및 단극질서의 특징을 모두 고려한 복합모델을 근간으로 하고 있는데, 여기에는 무엇보다도 국가 중심의 현실주의 패러다임이 지닌 한계를 보완하려는 자유주의적 의도가 다분히 반영되어 있다.

이런 맥락에서 탈냉전기의 국제정치 모델의 논의는 전통적인 현실주의 시각에서 출발하여 다양한 스펙트럼으로 확산되는 경향을 보이고 있다. 여기에는 공산권의 붕괴와 그로 인한 미국의 부상을 단순한 '힘의 대결'의 결과로 설명하기보다, 자유와 민주주의의 가치가 미래의 세계질서를 주도할 수밖에 없다는 정치적 신념의 승리로 보아야 한다는 생각이 짙게 깔려 있었다. 물론 '헤게모니' 질서와 '자유주의' 질서는 서로 다른 성격을 띤 것이지만, 미국은 오랫동안 자신의 이익을 추구하면서 동시에 세계의 평화와 안정을 추구하는 병행전략을 구사해왔다. 이런 점에서 미국이 추구해온 냉전기 및 이후의 전략은 국제사회의 위계질서를 기반으로 하면서 동시에 자유주의 이념을 전면에 내세운 것이었다.[27] 이와 같은 급진적 자유주의 시각들은 소위 '자유주의적 국제주의(liberal internationalism) 3.0'이 탈냉전기의 가장 바람직한 모델이라는 주장으로 이어지고 있는데, 이들이 보기에 자유주의 질서의 쇠퇴를 바로잡는 일이야말로 국제정치의 최우선의 가치였다.[28]

....

26   Nye (1992), pp. 88-9.
27   이와 같은 자유주의적 세계질서의 전망은 평등한 관계를 상정한 '신(新)롤즈주의'를 근간으로 한다. 롤즈는 새로운 제도를 설계할 경우 무엇보다도 '무지의 베일(veils of ignorance)'이 필요하다고 주장했는데, 이것은 설계와 협상을 통해 등장하게 될 제도의 사회경제적 결과에 대해 사전에 알 수 없도록 함으로써 공정성을 확보하기 위한 것이었다. G. John Ikenberry, *Liberal Leviathan: The Origins, Crisis, and Transformation of the American World Order* (Princeton: Princeton University Press, 2011), pp. 333-8.

나이가 제시했던 탈냉전기 초기의 국제정치 구조모델은 표 3과 같이 정리할 수 있다.

표 3 나이(1992)의 국제정치체제 모델

구조 유형	주요 행위자	구조적 특징	안정성	역사적 사례
양극체제	초강대국	- 러시아의 취약성으로 불투명	다소 불안정	
다극체제	강대국	- 오늘날 힘의 불균형 심화 - 미국에 대한 견제세력 미흡	다소 불안정	19세기 유럽
3개 경제블록	강대국+지역	- 군사력의 중요성 등한시 - 유럽과 일본의 성장에 기인	불안정	20세기 세계
단극 헤게모니	초강대국+국가	- 미국의 헤게모니, 팍스 아메리카나 - 권력 분산으로 사실상 불가능	다소 안정	
다층 상호의존	초강대국 +강대국+국가	- 복합형, 혼합형 체제 - 부분적인 주권의 이양	복합	

　　로버트 하카비도 탈냉전기 국제질서의 이미지를 각각의 특징에 따라 유형화하고 있는데, 특히 블록과 지역화 등 '광역' 체제의 추세에 주목하고 있다. 나이의 분류와 마찬가지로 그는 '단극 지배(unipolar dominance)체제'와 '양극체제,' 그리고 '다극 세력균형체제'의 세 가지 기본 유형을 언급하고 있는데, 사실 이와 같은 유형은 냉전기에도 자주 언급되던 것들이다. 하지만 하카비의 경우에는 강대국 중심의 시각을 넘어 새롭게 등장하는 지역주의 및 집단화의 경향에 무게를 두고 있는데, 미국, 일본, 유럽을 중심으로 하는 '3개 블록 신중상주의체제'가 그 중 하나이다. 또한 사무엘 헌팅턴(Samuel

....

28　G. John Ikenberry, "Liberal Internationalism 3.0: America and the Dilemmas of Liberal World Order," *Perspectives on Politics* 7-1 (2009), pp. 73-4. 물론 이러한 시각은 미국의 관점을 반영한 것으로서, 미국 외교정책의 방향을 제시하려는 전략적 의도를 다분히 포함한다. 중국의 비약적인 성장이 미래의 위협요인이라고 간주될 수도 있지만, 급진적인 미국 중심적 시각에서는 중국조차도 자유주의 국제질서를 유지하기 위한 노력에 동참하지 않을 수 없을 것이라고 예측하고 있다. Ikenberry (2011), pp. 348-9.

Huntington)의 '문명의 충돌' 테제를 기반으로 하는 '문명권 기반체제' 및 선진국 대 제3세계의 대립구도를 상정하고 있는 '평화-혼란지대 대립체제'는 그동안 상대적으로 등한시해온 문화적 변수 및 사회적 불평등의 문제를 반영한 모델이라고 할 수 있다. 아울러 다른 학자들과 마찬가지로 가장 이상적인 통합체제라고 볼 수 있는 '지구촌(global village)' 모델도 언급하고 있는데, 이러한 모델은 전통적인 국가체제를 뛰어넘어 '광역화'되기 시작하는 탈냉전기 국제체제의 기본적인 모습을 담아내기 위한 노력의 결과라고 할 수 있다.[29] 표 4는 하카비의 논의를 정리하고 있다.

표 4 하카비(1997)의 국제정치체제 모델

구조 유형	주요 행위자	구조적 특징	안정성	역사적 사례
단극 지배체제	초강대국+강대국	– 미국의 헤게모니 기반 – 도전국의 첨단기술 추격이 관건	복합	1990년대 초반
양극체제	초강대국	– 미국-러시아 대립구도 복귀 – 신(新)냉전 상황과 동맹구도	불안정	
다극 세력균형체제	강대국	– 미국의 상대적 권력 쇠퇴 – 수정주의적, 파시스트적 도전	불안정	
3개 블록 신중상주의체제	강대국+블록	– 미국, 일본, 유럽 중심 경제블록 – 자원을 둘러싼 신중상주의적 경쟁	불안정	20세기 후반의 세계
문명권 기반체제	문명권	– 헌팅턴의 '문명의 충돌' 테제 – 문화적 동질성을 갖는 문명권	불안정	
평화-혼란지대 대립체제	지대	– 평화지대와 혼란지대의 대립 – 남북 간의 집단적 대립	매우 불안정	
지구촌	국가+초국가기업	– 정보통신과 교류의 증가에 기인 – 새로운 글로벌 망(web)	안정	18세기 유럽 엘리트

....

29 Robert E. Harkavy, "Images of the Coming International System," *Orbis* 41-4 (1997), pp. 570-86.

2. 복합적 시각과 세계 통합에 대한 기대

탈냉전기의 미래 예측모델에서 관찰되는 또 다른 특징의 하나로 복합적 모델에 대한 관심의 증가를 꼽을 수 있다. 냉전기의 모델이 대부분 초강대국이나 강대국 사이의 관계를 기반으로 한 '극화' 현상에 초점을 맞추고 있는 반면, 1990년대 이후에는 다양한 행위자 유형의 등장과 더불어 이들의 역할이 혼재되는 복합형 모델들이 주목을 받기 시작했다. 이런 면에서 가장 두드러진 논의를 전개한 학자로서 제임스 로즈노와 마이클 월쩌를 언급할 필요가 있다. 로즈노의 경우 1990년에 발간된 저서에서 예측 불가능한 방식으로 변화하는 세계정치를 '격변(turbulence)'이라는 표현으로 강조하면서 크게 4가지의 미래 모델을 강조했다. 그 중 '지구사회(global society)' 모델과 '국가 복귀체제'는 앞서 논의한 학자들과 유사한 모델로 구분될 수 있다.[30] 그러나 로즈노의 분류는 상호작용의 방향성이 '거시' 및 '미시'의 차원에서 어떻게 형성되는지, 체제 내의 개인들이 다양한 정치 단위체의 변화 속에서 어떤 역할을 수행하는지에 초점을 맞추고 있다는 점에서 특징을 지닌다.

로즈노에 따르면, 탈냉전기 국제정치의 변화를 읽어내기 위해서는 '다원주의 체제' 및 '지속적 분기(enduring bifurcation)' 모델이 요구된다. 그는 다원주의 체제 모델이 분산형 구조를 띠고 있으며, 기존의 국가체제는 이러한 체제의 하위 차원에 해당한다고 주장하였다. 아울러 개인들이 국가주권의 영향에서 벗어나 자유롭게 자기이익을 추구함으로써 미시적 차원에서 거시적 차원으로 상호작용이 일어난다. 또한 지속적 분기 모델은 국가중심체제와 다중심체제가 공존하면서 집중화와 분산화의 추세가 균형을 이루는 모습을 그리고 있는데, 이와 같은 복합적이면서 역동적인 모습을 통해 탈냉

....

30 로즈노는 냉전기의 국가 중심 시각으로는 탈냉전기의 변화를 충분하게 설명할 수 없다고 주장하면서 '극화'에 대한 논의를 거의 시도하지 않고 있다. 그는 다양한 유형의 극화 모델들을 '국가 복귀체제' 하나로 통합하였고, 여러 행위자들이 연계된 새로운 복합모델을 제시했다. Rosenau (1990), pp. 446-51.

전기 국제정치의 변화와 지속성을 동시에 그려낼 수 있다는 것이 로즈노의 판단이었다.[31] 국제체제가 지속적인 상호작용을 통해 이전 시기보다 훨씬 다양하고 복잡하며 불안정한 형태로 발전해가는 모습을 '분기'라는 표현으로 담아내려는 것이 그의 의도였다.[32] 표 5는 이상에서 소개한 로즈노의 국제정치체제 모델의 특징을 간략하게 요약하고 있다.

표 5 로즈노(1990)의 국제정치체제 모델

구조 유형	주요 행위자	구조적 특징	안정성	역사적 사례
지구사회	초국가 단위체	– 자유주의적 낙관론에 근거 – 중앙집권화된 체제 및 규범	안정	
국가 복귀체제	국가	– 국가주권의 회복 – 집중화와 분산화의 혼재	복합	
다원주의 체제	국가	– 지속적 분산화, 다중심체제 등장 – 소집단을 통한 개인의 발언권	불안정	
지속적 분기	국가+ 초국가 단위체	– 집중화와 분산화의 균형 – 국가중심체제와 다중심체제 공존	불안정	

마이클 월쩌는 공동체주의 시각에서 탈냉전기의 다양한 국제정치 현상을 모델화하고자 했다. 그는 칸트가 그렸던 '세계공화국(world republic)'이 가장 이상적인 형태의 인류공동체라는 점을 확인했지만, 현실정치의 차이

....

31 로즈노가 제시한 지속적 분기 모델은 로버트 캐플란(Robert Kaplan)이 '다가올 무정부상태(coming anarchy)'라고 표현했던 '분기(bifurcation)' 모델과 마찬가지로 극화현상의 와해로 인한 혼란스러운 상태를 가리킨다. Rosenau (1990), pp. 451-4. 한편 캐플란은 서부 아프리카 지역을 사례로 들면서 인구, 환경, 자원, 그리고 사회적 스트레스로 인한 위험세계의 모습을 생생하게 그려냈다. 맬더스가 경고했던 혼란상황이 다가오고 있으며, 지금의 시대는 헤겔과 후쿠야마가 언급한 '마지막 인간(Last Man)'의 지배로 귀결될 것이었다. Robert D. Kaplan, "The Coming Anarchy," *Atlantic Monthly* 273 (1994), pp. 60-1.

32 원래 '분기(bifurcation)'라는 표현은 시스템이론에서 차용한 것으로서, 현재의 상태로부터 미래로 진행하는데 택할 수 있는 다양한 선택지를 가리킨다. 어떤 시스템이 분기점에 서 있다는 표현은 시스템 내부 구성요소들 사이의 상호작용을 통해 새로운 단계로 나아간다는 '창발(emergence)'의 개념을 함축하고 있다. James K. Hazy and Allan Ashley, "Unfolding the Future: Bifurcation in Organizing Form and Emergence in Social Systems," *E:CO* 13-3 (2011), pp. 60-2.

를 극복하기 어렵기 때문에 이를 실현하기 어렵다고 인정했다. 한편 한 국가가 세계를 지배하는 '단일 헤게모니' 모델은 역사적으로 '로마의 평화(Pax Romana)'나 '미국의 평화(Pax Americana)'와 같은 사례에서 찾을 수 있다. 이러한 체제는 단위체들 사이의 불평등성을 전제로 하지만, 지금까지 인류가 경험해온 여러 정치질서 중에서 가장 안정적인 체제라는 것이 그의 주장이다. 이보다는 권력집중이 덜 하기는 하지만 국민국가들의 연합체인 '세계연방' 모델도 상정할 수 있는데, 월쩌에 따르면 이러한 체제도 위계질서적인 구조 하에 안정적일 수 있지만 권력이 과도하게 중심에 독점될 경우 불평등 구조가 심화되는 문제점을 안고 있다.[33]

이와 같은 이상적인 모델의 반대편에는 분산형 모델을 상정할 수 있는데, 월쩌는 어떤 형태의 국제기구나 글로벌 협력도 기대하기 어려운 '무정부상태'를 가장 극단적인 모델로 제시하였다. 그보다 좀 더 협력적인 모델로서 '약한 글로벌 다원주의' 모델이 가능한데, 이것은 국가들이 국제기구와 같은 공동체를 구성하기는 하지만 그 권위가 취약하기 때문에 불안정한 상태를 벗어날 수 없다. 그는 냉전 직후의 세계를 이런 모델로 설명할 수 있다고 보았다. 이보다 한 단계 더 나아가면 '강한 글로벌 다원주의' 모델을 상정할 수 있는데, 이는 기존의 국가와 국제기구뿐 아니라 '글로벌 시민사회'라는 새로운 행위자를 포함한다. 글로벌 차원에서 활동하는 초국가기업이나 시민연대 등 이전에 비해 활발해진 행위자들이 복합 거버넌스 구조를 형성하면서 혼란스러운 다원주의의 양상이 더욱 강하게 나타나는 것이 이 모델의 특징이다.

하지만 공동체주의자인 월쩌가 그리는 가장 적절한 형태의 국제체제 모델은 바로 '탈국가적 다원주의' 모델이다. 그는 '약한 글로벌 다원주의'와 '강한 글로벌 다원주의'에 이어 이 모델을 '제3의 다원주의'라고 불렀는데, 이것이야말로 오늘날 국제질서의 현상을 반영하면서 인류가 모색할 수

....

33 Michael Walzer, *Arguing about War* (New Haven: Yale University Press, 2004), pp. 44-9.

있는 가장 바람직한 미래상이라는 것이다. 예를 들어 '인도주의적 개입(humanitarian intervention)'과 같은 국제사회의 가치가 직접적인 행동으로 이어질 수 있는 강력한 형태의 다원주의를 유지하면서 동시에 특정한 국가의 권력이 독점적으로 행사될 수 없는 구조가 이에 해당한다.[34] 이 모델은 국제사회의 무력개입을 옹호한다는 점에서 어느 정도 불안정성을 내포하고 있지만 동시에 현재의 무정부상태를 극복할 수 있는 강력한 대안의 국제체제 모델이라는 점에서 최상의 시나리오라는 것이 그의 주장이다. 이처럼 월쩌의 모델작업은 강대국 중심의 독과점적 권력구조, 즉 냉전기의 배타적 '클럽(club)' 형태를 극복하고 상호의존적이면서 책임성을 갖춘 통합 체제에 초점을 맞추고 있다.[35] 표 6은 이상에서 논의한 월쩌의 7가지 국제체제 모델을 요약하고 있다.

표 6 월쩌(2000)의 국제정치체제 모델

구조 유형	주요 행위자	구조적 특징	안정성	역사적 사례
세계공화국	세계정부	– 칸트 평화사상 기반 세계정부 – 시민의 권리, 의무, 정체성 동일	매우 안정	
단일 헤게모니	제국	– 정치적 불평등성이 존재 – 헤게모니의 세계평화와 안정 추구	안정	로마의 평화 미국의 평화
세계연방	연방체제+국가	– 일부 국가주권을 연방에 양도 – 기존 과점적 불균등 해소가 관건	복합	
탈국가적 글로벌 다원주의	시민사회+국제기구 +지역연합	– 다양한 행위자들의 탈국가적 연합 – 단일 국가에 의한 독재 예방	복합	
강한 글로벌 다원주의	국가+국제기구 +시민사회	– 강력한 글로벌 시민사회 다원주의 – 초국가기업 등의 세력확대와 혼란	불안정	
약한 글로벌 다원주의	국가+국제기구	– 현존하는 국제기구의 취약한 권한 – 국가주권의 취약성, 분열, 불안정	불안정	탈냉전기 세계
무정부상태	국가	– 글로벌 차원의 권위와 법률 부재 – 국가의 이해관계에만 근거한 결정	매우 불안정	

....

34 Walzer (2004), pp. 68-9.
35 Robert O. Keohane and Joseph S. Nye, Jr., "Introduction," in Joseph S. Nye, Jr. and John D. Donahue (eds.), *Governance in a Globalizing World* (Washington, D.C.: Brookings Institution Press, 2000), pp. 26-7.

IV. 탈냉전기 국제정치체제의 이론적 논의: 구조의 복잡성, 불안정성, 규범

냉전이 끝난 직후 학자들은 새로운 세계질서를 설명하고 예측하기 위한 다양한 진단에 착수했다. 이러한 작업은 냉전기에도 이루어졌지만, 초강대국의 핵무기 대결과 양극화라는 사고의 틀을 넘어서기 어려운 것이 현실이었다. 냉전기의 대표적인 국제정치체제 모델이었던 캐플란과 불의 논의는 당시의 시대상황에 대한 진지한 고민을 바탕으로 한 것이었지만, 국제질서의 구조적 측면에 지나치게 몰입되어 있었기 때문에 양극화와 다극화 세력균형 모델의 한계를 넘어서지 못했다. 한편 냉전의 붕괴는 이러한 개념의 제약을 극복하고 다양한 현상을 보다 적실성 있게 탐구할 수 있도록 해주었다.[36] 1990년대에 들어와 이루어진 나이와 하카비의 모델은 '단극체제'라는 새로운 현상에 대한 관심을 보였고, 지역이나 블록과 같은 새로운 유형의 '광역' 행위자에 주목했다. 또한 로즈노와 월쩌는 한 단계 더 나아가 다원주의 모델 및 복합적 모델에 대한 논의를 전개함으로서 국제정치체제를 이해하고 진단하기 위한 이론적 도구들을 더욱 확장하여 제시해왔다. 이 장에서는 이와 같은 특징들을 세부적으로 논의한다.

1. 국제정치체제의 구조적 복잡성과 불안정성에 대한 관심

냉전 이후의 세계는 빠른 속도로 변모해왔고, 학자들은 이러한 시기가

....

36 장기적인 관점에서 볼 때 세계질서의 가장 큰 변화는 지난 500여 년에 걸쳐 이루어져온 근대세계의 등장이라는 주장이 있다. 이러한 시각에서는 합리적 패러다임과 과학기술의 발전 및 사회제도의 진화에 힘입어 세계가 하나로 통합되기 시작했다고 본다. 대략 15세기를 전후로 세계의 물리적 공간에 대한 인식이 확대되면서 다양한 문명에 대한 인식과 상호교류가 늘어났고, 그럼으로써 세계 어디서나 호환되는 문명표준이 자리를 잡기 시작했다. 말하자면 과거의 '많은 세계(many worlds)'가 '하나의 세계(one world)'로 거듭나게 된 것이다. Kenneth E. Boulding, "The Concept of World Order," *American Behavioral Scientist* 34-5 (1991), pp. 581-2.

새로운 패러다임을 향한 하나의 '이행기'라고 보았다. 정치체제의 변화라는 맥락에서 가장 두드러지게 관찰되는 특징은 전통적인 '국민국가' 및 보편적 '주권'에 대한 도전이었다. 이러한 도전은 다양한 분야에서 나타나기 시작했는데, 오늘날 국제기구나 비국가 행위자들은 국가 차원에서 해결하지 못하는 문제들에 공동으로 대응하면서 전통적인 국가 주권의 독점적 지위를 위협하고 있다. 이러한 정치적 구조의 변화 속에서 눈여겨보아야 할 점은 '파트너십(partnership)'과 '경쟁관계(rivalry)'의 의미가 어떻게 형성되는가이다. 전통적인 국민국가 체제 하에서는 이러한 개념들이 서구 강대국 사이의 합의에 의해 정립되어 왔지만, 타 지역과 문명권의 도전이 거세지고 중국과 같은 새로운 강대국이 세계정치의 전면에 등장하면서 과연 어디까지가 '파트너십'이고 어디까지가 '경쟁관계'인지가 불분명해졌다. 이런 현상은 국제연합과 같은 다자간 협의체 및 활동에서 더욱 빈번하게 관찰되고 있다.[37]

비국가 행위자의 등장은 이러한 혼란을 더욱 부추기고 있다. 세계화의 추세는 다양한 형태의 하위국가 행위자와 지역연합, 초국가적인 행위자들의 참여를 제고해왔고, 그들은 전통적인 정치 및 군사영역을 넘어 경제와 문화, 다양한 인적 교류로 활동범위를 넓혀왔다.[38] 따라서 1990년대 이후의 국제정치가 미국이라는 유일의 초강대국에 의해 지배되고 있다는 구조적 시각은 지나치게 단순한 것이며, 탈냉전기의 국제정치를 '제국주의'와 같은 전통적인 개념으로 이해하기는 곤란한 상황이 되었다. 여기에는 문명과 문화적 변수, 다양한 행위자들 사이의 네트워크, 다양한 이념의 중첩 등이 작

....

37 Paul Gordon Lauren et al., *Force and Statecraft: Diplomatic Challenges of Our Time* (Oxford: Oxford University Press, 2007), pp. 127-9.

38 1990년대에 들어와 미국의 일방주의적 성향에 대한 비판으로서 등장한 '신(新)제국주의' 논의는 이런 맥락에서 좁은 시야에 갇힌 견해라고 할 수 있다. 탈냉전기의 국제정치 속에서 미국의 일방주의적인 행태는 단지 일부에 해당될 뿐이며, 보다 폭넓게 본다면 반(反)제국주의 운동, 지역주의, 국제주의, 초국가적 네트워크화 등 다양한 현상이 어우러지면서 만들어내는 새로운 이미지의 일부에 해당할 따름이다. Akira Iriye, "Beyond Imperialism: The New Internationalism," *Daedalus* 134-2 (2005), pp. 109-11.

용하며, 앞서 살펴본 바와 같이 국제정치의 '복합적' 성격에 대한 탐구가 더욱 절실하다. 아울러 탈냉전기에 들어와 전통적인 국가 행위자의 쇠퇴 여부에 대한 논란이 거세게 일어났지만, 이에 맞서서 국가의 속성과 기능, 권한의 범위 등이 변화하는 시대적 환경에 맞춰 변환해간다는 주장에도 힘이 실리고 있다.[39] 이렇게 보면 탈냉전기의 국제정치 체제에 대한 전망과 모델화 작업은 단지 체제의 변화만을 대상으로 하기보다는 체제를 구성하는 행위자 차원으로 확대되어 왔음을 알 수 있다.[40]

한편 새로운 국제정치 행위자에 관한 논의 중에서 최근 주목을 받는 것이 '개인'인데, 특히 로즈노의 모델에서는 개인들 사이의 연결망이 갖는 중요성이 강조되고 있다. 그가 그리는 미래의 국제정치에서는 개인들이 어떻게 초국가적 정체성을 가지며, 그것이 어떻게 제도적으로 구축되는가가 체제의 성격을 결정한다. 이때 개인들의 네트워크(networked individuals)가 점차 중요해지는데, 정보기술과 미디어의 발달, 초국가적 교류의 활성화로 인해 강력한 '글로벌 시민사회'가 등장할 것이라는 기대도 가능하다. 이는 지금까지 정치적 권위를 독점해온 국가의 상대적 쇠퇴로 이어짐으로써 '권위의 분산(disaggregation)'을 초래하게 될 것이다.[41] 냉전기에 국제체제의

....

39 예를 들어 국가에 대한 도전에 직면하여 다양한 '정부간 네트워크(intergovernmental network)'가 형성되고 내부적 기능과 형태에 변화를 꾀하는 '네트워크국가(network state)'의 논의도 활발하게 이루어지고 있다. Anne-Marie Slaughter, *A New World Order* (Princeton: Princeton University Press, 2004); Christopher Ansell, "The Networked Polity: Regional Development in Western Europe," *Governance* 13-3 (2000), pp. 303-33.

40 로버트 길핀(Robert Gilpin)은 국제체제의 변화를 세 가지로 구분하였는데, 행위자의 변화(systems change), 체제의 변화(systemic change), 그리고 상호작용의 변화(interaction change)가 그것이다. 여기서 그가 'systems'라는 표현을 사용한 이유는 명확하지 않으나 시스템을 구성하는 구성원들의 속성 변화를 가리키고 있다는 점에서 'systems change'를 '행위자의 변화'로 번역하였다. 길핀은 행위자와 체제의 변화가 특히 중요하다고 보았는데, 행위자의 변화는 도시국가, 국민국가, 초국가기구 등 행위자의 속성을 다루며, 체제의 변화는 권력분포, 위계질서, 규범과 권리의 변화 등 거버넌스 형태를 다룬다. Robert Gilpin, *War and Change in World Politics* (Cambridge: Cambridge University Press, 1981), pp. 39-44.

41 James N. Rosenau, "Illusions of Power and Empire," *History and Theory* 44 (2005), pp.

구조를 기계처럼 다루던 관행에서 벗어나 이와 같은 인간중심적 시각이 부각된 것은 월쩌의 경우에도 마찬가지인데, 그 역시 글로벌 사회 속에서 활동하는 '개인'들의 열망을 반영한 시민사회가 가장 바람직한 다원주의 모델에서 주축을 이루게 될 것이라고 내다보았다.

냉전기의 국제정치의 구조에 대한 모델화 작업은 주로 국가행위자에 초점을 맞추어왔는데, 여기에는 주로 시스템의 안정성을 지향하는 세력균형 모델이나 양극화 모델이 포함되었다. 이에 반해 탈냉전기의 모델은 국가뿐 아니라 초국가기구나 개인, 지역주의 추세 등을 포함하는 복잡한 양상과 그로 인한 시스템의 불안정성에 초점을 맞추기 시작했다. 나이, 하카비, 로즈노 등의 논의에서 불안정한 모델들이 양산된 것은 이러한 국제정치의 패러다임 변화와 무관하지 않다. 적은 수의 변수만으로 체계적인 과학이론의 구축이 가능할 것이라는 캐플란의 기대는 탈냉전기의 복잡성으로 말미암아 더 이상 가능하지 않게 되었다. 또한 '국제사회'라는 가상의 관념을 전제로 시스템의 질서를 모델화하고자 했던 헤들리 불의 작업도 탈냉전기의 복잡성을 그려내기에는 한계에 도달해 있었다.

이런 연유에서 냉전기의 모델 작업들이 대체로 '안정'과 '조화'를 지향하는 이상형의 모델을 생산하는 데 치중했던 반면, 탈냉전기의 작업은 표 7에서 정리하고 있는 것처럼 '다양성'과 '불안정성'을 반영한 모델에 더 많은 관심을 보이기 시작했다. 이 표에서 캐플란이나 불의 경우 각각 안정체제 모델은 4가지씩 제시한 반면, 불안정체제 모델은 적은 수에 그치고 있다. 이에 비해 나이, 하카비, 로즈노, 월쩌의 모델작업에서는 상대적으로 안정체제 모델이 적게 나타난 반면 불안정체제 모델의 수가 증가하고 있음을 알수 있다. 이러한 차이는 곧 탈냉전기의 국제체제에서 노정된 복잡성과 예측불가능성에 대한 이론적 관심사가 정교한 모델화 작업에도 반영된 것이라고 평가할 수 있다. 한편 '안정'과 '불안정'의 속성을 모두 지닌 '복합체제'의
....

86-7.

모델은 냉전기나 탈냉전기 모두 상대적으로 적은 수에 그치고 있음을 볼 수 있다.

표 7 냉전기와 탈냉전기의 모델 비교: 안정체제, 복합체제, 불안정체제

시기	학자	모델수	안정체제	복합체제	불안정체제
냉전	캐플란	6	- 위계질서형 국제체제 - 보편적 국제체제 - 느슨한 양극체제 - 경직된 양극체제	- 세력균형체제	- 단위거부권 국제체제
	불	7	- 비무장 세계 - 국가연대 - 이데올로기적 동질체제 - 세계정부	- 비국제체제 국가군	- 다수의 핵무기보유국 - 국제체제 국가군 - 신중세주의
탈냉전	나이	5	- 단극 헤게모니	- 다층 상호의존	- 양극체제 - 다극체제 - 3개 경제블록
	하카비	8	- 지구촌	- 단극 지배체제	- 양극체제 - 다극 세력균형체제 - 3개 블록 신중상주의 - 문명권 기반체제 - 평화-혼란지대 대립
	로즈노	4	- 지구사회	- 국가 복귀체제	- 다원주의 체제 - 지속적 분기
	월쩌	7	- 세계정부 - 단일 헤게모니	- 세계연방 - 탈국가적 다원주의	- 강한 글로벌 다원주의 - 약한 글로벌 다원주의 - 무정부상태

2. 국제정치체제 모델의 규범적 성격과 인간중심적 공동체에 대한 관심

국제정치체제의 모델은 복잡한 현상을 이해하기 쉽도록 단순화, 유형화하는 작업으로서 이론적 체계를 수립하는데 중요한 도구라고 할 수 있다. 물론 여기에는 현실의 모습을 파악하기 위한 실증적 작업과 더불어 미래의 열망을 그려내기 위한 규범적인 논의도 포함된다. 앞서 살펴본 냉전기

및 탈냉전기의 국제정치체제 모델화 작업은 대부분 현실에 존재하지 않지만 충분히 예상할 수 있는 '그럴듯한(plausible)' 모델, 그리고 미래에 대한 인류의 바람을 담은 이상형 모델도 포함하고 있다. 말하자면 국제정치의 질서를 다양한 '사실'과 '가치'의 복합체로 그려내는 작업이 곧 모델화 작업이라고 할 수 있다.[42] 이처럼 가치와 열망을 담아내는 작업이라는 점에서 국제정치체제의 다양한 유형화는 단순한 실증주의적 이론화의 차원을 뛰어넘어 중요한 시대적 분위기, 즉 인류 모두를 위한 공동체의 가치를 반영하고 있기도 하다.

국제정치체제의 모델링에서 자주 사용되고 있는 '공동체'라는 표현은 칸트의 '세계공동체(world community)' 전통을 바탕에 깔고 있지만, 이것이 오랫동안 근대국가 중심의 국제체제에서 전용되면서 개념적 일관성을 상실하기 시작했다. 즉 복수의 국민이 존재한다는 사실로부터 '같음'과 '다름'을 구별하는 배타적인 논리가 자리 잡게 되었고, 그로 말미암아 모든 인류가 참여하는 '보편주의적' 공동체는 달성 불가능한 신기루처럼 치부되기 시작했다.[43] 이렇게 형성된 '특수주의적(particularistic)' 공동체 관념은 국가 내부에서 이루어지는 합의가 곧 '도덕'이라고 간주했지만, 이는 공동체 외부에서 더 이상 작동하지 않을뿐더러 다른 공동체의 도덕과 충돌할 수밖에 없다는 딜레마를 안고 있었다.[44] 이런 상황에서 국민국가 중심의 냉전기 극화체제가 지닌 한계를 인식하고 진정한 '세계공동체'를 이루기 위한 심각

....

42 Andrew Hurrell, *On Global Order: Power, Values, and the Constitution of International Society* (Oxford: Oxford University Press, 2007), pp. 2-3.

43 국민국가로 대변되는 공동체 사이의 문제들은 그들 사이의 '상호인식'에 의해서만 관리가 가능한 것으로 간주되었다. Jens Bartelson, *Visions of World Community* (Cambridge: Cambridge University Press, 2009), pp. 4-5.

44 자유주의적 구성주의자들은 '공동체'의 관념이 '인류'의 관념을 바탕으로 해야 한다는 점을 강조하고 있다. 그럼으로써 지금까지 국민국가체제에서 남용해온 '특수주의적 공동체' 관념을 넘어 '보편주의적 공동체'가 가능해지며, 이는 국가가 아닌 개인들 사이의 '상호 구성(co-constitution)'과 '상호 침투(interpenetration)'가 이러한 과정에서 중요한 역할을 담당한다고 주장한다. Bartelson (2009), pp. 10-1.

한 논의가 탈냉전기에 들어와 새롭게 부각되기 시작한 것은 결코 우연의 일치가 아니다. 다원주의에 관한 월쩌의 모델은 이런 맥락에서 중요한 의미를 갖는다.

탈냉전기에 활발해진 세계공동체 모델 논의와 관련하여 두 가지의 정치철학적 전통을 언급할 필요가 있다. 하나는 정치체를 최선의 도덕적 공동체로 간주하는 '아리스토텔레스'의 전통이고, 다른 하나는 정치체가 지닌 억압적이고 질서 지향적인 측면을 강조하는 '아우구스티누스'의 전통이다. 아리스토텔레스의 전통은 공동체적 삶에 대한 약속을 최고의 가치로 꼽는다. 따라서 국가와 같은 정치체는 구성원들의 정치활동에서 '소통'이 이루어질 수 있도록 해야 하며, 무엇보다도 도덕적인 결사체를 지향한다. 이에 비해 아우구스티누스의 전통에서는 '인간의 도시(City of Man),' 즉 인간들의 결사체가 임시방편으로 결성된 공동체이기 때문에 강압과 지배를 통해 질서를 유지해야 한다고 본다. 궁극적으로 이러한 인간의 도시는 사랑과 우애를 기반으로 하는 자발적인 질서가 구현되는 영원한 '신의 도시(City of God)'에 다가가기 위한 일시적 단계에 지나지 않는다. 이런 시각에서 보면 정치제도는 질서를 유지하기 위한 강압과 처벌의 도구에 불과하다.[45]

정치체제를 바라보는 관점이 이렇게 상반되기는 하지만, 이들 두 가지 전통이 반드시 대척점에 서 있어야 할 이유는 없다. 많은 경우에 이들 두 전통은 서로 융합되어 나타나곤 하는데, 이런 점에서 '도덕적 의미의 공유'를 강조하는 아리스토텔레스의 전통과 '조직화된 위협의 구조'를 강조하는 아우구스티누스의 전통은 서로 보완성을 지닌다.[46] 이렇게 본다면 탈냉전기에

....

45   Andrew Phillips, *War, Religion and Empire: The Transformation of International Orders* (Cambridge: Cambridge University Press, 2011), pp. 17-8.
46   철학자들은 행위자 상호 간에 공유되는 '도덕적 의미의 공유'는 '노모스(nomos)'로, 그리고 '조직화된 위협의 구조'는 '크라토스(kratos)'라고 불러왔다. 이들 두 개념은 정치공동체의 근간을 형성하는 핵심적인 두 요소로서 정치질서가 본질적으로 '야누스적(Janus-faced)'일 수밖에 없음을 잘 보여주는 표현이라고 할 수 있다. Phillips (2011), p. 19.

들어와 활발하게 이루어지는 아리스토텔레스적 세계공동체의 논의가 냉전기의 국가 중심 패러다임, 즉 아우구스티누스적 전통과 반드시 대립된다고 볼 필요가 없다. 사실 어떤 형태의 정치체제가 우세한가의 여부는 주어진 역사적 상황에 따라 달리 나타날 것이기 때문이다. 근대국가가 지난 수백여 년 동안 지배적인 정치단위체로 자리 잡아왔지만, 이는 오로지 특정한 시대적 상황 속에서 가능한 것이었으며 어디까지나 유럽의 역사적 산물이었던 것이다.[47]

이처럼 냉전기의 국제정치체제가 경직된 초강대국 중심의 질서를 기반으로 현실주의 시각을 과다하게 반영한 이론적 모델링을 촉구했다면, 이것이 와해된 탈냉전기의 분위기는 훨씬 더 복잡하면서 불안정한 양상 속에서도 인류의 미래가 달성해야 하는 '규범적' 이론화의 작업에 더욱 몰두하기 시작한 것으로 판단된다. 이처럼 탈냉전기 세계질서의 변화를 논의하는데 있어 '인간중심적 판단(human valuations)'은 더욱 중요해진 것으로 보인다. 세계가 하나의 '질서'를 향해 전진하는 것인지, 아니면 '무질서'를 향해 치닫는 것인지는 당대의 사람들이 어떻게 받아들이는가에 달려 있다.[48] 이러한 판단은 오로지 시스템이나 국제사회라는 추상적 개념보다도 '인간'을 중심으로 사고하는 규범적 논의에 의해 가능하다. 그리하여 탈냉전기의 학자들은 '보편적 제도'를 창출함으로써 인구문제, 환경보호, 자원관리 등 다양한 현안들을 공동으로 다룰 수 있는 기회가 더 늘어날 것이라고 보았던

....

47 근대 주권국가가 상황에 '적응'하면서 '진화'를 거듭해왔다는 사실은 그것이 다양한 대안의 정치체제들 사이에서 가장 효과적인 것으로 '선택'되었음을 의미한다. 이러한 시각은 스티븐 굴드(Stephen J. Gould)와 같은 생물학적 진화론자의 프레임워크를 바탕으로 한 근대국가의 역사적 이해로 이어졌다. Hendrik Spruyt, *The Sovereign State and Its Competitors* (Princeton: Princeton University Press, 1994), pp. 184-7.

48 이런 점에서 '진화'의 관점을 강조하는 학자들은 사람들이 학습과정을 통해 잘못된 것을 바로잡고 보다 나은 방향으로 나아가는 것이야말로 '질서' 여부를 판단하는 중요한 기준이라고 보아왔다. 케네쓰 보울딩은 냉전 직후의 세계질서가 '성숙한 수준(maturity)'에 도달했는가의 여부가 향후 질서의 방향을 결정하게 될 것이라고 보았다. 그는 국제연합과 같은 보편적 기구의 역할에 큰 기대를 지니고 있었다. Boulding (1991), pp. 589-91.

것이다.

3. 동아시아 국제정치에 대한 이론적 함의

앞서 살펴본 냉전기와 탈냉전기의 국제정치 유형에 관한 논의는 상당한 정도로 서구중심적인 차원에 머물러 있다. 이는 지난 150여 년간에 걸쳐 진행되어온 주권 기반의 서구 국제정치 모델이 글로벌 문명표준으로 자리매김 한 역사적 경험에 그 뿌리를 두고 있다고 할 수 있다. 이와 같은 특징은 동아시아 국제정치의 맥락에서 바라볼 때 매우 아쉬운 점을 드러내고 있는데, 특히 서구질서의 특징적인 묘사만으로는 설명하기 어려운 여러 현상들을 주권 기반의 근대국제정치 질서의 틀 속에서 용해시켜버림으로써 지금까지와 마찬가지로 향후 가능할 수도 있는 다양한 국제질서의 모습을 충분하게 다루지 못하는 한계를 지니고 있다. 예를 들어 일본의 제국주의화와 이질적인 지역 헤게모니 현상, 중국의 성장과 그에 따른 새로운 지역 및 국제질서의 양상 변화, 한국과 같은 중견국가들의 경제발전과 글로벌 수준의 역할 변화 등을 제대로 담아내지 못한 채 형식적인 변화에만 초점을 맞추고 있다.

냉전기의 경우 이데올로기 대립과 초강대국의 영향이 지대했던 까닭에 이러한 한계는 어쩔 수 없는 것으로 받아들여졌다. 1940년대 후반부터 1980년대까지는 이러한 양극화의 구도가 부득불 국제정치학의 구조적 배경을 형성하고 있었고, 따라서 '다른 목소리'와 '이질적 문화'를 고려한 국제정치 질서에 대한 논의는 거의 이루어지지 않았다. 이러한 모습은 캐플란과 불의 논의에서 여실히 드러나고 있었다. 사실 캐플란은 매우 건조하고 기계적인 방식으로 국제체제를 구분했는데, 그가 시스템이론의 영향을 크게 받았다는 점을 고려할 때 그리 특이한 현상은 아닐 것이다. 오히려 불과 같이 '국제사회'의 개념을 포용하기 시작한 학자들이 유럽 중심의 사고를 넘어서 세계정부 또는 신중세주의와 같은 논의를 전개하려는 노력을 기울였는데, 문제는 여기에서조차 '다른 지역'에 대한 심층적인 고찰을 결여하고 있었다는 점이다. 예를 들어 불의 경우 '비국제체제 국가군'을 언급하면서 브라질이나 파푸아뉴기니룰 사례로 들고 있는데, 아쉽게도 그 이상의 본격적인 탐구로 이러지지 못하고 있다. 또한 전 지구적 차원에서 상호작용을 이루는 '세계 정치체제(world political system)'에 관한 논의도 이어지고 있지만, 여기에서도 동아시아 질서나 여타의 문명권에서 보여준 지역 또는 국가 간 관계에 대한 세부적인 내용은 전혀 다루어지지 않았다. 다만 마르크스주의 모델을 논의하면서 그것의 '중국적 변형'에 대하여 잠깐 언급한 바 있는데, 중국의 오랜 역사적 특성보다도 20세기 중반 공산주의 혁명 이후 보여준 이데올로기적 특징만을 다루고 있다는 점에서 아쉬움을 남기고 있다.[49]

냉전기의 학자들이 보여준 이러한 한계는 상당한 정도로 탈냉전기에도 이어지고 있다. 나이, 하카비, 로즈노, 월쩌의 경우 모두 냉전기 학자들과 마찬가지로 '시스템' 차원의 특징에 치중하고 있으며, 무엇보다도 주권 개념에 기반을 둔 근대국가 체제의 변화에만 몰두하고 있다. 그럼으로써 서구 이외의 특성을 반영한 행위자의 등장이나 관계의 복잡성을 충분하게 반영하지 못하고 있다. 나이의 경우 일본의 경제성장으로 인한 '3개 경제블록'의 가능성을 점치기도 했지만, 어디까지나 '국력'의 관념을 바탕으로 한 것일 뿐 일본이나 비서구 국가들이 지닌 고유의 속성에는 관심이 없었다. 그는 서구 국가들이 주축이 되어 탈(脫)웨스트팔리아 체제로 이전하는 모습을 그려내고자 했는데, 여기에는 주권에 대한 도전으로서 인권이나 소수자 권리를 강조하는 자유주의 질서에 대한 확신이 강하게 내포되어 있었다.[50] 하지만 제3세계권의 특징이나 비서구 질서의 모습을 담아내려는 노력은 여전히 보이지 않고 있었다. 로즈노와 월쩌의 경우에도 서구의 경험을 넘어서는 역사적 현상에 대해 거의 다루지 못하고 있다는 점에서 탈냉전기에 가능한 다양한 질

....

49   Bull (1977), p. 481.
50   Nye (1992), pp. 91-3.

서에 가능성에 대하여 충분하게 주의를 기울이지 못했다고 평가할 수 있다.

유일한 예외는 하카비의 논의인데, 그가 살펴본 국제체제의 유형에는 '문화'의 변수를 기반으로 한 '문명권 기반체제'가 포함되어 있다. 헌팅턴의 '문명의 충돌' 테제를 근간으로 한 이러한 논의는 기존에 다른 학자들이 주의를 기울이지 않았던 비서구 질서의 부상과 영향에 관심을 보인 것이었다. 하카비는 서구 국제질서가 웨스트팔리아체제 이후 '군주(princes)' 간의 관계가 프랑스혁명을 거치면서 '국민국가' 간의 관계로, 그리고 20세기에 들어와 '초강대국' 중심의 관계로 변환되어왔고, 이후 점차 서구 내부의 균열을 겪게 되었다는 점을 지적하고, 이것이 미래에는 '문명 간의 전쟁'으로 발전할 수 있다는 점을 짚고 있다. 이와 같은 시나리오가 얼마나 타당한가의 논의는 별도로 하더라도, 문화적 변수와 비서구적 경험을 고려한 국제체제에 대한 논의라는 점에서 하카비의 유형화는 나름대로 서구권 학자들에게 중요한 화두를 던지고 있다고 하겠다.

이처럼 국제체제의 유형에 관한 기존의 논의는, 그것이 냉전기에 이루어졌건 탈냉전기에 이루어졌건 간에, 대단히 형식적인 차원에 머물러 있었다는 점을 알 수 있다. 지난 반세기 이상 국제정치학을 지배해온 서구의 논의는 그들의 경험이 문명표준을 형성하면서 여타 지역이 안고 있는 특성과 가능성을 심각하게 등한시하는 결과로 이어졌다. 대부분의 논의는 '주권' 개념을 바탕으로 한 국민국가 및 그에 도전하는 비국가행위자 및 초국가기구 등에 국한되었으며, 특히 '권력'의 배분에 초점을 맞춘 구조적 특징을 묘사하는 차원을 넘어서지 못했다. 그럼으로써 역사적으로 실재해왔던 동아시아와 남미, 아프리카 등의 경험을 담아내지 못했을 뿐만 아니라 20세기 후반 이후 서구질서에 강력한 도전을 제기하고 있는 이들의 존재감조차도 충분히 담아내지 못하고 있다. 국제질서가 서구적 특징만으로 묘사됨으로써 종교나 종주권, 조공체제 등 이질적인 질서의 성격을 제대로 설명할 수 없는 지경에 이르게 된 것이다.

이러한 서구중심적 논의의 한계는 국제정치이론이 제대로 적용되지 못하거나 왜곡되어 적용될 수밖에 없는 '간극(gap)'을 만들어낸다. 여기에는 제국주의, 식민지, 세력권(spheres of influence)과 같이 서구 국가들이 경험했으면서도 이를 정상적인 국제질서의 구성원으로 받아들이지 않았던 '변이' 현상이 포함된다. 즉 서구가 만들어낸 질서의 일부였지만, 그것을 독립적인 주체로서 간주하지 않았다는 점에서 서구 국제정치 논의의 제약을 엿볼 수 있다. 그럼으로써 20세기에 들어와 격렬하게 전개되었던 사회주의 혁명이나 제3세계권의 도전, 동아시아 국가들의 부상, 중국의 존재감을 충분하게 이론화하지 못한 채 절름발이 국제정치이론에 만족할 수밖에 없었다. 이런 점에서 동아시아를 포함한 비서구 진영의 이론적 논의가 시급하며, 무엇보다도 서구와 비서구를 충분히 포괄하는 거시적, 구조적 논의가 시급하다고 하겠다.

V. 맺는 말

이상에서 살펴본 바와 같이, 국제정치체제의 구조적 속성에 대한 냉전기의 모델화 작업은 시스템 사고의 영향을 많이 받으면서 주로 극화현상을 분석하는데 치중해왔다. 이러한 경향은 캐플란의 모델에서 잘 드러난 바 있다. 헤들리 불의 경우에는 국제사회론을 기반으로 하여 다양한 형태의 공동체적 가치를 반영한 모델을 구상했다. 이들의 작업은 모두 냉전이라는 시대적 상황의 영향을 크게 받았기 때문에 강대국이 주요 행위자로 설정된 모델에 집착하는 성향을 보였다. 이에 비해 탈냉전기의 모델들은 과거에 관찰하기 어려웠던 단극체제 현상을 묘사하거나, 국가 이외의 다양한 정치단위체가 참여하는 구조적 특징을 묘사하는 데 주안점을 두었다. 예를 들어 국제기구의 적극적인 역할에 대해서도 관심을 보였고, 블록이나 지역 등과 같은 광역 행위자, 개인 네트워크와 시민사회 같은 비국가적 행위자의 참여도 새로운 고려 대상이 되었다. 이러한 복합적 상황을 모델로 구현함으로써 탈냉전기 국제정치체제의 논의는 더욱 풍부한 성과를 내기 시작했다. 나아가 세계 통합이라는 거창한 이데올로기적 가치를 가상의 모델로 구현함으로써 경험적 모델과 비교하려는 시도들이 나타났다.

냉전기 및 탈냉전기의 국제정치질서와 구조를 유형화하려는 노력들은 '모델'이라는 이론적 도구의 근본적인 취지에 충실하게 핵심적인 요소들을 정제해내면서 국제정치이론의 논의를 풍부하게 만들고 다양한 시사점들을 던져주는 계기로 작용했다. 냉전기의 모델들이 양극화와 핵무기 대결이라는 시대적 과제를 극복하기 위한 문제의식을 담고 있었다면, 탈냉전기 모델들은 보다 광범위한 맥락에서 미래의 복잡하고도 다원적인 불안정성을 어떻게 그려낼 것인지, 인류 공동의 가치를 어떻게 국제체제의 모델로 구현할 것인지에 더 많은 관심을 두었다. 그럼으로써 탈냉전기 국제정치체제 모델들은 역사적, 경험적 현실 사례들과 더불어 다양한 가상의 사례와 극단적인 시나리오까지 상정함으로써 이론적 논의를 더욱 심층적으로 전개하는데 기여해왔다. 캐플란이 언급했듯이 이러한 모델들이 현실을 있는 그대로 보여주는 것은 아니지만, 여러 측면에서 '계몽적' 기능을 충실하게 수행해왔다는 점에는 이견이 없다.

탈냉전기에 들어와 국제정치체제가 빠르게 변화하고 있다는 점에 대해서는 학자들 사이에 큰 이의가 없을 것이다. 하지만 이론적 관점의 차이에 따라 어떤 측면들이 이러한 변화의 핵심요소가 될 것인가에 대한 차이를 보일 수는 있을 것이다. 이 글에서는 개별 이론들을 기준으로 모델을 나열하기보다는, 냉전기와 탈냉전기라는 시기별 구분이 어떻게 국제정치체제의 구조를 밝혀내고 또 다양한 유형을 모델화하는 데 도움이 될 수 있는가를 살펴보는데 주안점을 두었다. 무엇보다도 탈냉전기 국제정치체제의 구조모델은 비국가 행위자의 등장과 행위자의 복잡성, 그리고 시스템 불안정성을 중요한 특징으로 내세우고 있으며, 냉전기의 갈등 구도를 넘어서서 새로운 미래, 예를 들어 세계공동체와 같은 규범적 논의로 그 영역을 확장해왔다. 다만 동아시아를 포함한 비서구의 경험을 충분하게 반영하지 못하고 있다는 점에서 앞으로의 이론적 작업이 지향해야 할 방향성을 재정립해야 할 필요성을 느끼게 된다. 이 글에서는 주로 1990년대까지의 연구를 집중적으로 살펴보았지만, 장차 21세기의 국제정치연구에서도 이러한 모델화 작업들이 지속되면서 비서구를 포괄하는 새로운 국제정치학의 조류가 기대된다.

참고문헌

Acharya, Amitav and Barry Buzan. eds. *Non-Western International Relations Theory: Perspectives on and beyond Asia*. New York: Routledge, 2010.

Ansell, Christopher. "The Networked Polity: Regional Development in Western Europe." *Governance* 13-3 (2000).

Ashley, Richard K. "The Eye of Power: The Politics of World Modeling." *International Organization* 37-3 (1983).

Bartelson, Jens. *Visions of World Community*. Cambridge: Cambridge University Press, 2009.

Boulding, Kenneth E. "The Concept of World Order." *American Behavioral Scientist* 34-5 (1991).

Bremer, Stuart A. *Simulated Worlds: A Computer Model of National Decision Making*. Princeton: Princeton University Press, 1977.

Bremer, Stuart A. ed. *The GLOBUS Model: Computer Simulation of Worldwide Political and Economic Developments*. Boulder: Westview Press, 1987.

Bull, Hedley. "Society and Anarchy in International Relations." In Herbert Butterfield and Martin Wight. eds. *Diplomatic Investigations: Essays in the Theory of International Politics*. London: George Allen & Unwin, 1966.

_____. *The Anarchical Society: A Study of Order in World Politics*. New York: Columbia University Press, 1977.

Cox, Robert. "On Thinking about Future World Order." *World Politics* 28-2 (1976).

Cusack, Thomas R. and Richard J. Stoll. *Exploring Realpolitik: Probing International Relations Theory with Computer Simulation*. Boulder & London: Lynne Rienner, 1990.

Gaddis, John Lewis. "International Relations Theory and the End of the Cold War." *International Security* 17-3 (1992).

Gilpin, Robert. *War and Change in World Politics*. Cambridge: Cambridge University Press, 1981.

Harkavy, Robert E. "Images of the Coming International System." *Orbis* 41-4 (1997).

Hazy, James K. and Allan Ashley. "Unfolding the Future: Bifurcation in Organizing Form and Emergence in Social Systems." *E:CO* 13-3 (2011).

Hurrell, Andrew. *On Global Order: Power, Values, and the Constitution of International Society*. Oxford: Oxford University Press, 2007.

Ikenberry, G. John. "Liberal Internationalism 3.0: America and the Dilemmas of Liberal World Order." *Perspectives on Politics* 7-1 (2009).

_____. *Liberal Leviathan: The Origins, Crisis, and Transformation of the American World Order*. Princeton: Princeton University Press, 2011.

Iriye, Akira. "Beyond Imperialism: The New Internationalism." *Daedalus* 134-2 (2005).

Kaplan, Morton A. *System and Process in International Politics*. New York: John Wiley & Sons, 1957.

_____. "Problems of Theory Building and Theory Confirmation in International Politics." *World Politics* 14-1 (1961).

_____. "The Systems Approach to International Politics." In Morton A. Kaplan. ed. *New Approaches to International Relations*. New York: St. Martins Press, 1968.

_____. "Variants of Six Models of the International System." In James N. Rosenau. ed. *International Politics and Foreign Policy: A Reader in Research and Theory* (New York: The Free Press, 1969a [1966].

_____. "The New Great Debate: Traditionalism vs. Science in International Relations." In Klaus Knorr and James N. Rosenau. eds. *Contending Approaches to International Politics*. Princeton: Princeton University Press, 1969b.

Kaplan, Robert D. "The Coming Anarchy." *Atlantic Monthly* 273 (1994).

Keohane, Ronert O. and Joseph S. Nye, Jr. "Introduction." In Joseph S. Nye, Jr. and John D. Donahue. eds. *Governance in a Globalizing World*. Washington, D.C.: Brookings Institution Press, 2000.

Krauthammer, Charles. "The Unipolar Moment." *Foreign Affairs* 70-1 (1990/1991).

Lauren, Paul Gordon, Gordon A. Craig, and Alexander L. George. *Force and Statecraft: Diplomatic Challenges of Our Time*. 4th edition. Oxford: Oxford University Press, 2007.

Meadows, Donella H., Dennis L. Meadows, Jørgen Randers, and William W. Behrens III. *The Limits to Growth: A Report for the Club of Rome's Project on the Predicament of Mankind*. New York: Universe Books, 1972.

Nye, Jr. Joseph S. "What New World Order?" *Foreign Affairs* 71-2 (1992).

Phillips, Andrew. *War, Religion and Empire: The Transformation of International Orders*. Cambridge: Cambridge University Press, 2011.

Rosenau, James N. *Turbulence in World Politics: A Theory of Change and Continuity*. Princeton: Princeton University Press, 1990.

_____. "Illusions of Power and Empire." *History and Theory* 44 (2005).

Sheehan, Michael. "The Place of the Balancer in Balance of Power Theory." *Review of International Studies* 15-2 (1989).

_____. *The Balance of Power: History and Theory*. London: Routledge, 1996.

Skyttner, Lars. *General Systems Theory: Problems, Perspectives, Practice*. New Jersey: World Scientific, 2005.

Slaughter, Anne-Marie. *A New World Order*. Princeton: Princeton University Press, 2004.

Spruyt, Hendrik. *The Sovereign State and Its Competitors*. Princeton: Princeton University Press, 1994.

Turner, Stansfield. "The Specter of Nuclear Proliferation." *Security Dialogue* 29-3 (1998).

Van Creveld, Martin. *The Rise and Decline of the State*. Cambridge: Cambridge University Press, 1999.

Waltz, Kenneth N. *Theory of International Politics*. Reading. MA: Addison-Wesley Publishing Co, 1979.

Walzer, Michael. "Governing the Global: What Is the Best We Can Do?" *Dissent* 47-4 (2000).

_____. *Arguing about War*. New Haven: Yale University Press, 2004.

Zakaria, Fareed. *The Post-American World*. New York: W. W. Norton, 2008.

제3장

국가의 집단감정 발생 메커니즘: 동아시아 외교정책과 주권연구에 주는 함의

은용수(한양대학교)

* 이 글은 『한국정치학회보』 2018 여름호에 게재 예정인 저자의 졸고 "국제관계학에서의 감정 (예비) 이론화"를 바탕으로 수정 및 확장되었음을 밝힙니다.

I. 퍼즐: 한국과 대만의 대일외교

지난 수년간 일본에 대한 한국정부의 외교적 대응이나 전반적인 태도는 진보와 보수라는 정치적 이념성과 '관계없이' 일관되게 부정적 혹은 비판적이었다. 비록 정당 간의 차이는 있으며 나아가 한국의 대통령들은 취임 초기 "미래지향적 관계"를 지향한다는 것을 수사(rhetoric)로 내세우는 경향이 있었으나, 실제 취해진 외교적 언행은 그러한 수사와 상반된 비우호적이거나 경쟁적인 측면이 강했다.[1] 이는 기왕의 국제관계학(IR) 주류이론의 시각에서는 수수께끼 같은 사례라고 할 수 있다. 북한의 핵과 미사일이라는 안보위협에 직면한 상황에서 일본과의 포괄적 협력과 우호적인 관계형성을 통해 북한의 안보위협에 공동 대처하는 것이 '합리적' 선택으로 여겨질 수 있기 때문이다. 나아가 일본은 한국과 마찬가지로 민주주의 국가이고 자유시장경제 체제를 채택하고 있으며, 상호무역의존도 역시 매우 높다.[2] 따라서 현실주의와 자유주의라는 IR 주류이론의 시각에서 보자면, 전면적인 협력외교를 추구하지 않는 한국의 대일외교는 비합리적인 행동으로 비춰질 수 있다.

물론 "위안부," 역사 교과서, 야스쿠니신사 참배 등 이른바 '과거사'와 역사경험의 문제를 구성주의적 시각에서 고려한다면, 한국의 부정적인 대일외교는 비합리적 선택이 아닌 것처럼 보인다. 그럼에도 구성주의적 설명 역시 만족스러운 대안이 될 수 없다. 그 이유는 '동일한' 과거사와 역사경험

....

1 박영준, "한국외교와 한일안보 관계의 변용, 1965~2015,"『일본비평』(12)호 (2015), pp. 134-67.

2 T. J. Pempel (ed.), *The Economy-Security Nexus in Northeast Asia* (New York, NY: Routledge, 2012), pp. 95-9.

의 문제를 대만도 직면하고 있음에도 대만의 대일외교는 한국의 대일외교
와 매우 '상반된' 양상을 보이기 때문이다. 한국과 대만, 양국은 모두 일본
제국주의와 식민지배라는 폭력의 역사경험이 있으며 "위안부" 피해 역시
동일하게 겪은 나라들이다. 더불어 양국은 모두 민주주의 국가들이며, 자유
시장경제 체제를 채택하고 있으며, 미국과의 군사동맹을 (명시적 혹은 비명
시적으로) 유지하고 있으며 동아시아에 위치한 국가들이다.

　이러한 역사적, 정치경제체제적, 지정학적 유사성에도 불구하고 양국
의 대일본 외교는 상당한 차이를 보인다. 한국에 비해 대만은 일본에 대
해서 상대적으로 우호적인 태도를 유지해온 것이 사실이며,[3] 일본 정치
인들의 (예를 들어 고이즈미 전 일본총리의) 수 차례에 걸친 야스쿠니신사
직접참배에 대해서도 대만은 한국, 중국 등 주변국들의 이른바 "분노 외
교"(diplomacy of anger)와 달리 절제된 비판만을 보였다.[4] 오히려 대만 외
교부는 공식적으로 과거사에 대한 "관용정신"과 "아시아에서의 자유와 민
주주의"라는 공동의 가치를 강조했다.[5] 이러한 차이를 가져오는 원인은 무
엇일까?

　본고는 이것이 국가/사회적 수준에서 발생하는 집단감정에서 비롯된다
고 본다. 나아가 이러한 집단감정은 한국, 대만, 일본 등 동아시아 (국가)라
는 지역적 범주 '내부'에서만 작동하는 것이 아니라 일반화될 수 있음을 전
제한다. 따라서 개별국가의 집단감정이 무엇인지를 파악하는 것은 본고의

....

3　Peter Hays Gries and Jenny Su, "Taiwanese Views of China and the World: Party Identi-
fication, Ethnicity, and Cross‒Strait Relations," *Japanese Journal of Political Science* 14-1
(2013), pp. 78-9.

4　Todd H. Hall, *Emotional Diplomacy: Official Emotion on the International Stage* (Ithaca,
London: Cornell University Press, 2015), ch. 2.

5　Ministry of Foreign Affairs Republic of China (Taiwan), "本部對媒體有關日相小泉參拜靖國神
社報導之澄清," (2002년 04월 30일), https://www.mofa.gov.tw/News_Content_M_2.aspx?n=-
FAEEE2F9798A98FD&sms=6DC19D8F09484C89&s=8825CB830980009F (검색일: 2018. 4.
15).

주된 목적이 아니다. 마찬가지로 한국이나 대만 등 동아시아 국가의 외교정책 자체를 분석하는 것도 주요 관심사가 아니다. 본고의 목적은 개별국가나 지역의 특수성을 넘어 일반화될 수 있는 집단감정의 촉발과정 및 기제를 파악하는 것이다. 이를 통해 개별국가의 외교정책이나 특정지역의 지역관계도 더 잘 이해할 수 있을 것으로 전제한다. 요컨대 본고의 목적은 집단감정의 형성 및 촉발 메커니즘에 대한 이론적 이해라고 할 수 있다. 물론 이러한 이론적 이해를 바탕으로 전술한 한국과 대만의 대일외교 퍼즐로 다시 돌아와서 기존 IR이론들로는 부족했던 부분을 집단감정이라는 요인을 통해 재조명해 볼 것이다.

II. 감정의 개념과 의미: 지각주의와 인지주의의 이분법을 넘어

감정은 무엇인가? 집단감정의 형성 메커니즘을 이론적으로 이해하기 위해서는 무엇보다 감정에 대한 개념정의가 우선돼야 할 것이다. 이에 대한 답은 학자들마다 조금씩 차이가 있으며 감정과 유사한 다른 개념들 (기분, 태도, 욕망 등)과의 개념적 차이도 불분명한 측면이 있는 것 역시 사실이다.[6]

....

6   욕망(desire), 감정(emotion), 기분(sentiment), 태도(attitude)의 개념적 구분에 대한 논의는 Yohan Ariffin, "How Emotions Can Explain Outcomes in International Relations," in Yohan Ariffin, Jean-Marc Coicaud, and Vesselin Popovski (eds.), *Emotions in International Politics: Beyond Mainstream International Relations* (New York: Cambridge University Press, 2016), pp. 2-4. 예를 들어, (가장 최근의 저술로) 다음을 참조할 것. Ariffin, Coicaud, and Popovski (2016); Renée Jeffery, *Reason and Emotion in International Ethics* (New York: Cambridge University Press, 2014). 인간의 이성적 판단에 감정이 영향을 크게 끼친다는 뇌과학 연구로는 다음을 참조할 것. Bernard Baars and Nicole Gage, *Cognition, Brain, and Consciousness: Introduction to Cognitive Neuroscience* (Oxford: Elsevier, 2010), 특히 13장; Antonio Damasio, *Descartes' Error: Emotion, Reason, and the Human Brain* (New York: Avon Books, 1994); Chad A. Noggle, Raymond S. Dean, and Arthur MacNeill Horton, Jr., *The Encyclopedia of Neuropsychological Disorder* (New York: Springer, 2012), pp. 157-59.

하지만 감정의 복잡한 개념지도를 펼쳐놓고 보면 두 개의 큰 지형으로 구분된다고 볼 수 있다. 이는 기존의 근대 서구 철학의 전형적 논의에서 추종된 감정 vs. 이성(판단)의 이분법적 구별과도 궤를 같이하는 이해방식이라 할 수 있다. 예를 들어 데카르트는 그의 유명한 저서『철학에 대한 성찰』에서 회의(懷疑)논변을 이성중심주의를 설파하며, 행복한 삶을 영유하기 위해서는 "감정이나 정념적 욕구로 인해 길을 잃지 않고 이성이 권하는 바를 실행하겠다는 굳건하고 영원한 의지를 유지해야"한다고 말한다.[7]

우선, '지각주의' 감정론이 개념지도의 한 부분을 차지한다. 이는 감정을 신체적 감각, 무드 또는 정서로서 이해하는 입장이다. 즉, 감정은 신체의 내외부적 자극에 대한 몸의 반응이면서, 환경과 상황에 대한 신체적 느낌인 것이다.[8] 다마지오는 이러한 지각주의 감정론을 좀 더 세분화하는데, 그에 따르면 외부로 드러나는 감정표현은 정서이고, 사적으로 남아 있는 부분이 느낌이다.[9] 정서는 외부로 표출되는 얼굴표정, 목소리, 행동으로써 다른 사람들에게 관찰되는 현상이고, 느낌은 심상내부에 있는 감정변화의 심리적 또는 신체적 변화이다. 정서든 느낌이든 간에, '지각주의' 감정론에서는 감정을 신체적 변화(bodily changes)에 대한 지각이라는 점을 공통으로 전제한다. 달리 말해 감정은 신체화된 정신적 과정이며, 감각 기관을 통하여 사물/환경을 인식한 결과인 것이다. 철학분야에서 이러한 지각주의 감정론을 대표하는 학자는 제임스이며, 그는 감정을 신체적 느낌(bodily-feeling)으로 한정시켜 이해한다.[10] 감정을 신체(body) 밖의 세계에 대한 지각이라기보다는 몸의 신체적 상태에 대한 지각으로 개념화하는 것이다. 신체의 상태 변화를 유발한 외부의 자극(원인)은 있지만, 감정은 그 원인에 대한 지각이라

....

7   김선영, "데카르트에서 무의식: 몸과 기억을 중심으로,"『철학논집』 39권 (2014), pp. 269-95, 278.

8   William James, "What is an emotion?," *Mind* 9-34 (1884), pp. 188-205.

9   Damasio (1994).

10   James (1884), pp. 189-90.

기보다는 그 결과로서 반응하는 신체적 변화에 대한 지각이며, 따라서 감정은 세계에 대한 인식으로서 기능하지 않는 것으로 이해된다. 이러한 맥락에서 지각주의 감정론을 '비인지주의'라 칭하기도 한다.

이와 반대로 감정을 '인지주의'적 시각으로 이해하는 시각도 물론 존재하며 이러한 입장은 감정 개념지도의 다른 한 부분을 차지한다. 이러한 입장에서는 감정이 단순한 신체적 느낌이 아니라 지식이나 평가적 사고로 이해된다. 물론 이와 같은 '인지주의' 감정론 내부에서도 미묘한 차이가 존재하는데, 예를 들어 감정이 곧 이성적 평가이자 이성적 신념/믿음이라고 여기는 강한 인지주의가 있으며,[11] 감정은 상황에 대한 해석이라고 말하는 로버츠(R. Roberts) 같은 학자들도 있다.[12] 이 가운데서도 인지주의의 가장 전형적인 형태는 감정을 신체 밖의 세계나 타자에 대한 '판단'으로 이해하는 입장으로써 이를 흔히 '판단주의'라 칭한다. 이에 따르면 감정은 대상을 갖고 있으며, 그 대상에 대한 지향성(intentionality)을 내포한다.[13]

이들은 지각주의 감정론자들을 비판하면서 다음과 같이 논증한다. 같은 현상, 같은 세계, 같은 사물, 같은 행위자를 보더라도 인간은 서로 다른 감정을 갖게 되는데, 이는 그 대상에 대한 서로 다른 지향적 특성, 즉 상이한 명제적 판단과 개념을 갖고 있기 때문이다. 이것은 감정이 단순히 신체적 느낌과 반응 그 이상의 인식이라는 것으로 보여준다. 이러한 맥락에서 대상이나 상황에 대한 판단을 내리는 명제적 내용이 곧 감정이며, 따라서 명제적 내용이나 명제적 태도가 없으면 감정도 있을 수 없다는 결론에 도달한다.

....

11 Anthony Kenny, *Action, Emotion and Will* (London, New York: Routledge, 2003); Kendall L. Walton, "Fearing Fictions." *The Journal of Philosophy* 75-1 (1978), pp. 5-27.

12 Robert C. Roberts, "What an emotion is: A sketch," *The Philosophical Review* 97-2 (1988), pp. 183-209; Robert C. Roberts, *Emotions: an Essay in Aid of Moral Psychology* (Cambridge: Cambridge University Press, 2003).

13 Martha C. Nussbaum, *Upheavals of Thought: The Intelligence of Emotions* (Cambridge: Cambridge University Press, 2003); Robert C. Solomon, *The Passions: Emotions and the Meaning of Life* (Indianapolis: Hackett Publishing, 1976).

요컨대 감정은 세상에 대한 명제적 인식의 한 유형인 것이다.[14]

인지주의 감정론의 이와 같은 논증이 일견 타당해 보이지만, 여기에도 비판의 지점들은 존재한다. 예를 들어, 인지주의 감정론은 아래와 같은 질문에 만족스러운 답을 제시하지 못하고 있다. 감정을 대상에 대한 "명제적 판단"으로 규정할 경우, "동물이나 어린 아이의 감정"을 어떻게 설명할 수 있는가? 이들은 명제적 내용이 없거나 아직 만들어지지 않은 상태임에도 감정을 갖는다. "동물이 특정한 상황에서 위험을 느끼는 것"은 "그것이 위험이라는 개념(명제)를 가졌다는 것을 함축하지 않는다"[15]라는 서술에서도 알 수 있듯, 어떤 행위자가 명제적 판단내용을 갖지 않았다 해서 감정이 존재하지 않는다고 볼 수 있는 근거는 없는 것이다. 더불어 왜 감정이라는 판단의 종류가 유독 다른 판단들과는 달리 '신체적 느낌'을 동반하는지에 대한 대답 역시도 인지주의 감정론자들은 적절하게 제시하지 못하고 있다.[16]

철학분야의 감정에 관한 개념적 논쟁은 사회학에서도 유사한 양상으로 진행되어 왔다. 감정을 인간의 신체에 기반한 보편생리적 현상으로 볼 것인가 아니면 신체에 국한되지 않는 사회문화적 구성물로 이해할 수 있는 것인가? 감정의 기반 혹은 존재에 관한 이 질문에 대해, 한편에서는 감정이 신체적 몸의 경험에 의존해야만 존재할 수 있다고 주장한다.[17] 신체 없는 감정은

....

14 Robert C. Solomon (ed.), *Thinking about Feeling: Contemporary Philosophers on Emotions* (Oxford: Oxford University Press, 2004), pp. 184-7.

15 John Deigh, "Cognitivism in the Theory of Emotions." *Ethics* 104-4 (1994), p. 840; Ronald De Sousa, "Emotions: What I Know, What I'd Like to Think I Know, and What I'd Like to Think," in *Philosophy of Behavioral Biology* (Boston Studies in Philosophy of Science, 2004), p. 62; Robert C. Solomon (2004), p. 77; Jeremy Matuszak and Matthew Parra, "That's Not My Child: A Case of Capgras Syndrome," *Psychiatric Times* (April 30. 2011), http://www.psychiatrictimes.com/articles/that%E2%80%99s-not-my-child-case-capgras-syndrome (검색일: 2017. 12. 1).

16 이에 대한 좀 더 자세한 설명은 다음을 참조할 것. 오성, "감정에 대한 인지주의 이론의 경계 짓기," 『철학사상』 제27권 (2008), pp. 297-315.

존재가 불가능하기 때문에 사회감정, 국민감정과 같은 용어는 수사에 불과하다고 보는 입장이다. 다른 한쪽에서는 감정을 생물학적 몸에 기반한 생리적 반응으로 한정하는 것이 아니라 사회적으로 구성되고 문화적으로 규정되는 사회행위자들의 인식이나 태도로 간주한다.[18] 따라서 전자는 지각주의적 감정론과 후자는 인지주의적 감정론과 각각 결을 같이 하는 입장이라고 볼 수 있다.

그러나 이러한 개념적, 존재론적 논쟁의 대립에서 반드시 양자택일을 해야만 하는 것은 아니다. 감정의 신체적 기반을 인정하는 것이 곧 감정의 사회적 기반을 부정하는 것은 아니라는 점을 상기해 볼 필요가 있다. 국제정치적 예를 들어보자. 인간은 전쟁, 대량학살, 테러 등과 같은 거시적 정치 현상을 몸(신체감각)을 통해 '체험'하고 그에 수반된 감정을 '느끼'면서도 그것을 (다양한 방식의 의사소통을 통해) '사회적'으로 공유한다. 따라서 감정은 모든 인간들이 '몸'을 통해 '느낀다'는 점에서 보편적이면서도 동시에 자신이 처한 사회문화적 맥락에 기인한 특수성도 갖게 된다. 그러므로 몸과 사회적 두 측면은 감정에 함께 존재하며 따라서 둘 중에 어느 한 측면이 우위에 있다고 보는 것 역시 적절하지 않다.

감정의 존재에서 인간신체적 기반을 부정할 수 없으나, 감정을 단순히 내성적, 자연적으로 발생하는 것으로 한정하여 이해하게 된다면, 개인들의 감정적 표출이나 감정관리가 사회적 자극이나 제도에 의해 '사회화'된 측면이 있다는 사실을 간과하게 된다. 더욱이 감정의 생리학적 측면과 인지적 측면을 구별하는 것 (예를 들어, 사회구성원들의 감정이 개인의 본질적 욕망

....

17 Peggy A. Thoits, "The Sociology of Emotions," *Annual Review of Sociology* 15 (1989), pp. 317-42; Jenefer Robinson, "Emotion: Biological Fact or Social Construction?," in Solomon (2004), pp. 28-42.

18 Peter N. Stearns and Jonathan H. Turner, "The Sociology of Emotions: Basic Theoretical Arguments," *Emotion Review* 1-4 (2009), pp. 340-54; 박형신, 정수남, "거시적 감정사회학을 위하여," 『사회와이론』 제15집 (2009), pp. 206-7.

에서 비롯된 것인지 혹은 사회문화적 가치나 규범 등이 체화되어 정서적 반응으로 나타난 것인지를 구별하는 것)은 매우 어렵다. 따라서 이 둘을 분리해서 기계적으로 감정의 개념을 정의하는 것은 바람직하지 않다. 오히려 통합적인 접근이 감정에 대한 더욱 깊은 이해를 가능케 한다고 볼 수 있다. 이러한 맥락에서 최근의 연구들은 철학, 뇌과학, 사회학, 심리학, 인류학 등을 여러 분야의 통찰을 종합한 학제적 연구를 진행하면서 감정의 복합적 측면을 이해하려는 추세를 보이고 있으며,[19] 따라서 감정의 개념 역시도 통합적으로 정의하려는 경향을 띠고 있다.[20]

　　이러한 논의를 종합하여 감정을 정의해보자. 감정은 세상에 대한 평가/인식이며, 따라서 대상성, 지향성이 내재되어 있고, 이것은 신체를 통해 구현되기에 신체적 반응/느낌을 수반한다. 바꾸어 말하면, 감정은 신체적 변화(bodily changes)를 수반하기에 신체 없이 존재하지 않지만, 그러한 변화가 있기 위해서는 대상이나 상황에 대한 판단명제적 내용이 있어야 하며 이는 사회환경에 의해 많은 영향을 받는다. 이런 측면에서 감정은 신체적이지만 동시에 의미론적이다. 이를 제시 프린츠(Jesse Prinz)의 용어를 빌려 말하자면 감정은 일종의 "체현된 평가"(embodied appraisal)인 것이다.[21] 감정은 인지와 판단이 신체적 반응과 느낌으로 나타난, 즉 "체현"된 것이며, 이때 평가나 인지가 발생되기 위해서는 명제적 내용이 있어야 하지만, 그것은 반드시 언어화된 혹은 보편화된 가치판단명제의 형태를 띨 필요는 없다. 본 논문에서는 이와 같은 감정의 개념정의를 '인지주의적 지각론'이라 칭한다.

....

19　대표적인 예로 다음 참조. Francisco J. Varela, Evan Thompson, and Eleanor Rosch, *The Embodied Mind: Cognitive Science and Human Experience* (Cambridge, Mass: MIT press, 2017).

20　Hutchison and Bleiker (2014), pp. 496-9; Ariffin, Coicaud, and Popovski (2016), p. 26; Karin M. Fierke, *Political Self-Sacrifice: Agency, Body and Emotion in International Relations* (Cambridge: Cambridge University Press, 2012).

21　Jesse J. Prinz, *Gut Reactions: A Perceptual Theory of Emotion* (Oxford, New York: Oxford University Press, 2004); Jesse Prinz, "Embodied Emotions," in Solmon (2004), pp. 57-8.

이러한 감정론에서 감정은 외부 자극에 대한 몸의 신체적 반응이면서, 상황에 대한 느낌과 그 상황을 이해하기 위한 믿음과 인지적 측면을 함께 갖는다. 요컨대 몸의 반응과 느낌, 인지적 요소의 혼합체로써 감정의 개념을 이해할 수 있다는 것이다.

III. 국가의 집단감정 유발 메커니즘

지금까지의 논의들(감정과 이성의 '구별됨'이 아닌 '연결됨'에 관한 철학 개념적 논증과 과학적 증거들)은 IR에서의 감정연구, 특히 감정의 이론화를 가로막고 있던 논거들이 타당한 기반에 놓여 있지 않다는 것을 잘 보여준다. 따라서 아래 절에서는 '국제관계'라는 맥락에서 감정이론을 설립하기 위한 본격적인 작업을 진행하고자 한다.

우선, 이미 언급한 바와 같이 본 논문은 '인지주의적 지각론'에 기초하여 감정의 개념을 이해한다. 감정은 세계나 타자를 대상으로 하는 인지/판단의 한 종류이면서 동시에 신체에 기반한 정서적 반응인 것이다. 감정이 신체에 기반한다는 전제를 갖는 한, 국제정치에서 감정이론화는 크게 두 가지 방향으로 고려될 수 있다. 첫째는 외교나 안보정책을 결정할 수 있는 권한을 갖는 인간 정치행위자 (예컨대, 대통령이나 총리) 개개인의 감정을 그들의 정책결정에 영향력을 끼치는 요인으로 간주하고 이 둘 사이의 인과적 연결고리(causal link)를 체계화하는 것이다. 감정과 이성의 구분이 과학적 근거가 없으며 감정을 담당하는 변연계가 인간의 판단과 추론의 영역에도 작동한다는 증거들은 이와 같은 작업의 중요성을 담보한다. 그러나 여기서의 문제는 일반화를 통한 이론설립이 매우 어렵다는 데 있다. 개인들이 갖는 감정은 바로 그 개인적 특성에 따라서 또한 그들이 속한 시공간적 맥락에 따라서 매우 상이할 수밖에 없기 때문이다. 물론, 정책결정자 개개인의 감정과 그들이 결정한 특정한 정책 간의 인과관계를 과정추적(process tracing) 분석법과 인터뷰, 문헌분석, 운영코드분석(OCA) 등 외교정책결정론 (Foreign Policy Anlaysis)에서 활용하는 다양한 방법을 통해 파악해 볼 수는 있겠으나, 결국 이것은 사후적 분석이며, 개별사례연구로 귀결되어 이론 설립을 위한 일반화를 어렵게 한다. 즉, 감정을 외교정책결정자 개인의 정서적 운동으로 한정해서 접근하는 것은 (그 자체로 개별사례의 특수성을 파악하는 중요한 지적공헌이 될 수 있으나) 정책결정자의 개인적 차이를 넘어 국가 전체 수준에서 작동하는 감정의 '일반적'인 인과적 특성을 이해하고, 이를 통해 국가의 외교행위에 관한 예측력을 높이는 데는 분명한 한계가 있는 것이다.

이러한 문제점을 고려한다면, 국제정치적 맥락에서는 개인의 감정이 아닌 사회집단적 수준에서 발현되는 감정을 이론화의 대상으로 삼을 필요가 있다. 이는 개개인의 차이를 넘어 사회/국가적 수준에서 동일한 혹은 매우 유사한 감정이 공유되어 감정의 집단화가 발생할 수 있으며, 이러한 집단감정(collective emotion)이 정책결정자를 포함하는 개개인들의 행동판단에 영향을 끼칠 수 있다는 가정에 기초한다. 그렇다면 여기서 중요해지는 질문은 '과연 집단감정은 어떻게 발생하는가?'이다. 집단감정의 유발 메커니즘에 관한 이와 같은 질문에 대한 명확한 이해는 IR에서의 감정이론화를 위한 핵심과제라고 할 수 있다.

우선, 상식적 수준에서 생각해보자. 감정이 집단적으로 촉발될 수 있는 명시적 계기는 사회전체에 (긍정적이든 부정적이든) 영향을 끼칠 수 있는 정도의 사건을 그 사회에 속한 다수의 개개인이 인지하는 경우라고 할 수 있다. 국제정치적 맥락에서 예를 들어 보자면, 이는 다수의 시민 혹은 정부요인을 대상으로 하는 테러공격, 자국이나 주변국이 관여된 전쟁이나 군사적 충돌, 집단난민사태, 대규모의 환경재난이나 인명참사 등을 포함한다. 그러나 사회전체에 영향을 끼칠 수 있는 이러한 사건들에 대해서도 개인별로 느끼는 감정에는 분명한 차이가 있다. 예를 들어, 시리아 난민 사태를 보고, 강한 동정심을 느끼고 후원이나 구호활동을 하는 개인이 있는가 하면, 동정심만 느끼고 후원이라는 행동까지는 이어지지 않는 사람, 그리고 감정적 변화가 거의 없는 사람, 나아가 동정심이 아닌 경계심을 느끼는 사람까지, 동일한 거시사회적 사건/자극에 대한 감정적 반응은 개인마다 상이한 것이 사실이다. 바로 이 지점에서 우리는 또다시 앞서 언급한 감정이론화의 첫 번째 난관이었던 개별사례의 특수성에 봉착하게 된다.

그렇다면, 역발상을 해보자. 집단감정의 이론화를 위해 개인들의 감정이 합쳐지는 과정이 아니라 개별적 감정이 '희석'되는 과정으로 이해의 초점을 옮겨보는 것이다. 집단감정은 개개인이 갖고 있는 감정들의 단순한 합이 아니다. 이러한 단순총합의 내부에는 여전히 개인들의 감정이 파편적으로 산재돼 있으며, 따라서 집단행동에 영향을 끼치는 인과적 요인으로 작동할 수 없다. 반대로 개인적 감정의 특이성이 소멸 혹은 약화되어 개인과 집단이 동일시될 때 비로소 감정의 인과력(causal power)은 집단적 수준에서 확보되는 것으로 추론해 볼 수 있다. 이렇게 본다면, '집단'감정 '이론화'의 핵심은 탈개인화(depersonalization)의 메커니즘을 파악하는 것이다. 이론적으로 탈개인화가 클수록 개개인의 상이한 감정상태가 하나의 감정으로 모아지거나(convergence) 혹은 특정한 사건에 동일한 혹은 매우 유사한 감정이 동시에 발생하는 감정의 집단화가 일어날 가능성이 큰 것으로 예상할 수 있다. 달리 말해, 탈개인화와 감정의 집단화 사이에는 밀접한 양의 상관관계(positive correlation)가 성립하는 것으로 볼 수 있는 것이다. 이와 관련하여 사회심리학과 미디어커뮤티케이션학의 연구와 이론들, 특히 "탈개인화 효과"(deindividuation effects)와 집단소속감의 상관성을 논증하는 경험적 연구들은 국제정치적 맥락에서 감정이론화를 시도하는 작업에도 큰 시사점을 제공한다.

좀 더 구체적으로 살펴보자. 익명성과 집단 소속감에 관해 연구하는 미디어커뮤니케이션 학자들은 탈개인화를 다음과 같이 정의한다. 개인이 자신을 타자와 구별되는 "독특한(idiosyncratic) 개별적 존재"로 인식하기보다는 "집단의 한 구성원"(a group member)으로서 인식하는 상태가 "탈개인화"다.[22] 이런 상태에서 개인은 집단에 대한 소속감(느낌)이 강해지고, 집단 중심의 판단과 행동을 하게 되며 집단규범에 많은 영향을 받게 된다.[23] 한 걸음 더 나아가 탈개인화가 발생하여 집단소속감이 증가되면, 자신이 속한 집단 자체를 매우 긍정적으로 보는 심리적 경향을 보인다. 그리고 다수의 경험연구에 따르면, 탈개인화는 서로에 대한 개인정보가 적은 상태에서 자신과 타자가 어떤 집단에 소속되어 있는지를 인지하게 될 때 (즉 익명성이 크고 소속집단정보의 노출이 클 때) 쉽게 발생한다.[24]

....

22　Tom Postmes and Russell Spears, "Deindividuation and antinormative behavior: A meta-analysis," *Psychological Bulletin* 123 (1998), pp. 238-59.

23　Tom Postmes, Russell Spears, and Martin Lea, "Breaching or building social boundaries? SIDE-effects of computer-mediated communication," *Communication research* 25-6 (1998) pp. 689-715; Tom Postmes, Russell Spears, Kahled Sakhel, and Daphne De Groot, "Social Influence in Computer-Mediated Communication: The Effects of Anonymity on Group Behavior," *Personality and Social Psychology Bulletin* 27-10 (2001), pp. 1243-54; R. Spears, Tom Postmes, Martin Lea, and S. E. Watt, "A Side View of Social Influence," in Joseph. P. Forgas and Kipling D. Williams (eds.), *Social Influence: Direct and Indirect Processes, The Sydney Symposium of Social Psychology Series* (New York: Psychology Press, 2001), pp. 331-50.

24　예를 들어, 서로를 모르는 대학생 50명을 무작위 방식을 통해 피실험자로 선발하고, 다시 무작위로 25명씩을 각각 A와 B그룹으로 나눈다. 그리고 A그룹에는 B그룹이 같은 학교임을 알려주고, B그룹에는 A그룹이 다른 학교 학생들이라고 알려준다. 이 경우 A와 B그룹에 속한 피실험자들은 평소 서로를 알지 못하는 관계였고 실험 당일 처음 본 상태였지만, A그룹은 B그룹을 긍정적으로 평가하는 반면 B그룹은 A그룹에 대해 부정적인 평가를 하는 것이 경험연구를 통해 밝혀졌다. 관련된 자세한 논의와 실험결과는 아래의 문헌들 참조: Charles R. Seger, Eliot R. Smith, and Diane M. Mackie, "Subtle Activation of a Social Categorization triggers Group-Level Emotions," *Journal of Experimental Social Psychology* 45-3 (2009), pp. 460-7; Stephen D. Reicher, Russell Spears, and Tom Postmes, "A Social Identity Model of Deindividuation Phenomena," *European review of social psychology* 6-1 (1995) pp. 161-98; Eliot R. Smith and Diane M. Mackie, "Intergroup emotions," in Michael Lewis and Jeannette M. Haviland-Jones, *Handbook of emotions* 3 (New York, London: Guilford Press, 2008), p. 429; Agneta H. Fischer and Antony SR Manstead, "Social Functions of Emotion," in Lewis and Haviland-Jones (2008), p. 464; Eun-Ju Lee, "Effects of Visual Representation on Social Influence in Computer-Mediated Communication: Experimental Tests of the Social Identity Model of Deindividuation Effects," *Human Communication Research* 30 (2004), pp.

물론 이러한 탈개인화가 "자동적으로" 혹은 "예외없이" 발생하여 소속 집단과 규범을 긍정하는 것은 아니다. 인간 개인은 집단 구성원으로서의 사회적 정체성(social identity)과 개별적 주체로서의 개인정체성(personal identity)을 모두 갖고 있는 존재이기 때문이다. 따라서 탈개인화된다는 것은 개인의 "자의식 '상실(loss)'이 아니라, 개인적 정체성보다는 사회적 정체성을 우선시하는 자의식의 '전환(shift)'"을 의미하는 것이다.[25] 그렇다면, 여기서 매우 중요한 질문은 다음과 같은 것이다. 자의식의 "전환", 즉 개인이 사회집단적 정체성으로서 외부세계나 타자를 인식하는 상태는 어떠한 상황이나 조건에서 현격하게 발생하는가? 이에 대한 답은 사회심리학의 자기범주화 이론(self-categorization theory)과 사회정체성 이론(social identity theory)에서 찾아볼 수 있다.

상기한 이론에 따르면 사회적 정체성은 개인이 소속되어 있는 집단이나 사회적 범주(예를 들어, 인종, 국적, 성별, 종교, 경제계층, 정치이데올로기)에 의해 구성된다.[26] 이에 비해 개인적 정체성은 다른 사람과 구별되는 자신만의 고유한 속성(예를 들어 취향, 습관, 태도, 성격, 외모)에 따라 구성된다.[27] 이

....

234-59; Martin Lea, Russell Spears, and Daphne de Groot, "Knowing Me, Knowing You: Anonymity Effects on Social Identity Processes within Groups," *Personality and Social Psychology Bulletin* 27 (2001), pp. 526-37.

25   Stephen D. Reicher, Martin Lea, and Stephen Lee, "De-individuation and Group Polarization in Computer-Mediated Communication," *British Journal of Social Psychology* 29 (1990), pp. 121-34; Eun-Ju Lee, "Social Identity Model of Deindividuation Effects: Theoretical Implications and Future Directions," *Communication Theories* 4-1 (2008), p. 11; Tom Postmes, Stephen D. Reicher, Kahled Sakhel, and Daphne de Groot, "Social Influence in Computer-Mediated Communication: The Effects of Anonymity on Group Behaviour," *Personality and Social Psychology Bulletin* 27 (2001), pp. 1243-54.

26   Tom Postmes and Russell Spears, "Behavior Online: Does Anonymous Computer Communication Reduce Gender Inequality?," *Personality and Social Psychology Bulletin* 28-8 (2002), pp. 1073-83.

27   Henri Tajfel, "Interindividual Behaviour and Intergroup Behaviour," in Henri Tajfel (ed.), *Differentiation Between Social Groups: Studies in the Social Psychology of Intergroup Re-*

에 따르면 다음과 같은 추론을 할 수 있다. 사회적 정체성을 규정하는 범주들이 강하게 그리고 지속적으로 '표출'되어 작동할수록 개인은 사회적 정체성을 통해 자아와 세상을 인식하는 탈개인화가 발생할 가능성이 높을 것이다. 여기서 특히 중요한 것은 사회적 정체성이 '표출'되어 작동한다는 전제다.

이것은 본질적으로 형이상학적 존재인 정체성이 상징물(symbols)이나 서사(narratives)라는 시각적 형상물(이미지)로 재현되고 역사적 이야기로 매개되어 작동한다는 의미다. 달리 말해, 상징이나 서사로 '표출'된 정체성은 원래의 관념적 실체에서 '시공간을 점유'하는 실체로서 그 존재의 형식이 바뀌게 되면서 개개인으로 하여금 사회정체성을 감각적이고 즉각적으로 인지할 수 있게 한다. 이는 앞서 논의한 개인의 자의식 "전환"을 촉발하게 되어 사회집단적 사고를 유도한다. 나아가 이러한 사회적 정체성의 '표출'이 일상적이거나 혹은 대내외적 사건으로 급격히 현저해지면 자신이 속한 집단(내집단, in-group)과 그렇지 않은 집단(외집단, out-group) 간의 차이 역시도 더욱 명시적으로 인지하게 된다. 이러한 환경에서는 "탈개인화 효과"가 극대화되고, 집단에 대한 소속감이나 일체감이 증대하며 특정한 내외부의 사건에 대한 감정적 반응이 집단적으로 공유될 개연성이 크다고 추론할 수 있는 것이다.

지금까지의 논의를 정리하면서 IR의 감정이론화에 적용해보자. 우선, IR에서 감정이론 설립을 위해서는 정책결정자 개개인의 감정상태를 파악하는 것이 아니라 감정의 집단화(집단감정 발생을 유발하는 '일반화'된 메커니즘)에 주목해야 한다. 그리고 집단감정 메커니즘은 개개인의 감정의 단순총합이 아니라 개별적 감정이 '희석'되고 자의식이 "전환"되는 과정 속에서 이해

....

lations (New York: Academic Press, 1978), pp. 27-60; John C. Turner, "The analysis of social influence," in John C. Turner, et al., *Rediscovering the social group: A self-categorization theory* (New York: Basil Blackwell, 1987), pp. 68-88.

되어야 한다. 이것의 핵심은 "탈개인화"다. 탈개인화의 정도에 따라 감정의 집단화 정도 역시 달라진다. 탈개인화는 개인의 자의식 손실이 아니라 개인이 집단의 한 구성원으로써, 즉 집단정체성으로써 스스로를 인식하고 상황을 판단하는 상태를 의미한다. 이것이 촉발되거나 확대되는 경우는 집단정체성이 현저하게 '표출'되고 상기될 때다. 달리 말해, 자신이 속한 사회집단의 정체성을 상기시키는 내집단 범주신호(in-group category cue)가 상징물이나 서사를 통해 '일상적'으로 '표출'되는 환경에서 탈개인화→집단소속감의 증가→집단감정의 발생이라는 연결고리가 형성될 수 있는 것이다.[28] 그리고 이러한 상황에서 내집단에 대한 동조행동이나 긍정적 평가(따라서 외집단에 대한 거부감이나 부정적 인식)의 증가는 일반적으로 발견되는 심리적 경향이다.

물론, 이러한 추론이나 이론적 가정은 '국제정치적 맥락'에서 좀 더 세밀하게 보완될 필요가 있다. 왜냐하면 앞서 소개한 탈개인화 효과를 논증하는 연구들은 대게 미디어커뮤니케이션학 혹은 사회심리학에서 주로 진행되었으며, 이들의 연구는 하나의, 그리고 소규모의 특정집단에서 관찰되는 탈개인화 효과가 익명성과 집단정체성이라는 변수와 얼마나 큰 상관관계가 있는지를 비교집단군의 인위적 구성을 통해 입증하려는 시도였다. 하지만, 두말할 나위 없이 한 국가에는 다양한 개인만큼이나 다양한 사회집단이 존재한다. 사회 전체에 심대한 영향을 끼치는 국내외 사건이 발생했다고 해도, 사회의 다양한 집단마다 상이한 집단감정이 발생할 개연성이 있다. 그

....

28 이러한 메커니즘이 "자동적으로" 혹은 "예외없이" 발생하는 것은 것은 결코 아니다. 이미 앞서 한 차례 언급했듯, 여기서는 탈개인화를 통한 집단감정 발생이 어떠한 상황이나 조건에서 '현격하게' (혹은 이상적으로) 발생할 수 있는가,라는 질문에 답을 제시함으로써 집단감정 이론설립에 일조하고자 하는 것이다. 주지하듯, 이론설립을 위해서는 분석대상을 설명하는 인과적 기제 (메커니즘)의 일반화된 영역조건(scope conditions)을 찾아내는 것이 가장 선행돼야 하는 작업이며, 이는 추후 다양한 경험적 연구(검증)를 통해 보완, 비판, 수정, 폐기될 수 있다. 나아가 후술하듯 (사회심리학, 미디어커뮤니케이션학의 연구를 바탕으로) 도출된 메커니즘은 '국제정치적 맥락'에서 보완되어야 한다.

러므로 국제정치적 맥락에서 감정의 이론설립을 위해서는 탈개인화와 함께 탈'개별'집단화 메커니즘에 대한 이해가 필요하다. 그렇다면, 여기서 중요해지는 것은 국내의 다양한 집단'들'을 가로질러 공유되고 있는 국가 전체 차원에서의 정체성 여부와 그것의 '표출 강도'라고 할 수 있다. 즉, 집단 간의 이질성(heterogeneity)에 대한 인식이 약화될 수 있는 국가정체성의 '표상적 활성화' 정도가 매우 중요한 변수로 작동한다고 볼 수 있는 것이다. 더불어 앞서 논의한 내집단과 외집단 간의 차이와 여기서 비롯되는 소속감 및 심리적 경향성을 자국과 타국 간의 관계로 확장시켜 생각해 볼 수 있다. 집단 간의 차이가 아닌, 타국과의 차이를 명시적으로 상기시키는 국내외의 상징적 사건이나 (발화)행위의 여부 및 강도가 IR의 감정이론화에서 중요한 변수가 된다고 할 수 있다. 간단히 요약하면, 개인 간, 그리고 집단 간에 존재하는 상이한 가치관을 넘어 사회 전체 수준에서 공유되고 있는 공통의 국가정체성 존재여부와 그것의 '표상적 활성화' 정도가 IR 감정이론화에 있어서 핵심변수인 것이다. 이를 바탕으로 집단감정과 연계된 행태를 예측하는 이론적 가정들을 아래와 같이 서술해 볼 수 있다. 우선 일반론적 차원의 '기본'가정(basic assumptions)들이다.

첫째, 사회적 폐쇄성과 집단구성의 단일성의 정도가 클수록 집단감정이 발생할 가능성이 높을 것이다. 예를 들어, 단일인종국가, 단일종교국가, 단일언어국가, 단일정당(정치이념) 국가일수록 개인들은 개인적 정체성이 아닌 사회집단적 정체성을 통해 세계와 주변환경을 인지할 가능성이 더 크기 때문이다.

둘째, 국가정체성을 재현하는 상징물들, 예를 들어 국기(national flag), 국가(national anthem), 국교(national religion) 혹은 해당 정체성을 상기시키는 프로그램이나 프로젝트 (예를 들어 기념일, 기념관, 의무교육) 등이 일상적, 반복적, 장기적으로 등장하고 작동하는 사회일수록 집단감정이 발생할 가능성이 높다.

셋째, 자국과의 상이한 정체성을 갖는 타국이 자국의 정체성을 재현하는 상징물이나 서사를 부정하거나 폄하하는 언행을 구사할 때, 타국에 대해 부정적인 집단감정이 발생할 가능성이 높다.

이러한 기본가정들은 그 자체로도 집단감정 이론화에 의미 있는 시사점을 제공할 수 있으나, 구체성이 떨어지는 것 역시 사실이다. 국제정치와의 직접적 연관성을 확보하고 이론으로서의 예측력을 높이기 위해서는 아래와 같은 좀 더 구체화된 전제들이 전술한 기본가정에 한번 더 접목될 필요가 있다.

우선, 한 국가의 '전체'수준에서 공유되고 있는 국가정체성은 하나(단수)가 아닌 복수라는 사실을 상기해야 한다. 달리 말해, 국가정체성이 탈개인화와 탈'개별'집단화를 촉발할 수 있는 핵심 요인이 될 수 있다 하더라도, 그러한 국가정체성은 다면적인 속성을 필연적으로 갖는다. 이는 개인의 정체성을 규정하는 범주가 하나가 아닌 것과 같은 논리다. 페미니즘 이론가인 크렌쇼(Crenshaw)에 의해 잘 알려진 상호교차성(intersectionality)이론을 통해서도 알 수 있듯, 젠더, 인종, 사회계급 등 다양한 측면이 상호교차적으로 작용한 결과가 한 인간의 정체성이다.[29] 마찬가지로 국가의 정체성을 규정(범주화)하는 것은 인종이 될 수도, 언어가 될 수도, 종교가 될 수도 있으며 혹은 특정한 정치이념이나 역사문화적 전통이 될 수도 있고 결과적으로는 이들의 상호교차로 인해 국가정체성이 형성된다고 볼 수 있다.

그러나 '분석적' 관점에서 주의할 필요가 있는 중요한 사실은 국가정체성이 상호교차적으로 구성되는 과정에서 여러 개의 범주들이 각각 발휘하는 범주력(즉 소속감을 환기시키고 결속력을 담보하는 능력)은 결코 동일하지 않다는 점이다. 그것은 해당 국가/사회마다 상이하며 그들의 특수한 역사경험이나 처해 있는 시대상황에 따라 달라질 수 있다. 한국을 예로 들어보자. 민주주의, 자유시장경제, 한민족과 한글, 동북아시아, 동양 등등 이 모든 범

....

29 Kimberle Crenshaw, "Mapping the margins: Intersectionality, identity politics, and violence against women of color," *Stanford law review* 43-6 (1991), pp. 1241-99.

주가 '한국의 정체성'을 상호교차적으로 구성하고 있다. 그러나 많은 학자들이 지적하듯, 이 가운데서도 가장 강력한 집단결속력을 발휘하는 것은 바로 인종을 범주로 하는 민족정체성이다. 한국(인)이라는 기표와 한민족/단일민족이라는 기표가 상호교환적으로 즉각적 매칭을 이루는 것만 보더라도 잘 알 수 있다. 요컨대 국가의 정체성은 다양한 범주들을 동반하지만 이들이 발휘하는 집단결속력은 결코 등가적이지 않다. 그렇다면, 이들 간의 차이가 현격할 수록 국가정체성의 '위계적' 구조가 형성된다고 예상할 수 있으며, 그러한 위계적 구조에서 가장 상층에 자리하고 있는 정체성을 개념적으로 '우위 (혹은 주인) 정체성'(superior or master identity)라 칭해볼 수 있을 것이다. 이는 개개인이 자국의 정체성을 인식하거나 타국을 이해하는 과정에서 가장 우선적으로 혹은 가장 현격하게 작동하고 있는 '대표 인식명제'와 같은 역할을 하며 따라서 상호교차점에 머물고 있는 또 다른 범주에 속하는 정체성의 영향력을 압도하거나 감쇄시킬 수 있다. 그러므로 IR의 맥락에서 집단감정 형성 메커니즘을 좀 더 세밀하게 이해하고, 이를 이론화하기 위해서는 '우위 정체성'에 주목해야 한다.[30] 이를 고려하여, 앞서 서술한 기

....

30 본 논문에서 사용하는 '우위 정체성'이라는 용어는 자크 라캉, 클로드 레비-스트로스, 롤랑 바르트 등에 영향을 받은 정신분석학과 구조주의 언어학에서 사용되는 용어인 "주인기표"와 개념적 궤를 같이한다. "주인기표"란 인간 사회에서 발생하는 특정한 담론이나 텍스트의 "주요 참조점 혹은 공통분모"로서 "기표와 기의가 서로 상응하고 일치하도록" 만들고, "의미의 어긋난 이동(미끄러짐)을 멈춰 세"우는 역할을 한다. 제이슨 바커, 이재원, "주인기표: 라캉-마오주의의 간략한 계보학," 『문화과학』(77)호 (2014), pp. 319-38. 본 논문에서 사용하는 '우위 정체성'이란 개념 역시도 개인이 세계를 인식하고 상황을 판단하는 "주요 참조점"으로서 작동하며 그 정체성과 '미끄러짐' 없이 조응되는 감정을 발생시키는 역할을 담당한다는 측면에서 유사한 개념이라고 할 수 있다. 다만, 본 논문은 위계서열에 있는 정체성들 간에 '여전히' 경쟁관계가 소멸되지 않는다고 전제하며, 나아가 하나의 특정한 정체성이 위계구조에서 최상위 자리에 위치해 있다 하더라도 그것이 재현되는 수단이나 그것을 재현하는 행위자 역시 매우 중요한 역할을 할 수 있다고 보며(이는 본 논문의 후반부에서 좀 더 자세히 다룰 예정임), 또한 위계적 서열은 시대에 따라 변동 가능한 것으로 상정하기 때문에 "주인"이라는 용어대신 '우위' 정체성이라는 용어를 선호한다. 본 논문에서 이해를 돕기 위해 "주인"이란 용어가 등장하는 경우가 있으나, 이는 구조주의 언어학(특히 라캉에 영향을 받은 언어기호학)에서 말하는 고정적/절대적 개념으로서 사용

본가정들(basic assumptions)을 좀 더 구체화된 이론적 가정/명제들(propo-sitions)로 발전시켜 아래와 같이 도출해볼 수 있다.

첫째, 한 국가의 사회문화적 폐쇄성이 크고 '우위 정체성'과 매칭되는 상징물(symbols)이나 서사(narratives)가 일상적, 반복적, 장기적으로 등장될수록 (즉, 우위 정체성의 '표상적 활성화' 정도가 클수록) 그것을 동조하는 집단감정과 이에 조응하는 행동의 발생가능성이 그렇지 않은 국가보다 더 높을 것이다.

둘째, 자국의 '우위 정체성'의 상징물이나 서사를 부정하거나 폄하하는 (발화)행위를 하는 타국에 대해 분노, 혐오와 같은 부정적인 집단감정과 이에 조응하는 행동의 발생가능성이 높을 것이다.

셋째, 자국의 '우위 정체성'의 상징물이나 서사를 부정하거나 폄하하는 (발화)행위를 하는 타국이 자국의 '우위 정체성'과 상이한 정체성을 갖는다면, 그 타국을 향한 부정적인 집단감정의 강도는 그렇지 않은 경우보다 더 클 것이다.

넷째, 다수의 개인이 국가정체성의 상징물이나 서사를 '집단적'으로 인지하게 되는 주된 경로는 방송, 신문, SNS 등의 매스미디어이며, 따라서 여기에 영향력을 끼칠 수 있는 정치사회적 자산을 확보한 행위자는 집단감정을 촉발하거나 조정할 수 있는 가능성이 그렇지 않은 행위자보다 더 클 것이다. 구성주의 국제정치이론에 관한 기왕의 개념적 논의를 빌려, 이런 행위자를 '집단감정 주창자'(collective emotion entrepreneur)로 개념화할 수 있으며, 이들은 자신들의 정치적 행위를 정당화하는 수단으로써 집단감정을 이용할 수도 있을 것이다. 아래 그림과 표는 지금까지의 이론적 논의를 개략적으로 정리 및 재구성한 것이다.

그렇다면, 서론에서 소개한 한국과 대만의 대일외교의 차이를 양국의

....

되는 것이 아니라는 점을 강조하고자 한다.

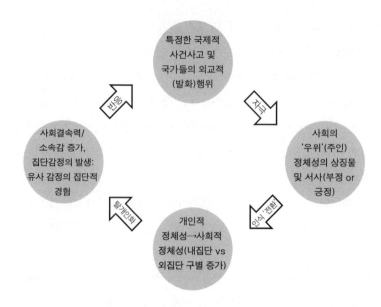

그림 1. 국제정치 맥락에서 감정의 집단화 메커니즘

표 1 국제정치 맥락에서 집단감정에 관한 이론적 가정

개인감정		감정의 탈개인화(집단화)
개인적 정체성으로써 자아와 타자 및 외부환경을 인지하고 그에 수반되는 느낌을 갖는 상태	→ (전환 transition)	집단사회적 정체성으로써 자아와 타자 및 외부환경을 인지하고 그에 수반되는 느낌을 갖는 상태
전환에 용이한 조건 (Transition facilitating Conditions)	사회적 폐쇄성과 집단구성의 단일성의 정도가 큰 경우 (예: 단일인종국가, 단일종교국가, 단일언어국가, 단일정치이념국가)	
	국가정체성의 상징신호들이 반복적, 장기적으로 등장하는 경우 (예: 국기, 국가, 국교 기념일 등 해당 국가정체성의 상징, 서사, 혹은 재현프로젝트의 일상화)	
이론적 가정 (theoretical propositions)		
인과적 요인	자국 우위 정체성의 '표상적' 활성화 정도	
	자국의 우위 정체성에 대한 타국의 폄하 여부 및 직접적 관련성 정도	→ 집단감정의 발생(정도) 집단감정의 발생(정도)

*구체적 역할은 아래 절에서 논의.

'우위 정체성'과 집단감정 간의 역학을 통해 이해하는 것이 가능하지 않을까?

많은 학자들이 이미 지적했듯, 1905년 주권침탈과 뒤이은 식민지배, 그리고 1945년 독립에 이르기까지, 한국은 근대국가 형성의 역사적 과정에서 일본을 '타자화'하면서 인종을 주인범주(master category)로 하는 민족정체성을 형성하게 되고 이는 한국(인)을 정의하는 다양한 정체성 범주들의 가장 상위의 층에 자리 잡게 된다.[31] 한국의 '우위' 국가정체성인 민족정체성에 가장 큰 위협을 가했고 또한 지속적으로 충격을 줄 수 있는 대상은 일본이며, 따라서 일본은 항상 타자화되어 왔고 이러한 배경에서 일본의 잘못된 과거사 인식을 도덕적으로 비난하는, 그리고 한민족의 역사를 긍정하거나 찬양하는 다양한 상징물이나 기념행사 혹은 교육프로그램 등이 한국사회 전반에 걸쳐 매우 일상적, 반복적, 그리고 장기간에 '표출'되어 작동하고 있다.[32] 나아가 단일언어국가인 한국사회의 개개인은 '타자화된 일본'을 제도화된 '의무교육' 과정에서 인식하고, 영화나 드라마 등의 대중매체를 통해서도 느끼게 된다. 요컨대 한국은 우위 국가정체성의 '표상적' 활성화가 높은 환경 속에서 일본에 대한 집단감정이 촉발되기 쉬운 조건을 갖추고 있는 것이다.

이런 조건하에서 한국의 '우위' 정체성을 대표하는 상징물이나 서사들을 부정하거나 폄하하는 언행(예를 들어, 소녀상으로 '상징'되는 "위안부"의 부정이나 혹은 과거 일본제국주의를 '상징'하는 것으로 인식되는 야스쿠니신사의 참배 등)에 대해 분노, 혐오와 같은 부정적인 집단감정이 비교적 쉽고 현

....

31 이것의 연원에 대한 역사적 분석으로는 다음의 글 참조. 한상도, "해방정국기 민족문화 재건 논의의 내용과 성격," 『사학연구』 (89)호 (2008), pp. 119-57.

32 김은경, "일본군 '위안부' 기념관의 '위안부' 재현과 기억 정치," 『한국학연구』 제35집 (2010), pp. 177-203. 위안부 문제의 재현을 통해 개인의 트라우마적 감정과 저항감정이 집합적 감정으로 전환하는 과정에 대한 연구는 문경희, "「꽃할머니」의 '위안부' 재현과 감정의 정치," 『젠더와 문화』 제9권 (2)호 (2016), pp. 173-209.

격하게 형성될 수 있다. 특히 앞선 이론적 명제에서 서술했듯, 위와 같은 부정적 집단감정은 타국의 정체성이 자국의 '우위 정체성'과 상이할 때 그 강도는 높아지고 연계된 행동으로 이어질 가능성 역시 커진다. 한국의 민족정체성 형성과정에서 '이미' 타자화된 일본이 한민족의 과거사를 부정/폄하하는 언행을 하는 것은 한국(인)으로 하여금 한국과 일본을 내집단(in-group) vs. 외집단(out-group)으로 구별짓고 대립적으로 인식하는 명시적인 '신호'(cue)가 된다. 이러한 상황에서 "탈개인화 효과"는 더욱 극대화된다. 즉, 명시적 신호가 커지면, 개개인들은 개인적 정체성에서 사회적 정체성으로 인식의 "전환"을 하게 되며 이에 따라 내집단에 대한 소속감과 일체감이 증대하고 반대로 타집단에 대한 거부감이나 부정적 감정은 확대된다. 결과적으로, 일본이라는 '타자'가 한국의 '우위정체성'인 민족정체성의 상징물이나 서사를 부정 혹은 폄하하면 한국사회에서는 즉각적으로 '일본을 대상으로' 하는 탈개인화와 탈'개별'집단화가 나타나고 일본에 대한 부정적 집단감정이 발생하여 일본을 협력의 대상이 아닌 경계의 대상으로 여기는 외교적 행위가 나타날 수 있다는 것이다.

이에 비해 대만은 근대국가 형성의 역사적 과정에서 중국을 위협적인 '타자'로 인지해왔고, 민주화 과정에서 민주주의라는 정치적 이념이 대만(인)을 정의하는 다양한 정체성 범주들 가운데에서 가장 상층에 자리 잡게 된다.[33] 비록 인종적으로는 중국(인)과 가깝지만 정치이념적인 측면에서 중국과는 완전히 구별되는 대만의 정체성이 민주주의라는 이념/제도를 상징 범주로 하여 형성되고 이를 수용하는 개인들과 집단의 비율이 1980년대 이후 대만의 민주화 과정에서 급속히 증가하면서 민주주의 정치정체성이 대

....

33 John Makeham and A-chin Hsiau (eds.), *Cultural, Ethnic, and Political Nationalism in Contemporary Taiwan: Bentuhua* (New York: Palgrave MacMillan, 2005); Syaru Shirley Lin, *Taiwan's China dilemma: contested identities and multiple interests in Taiwan's Cross-Strait economic policy* (Stanford: Stanford University Press, 2016); Yana Zuo, *Evolving Identity Politics and Cross-Strait Relations* (New York: Palgrave Macmillan, 2016).

만의 우위 정체성으로 형성된 것이다.[34] 그리고 이는 1990년대부터 리덩휘이와 천수이볜 총통이 주도한 "대만화, 탈중국화"와 관련된 정치, 사회, 문화적 프로젝트를 통해 더욱 공고화되었다고 할 수 있다. 두 총통은 대만 역사에 대한 재교육과 정명(正名)운동을 통해 대만의 정치적 독자성, 주체성을 강조하고, 이를 재현하고 상기시키는 상징물과 서사를 생산했다. 예를 들어, 리덩휘이는 "탈중국화" 담론에서 인종을 대만의 정체성 범주로 수용하기보다는 대만인이 공통으로 갖는 가치와 경험을 강조한다. 그는 "대만을 사랑하고, 자신과 대만의 안정하고 번영하는 민주주의 사회를 동일시하는 사람"으로서 "신대만인"이라는 개념을 제시하면서 대만에 대한 애정과 결속력을 강조했다.[35] 천수이볜도 대만 역사와 중국 역사를 '구분'하는 조치를 취해 새로운 '대만의' 역사적 서사를 만들고자 했고, 대만 내 공공기관, 건물 등의 중국적 명칭을 '대만'의 이름으로 바꾸는 등 독자적인 정치상징들을 일상화하고 반복적으로 등장시켰다.[36] 즉, 민주화 이후 대만의 우위정체성의 '표상적' 활성화 정도는 더욱 활발해졌다고 할 수 있다.

그러나 중국은 지속적으로 대만의 정체성을 상징하는 서사와 상징물을 부정해왔다. 나아가 앞서 언급한 것과 같이, 근대국가 형성과정에서 이미 '타자화'된 중국의 정치적 정체성은 대만의 '우위 정체성'과 상반되는 것이

....

34 인종적으로 대만인의 한족은 1940년대 이전부터 이주해 거주해온 본성인과 1940년대 중후반 이후에 본토에서 온 외성인으로 나뉘며, 또한 한족의 이주 이전부터 살고 있던 원주민들로 나뉜다. 90년대 이후 인종적으로 '중국인' 또는 '중국인이면서 대만인'으로 보는 입장은 감소했고, 대만인으로 인식하는 입장이 증가해왔다. 인종, 정치적 범주에서의 대만의 정체성 변화흐름에 대한 좀 더 포괄적 논의는 다음을 참조할 것. Election Study Center, N.C.C.U, "Taiwanese, Chinese Identification Trend Distribution in Taiwan (1992/06~2017/06)," http://esc.nccu.edu.tw/course/news.php?Sn=166 (검색일: 2017. 11. 21); Yang Zhong, "Explaining National Identity Shift in Taiwan," *Journal of Contemporary China* 30 (2016), pp. 336-52.

35 Teng-hui Lee, "Understanding Taiwan: Bridging the Perception Gap," *Foreign Affairs* 78-6 (1999), pp. 9-14.

36 박병석, "탈식민주의 관점에서 본 대만의 탈중국화운동," 『한국동양정치사상사연구』 제9권 (1)호 (2010), pp. 111-39.

기 때문에[37] 대만을 인정하지 않는 중국의 언행은 대만(인)으로 하여금 대만과 중국을 내집단 vs. 외집단으로 구별짓고 대립적으로 인식하는 명시적인 신호가 되어 중국에 대한 부정적인 집단감정이 쉽게 촉발될 수 있다. 이때 '내집단'의 기준이 되는 것은 물론 대만의 '우위 정체성'인 자유민주주의를 공유하고 있는가 여부이며, 이러한 측면에서 볼 때 대만이 일본의 역사 수정주의보다 중국의 민족주의적 언행에 더 큰 우려와 분노의 감정을 집단적으로 분출하는 것은 이해될 수 있다.[38] 즉, '정치이념적' 측면에서 동일한 (민주주의국가) 일본과 달리, 상이한 정치정체성을 가진 중국이 자국의 '우위 정체성'을 부정/폄하하는 언행을 해오면서 중국에 대한 우려, 두려움과 같은 부정적인 집단감정이 더욱 현격하게 발생하는 것이며 이는 독립지향적인 대중 외교정책으로 발현되어 왔다고 볼 수 있다. 반면, 일본의 "위안부" 부정이나 야스쿠니신사 참배 등은 대만의 우위 정체성과는 '직접적' 연관성이 낮은 외부의 사건이고 따라서 일본의 그러한 언행에 대해 부정적인 인식이 있다 하더라도 높은 수준의 감정집단화까지는 이어지지 못한 것으로 이해할 수 있다. 오히려 중국의 대만 불인정과 "군사굴기"는 대만으로 하여금 일본을 더욱 내집단화(in-grouping)하게 되는 계기로 작동한다. 달리 말해, 중국의 자국(본토)중심주의가 강화될수록 대만의 집단적 반중감정은 강화되지만 그것의 반작용으로서 반일감정은 상대적으로 억제되고 일본의 과거사에 대한 "관용정신"과 "아시아에서의 자유와 민주주의"라는 공동의 가치

....

37   Mainland Affairs Council Republic of China (TAIWAN), "The Official Position of the Republic of China (Taiwan) on the People's Republic of China's Anti-Secession (Anti-Separation) Law," (2005년 4월 1일 updated), https://www.mac.gov.tw/en/News_Content. aspx?n=8A319E37A32E01EA&sms=2413CFE1BCE87E0E&s=D1B0D66D5788F2DE (검색일: 2017. 11. 15); "Anti-secession law rattles Taiwan," *BBC News* (March 3, 2005), (검색일: 2017. 11. 15).

38   "Don't overlook nationalist threat," *Taipei Times* (April 17, 2005), http://www.taipeitimes. com/News/editorials/archives/2005/04/17/2003250825/1 (검색일: 2017. 11. 15).

가 강조되면서 일본과의 협력이 이뤄지는 것으로 볼 수 있는 것이다.[39]

물론 한국과 대만의 대일외교 사례는 본고가 주창하는 집단감정의 이론적 연구나 작동 메커니즘의 타당성 검토를 위한 예비적 수준에 불과하다. 시기별, 국가별, 이슈영역별로 상이한 더 많은 사례들을 대상으로 심층 비교분석을 시도하거나 혹은 전술한 이론적 변수들을 조작화/수량화하여 명제들 간의 상관관계를 통계분석으로 검증하는 것 역시 필요하다. 관련하여 다음 절에서는 여전히 남아 있는 연구과제 및 향후 연구방향에 대해 서술한다.

IV. 시사점과 남은 과제

집단감정을 이해하고 그것의 발생 메커니즘과 인과적 요인을 도출하는 이론적 작업은 다면적이고 다층적일 수밖에 없다는 사실을 고려한다면, 이 모든 것을 본고와 같은 짧은 글에서 전부 만족시킬 수는 없을 것이다.

다만, 본고에서는 IR을 포함하는 사회과학분야에서 상대적으로 부족했던 감정연구, 특히 감정을 "이론적 잔여범주"[40]로 취급했던 태도에 문제를

....

39 Yinan He, "Identity Politics and Foreign Policy: Taiwan's Relations with China and Japan, 1895‒2012," *Political Science Quarterly* 129-3 (2014), pp. 469-500. 한국과 대만, 양국의 일제강점기에 대한 역사서술이 매우 상이한 것도 이러한 측면에서 이해될 수 있다. 양국의 역사교과서에서 일제강점기의 서술방식과 내용을 분석한 백수경에 따르면, 한국의 경우 "일관적으로 일제강점기를 일제의 억압과 수탈로 점철된 부정적인 시각에서 서술"하고 있지만 이에 비해 대만은 "1980년대 이후 본격화된 대만의 정체성에 대한 논의가 깊게 반영되어 정치적 색채를 띠고 있으며, 이로써 일면 일제강점기를 긍정적으로 서술하는 경향이 강하다"는 큰 차이를 보인다. 즉, 한국은 일제강점기를 "수탈사적 관점"에서만 서술하는 반면, 대만은 일제강점기의 다면적 측면을 강조하면서 "특히 근대화의 경험을 긍정적으로 서술"한다. 좀 더 자세한 분석은 다음 참조. 백수경, "한국과 대만의 중학교 역사교과서 비교 연구: '일제강점기' 서술 내용을 중심으로," 이화여자대학교 석사학위논문 (2007), pp. 21-38.
40 김홍중, "사회적인 것의 합정성(合情性)을 찾아서: 사회 이론의 감정적 전환," 『사회와 이론』 23집 (2013), pp. 7-48.

제기하고 이를 해결하기 위한 작업을 진행하였다. 우선 감정에 대한 개념적 논의를 진행하였고, 나아가 감정이론 설립의 핵심으로 여겨지는 집단감정 유발 메커니즘에 관해 상세히 논증하면서 이를 바탕으로 이론적 가정명제들을 도출하였다. 이러한 논의 과정에서 본고는 개인의 자의식 손실이 아닌 '전환'으로서의 "탈개인화," 국가정체성의 위계적 구조의 이해, 특히 '우위' 국가정체성에 대한 이해, 그리고 그것이 상징물(symbols)이나 서사(narratives)를 통해 매개되면서 시각공간적 실체를 갖고 작동하는 '표상적' 활성화의 중요성 등을 강조하였다. 물론 남은 과제는 여전히 많다.

무엇보다 본 논문에서 제시된 이론적 명제들의 타당성에 대한 경험적 검증이 필요하다. 이를 위해 다양한 사례들을 시기별, 국가별, 이슈영역별로 심층 비교분석을 시도하거나 혹은 전술한 인과적 요인들을 조작화/수량화하여 명제들 간의 상관관계를 통계분석으로 검증하는 시도 역시 필요해 보인다. 이와 더불어 이론적 명제들의 구체화 역시 남은 과제다. 예컨대, 분노와 같은 부정적 감정상태가 특정 타국을 향해 집단화된다 하더라도, 반드시 (무조건적으로) 부정적인 외교'행위'로 이어지지 않을 수 있다. 요컨대 집단감정과 행동 간의 부조화(dissonance)가 발생할 수 있다는 것이다. 따라서 집단감정과 행동 사이의 상관성을 높이거나 (혹은 낮추는) 조건과 상황을 국내외 정치적 맥락에서 도출하고 이를 경험적으로 분석하여 체계화할 필요가 있다.

둘째, 감정의 다양한 종류에 대한 추가적인 논의도 필요해 보인다. 본 논문에서는 주로 부정적인 감정을 다뤘다. 그러나 부정적인 감정에도 분노나 증오뿐만 아니라 두려움, 모욕감, 수치심 등 다양한 종류가 있기에 이에 대한 좀 더 세밀한 이해가 요구된다. 더불어 긍정적인 감정(예를 들어 기쁨, 공감, 존경 등등)의 집단화 메커니즘은 본 논문에서 거의 논의되지 못했다. 물론 부정적 감정의 집단화 메커니즘을 역순으로 생각해 볼 수는 있겠으나, 이는 단순화나 순환논리의 오류에 빠질 수 있기 때문에 좀 더 깊이 있는 성찰이 필요하다.

셋째, '집단감정 주창자'의 영향력이 확대(혹은 축소)되는 조건과 상황을 구체화하여 검증해보는 연구도 필요해 보인다. 전술했듯, 집단감정 주창자는 정보와 담론이 대중에 확산되고 유통되는 매스미디어 수단에 영향력을 행사할 수 있는 행위자이기 때문에 집단감정을 촉발하거나 조정할 수 있는 '가능성'이 클 것으로 예상되지만, 이들의 역할은 독립변수로서가 아닌 매개변수로서 기능하는 것임을 상기할 필요가 있다. 사회 전체 수준에서 발생되는 집단감정은 근본적으로는 그 사회의 '우위 정체성'에 기반하고 있기 때문에 감정주창자의 영향력은 전자의 활성화 정도 혹은 전자와 후자의 '조응'(corresponding) 정도에 의해 제약을 받게 된다. 예를 들어, 감정주창자가 개개인의 이해관계에 따라 특정국가에 대한 특정한 집단감정을 유발시키려고 한다 하더라도 그것이 사회의 '우위 정체성'이나 그것과 연계된 규범 등과 일치(조응)하지 않을 경우 그들의 영향력은 제한될 수 있다는 것이다. 관련하여, 개개인의 이해관계에 따른 감정주창자들간의 경쟁은 개인 간 혹은 개별 집단간의 경쟁으로 이어질 가능성이 크고, 이는 사회 '전체' 수준에서의 집단감정 발생을 저해하는 결과로 이어질 수 있다. 이와 더불어 정부의 형태, 집단감정 주창자의 리더십 유형, 개인적 카리스마, 대중의 지지도 등에 따라서도 감정주창자가 갖게 되는 영향력은 크게 달라질 수 있다.

마지막으로 집단감정 연구는 국제정치에서 주권에 대한 이해를 높이는데 큰 도움이 될 수 있기에 이 둘의 통합적 접근을 시도해 볼 필요도 있다. IR에서 주권에 대한 통상적인 이해는 역사적으로는 베스트팔렌조약 체결 이후를 중심으로, 개념적으로는 국가의 배타적 영토성과 내정의 불간섭성 등을 중심으로 한다. 이를 기본으로 현대 국제정치에서 나타나는 주권국가들의 법적(형식적) 평등성과 실질적 불평등성의 간극의 원인과 작동방식에 주목하는 연구가 주를 이룬다.[41] 그러나 이러한 연구들에서 주권은 근대

....

41   Stephen D. Krasner (ed.), *Problematic Sovereignty* (New York: Columbia University Press, 2001); Stephen D. Krasner, "Organized Hypocrisy in Nineteenth-Century East

국가와 같이 '이미' 형성된 정치적 집합체가 갖고 있는 권리로서 그 개념이 이해되고 따라서 사후적으로 그 특징이 일반화되며 이것은 다시 현대 국제 정치의 현실사례와의 정합도를 판단하는 기준이 된다. 그러나 주권 개념은 근대국가라는 정치조직 단위가 만들어지기 이전부터 존재해왔으며,[42] 영주, 군주, 왕, 시민 등 시대별 그리고 지역과 문명권별 서로 다른 주체에 의해 실천돼온 결과물로 이해하는 것이 더욱 타당하다고 할 수 있다.[43] 따라서 베스트팔렌 체제 이후의 주권을 일반화하여 이해하기보다는 해당 국가 혹은 지역문화권에서 주권 형성의 과정을 "토착적" 맥락에서 고찰하는 것이 중요하다고 할 수 있다.[44] 바로 이 지점에서 집단감정의 발생 메커니즘에 대한 이해가 접목될 수 있다. 앞서 서술했듯, 집단감정의 발생은 국가의 우위정체성과 깊은 상관성을 갖고 있으며, 이것은 해당 국가의 토착적 역사경험과 집단기억에 기반을 둔다. 〈그림 1. 감정의 집단화 메커니즘〉이 보여주듯 집단감정은 내집단(자국)을 외집단(타국)과 구별하여 인식하는 과정이며 이는 내집단에 대한 소속감과 결속력의 강화로 이어지는 결과로도 이어진다. 이는 집

Asia," *International Relations of the Asia-Pacific* 1-2 (2001), pp. 173-97. 크래스너의 "조직된 위선"(organized hypocrisy) 주권론에 대한 비판적 글은 다음 참조. Mehdi Mozaffari, "The Transformationalist Perspective and the Rise of a Global Standard of Civilization," *International Relations of the Asia-Pacific* 1-2 (2001), pp. 247-64; Raimo Vyrynen, "Sovereignty, Globalization and Transnational Social Movements," *International Relations of the Asia-Pacific* 1-2 (2001), pp. 227-46; Arjun Chowdhury and Raymond Duvall, "Sovereignty and sovereign power," *International Theory* 6-2 (2014), pp. 191-223.

42　최소한 유럽의 역사에서만 보더라도 주권이라는 용어(term)는 멀게는 플라톤의 국가(Republic)에서부터 등장하며, 영토에 대한 배타적/독점적 지배라는 주권의 핵심의미는 이미 중세유럽의 봉건제로부터 발생되고, 철학적으로는 16세기 토마스 홉스의 사회계약론에서 그 정당성이 뒷받침된다.

43　David Abulafia, *The New Cambridge Medieval History: Volume 5, C.1198-c.1300* (Cambridge: Cambridge University Press, 1999), pp. 13-26; Jens Bartelson, *A Genealogy of Sovereignty* (Cambridge: Cambridge University Press, 1995).

44　이런 측면에서 로버트손의 "토착적 주권론"은 주목할 만하다. Sean Robertson, "Thinking of the land in that way': indigenous sovereignty and the spatial politics of attentiveness at Skwelkwek'welt," *Social &Cultural Geography* 18-2 (2017), pp. 178-200.

단감정이 정치적 '경계'(예를 들어, 어디까지가 우리 시민/국가인가)를 규정하는 중요한 기준이 된다는 의미이며, 이것은 '무엇이 주권인가?' '누가 주권을 행사하는가 혹은 행사하는 것이 옳은 것인가?'라는 질문에 대한 답으로 해당 국가의 집단감정이 중요한 참고점이 될 수 있음을 시사하는 것이다.

이처럼 아직까지 남아 있는 이론적 과제들은 많다. 이에 대한 심도 있는 논의가 진행되고 이것이 동아시아 국가의 외교정책에 대한 경험적 이해와 지역적 특성에 대한 민족지학적 연구와 함께 접목된다면, 향후 글로벌 IR, 비서양 IR, 탈서양 IR 등으로 불리는 IR의 이론적 다원화에도 의미 있는 공헌을 할 수 있는 중요한 계기가 될 수 있을 것으로 기대된다.

참고문헌

김선영. "데카르트에서 무의식: 몸과 기억을 중심으로."『철학논집』제39권 (2014).

김영례. "칸트철학에서 타자의 얼굴."『범한철학』제70집 (2013).

김은경. "일본군 '위안부' 기념관의 '위안부' 재현과 기억 정치."『한국학연구』제35집 (2010).

김홍중. "사회적인 것의 합정성(合情性)을 찾아서: 사회 이론의 감정적 전환."『사회와 이론』23집 (2013).

문경희. "「꽃할머니」의 '위안부' 재현과 감정의 정치."『젠더와 문화』제9권 2호 (2016).

박영준. "한국외교와 한일안보 관계의 변용, 1965~2015."『일본비평』12호 (2015).

박병석. "탈식민주의 관점에서 본 대만의 탈중국화운동."『한국동양정치사상사연구』제9권 1호 (2010).

박형신, 정수남. "거시적 감정사회학을 위하여."『사회와이론』제15집 (2009).

백수경. "한국과 대만의 중학교 역사교과서 비교 연구: "일제강점기" 서술 내용을 중심으로." 이화여자대학교 석사학위논문 (2007).

오성. "감정에 대한 인지주의 이론의 경계 짓기."『철학사상』제27권 (2008).

윤선구. "데카르트 성찰."『철학사상』제3권 11호 (2004).

이종주. "데카르트의『제일철학에 대한 성찰』에서 초월론적 타자이론."『철학사상』제56권 (2015).

제이슨 바커, 이재원. "주인기표: 라캉-마오주의의 간략한 계보학."『문화과학』77호 (2014).

한상도. "해방정국기 민족문화 재건 논의의 내용과 성격."『사학연구』89호 (2008).

황희숙. "감정과 지식."『철학연구』제100집 (2013).

Abulafia, David. *The New Cambridge Medieval History: Volume 5*. Cambridge: Cambridge University Press, 1999.

Ariffin, Yohan. "How Emotions can Explain Outcomes in International Relations." In Yohan Ariffin, Jean-Marc Coicaud, and Vesselin Popovski. eds. *Emotions in International Politics: beyond Mainstream International Relations*. New York: Cambridge University Press, 2016.

Ariffin, Yohan, Jean-Marc Coicaud, and Vesselin Popovski. eds. *Emotions in International Politics: beyond Mainstream International Relations*. New York: Cambridge University Press, 2016.

Baars, Bernard and Nicole Gage. *Cognition, Brain, and Consciousness: Introduction to Cognitive Neuroscience*. Oxford: Elsevier, 2010.

Bartelson, Jens. *A Genealogy of Sovereignty*. Cambridge: Cambridge University Press, 1995.

Chowdhury, Arjun and Raymond Duvall. "Sovereignty and Sovereign Power." *International Theory* 6-2 (2014).

Clough, Patricia Ticineto and Jean Halley. eds. *The Affective Turn: Theorizing the Social*. Durham: Duke University Press, 2007.

Collins, Randall. "Emotional Energy as the Common Denominator of Rational Action." *Rationality and Society* 5-2 (1993).

Crenshaw, Kimberle. "Mapping the Margins: Intersectionality, Identity Politics, and Violence against Women of Color." *Stanford Law Review* 43-6 (1991).

Damasio, Antonio. *Descartes' Error: Emotion, Reason, and the Human Brain*. New York: Avon Books, 1994.

De Sousa, Ronald. "Emotions: What I Know, What I'd Like to Think I Know, and What I'd Like to Think." In *Philosophy of Behavioral Biology*. Boston Studies in Philosophy of Science, 2004.

Deigh, John. "Cognitivism in the Theory of Emotions." *Ethics* 104-4 (1994).

Denzin, Norman. *On Understanding Emotion*. San Francisco: Jossey-Bass Publishers, 1984.

Fierke, Karin M. *Political Self-Sacrifice: Agency, Body and Emotion in International Relations*. Cambridge: Cambridge University Press, 2012.

Fischer, Agneta H. and Antony SR Manstead. "Social Functions of Emotion." In Michael Lewis and Jeannette M. Haviland-Jones. *Handbook of emotions* 3. New York, London: Guilford Press, 2008.

Goodwin, Jeff, James M. Jasper, and Francesca Polletta. eds. *Passionate Politics: Emotions and Social Movements*. Chicago: University of Chicago Press, 2009.

Gries, Peter Hays and Jenny Su. "Taisanese Views of China and the World: Party Identification, Ethnicity, and Cross-Strait Relations." *Japanese Journal of Political Science* 14-1 (2013).

Hall, Todd H. *Emotional Diplomacy: Official Emotion on the International Stage*. Ithaca; London: Cornell University Press, 2015.

Yinan He. "Identity Politics and Foreign Policy: Taiwan's Relations with China and Japan, 1895 – 2012." *Political Science Quarterly* 129-3 (2014).

Illouz, Eva. *Saving the Modern Soul*. Berkeley: University of California Press, 2004.

James, William. "What is an Emotion?" *Mind* 9-34 (1884).

Jeffery, Renée. *Reason and Emotion in International Ethics*. New York: Cambridge University Press, 2014.

Johnston, Adrian and Catherine Malabou. *Self and Emotional Life: Philosophy, Psychoanalysis and Neuroscience*. Columbia: Columbia University Press, 2013.

Kenny, Anthony. *Action, Emotion and Will*. London, New York: Routledge, 2003.

Krasner, Stephen D. "Organized Hypocrisy in Nineteenth-Century East Asia." *International Relations of the Asia Pacific* 1-2 (2001).

_____. ed. *Problematic Sovereignty*. New York: Columbia University Press, 2001.

Lea, Martin, Russell Spears, and Daphne de Groot. "Knowing Me, Knowing You: Anonymity Effects on Social Identity Processes within Groups." *Personality and Social Psychology Bulletin* 27 (2001).

Lee, Eun-Ju. "Effects of Visual Representation on Social Influence in Computer-Mediated Communication: Experimental Tests of the Social Identity Model of Deindividuation Effects." *Human Communication Research* 30 (2004).

_____. "Deindividuation Effects on Group Polarization in Computer-Mediated Communication: The Role of Group Identification, Public-Self-Awareness and Perceived Argument Quality." *Journal of Communication* 57-2 (2007).

_____. "Social Identity Model of Deindividuation Effects: Theoretical Implications and Future

Directions." *Communication Theories* 4-1 (2008).

Lee, Teng-hui. "Understanding Taiwan: Bridging the Perception Gap." *Foreign Affairs* 78-6 (1999).

Lin, Syaru Shirley. *Taiwan's China Dilemma: Contested Identities and Multiple Interests in Taiwan's Cross-Strait Economic Policy*. Stanford: Stanford University Press, 2016.

Lupton, Deborah. *Emotional Self*. London: Sage Publications, 1998.

Makeham, John and A-chin Hsiau. eds. *Cultural, Ethic, and Political Nationalism in Contemporary Taiwan: Benthuhua*. New York: Palgrave MacMillan, 2005.

Mozaffari, Mehdi. "The Transformationalist Perspective and the Rise of a Global Standatd of Civilization." *International Relations of the Asia-Pacific* 1-2 (2001).

Noggle, Chad A., Raymond S. Dean, and Arthur MacNeill Horton. *The Encyclopedia of Neuropsychological Disorder*. New York: Springer, 2012.

Nussbaum, Martha C. *Upheavals of Thought: The Intelligence of Emotions*. Cambridge, New York: Cambridge University Press, 2003.

Pempel, T. John. ed. *The Economy-Security Nexus in Northeast Asia*. New York, NY: Routledge, 2012.

Postmes, Tom, Stephen D. Reicher, Khaled Sakhel, and Daphne de Groot. "Social Influence in Computer-Mediated Communication: The Effects of Anonymity on Group Behaviour." *Australian Journal of Psychology* 53 (2001).

Postmes, Tom and Russell Spears, and Martin Lea. "Breaching or Building Social Boundaries? SIDE-Effects of Computer-Mediated Communication." *Communication research* 25-6 (1998).

Postmes, Tom and Russell Spears. "Deindividuation and Antinormative Behavior: A Meta-Analysis." *Psychological Bulletin* 123-3 (1998).

_____. "Behavior Online: Does Anonymous Computer Communication Reduce Gender Inequality?" *Personality and Social Psychology Bulletin* 28-8 (2002).

Prinz, Jesse. "Embodied Emotions." In Robert C. Solomon. ed. *Thinking about Feeling: Contemporary Philosophers on Emotions*. Oxford: Oxford University Press, 2004.

Prinz, Jesse J. *Gut Reactions: A Perceptual Theory of Emotion*. Oxford, New York: Oxford University Press, 2004.

Reicher, Stephen D, Martin Lea, and Stephen Lee. "De-individuation and Group Polarization in Computer-Mediated Communication." *British Journal of Social Psychology* 29 (1990).

Reicher, Stephen D, Russell Spears, and Tom Postmes. "A Social Identity Model of Deindividuation Phenomena." *European review of social psychology* 6-1 (1995).

Roberts, Robert C. "What an Emotion Is: A Sketch." *The Philosophical Review* 97-2 (1988).

_____. *Emotions: An essay in Aid of Moral Psychology*. Cambridge: Cambridge University Press, 2003.

Robertson, Sean. "Thinking of the Land in that Way': Indigenous Sovereignty and the Spatial Politics of Attentiveness at Skwelkwek'welt." *Social & Cultural Geography* 18-2 (2017).

Robinson, Jenefer. "Emotion: Biological Fact or Social Construction?" In Robert C. Solomon.

ed. *Thinking about Feeling: Contemporary Philosophers on Emotions*. Oxford: Oxford University Press, 2004.

Seger, Charles R., Eliot R. Smith, and Diane M Mackie. "Subtle Activation of a Social Categorization Triggers Group-Level Emotions." *Journal of Experimental Social Psychology* 45-3 (2009).

Smith, Eliot R. and Diane M. Mackie. "Intergroup Emotions." In Michael Lewis and Jeannette M. Haviland-Jones. *Handbook of emotions 3*. New York, London: Guilford Press, 2008.

Smith, Eliot R., Charles R. Seger, and Diane M. Mackie. "Can Emotions be Truly Group Level? Evidence Regarding Four Conceptual Criteria." *Journal of Personality and Social Psychology* 93-3 (2007).

Solomon, Robert C. *The Passions: Emotions and the Meaning of Life*. Indianapolis: Hackett Publishing, 1976.

_____. ed. *Thinking about Feeling: Contemporary Philosophers on Emotions*. Oxford: Oxford University Press, 2004.

Spears, Russell, Tom Postmes, Martin Lea, and S. E. Watt. "A Side View of Social Influence." In Jpseph P. Forgas and Kipling D. Williams. eds. *Social Influence: Direct and Indirect Processes*. The Sydney symposium of Social Psychology Series. New York: Psychology Press. 2001.

Spears, Russell, Jolanda Jetten, and Bertjan Doosje. "The (Il)Legitimacy of Ingroup Bias: from Social Reality to Social Resistence." In John T, Jost and Brenda Major. eds. *The Psychology of Legitimacy: Emerging Perspectives on Ideology, Justice, and Intergroup Relations*. New York: Cambridge University Press, 2001.

Spears, Russell, Tom Postmes, Martin Lea, and Anka Wolbert. "When are Net Effects Gross Products?" *Journal of Social Issues* 58-1 (2002).

Stearns, Peter N. and Turner, Jonathan H. "The Sociology of Emotions: Basic Theoretical Arguments." *Emotion Review* 1-4 (2009).

Tajfel, Henri. "Interindividual Behaviour and Intergroup Behaviour." In Henri Tajfel. ed. *Differentiation between Social Groups: Studies in the Social Psychology of Intergroup Relations*. New York: Academic press, 1978.

Takahashi, Hidehiko, Masato Matsuura, Michihiko Koeda, Noriaki Yahata, Tetsuya Suhara, Motoichiro Kato, and Yoshihiro Okubo. "Brain Activations during Judgments of Positive Self-conscious Emotion and Positive Basic Emotion: Pride and Joy." *Cerebral Cortex* 18-4 (2004).

Thoits, Peggy A. "The Sociology of Emotions." *Annual Review of Sociology* 15 (1989).

Turner, John C. "The Analysis of Social Influence." In John C. Turner. et al. *Rediscovering the Social Group: a Self-Categorization Theory*. New York: Basil Blackwell, 1987.

Varela, Francisco J., Evan Thomson, and Eleanor Rosch. *The Embodied Mind: Cognitive Science and Human Experience*. Cambridge, Mass: MIT press, 2017.

Vyrynen, Ramio. "Sovereignty, Globalization and Transnational Social Movements." *International Relations of the Asia-Pacific* 1-2 (2001).

Walton, Kendall L. "Fearing Fictions." *The Journal of Philosophy* 75-1 (1978).

Zhong, Yang. "Explaining National Identity Shift in Taiwan." *Journal of Contemporary China* 30 (2016).

Zuo, Yana. *Evolving Identity Politics and Cross-Strait Relations*. New York: Palgrave MacMillan, 2016.

"Anti-secession law rattles Taiwan." *BBC News*. Mar 3, 2005. (검색일: 2017. 11. 15).

"Don't overlook nationalist threat." *Taipei Times*. Apr 17, 2005. http://www.taipeitimes.com/News/editorials/archives/2005/04/17/2003250825/1 (검색일: 2017. 11. 15).

Election Study Center, N.C.C.U. "Taiwanese,"Chinese Identification Trend Distribution in Taiwan (1992/06~2017/06)." http://esc.nccu.edu.tw/course/news.php?Sn=166 (검색일: 2017. 11. 21).

Jeremy Matuszak and Matthew Parra. "That's Not My Child: A Case of Capgras Syndrome." *Psychiatric Times*. Apr 30, 2011. http://www.psychiatrictimes.com/articles/that%E2%80%99s-not-my-child-case-capgras-syndrome (검색일: 2017. 12. 1).

Mainland Affairs Council Republic of China (TAIWAN). "The Official Position of the Republic of China (Taiwan) on the People's Republic of China's Anti-Secession (Anti-Separation) Law." 2005년 4월 1일 updated. https://www.mac.gov.tw/en/News_Content.aspx?n=8A319E37A32E01EA&sms=2413CFE1BCE87E0E&s=D1B0D66D5788F2DE (검색일: 2017. 11. 15).

Ministry of Foreign Affairs Republic of China (Taiwan). "本部對媒體有關日相小泉參拜靖國神社報導之澄清." 2002년 04월 30일. https://www.mofa.gov.tw/News_Content_M_2.aspx?n=FAEEE2F9798A98FD&sms=6DC19D8F09484C89&s=8825CB830980009F (검색일: 2018. 4. 15).

제4장

중국의 부상과 샌프란시스코 체제의 전환

신욱희(서울대학교)

I. 서론

냉전기 한국의 안보는 한미일 삼각안보체제에 의해 유지되어 왔다. 하지만 냉전의 종언은 세계질서의 커다란 전환의 양상을 가져왔으며, 이는 다극체제, 일극체제, 새로운 양극체제의 논의를 거쳐 현재는 다양한 형태의 무질서에 대한 논쟁으로 이어지고 있다. 즉 냉전의 종언 직후의 '과거로의 복귀'(back to the future),[1] 9·11로 이어지는 '일극적 순간'(unipolar moment),[2] 중국의 부상에 따른 'G2'와 '아시아의 세기' 논의를 지나서 '미국의 부활' 가능성, 중국의 '신창타이,' 복수의 '지역'의 등장으로 특징 지워지는 모호하고 복잡한 상태로 이어지고 있는 것이다.

하지만 한반도와 동아시아의 분석수준을 중심으로 이루어지는 한국 안보에 대한 고찰은 중국의 부상에 따른 구조적 맥락의 변화에 여전히 큰 영향을 받고 있다. 이는 독일의 사회학자인 루만(Luhmann)의 용어를 빌려 표현하자면, 한미일 관계를 중심으로 하는 한국의 기존 안보'체계'가 부상하는 중국이라는 '환경' 요인에 따라 그 '경계'가 새롭게 구획될 수 있는 시기를 맞고 있다고 이야기 할 수 있을 것이다. 이를 국제정치이론 논쟁 중의 하나인 '주체-구조의 문제'(agent-structure problem)에 연결시키면, 한국이라는 주체가 지역체제의 구조 변화와 어떠한 방식의 상호구성을 이루어나갈 것인가의 주제로 표현된다.

이 논문은 이와 같은 전제 아래서 '샌프란시스코 체제'라고 지칭되는 기

....

1　J. Mearsheimer, "Back to the Future: Instability in Europe after the Cold War," *International Security* 15-1 (1990)을 볼 것.

2　M. Mastanduno, "Preserving the Unipolar Moment: Realist Theory and US Grand Strategy," *International Security* 21-4 (1997)을 볼 것.

존의 안보체계가 중국의 부상에 따라 어떠한 영향 아래 놓이게 될 것이며, 그러한 양상에서 한국이라는 행위자에게 주어지는 정책적 범주는 어떠할 것인가에 대한 검토를 수행하고자 한다. 먼저 중국의 부상에 대한 다양한 해석과 그 지정학적, 지경학적 결과를 생각해 보고, 샌프란시스코 체제의 형성과정과 그 안보-경제-관념의 연계 방식과 변화의 측면을 분석한 후, 동아시아 안보에서 중국의 부상과 미국의 역할이 상충되는 부분을 고찰해 보고, 이에 관한 한국의 기존 샌프란시스코 체제의 전환적 시도 방식에 대하여 논의할 것이다.[3]

II. 부상하는 중국

중국의 부상이 얼마나 객관적인 사실인가에 대해서는 다양한 주장과 논의가 있어 왔다. 하지만 소련의 해체 이후 21세기 초반에 이르기까지 미국과 중국의 국방비 지출과 GDP의 변화를 참고한다면, 냉전 말기 일본의 부상에 대한 논쟁과 비교해 볼 때 그 추세의 면에서 좀 더 분명한 경향을 보여주고 있었다고 할 수 있다. 미국의 국방비는 1989년 5,262억 달러에서 2010년 6,871억 달러로 약 30% 증가한 것에 비해, 중국의 국방비는 1989년 159억 달러에서 2010년 1,143억 달러로 약 700% 증가하였다.[4] GDP의 경우 미국은 1989년 5조 4,396억 달러에서 2009년 14조 1,190억 달러로 약 2.5배 증가한 것에 비해, 중국은 1989년 3,439억 달러에서 2009년 4조 9,854억 달

....

3   이 주제는 본 편집본이 제시하고 있는 동북아 국제정치의 특성, 즉 불완전한 주권과 국제사회적 요인의 결여, 주권 게임과 근대국제정치 게임의 복합적 전개 양상을 잘 보여주고 있다고 할 수 있을 것이다.

4   SIPRI Military Expenditure Yearbook Database (http://milexdata.sipri.org/). 더욱이 미 국방부는 중국의 국방비가 이 자료의 수치보다 1.5배에서 2배 정도인 것으로 추정하고 있었다. US Department of Defense, "Annual Report to Congress: Military Power of the People's Republic of China 2010," (2010).

러로 약 14배 증가하였다.[5] 2010년대 중반 이래 이른바 신창타이 시대로 들어서면서 중국의 고속성장은 주춤했지만, 일대일로로 대표되는 중국의 '영향력의 영역'(spheres of influence)의 확대는 지속되고 있다고 할 수 있다.

중국의 부상에 대한 실질적인 척도보다 더욱 논쟁적인 것은 그것이 가져올 결과에 대한 인식의 문제이다. 이에 대해서는 중국위협론, 중국포위론, 그리고 중국기회론의 세 입장이 대립되고 있다. 공격적 현실주의자인 미어샤이머(Mearsheimer)와 방어적 현실주의자인 월트(Walt)의 의견이 수렴되고 있는 중국위협론은 21세기 초반 중국의 상대적으로 적극적인(assertive) 대외정책이 본격화되면서 미국 국가전략의 관념적 기반으로의 위치를 굳혀가고 있다. 물론 중국은 이러한 인식이 자국의 평화로운 굴기를 미국이 기존 동맹국들과 함께 제어(constrain)하려는 것이라고 주장하는데, 이와 같은 중국포위론은 한국전쟁에서의 교전을 통해 만들어진 이른바 미국위협론의 연장이라고 할 것이다. 마지막의 중국기회론은 아래에서 서술되는 지경학, 또는 신지정학적인 입장에서 중국의 부상을 비교적 중립적 입장에서 해석하고 그것이 수반할 수 있는 이익, 혹은 협력의 측면을 강조하려는 것이라고 할 수 있다.

다위샤(Dawisha)가 민족주의의 분석을 위해 사용했던 유형론을 위협 인식에 적용한다면,[6] 중국의 위협 또한 본질적(primordial), 구성적(constitutional), 그리고 도구적(instrumental) 측면으로 구분할 수 있다. 본질적인 것은 상상된 것이 아닌 '실재하는' 위협을, 구성적인 것은 고정되거나 이미 정해진 것이 아닌 '형성되는' 위협을, 그리고 도구적인 것은 정치적 혹은 물질적인 이익을 위해서 '사용되는' 위협을 지칭하는데, 중국의 위협도 이 세 요인을 함께 갖고 있다고 보는 것이 적절할 것이며, 이를 어떻게 구분하거나

....

5   World Bank Database (http://data.worldbank.org).
6   A. Dawisha, "Nation and Nationalism: Historical Antecedents to Contemporary Debates," *International Studies Review* 4-1 (2002).

수용할 것인가에 따라 위협, 포위, 기회 입장의 상대적 평가가 정해질 것으로 보인다.

중국의 부상이 가져오는 지정학적인 영향을 주로 살펴볼 경우, 본질적 위협을 강조하는 중국위협론의 주장이 조금 더 설득력을 가지며, 이는 '지정학의 귀환'이나 '강대국 정치의 비극' 논의와 연결되어 세계정치의 가장 핵심적인 주제가 되고 있다. 부상하는 중국을 동아시아의 지역적, 한반도의 국지적 수준에서 생각해 본다면 중국은 이미 일본과의 지역적 패권 경쟁에서 우위를 차지하고 있고, 부분적인 갈등에도 불구하고 북한에 대해 가장 강력한 영향력을 행사하는 행위자로 간주된다. 이러한 전환의 양상은 동북아시아 지역협력과 북핵/북한문제의 해결에 장애요인으로 작용할 가능성이 있다고 할 수 있다.

지정학적 차원에 비해 중국의 부상이 가져오는 지경학적 영향에 대한 분석은 좀 더 복합적인 사고를 요구한다. 시웅(Hsiung)은 지경학적 시대의 특성을 "권력과 세력균형 게임의 규칙이 재정의되며, 한 국가의 경제안보가 그 국가의 군사안보(혹은 전통적인 국가방위)에 영향을 주게 되는 것"으로 설명하고 있다.[7] 우리는 사드 배치 이후 중국 조치의 영향을 통해 한중간 경제적 상호의존의 상황과 안보적 갈등이 가져오는 경제적 비용의 문제를 실감한 바 있었다. 하지만 부상하는 중국이 수반하는 지경학적인 역동성은 한국에게 기회의 요인을 아울러 제공하는 것으로 보인다. 이는 접경이나 반도와 같은 공간적 특성을 협력의 요인으로 활용하는 이른바 '신지정학'적 고려와 관련된다.[8]

....

7   J. Hsiung, "The Age of Geoeconomics, China's Global Role, and Prospects of Cross-Strait Integration," *Journal of Chinese Political Science* 14 (2009), p. 113.

8   고전 지정학이 영토로서의 장소를 탐구하면서 자원과 시장을 확보하기 위한 경쟁이라는 차원에서 국가전략을 이해하는 반면, 신지정학은 국가의 영토성을 절대적이고 영속적인 것으로 보는 인식론을 비판하면서 협력과 공생의 공간에 대한 사회학적 상상력을 강조하고 있다. 대표적인 저작으로 J. Agnew and J. Duncan (eds.), *The Power of Place: Bringing together Geographical and Sociological Imaginations* (Boston, MA: Unwin Hyman, 1989)을 볼 것.

중경과 뒤스부르크를 연결하는 중국의 일대일로 구상은 동북아시아와 도 밀접하게 연결된다고 지적되고 있다. 쟝루이핑은 "동북아는 일대일로 건 설에 있어 중요한 전략적 위치를 차지하며, 한중일 삼국이 함께 일대일로 건설에 주도적 역할을 해야 하며, 이는 삼국의 정치적 관계의 회복과 협력 강화에 유리한 조건을 제공한다"고 주장한다.[9] 이 제안에서는 중국의 동북 지방이 중요한 위치를 차지하며, 북핵/북한문제가 단계적 해결의 과정을 거 치게 된다면 중국과 북한의 접경지역은 핵심적인 경제협력의 장으로 활용 될 수 있다. 이 경우 동북지방이 남북한과 중국, 그리고 러시아, 일본 사이의 공생적 장소로 전환되어 동아시아 평화의 미래공간으로 활용될 수 있는 신 지정학적 가능성이 모색될 수 있는 것이다.[10]

중국의 부상에 따른 또 하나의 지경학적 구도의 변화는 지역적 차원의 다자주의의 경쟁적 등장이라고 할 것이다. 중국의 자기중심적인 다자적 권 역의 확대는 SCO, AIIB, 그리고 RCEP 등의 다양한 형태로 이루어지고 있 다. 이는 일대일로와는 달리 세계적 패권보다는 지역적 영향력의 확대를 지 향하는 것으로 여겨지는데, 이러한 중국의 시도에 대해 아시아/태평양 지역 을 다자주의의 권역으로 삼고 있는 미국과 일본은 기존의 APEC, 그리고 오 바마 행정부 시기까지는 TPP를 중심으로 해서 아시아 지역의 규칙 제정 경 쟁(rule-making competition)의 양상을 유지해 왔다. 이와 같은 소위 경쟁 적 다자주의(contested multilateralism)의 등장은 한국과 같은 국가에 있어 서는 선택의 딜레마를 가져올 수도 있으나,[11] 오히려 양자에 모두 가입할 수

....

9   쟝루이핑, "'일대일로,' 동북아 성장과 협력을 촉진하는 필수 전략," 제22차 한중미래포럼 (2017. 12. 13), 제주.
10   이는 안중근이 구상했던 '동양평화론'의 21세기적 형태가 될 것이다. 물론 이러한 구상은 중국 정부가 동북지방에 대해 어느 정도의 전략적 중요성을 부여하는가, 기본적으로 서진전략인 일대 일로에서 이 지역이 어느 정도의 의미를 갖는가, 그리고 변경/월경 협력을 통해 중국이 얻을 수 있는 기대이익의 내용과 비중이 무엇인가에 따라 좌우될 것이다. 그리고 현재의 안보적 상황의 제약에 따라 일차적으로는 인프라, 물류, 에너지, 환경, 관광 분야의 기능적 협력이 우선되어야 할 것으로 보인다.

있는 기회를 제공하는 것으로 인식될 수도 있는 것이다.[12]

III. 샌프란시스코 체제

루만은 자신의 사회이론에서 가장 큰 수준의 사회로서 세계사회를 상정하고, 세계사회가 분화되는 네 가지 형태로 주체 내지는 부분체계들이 서로 평등한 '분절적 분화,' 불평등이 존재하는 '중심과 주변에 따른 분화'와 '계층적 분화,' 그리고 평등과 불평등이 모두 성립하는 '기능적 분화'를 들고 있다.[13] 주권과 무정부성으로 묘사되는 근대 국가와 국제체제의 특성이 전형적인 분절적 분화의 형태인 것으로 설명되지만, 많은 국가들 사이의 관계는 실질적으로 계층적 분화의 특징을 보여주는 경우가 많다. 냉전 시기 양 진영 내부의 국가들 관계 역시 '후견주의'(clientelism)적 관계로 표현되면서 행위자들 사이의 안보협력에서 위계적인 분업구조가 관찰되기도 하는 것이다.[14]

콩(Khong)은 미 주도의 위계적 국제관계를 미국의 조공체제(American

....

11 경쟁적 다자주의의 개념을 위해서는 J. Morse and R. Keohane, "Contested Multilateralism," *The Review of International Organizations* 9-4 (2014)을 볼 것.

12 이승주는 한국이 중국과 미국이 주도하는 각각의 경제통합 과정에서 배제되지 않기 위해 궁극적으로 TPP와 RCEP에 모두 참여하는 선택을 해야 한다고 지적한 바 있으며, 임반석은 TPP와 RCEP이 경쟁적인 관계로 인식되고 있지만 양자는 여러 측면에서 조화를 이룰 수 있는 공간을 갖고 있다고 이야기하였다. 이승주, "미중일 삼각구도와 한국의 전략적 대응: 환태평양경제동반자협정(TPP)과 역내포괄적경제동반자협정(RCEP)의 사례를 중심으로," 『미국학』 제36권 (2)호 (2013); 임반석, "TPP와 동아시아 RCEP의 경합과 보완의 가능성," 『한국동북아논총』 제70권 (2014).

13 니클라스 루만 저, 장춘익 옮김, 『사회의 사회 1, 2』 (서울: 새물결, 2012), 4장을 볼 것.

14 W. Shin, *Dynamics of Patron-Client State Relations: The United States and Korean Political Economy in the Cold War* (Seoul: American Studies Institute, Seoul National University, 1993), ch. 2를 참조할 것.

tributary system)라고 부르면서 아래와 같이 이야기한다.

지금까지 만들어진 것 중에서 가장 광범위한 공식 또는 비공식 동맹의 중추 혹은 핵심으로서 미국은 자신의 동맹국이나 파트너—혹은 조공국—에게 시장을 제공과 더불어 군사적 보호를 제공한다. … 자신의 노력의 대가로 미국이 바라는 것은 명확하다: 첫 번째는 자신을 절대적인 권력체 또는 패권국으로 인정해 주는 것, 두 번째는 다른 나라들이 자신의 정치적 형태와 관념을 모방하는 것이다.[15]

한미일 관계를 중심으로 하는 소위 '샌프란시스코 체제' 또한 냉전기에 등장한 계층적 분화의 한 형태로서 이해 될 수 있다. 태평양 전쟁 이후 미국의 일본에 대한 역코스 정책(reverse-course policy), 한국전쟁 발발, 샌프란시스코 평화회의 개최를 거치면서 창발된 이 체제는 조직자로서의 미국과 조력자로서의 일본의 역할을 바탕으로 하고, 미국에 의한 아시아/태평양의 관리와 일본의 재무장을 그 내용으로 해서 형성되었다. 하지만 전후처리 체제로서의 샌프란시스코 체제는 영토나 역사문제와 같은 지역 내의 갈등을 재생산했다는 비판을 함께 받았다. 일본사 연구자인 다우어(Dower)에 따르면,

샌프란시스코 강화조약은 일본에는 관대하여 평화국가로서 민주주의와 경제적 번영을 가져다준 반면, 일본의 군국주의와 식민 지배 피해자인 주변국을 배제하여 근린국으로서 화해를 통해 새로운 지역적 관계 질서를 조성하기보다 제국주의와 침략, 그리고 착취로 인한 상처와 그 유산이 곪는 '유해한 결

....

15 Y. F. Khong, "The American Tributary System," *The Chinese Journal of International Politics* 6 (2013), p. 1. 이러한 점에서 중국이 주장하는 '신형국제관계'가 국가 간의 '평등'을 강조하고 있다는 점은 흥미롭다고 할 수 있다. 왕이저우, "동아시아 질서에 대한 인식," 한국학술좌담 (2018. 03. 31), 북경대학교 국제관계학원,

과'를 안겨주었다"[16]

한미일 관계의 빠진 고리(missing link)였던 한일관계는 1965년의 국교정상화로 채워졌고, 이어 베트남 전쟁에서 이루어진 삼국 간 협력은 샌프란시스코 체제하 안보적 분업의 전형적인 형태를 보여주게 되었다. 닉슨 독트린 이후 한일 양국은 방기의 우려에 따라 '의사동맹'(pseudo-alignment)으로서 상호협력을 강화하면서 데탕트의 차별적인 모습을 보여주게 되나,[17] 한편으로는 일본의 오키나와 환수에 따라 미일 간 이른바 '한국조항'이 명문화됨으로써 한미일 삼각안보체제가 '냉전적 원형'을 갖추게 되었다고 평가되기도 한다.[18] 그러나 한국조항은 미국의 대 아시아 정책과 일본 국내정치의 변화에 따라 그 내용을 달리하게 되었고,[19] 미일관계의 중심성과 미국의 상대적인 일본 위주의 정책 수행이 한미일 안보협력체제의 연속성의 요소가 되었다.

위계성과 더불어 샌프란시스코 체제가 갖는 두 번째의 특성은 그것이 보여주는 안보-경제-관념 연계의 부분이다.[20] 이러한 특성에 대한 이해는 세 측면을 함께 고찰하면서 서로의 인과관계와 각각의 중요성을 검토하는

....

16 현무암, "샌프란시스코 체제의 전환과 한미일 의사 동맹 관계," 『황해문화』 (83)호 (2014), pp. 35-6에서 재인용.

17 빅터 차 저, 김일영, 문순보 옮김, 『적대적 제휴: 한국, 미국, 일본의 삼각 안보체제』 (서울: 문학과 지성사, 2004), 제3장을 볼 것.

18 최희식, "한미일 협력체제 제도화 과정 연구: 1969년 한미일 역할분담의 명확화를 중심으로," 『한국정치학회보』 제45집 (1)호 (2011)을 참조할 것.

19 한 예로 1969년 닉슨–사토 공동성명에서 "한국의 안보는 일본에게 긴요하다(essential)"고 지적된 반면, 1975년 포드–미키 공동성명에서는 "한반도의 안정은 일본에게 필요하다(necessary)"라고 언급되어 그 차이를 보여주었다. 신욱희, 『삼각관계의 국제정치: 중국, 일본과 한반도』 (서울: 서울대학교출판문화원, 2017), p. 105.

20 손영원은 이를 각각 위협, 교환, 동의의 체계라는 용어로 표현하고 있다. 손영원, "분단의 구조: 세계사회적 계기의 내재화와 역사적 국가형성의 한 국면," 『국가이론과 분단한국』 (파주: 한울, 1985).

통합적/상호적 접근을 필요로 하는데, 루만이 이야기하는 복수의 부분체계의 존재와 상대적 비중에 대한 관찰이 이에 해당한다고 볼 수 있다.[21] 켈더(Calder)는 '번영을 통한 안보의 추구'라는 샌프란시스코 체제의 군사와 경제의 연결 전략이 전후 동아시아 안보와 경제성장의 토대가 되었다고 지적하면서 아래와 같이 지적한다.

> 샌프란시스코 체제라고 (여기에) 알려진, 1951년 9월 일본과의 조약 이래 태평양에 존재해 온 정치-경제 관계의 통합된 체제는 세계 어느 곳의 하부 지역체제와의 비교에서도 독특한 면이 있다. … 중국의 역동적인 역할 확대가 (샌프란시스코 체제) 변화의 중심 요인인 반면, 태평양 양측의 보완적인 국내적 정치적-경제적 이해가 원래 델레스의 탁월한 일본 중심 구상을 강화시키면서 그 존재를 지속시켜 왔다.[22]

하지만 중요한 점은 이와 같은 호혜적인 성격이 냉전체제의 전환에 따라 변화를 보여 왔다는 것이다. 그 한 예가 1990년대 초반에 등장한 이른바 '일본과의 다가오는 전쟁'(coming war with Japan) 논쟁이라고 할 수 있다. 프리드만(Friedman)과 르바드(Lebard)는 1990년대 초반의 국제정세가 미국이 초강대국으로 존재하지만 경제부문에서의 갈등과 지역국가의 부상이 심화되는 방식으로 전개될 것이라고 전망하면서, 특히 미일 대립구도의 형성 가능성을 강조한 바 있었다.[23] 즉 현재의 중국위협론과 유사한 형태로 일

....

21 루만 (2012), p. 645-59.

22 K. Calder, "Securing Security through Prosperity: The San Francisco System in Comparative Perspective," *The Pacific Review* 17-1, p. 135. 이와 상반되는 종속이론적 시각으로는 H. Bix, "Regional Integration: Japan and South Korea in America's Asian Policy," in F. Baldwin (ed.), *Without Parallel: The American-Korean Relationship since 1945* (New York, NY: Pantheon Books, 1973)을 참조할 것.

23 G. Friedman and M. Lebard, *The Coming War with Japan* (New York, NY: St. Martin's Press, 1991)을 볼 것.

본위협론이 거론되었다는 것을 알 수 있는 것이다.

1990년대 후반의 아시아 외환위기는 또 다른 측면에서 샌프란시스코 체제의 경제적 효용성에 대한 의문을 제기하였다. 일본으로부터의 재정 지원을 기대했던 한국 정부의 희망은 좌절되었고, 샌프란시스코 체제의 제도적 형태인 APEC의 역할 부재는 많은 아시아 국가들이 동아시아 중심의 지역주의를 강조하도록 만드는 결과를 가져왔다. 레이븐힐은 이에 대해 아래와 같이 지적하였다.

> (동아시아 국가들이 가졌던) 1990년대의 주요한 생각은 국제체제의 다른 지역에서의 (제도적) 발전에 대한 우려, 그리고 1997-98년에 동아시아 경제가 직면했던 문제에 대한 미국의 무관심과 동아시아에 국한된 제도 형성에 대한 좀 더 일반적인 서구의 반대, 양자를 향한 분노였다고 할 것이다.[24]

이근은 자신의 논문에서 1998년 미국이 급격하게 절하되는 일본의 엔화를 방어해 주면서 그 반대급부로 일본의 경기부양과 시장개방에 관한 미국의 요구를 관철시키는 과정과 당시 미국 행정부가 중간 선거를 앞에 두고 달러를 고평가시켜 미국의 다양한 국내정치경제 세력의 이해를 충족시키는 과정을 분석하고 있는데,[25] 이는 캘더가 샌프란시스코 체제의 기본이 되었다고 이야기하는 미국과 일본의 국내 정치적-경제적 이해관계의 수렴과는 거리가 있는 것이라 하겠다.

2008년의 글로벌 금융위기는 좀 더 포괄적인 면에서 샌프란시스코 체제의 관념적 토대인 워싱턴 컨센서스에 대한 비판을 야기하였다. 중국의 부상과 더불어 이를 대체할 베이징 컨센서스가 명확하게 등장한 것은 아니나,

....

24 J. Ravenhill, "East Asian Regionalism: Much Ado about Nothing?" *Review of International Studies* 35 (2009), p. 235.

25 이근, "환율정책과 국가권력: 아시아 금융위기, 국제통화력, 그리고 미국 행정부의 독자적 영역," 『국제 · 지역연구』 제9권 (4)호 (2000)을 볼 것.

홀퍼(Halper)와 같은 일부 학자들은 아래와 같이 중국적 관념의 확산 가능성을 언급한 바 있다.

> 베이징의 전지구적 부상은 평화롭게 이루어질 수도 있으며, 이는 중국의 통상관계의 세계적인 확산과 함께 진행된다. 따라서 워싱턴과 브뤼셀은 그들이 상대적인 빈국과 맺은 조건적 관여를 통해 전통적으로 향유해 온 레버리지와 1989년 이후 '세계화'될 것으로 기대했던 시장-민주 모델의 두 핵심적 영역에서 그 토대를 상실하고 있다. 이와 같은 전개는 함께 연계되어서 내가 마땅한 용어가 없어 중국효과(China effect)라고 부르는 현상을 만들어 내게 된다. 이는 워싱턴 컨센서스가 개발도상국에서 성공을 거두지 못함에 따라 베이징이 단순히 비즈니스를 통해서 워싱턴과 서구의 레버리지와 자유주의적 의제를 잠식하게 되는 전지구적 경제관계의 네트워크를 구축한다는 것을 의미한다.[26]

켈더가 지적한 바와 같이 중국의 부상은 기존의 샌프란시스코 체제에 대한 가장 큰 변화 요인으로 작용하고 있으며, 이와 같은 전환의 양상은 냉전 시기에 형성되었던 '동맹의 정치경제'(political economy of alliance) 역학의 변화를 뜻하기도 한다.[27] 문정인과 류상영은 이에 대해 아래와 같이 이야기하고 있다.

> 한국은 미국이 건설한 자유주의 경제질서의 주요 수혜국 중 하나였다. 하지만 주요한 외부적인 경제위기 혹은 이어지는 결정적인 국면들은 한국으로 하여금 미국이 주도하는 경제적, 재정적 구조에서 벗어나 대안적인 기제를 모

....

26 S. Halper, *The Beijing Consensus: How China's Authoritarian Model Will Dominate the Twenty-first Century* (New York, NY: Basic Books, 2010), pp. 38-9.

27 냉전기 사례의 이해를 위해서는 W. Shin, "The Political Economy of Security: South Korea in the Cold War system," *Korea Journal* 38-4 (1998)을 볼 것.

색하게끔 하였다. … 그럼에도 불구하고 그러한 움직임은 세계적인 경제, 재
정적 제도의 안정성에 대한 지속적인 선호와 북한의 핵위협에 따른 동맹에 대
한 재강조에 의해서 근본적으로 억제되고 있다.[28]

따라서 결국 민주주의, 경제적 상호의존, 그리고 국제기구로 대표되는
신칸트주의적 평화론의 장기적인 의미는 여전히 유효하다고 할 수 있으며,[29]
현재 진행 중인 북핵문제의 존재는 샌프란시스코 체제가 담당해 온 안보적
역할의 기본적 성격을 유지시키고 있는 것으로 생각되는 것이다. 전재성은
글로벌 금융위기 이후 미국이 단기적으로 위기 극복을 위해 중국과의 양자,
혹은 다자적 협력을 유지할 것으로 예측하면서, 한국의 전략목표를 세력전
이에서 협력적 지역질서의 변환으로 가는 전기를 마련해가는 것이라고 보
았다.[30] 하지만 문제는 2010년대에 들어서서 미중관계에서 점차 대립 양상
이 부각되면서 한국이 전략적 선택을 해야 하는 상황이 등장하고 있다는 점
이며, 사드의 배치를 둘러싼 갈등이 그 대표적인 사례라고 할 수 있다.

IV. 미국의 역할 vs 중국의 부상

민주화 과정을 거치면서 한국사회에서는 냉전기와는 다른 대미관계 설

....

28   C. Moon and S. Rhyu, "Rethinking Alliance and the Economy: American Hegemony, Path
      Dependence, and the South Korean Political Economy," *International Relations of the
      Asia-Pacific* 10 (2010), p. 441.
29   이는 현재의 돌발적인 '트럼프 현상'에도 불구하고 제도적인 연속성을 가질 것으로 보인다. 최근
      에 다시 언급되고 있는 TPP 논의가 하나의 예가 될 수 있다. 또한 관념적 차원에서도 '베이징 컨
      센서스'의 구체적 내용 부재와 중국 정치체제의 권위주의화 경향은 중국이 제시하는 새로운 질
      서의 파급력을 감소시키는 결과를 가져온다고 할 것이다.
30   전재성, "2008년 경제위기와 미중관계의 변화, 한국의 전략," 『한국과 국제정치』 제28권 (1)호
      (2012), p. 123.

정에 대한 주장이 제기되었고, 북핵문제의 대응에 관해 한미 간 이견이 표출되기도 하였다. 일부 학자들은 이와 같은 상황이 월트(Walt)가 지적한 동맹쇠퇴의 요인인 위협인식, 신뢰도, 국내정치의 변화에 따른 한미동맹의 쇠퇴를 의미한다고 지적하였다.[31] 하지만 이명박, 박근혜의 보수 정부를 거쳐 현재의 문재인 정부에 이르기까지 안보협력에 있어서 한미관계는 상대적으로 안정적인 모습을 보이고 있는데, 이는 기본적으로 심화되고 있는 북핵문제에 대한 인식의 공유에 있었다고 할 것이다.

냉전의 종언 직후의 북핵 1차위기와 9·11 이후의 북핵 2차위기를 거쳐 중국의 부상과 겹쳐지는 현재의 '북핵 3차위기'의 상황은 한국, 북한, 미국, 중국 사이의 복잡한 전략적 상황을 만들어내고 있다.[32] 한국 내에서는 잠정적인 핵보유국으로 북한을 의식해서 미국의 전술핵 재배치 내지는 한국의 핵개발 주장이 제기되기도 하였다. 하지만 전술핵 재배치는 한반도 비핵화라는 원칙에의 상충과 '과거로의 복귀'라는 측면이, 그리고 핵개발은 지역적 핵확산의 문제, 그리고 한국이 갖는 취약성과 과거 개발 사례에서 나타났던 미국의 민감성을 생각할 때 적절한 선택이 아니라고 할 것이다. 결국 한반도 비핵화라는 최종적 상태(end state)의 목표를 한국과 미국 그리고 중국이 공유한다면 이는 단계적 접근을 필요로 하며, 따라서 중단기적으로는 미국이 한국에 제공하는 확장억제가 불가피하다는 결론에 도달할 수 있다.

혹자는 셰일혁명이나 4차 산업혁명을 언급하면서 '미국의 부활'을 이야기하기도 하지만,[33] 시차를 두고 제기된 자카리아의 '미국 이후의 세계'(post-American world)나 쿱찬의 '무주공산의 세계'(no one's world), 그리고 하스(Haass)의 '혼돈의 세계'(World in Disarray)의 주장도 각각 설득

....

31   S. Walt, "Why Alliances Endure or Collapse," *Survival* 39-1 (1997)을 참조할 것.

32   북핵 1차위기가 WMD 확산을 둘러싼 국제안보의 문제였고 2차위기는 대 테러전에 관련된 지구안보의 문제에 해당했다면, 현재의 위기는 중국의 부상과 미국의 국방에 관련된 국가안보의 문제에 가깝다고 할 수 있다.

33   함재봉 외, 『팍스 아메리카나 3.0: 다시 미국이다』(서울: 아산정책연구원, 2016)을 볼 것.

력이 있는 것이 사실이다.[34] 그러나 만약 북핵 협상의 타결이 북한문제의 해결로 이어져 한반도 수준의 현재적 위협이 감소된다고 해도, 동아시아에서의 지역적 수준의 잠재적 위협은 여전히 존재한다고 할 수 있다. 따라서 이러한 '이중적 무정부성'(dual anarchy)을 고려할 때 역외 균형자로서의 미국과 주한미군의 역할은 여전히 동아시아 안보의 핵심적 요건이 된다고 할 수 있는 것이다.

문제는 이렇게 지속되는 샌프란시스코 체제 내에서의 미국의 범위(scope)와 부상하는 중국이 설정하는 새로운 범위가 상충되고 있다는 점인데,[35] 사드 배치 이후 문제가 된 이른바 '3불(不) 정책'의 사례가 그에 해당한다. 이는 중국이 사드 배치 이후 한국과의 회담에서 미국의 MD체제 참여, 사드 추가배치, 한미일 군사동맹 불가의 입장을 표명한 것을 의미하는데, 강경화 외무부 장관이 국회에서의 발언을 통해 세 가지 사안에 대한 계획이 없다고 발언한 것이 발단이 되어 '안보주권' 논쟁으로 이어진 바 있다. 이러한 논쟁의 존재는 향후 한반도와 동아시아 안보의 의제에 있어 미중 양국의 입장 차이가 한국의 전략적 선택의 문제로 연결될 개연성을 보여주는 것이라 할 수 있다. 하지만 노무현 행정부 시기의 동북아균형자론과 현 정부가 언급하는 '균형외교'가 최소한 중단기적으로는 한계가 있다는 점을 생각해 볼 때, 한국에게 있어 안보적인 측면에서 한미일 관계가 갖는 상대적 비중은 부인하기 어렵다고 할 것이다.[36]

....

34 F. Zakaria, *The Post-American World* (New York, NY: W. W. Norton & Company, 2008); C. Kupchan, *No One's World: The West, The Rising Rest, and the Coming Global Turn* (Oxford: Oxford University Press, 2012); R. Haass, *A World in Disarray: American Foreign Policy and the Crisis of the Old Order* (London: Penguin Books, 2017).

35 포괄적인 동아시아 안보의 의제에 있어서는 남중국해 문제가 대표적인 예라고 할 것이다.

36 이와 같은 측면에서 볼 때 장기적으로 기존의 안보협력체제와 새로운 동북아시아의 지역협력체제를 복합화하는 구상을 생각해 볼 수 있다. 이 경우 한미일 관계와 더불어 한중일 삼각관계와 그 안에서의 한국의 위치가 중요해진다. 이 주제에 대한 이론적, 역사적 고찰을 위해서는 신욱희(2017)을 참조할 것. 서주석은 노무현 행정부의 동북아 균형자론이 사실상 미중 사이의 균형이 아닌 중일 사이의 균형을 염두에 둔 측면이 있었다고 이야기 하였다. 그에 따르면 노 대통령은

V. 한국의 샌프란시스코 체제 전환 모색

미 오바마 행정부의 아시아 재균형 정책은 21세기 초반 중국의 부상에 따른 미국의 변화된 위협인식의 반영이었다고 할 수 있다. 이는 안보적인 측면에서는 대일협력의 강화와 일본에 대한 지역적 책임 전가(buck-passing) 내지 부담의 공유(burden sharing), 경제적인 측면에서는 TPP를 통한 중국 견제, 그리고 관념적인 측면에서는 민주주의와 인권 요인에 대한 강화 등으로 나타났다.[37] 아베 내각은 이와 같은 미국의 전략을 적극적으로 수용하면서. 이를 바탕으로 헌법 개정을 포함한 전후체제의 탈각을 모색하였다. 이와 같은 미국의 아시아 중시 정책과 그에 따른 미일협력의 증대는 기본적으로 샌프란시스코 체제의 유지 내지는 강화를 의미하는 것이다.[38]

스튜어트는 미국의 아시아 피봇 전략의 군사적 측면을 '샌프란시스코 2.0'이라고 지칭하면서 아래와 같이 이야기한다.

> 아시아/태평양을 위한 새로운 미국의 전략은 미국의 상대적인 경제적 쇠퇴에 의해 미 외교정책에 부과되는 엄격한 제한을 염두에 두어야만 할 것이다. … 소위 샌프란시스코 체제라고 불리는 미 주도의 동맹은 미국의 이 지역의 우방과 동맹이 직면한 문제들에 좀 더 잘 반응하기 위해 전환되어야 한다. … 중국의 군사 현대화에 대한 대응으로, 그리고 지역의 우방과 동맹을 위한 보증의 원천으로서 국방부가 제안한 공해전(AirSea battle) 개념이 고려될 것이다.[39]

....

국방발전자문회의에서 "중국과 일본이 동북아에서 갈등 상황에 있을 때를 대비하여 우리가 그 격차보다 큰 군사력을 보유해야 한다"고 발언하였다는 것이다. 국제관계연구회 추계학술회의, (2015. 10. 23).

37 유상범, "미국 아시아태평양 중시정책의 내용과 함의: 미중 대결 가능성과 일본의 책임전가 역할을 중심으로," 『한일군사문화연구』 제18권 (2014)를 볼 것.

38 트럼프 요인에도 불구하고 이러한 기본적 방향은 아직까지는 변화가 없다고 보는 것이 적절할 것으로 생각된다.

문제는 이러한 미국의 전략과 미일협력이 미중 간 군사적 충돌의 가능성, 한반도 유사시 일본 자위대의 역할, 그리고 위에서 언급된 중국의 부상에 따른 지정학과 지경학의 복합적인 연계의 문제로 인해 한국 정부의 정책적 딜레마 혹은 국내사회적 반발을 야기할 수 있다는 점이다. 따라서 일본과는 달리 한국은 자신의 안보를 위해 샌프란시스코 체제를 대체할 수 있는 다자적 기제를 모색해야 한다는 주장이 제기되기도 했던 것이다. 김명섭은 아래와 같이 지적한 바 있다.

샌프란시스코 평화체제의 변동이 다음과 같은 새로운 흐름에 의해 추동되어 왔다. … 냉전 종식 이후 미국의 세계전략 변화, 냉전 종식 이후 미일동맹 강화, 일본 내 헌법 9조 개정 움직임, SCO와 같은 대륙중심적 국제체제 형성, 타이완의 정체성 추구, 샌프란시스코 평화조약에 대한 해석상의 차이로 인해 지속되고 있는 동아시아 영토 분쟁. … 북한의 핵실험이 샌프란시스코 평화체제의 변동을 가속화시키는 한편, 북한핵 문제 해결을 위해 만들어진 6자회담 체제가 샌프란시스코 평화체제의 임시적 안정성을 뛰어넘어 동아시아의 새로운 국제체제로까지 발전할 수도 있다.[40]

6자회담이 남북한, 중국, 러시아를 포괄하고 있다는 점에서 샌프란시스코 체제보다 더 포괄적이고, 궁극적으로 태평양전쟁의 전후처리체제로서 공식적인 적합성을 가질 수 있다는 것이 사실이라고 해도 북핵 2차위기 이후 6자회담은 일단 휴면상태에 들어가 있으며, 현재의 해결 모색도 남북한, 북미, 북중 간 양자 대화의 중첩의 형태로 이루어지고 있다는 점에서볼 때 중단기적인 대체 가능성은 없다고 보는 것이 적절할 것이다. 또 다른

....

39   D. Stuart, "San Francisco 2.0: Military Aspects of the U.S. Pivot toward Asia," *Asian Affairs: An American Review* 39 (2012), p. 202.

40   김명섭, "샌프란시스코평화체제의 변동과 6자회담," 『국방연구』 제50권 (2)호 (2007), p. 57.

고려로서는 한미일 관계를 디트머(Dittmer)가 이야기 하는 '전략적 삼각관계'(strategic triangle)로 변환하는 것을 생각해 볼 수 있다. 그러나 이는 각 행위자 사이의 전략적 의미와 더불어 정당한 자율성 인식의 존재를 전제로 한다는 점에서 역시 중단기적인 실현 가능성은 희박하다고 할 것이다.[41]

따라서 한국이 샌프란시스코 체제의 현상유지를 넘어서 고려할 수 있는 정책적 입장은 내부적 전환의 모색이라고 할 수 있는데, 이는 여러 측면의 노력을 포함하는 것이다. 그 첫 번째는 한국의 전략적 능력의 확대를 통한 체제의 '내부적 균형'(internal balancing) 추구가 될 것이다. 미중 간 세력전이의 상황에서 한국, 주한미군, 그리고 평택 기지가 갖는 전략적 가치는 증대되고 있는 것으로 보이는데, 한국 정부는 미국과의 연합방위태세 유지와 함께 국방개혁을 통해 적정 군사력을 확보하고 미국과의 지속적인 원자력/미사일 협상을 통해서 한국의 포괄적 역량 강화에 주력할 필요가 있다. 이러한 노력은 현재적 위협과 잠재적 위협 양자 모두에 대비하는 장기적인 노력에 해당하는 것이다.

두 번째는 한미동맹의 유지와 병행되는 한국의 상대적 자율성 증대 모색의 측면이다. 김준형은 한국대외정책의 지속적인 대미의존성의 문제를 지적하면서, 북한을 행위주체로 인정하면서, 동북아시아에서 미국의 패권적 영향력을 다자화하고, 한미동맹의 제도적 관성과 이에 연관된 사회 정체성을 재검토할 필요성을 강조하였다.[42] 이러한 맥락에서 가장 중요한 것은 전시작전권 환수에 대한 논의라고 할 수 있는데, 이명박, 박근혜 정부가 이에 유보적인 입장이었던 것에 반해 문재인 정부는 조기 전환의 입장을 취하는 차이를 보이고 있다. 이러한 노력은 확장억제의 실효성 제고와 한국이 갖는 취약성 보완과 함께 행해져야 하며, 환수에 따른 한미연합사 재편 문제가

....

41   L. Dittmer, "The Strategic Triangle: An Elementary Game-Theoretical Analysis," *World Politics* 33-4 (1981)을 참조할 것.

42   김준형, "한국대외정책의 대미의존성의 고착화과정과 원인에 대한 분석," 『21세기정치학회보』 제19집 (2)호 (2009), pp. 404-5.

그 핵심적인 고려 대상이라고 할 수 있을 것이다.

샌프란시스코 체제 내부 자율성의 신중한 모색을 위해서 한국은 2010년대 초반 일본 민주당 정부의 사례를 참조하는 것이 필요하다. 하토야마는 취임 초기 '대등한 미일관계론'과 미국이 배제된 '동아시아 공동체론'을 추진하고자 했다. 이에 대해 아미티지(Armitage)와 나이는 대등한 미일관계를 만들기 위해서는 "일본은 현재처럼 GDP 1%가 아닌 4%를 방위비에 충당하지 않으면 안 될 것이다. 그리고 핵무기를 독자적으로 개발하고, 독자적인 외교를 실현하겠다는 결단을 내리지 않으면 안 된다"라고 지적하고, 동아시아에서 "만약 미국이 '배제되고 있다'고 느끼게 된다면, 아마도 보복에 나설 것이다. 그것은 (일본에게) 큰 대가를 치르게 할 것이다"라고 경고하였다.[43] 이후 노다 내각은 미일동맹 강화의 입장으로 선회하였고, 2012년 11월 미일 양국은 중국 견제를 목표로 하는 신가이드라인 개정에 합의하게 되었다.

한국의 정책적 모색의 세 번째 부분은 한일협력의 증대에 관한 것이다. 한일관계의 강화는 샌프란시스코 체제의 내부적 균형과 더불어, 체제의 환경 요인인 한중일 관계 혹은 동북아 지역체제 구축을 위해서도 필요하다고 볼 수 있다. 서승원은 "한일협력은 중국의 미래의 힘을 중화시키는 방향으로 나아가야 한다. 군사·안보 게임을 동아시아 공동체 구축 게임으로 전환시킬 필요가 있다. … 한일 간 상호불신 해소의 경우도 중일 간 상호불신 완화에 참고가 될 것이다"라고 주장한다.[44] 한국과 일본의 정부 간 관계 개선을 위해서는 인식과 국내정치의 변수에 기인하는 소위 '양면 안보딜레마'를 극복하려는 노력이 요구되며,[45] 이와 더불어 정치/안보와 다른 분야를 구분하는 two track, 그리고 다양한 채널을 활용하는 track two 외교가 강화되

....

43 이명찬, "센카쿠제도를 둘러싼 중,일 간 갈등과 동북아," 『국제정치논총』 제53집 (1)호 (2013), p. 283; p. 279에서 재인용.

44 서승원, "중국의 부상에 대응하는 한·일의 전략: 협력과 갈등," 현대일본학회 공개발표회, "한국과 일본의 지역전략과 한일협력에 대한 함의" (2017. 12. 8), p. 10.

45 양면 안보딜레마 개념을 위해서는 신욱희 (2017), 제3장을 볼 것.

어야 한다.[46]

한국의 전환적 시도의 마지막 측면은 대북관계의 변화에 대한 것이다. 제재 국면을 넘어서 북한과의 다양한 양자적 접촉이 진행되고 있는 상황 변화는 한국 정부에게 북한의 병진 노선에 대해 분리 대응을 할 수 있는 기회를 제공할 수도 있다. 즉 북한의 비핵화에 대해서는 일관된 입장을 견지하면서, 경제 및 다른 교류의 확대에 대해서는 유연한 자세를 보이는 것이다. 물론 이는 제재와 협력의 경계를 어디에 둘 것인가의 문제를 유발할 수 있으나, 관련 당사국 들 사이의 양자적 정치 관계의 전환에 따라 장기적인 정책 추진과 그 결과에 대한 기대가 가능해질 수도 있을 것이다.

VI. 결론

탈냉전기 중국의 부상은 냉전기에 형성된 샌프란시스코 체제에 불가피한 전환 요인을 제공하고 있다.[47] 이는 중일 사이의 지역적 패권 경쟁을 넘어서 미중 간의 세력전이, 패권전이, 그리고 질서전이의 양상에 관련되어 있으며, 이 변화에 대응하는 미국, 일본, 한국의 입장은 상대적일 수밖에 없다. 즉 미국과 일본이 유지 내지는 강화를 선호한다면 한국은 유지 내지는 전환을 모색하게 될 수 있는데, 한국이 고려하는 전환의 방향은 해체나 대체보다는 내부적 조정의 방식을 취하는 것이 보다 적절한 것으로 생각된다.

서론에서 언급된 바와 같이 개념적으로 볼 때 한미일 삼각관계가 그 핵심을 형성하는 샌프란시스코 '체제'는 부상하는 중국이라는 '환경'의 변화

....

46 과거에 거론된 바 있었던 한일해저터널 건설에 대한 논의도 기능적 협력 모색의 하나로 재론될 수 도 있을 것이다.

47 왕이저우 교수는 중국 국가전략의 전개를 마오쩌둥, 덩샤오핑, 시진핑의 세 시기로 구분하고 앞의 두 시기와는 달리 현재의 중국은 지역 혹은 세계질서를 '소조'(塑彫)하려는 노력을 하고 있다고 지적하였다. 왕이저우 (2018. 03. 31).

에 따라 그 '경계'가 재설정되는 상황에 놓여 있다고 할 수 있으며, 본문에서 논의된 지정학적 변수와 '신지정학적' 내지 '지경학적' 변수의 동시적인 고찰은 한국의 선택이 샌프란시스코 체제의 단순한 '재생산'이 아닌 '재구성'이 되어야 한다는 점을 시사해 준다고 하겠다.

이와 같은 구조적 맥락의 변화에 따른 주체의 적응 문제는 '적응적 주체'가 가진 '구성적 권력'의 범주와 내용에 대한 구체적인 분석을 요구하는 것이다.[48] 이를 위해서는 홉슨(Hobson)이 고찰한 바와 같이 개별 주체의 대외관계와 국내정치적 상황을 함께 검토해야 하는데,[49] 이는 니버(Niebuhr)가 강조하는 '신중성'을 필요로 하게 된다.[50] 다시 말해서 한국의 전략적 모색을 위해서는 바꿀 수 없는 것을 받아들일 수 있는 마음의 평화와, 바꿀 수 있는 것을 적극적으로 바꾸어 나가는 용기와, 양자를 구별할 수 있는 지혜가 있어야 하는 것이다. 따라서 한국에 의한 샌프란시스코 체제의 내부적 전환의 실질적인 방법의 모색을 위해서는 그것이 실현될 수 있는 대내외적 조건의 고찰이 선행되어야 한다고 볼 수 있다.

....

48 권력에 대한 구성주의적 이해를 위해서는 한병철 저, 김남시 옮김, 『권력이란 무엇인가』 (서울: 문학과 지성사, 2011), 2장; D. Baldwin, *Power and International Relations: A Conceptual Approach* (Princeton, NJ: Princeton University Press, 2016), ch. 6을 참조할 것.

49 그는 국가의 '국제적 주체 능력'(international agential power)을 '국제-구조적인 요구와 국제적인 비국가 행위자의 이해에서 자유롭게 외교정책을 수립하고 국제적 영역을 형성하는 국가의 능력'이라고 정의하였다. 그리고 홉슨은 이 능력에 따라 국가의 형태를 '국제적 주체성이 없는 수동적-적응적 국가,' '어느 정도의 국제적 주체 능력이 있으면서 국내적으로는 수동적인 국가,' '큰 국제적 주체 능력이 있으면서 국내적으로는 수동적인 국가,' '높은 국내적, 국제적 주체 능력을 가진 선도적인 국가,' '탄력적인 국내적, 국제적 주체 능력을 가진 구성적인 국가'의 다섯으로 분류하면서, 주체성과 양면적 행위자로서의 국가의 위상 문제를 연결시키고 있다. J. Hobson, *The State and International Relations* (Cambridge: Cambridge University Press, 2000)을 볼 것.

50 R. Niebuhr, *Moral Man and Immoral Society: A Study in Ethics and Politics* (New York, NY: Charles Scribner's Sons, 1932)를 참조할 것.

참고문헌

김명섭. "샌프란시스코평화체제의 변동과 6자회담." 『국방연구』 제50권 2호 (2007).

김준형. "한국대외정책의 대미의존성의 고착화과정과 원인에 대한 분석." 『21세기정치학회보』 제19집 2호 (2009).

국제관계연구회 추계학술회의. 2015년 10월 23일.

루만, 니클라스 저. 장춘익 옮김. 『사회의 사회 1, 2』 서울: 새물결, 2012.

서승원. "중국의 부상에 대응하는 한·일의 전략: 협력과 갈등." 현대일본학회 공개발표회. 『한국과 일본의 지역전략과 한일협력에 대한 함의』 (2017. 12. 8).

손영원. "분단의 구조: 세계사회적 계기의 내재화와 역사적 국가형성의 한 국면." 『국가이론과 분단한국』 파주: 한울, 1985.

신욱희. 『삼각관계의 국제정치: 중국, 일본과 한반도』 서울: 서울대학교출판문화원, 2017.

왕이저우. "동아시아 질서에 대한 인식." 한국학술좌담. 2018년 3월 31일. 북경대학교 국제관계학원.

유상범. "미국 아시아태평양 중시정책의 내용과 함의: 미중 대결 가능성과 일본의 책임전가 역할을 중심으로." 『한일군사문화연구』 제18권 (2014).

이근. "환율정책과 국가권력: 아시아 금융위기, 국제통화력, 그리고 미국 행정부의 독자적 영역." 『국제 · 지역연구』 제9권 4호 (2000).

이명찬. "센카쿠제도를 둘러싼 중, 일 간 갈등과 동북아." 『국제정치논총』 제53집 1호 (2013).

이승주. "미중일 삼각구도와 한국의 전략적 대응: 환태평양경제동반자협정(TPP)과 역내포괄적경제동반자협정(RCEP)의 사례를 중심으로." 『미국학』 제36권 2호 (2013).

임반석. "TPP와 동아시아 RCEP의 경합과 보완의 가능성." 『한국동북아논총』 제70권 (2014).

장루이핑. "'일대일로,' 동북아 성장과 협력을 촉진하는 필수 전략." 제22차 한중미래포럼. 2017년 12월 13일. 제주.

전재성. "2008년 경제위기와 미중관계의 변화, 한국의 전략." 『한국과 국제정치』 제28권 1호 (2012).

차, 빅터 저. 김일영, 문순보 옮김. 『적대적 제휴: 한국, 미국, 일본의 삼각 안보체제』 서울: 문학과 지성사, 2004.

최희식. "한미일 협력체제 제도화 과정 연구: 1969년 한미일 역할분담의 명확화를 중심으로." 『한국정치학회보』 제45집 1호 (2011).

한병철 저. 김남시 옮김. 『권력이란 무엇인가』 서울: 문학과 지성사, 2011.

함재봉 외. 『팍스 아메리카나 3.0: 다시 미국이다』 서울: 아산정책연구원, 2016.

현무암. "샌프란시스코 체제의 전환과 한미일 의사 동맹 관계." 『황해문화』 제83호 (2014).

Agnew, J. and J. Duncan. eds. *The Power of Place: Bringing together Geographical and Sociological Imaginations*. Boston, Massachusetts: Unwin Hyman, 1989.

Baldwin, D. *Power and International Relations: A Conceptual Approach*. Princeton, New Jersey: Princeton University Press, 2016.

Bix, H. "Regional Integration: Japan and South Korea in America's Asian Policy." In F. Baldwin. ed. *Without Parallel: The American-Korean Relationship since 1945*. New York, New York: Pantheon Books, 1973.

Calder, K. "Securing Security through Prosperity: The San Francisco System in Comparative Perspective." *The Pacific Review* 17-1 (2004).

Dawisha, A. "Nation and Nationalism: Historical Antecedents to Contemporary Debates." *International Studies Review* 4-1 (2002).

Dittmer, L. "The Strategic Triangle: An Elementary Game-Theoretical Analysis." *World Politics* 33-4 (1981).

Friedman, G. and M. Lebard. *The Coming War with Japan.* New York, New York: St. Martin's Press, 1991.

Haass, R. *A World in Disarray: American Foreign Policy and the Crisis of the Old Order.* London: Penguin Books, 2017.

Halper, S. *The Beijing Consensus: How China's Authoritarian Model Will Dominate the Twenty-first Century.* New York, New York: Basic Books, 2010.

Hobson, J. *The State and International Relations.* Cambridge: Cambridge University Press, 2000.

Hsiung, J. "The Age of Geoeconomics, China's Global Role, and Prospects of Cross-Strait Integration." *Journal of Chinese Political Science* 14 (2009).

Khong, Y. F. "The American Tributary System." *The Chinese Journal of International Politics* 6 (2013).

Kupchan, C. *No One's World: The West, The Rising Rest, and the Coming Global Turn.* Oxford: Oxford University Press, 2012.

Mastanduno, M. "Preserving the Unipolar Moment: Realist Theory and US Grand Strategy." *International Security* 21-4 (1997).

Mearsheimer, J. "Back to the Future: Instability in Europe after the Cold War." *International Security* 15-1 (1990).

Moon, C. and S. Rhyu. "Rethinking Alliance and the Economy: American Hegemony, Path Dependence, and the South Korean Political Economy." *International Relations of the Asia-Pacific* 10 (2010).

Morse, J. and R. Keohane. "Contested Multilateralism." *The Review of International Organizations* 9-4 (2014).

Niebuhr, R. *Moral Man and Immoral Society: A Study in Ethics and Politics.* New York, New York: Charles Scribner's Sons, 1932.

Ravenhill, J. "East Asian Regionalism: Much Ado about Nothing?" *Review of International Studies* 35 (2009).

SIPRI Military Expenditure Yearbook Database (http://milexdata.sipri.org/).

Shin, W. "The Political Economy of Security: South Korea in the Cold War system." *Korea Journal* 38-4 (1998).

_____. *Dynamics of Patron-Client State Relations: The United States and Korean Political Economy in the Cold War.* Seoul: American Studies Institute, Seoul National University, 1993.

Stuart, D. "San Francisco 2.0: Military Aspects of the U.S. Pivot toward Asia." *Asian Affairs: An American Review* 39 (2012).

US Department of Defense. "Annual Report to Congress: Military Power of the People's Republic of China 2010." (2010).

Walt, S. "Why Alliances Endure or Collapse." *Survival* 39-1 (1997).

World Bank Database (http://data.worldbank.org).

Zakaria, F. *The Post-American World*. New York, New York: W. W. Norton & Company, 2008.

제5장

위안부 합의의 국제정치: 불완전 주권국가 간 경쟁과
협력의 동학

손열(연세대학교)

* 이 글은 2018년 "위안부 합의의 국제정치"라는 제목으로 『국제정치논총』 제58집 2호에 게재된 논문을 수정 및 보완한 것임.

I. 서론

2017년 12월 27일 발표된 위안부 문제 합의 검토 TF의 보고서를 접한 독자들은 여기저기 흠결 많은 합의와 만나게 된다.[1] 합의의 내용을 보면 위안부 문제의 본질적 사안이 아닌 소녀상 이전 문제, 제3국 기림비 설치 문제, 국제사회에서 상호비판 자제 노력, 성노예 발언 금지 등이 포함되어 있고, 위안부 문제의 '최종적, 불가역적 해결'이란 논란을 일으킨 표현에다가 일부 정치적으로 민감한 내용의 합의는 비공개로 처리하였다. 합의에 이르는 과정의 경우 적성국도 아닌 이웃 나라 일본과 1년이 넘도록 비공개 고위급 협의란 시대에 어울리지 않는 밀실협상이 이루어졌다. 여기서 제기되는 의문은 왜 박근혜 정부는 이토록 문제 많은 합의를 밀어붙였는가란 점이다.

더욱이 위안부 문제의 본질적인 성격을 고려하면 박근혜 정부의 무리한 시도가 보다 부각된다. 위안부 문제는 본래 '가해자 대 피해자' 구도 아래 피해자 여성의 존엄과 명예를 회복하고 상처를 치유하도록 정부가 대리 협상에 나서는 사안이다. 국제사회에서도 전시(戰時) 여성의 성폭력이란 차원에서 위안부 피해자 문제에 주목하여 피해 구제과정에서 피해자의 참여를 중요한 요소로 간주하고 있다.[2] 따라서 정부는 피해자 및 관련 단체와의 의견 수렴과 조율을 해나가야 하는데, 문제는 수적으로 소수의 강경한 입장과 다

....

1 　외교부,『한일 일본군위안부 피해자 문제 합의(2015.12.28) 검토 결과 보고서』한일 일본군위안부 피해자 문제 합의 검토 TF, 2017년 12월 27일 발표.

2 　양현아 외,『위안부 합의 이대로는 안된다』(파주: 경인문화사, 2016); 신기영, "글로벌 시각에서 본 일본군 '위안부' 문제: 한일관계의 양자적 틀을 넘어서,"『일본비평』(15)호 (2016); 도시환, "동아시아의 여성정책: 일본 정부의 일본군 '위안부' 정책을 중심으로,"『저스티스』제158권 (2)호 (2017).

수의 침묵 사이에서 국내 컨센서스를 도출하기가 만만치 않다는 데 있다. 특히 일본 정부의 법적 책임과 배상을 요구하는 강경파의 입장을 관철하고자 하는 경우 우익적 성향이 강한 아베 정부가 이를 수용할 가능성은 전무하다시피 한 것이 현실이었다. 어떻게 보면 박근혜 정부는 애당초 합의 불가능한 합의를 추구했다는 의미가 된다.

이와 관련하여 두 번째 질문은 2013년 신정부 출범 이후 위안부 문제에 대해 강경 일변도 노선을 추구했던 입장이 2015년 들면서 타협노선으로 급격히 선회한 까닭이다. 박근혜 대통령은 일본 아베 정부의 역사인식에 대해 취임 초부터 강경한 입장을 견지하면서 일본 방문 및 정상회담을 거부하였고 국제사회에서 대일 압박도 주저하지 않았다. 대통령 자신이 미국과 중국, 유럽 등지 정상회담에서 공개적으로 일본 정부의 역사인식을 비판한 사례는 사실상 처음이라 할 수 있다. 이렇듯 대통령의 대일 강경노선을 이원덕은 "역사원리주의"라 표현하기도 하였으나,[3] 양국 정부 간 위안부 교섭이 비밀리에 개시되면서 대통령은 주고받기식 타협노선으로 전환하였고 심지어 협상의 시한까지 제시하여 타결을 촉구하는 데 이르렀다. 요컨대, 박근혜 정부가 위안부 문제에 초강경 노선을 선택하였다가 급선회하여 무리하게 합의 타결을 시도한 이유는 무엇인가.

이 글은 박근혜 정부 시기 위안부 문제에 대한 한국의 대일외교를 분석한다. 위안부 문제는 기본적으로 전시 여성의 성폭력이란 보편적 인권문제이며 따라서 한국만이 아닌 전시 아시아 여성 모두에 해당되는 국제적 성격을 지닌 사안이다. 이 점에서 위안부 문제는 교과서 왜곡이나 독도 영유권 주장 등 한일 간 고유의 역사문제와 다른 측면이 있다. 그럼에도 불구하고 박근혜 정부는 위안부 문제에 대한 일본 측의 성의 있는 조치를 양국 정상회담 개최의 전제조건으로 설정하면서 한일관계 전반으로 확전(擴戰)을 불사(不辭)하였다. 바로 이런 이유로 위안부 외교는 사안의 복합적 성격에도

....

3   "북엔 핵, 일엔 역사원리주의 집착해 외교침체," 『한겨레』 (2014년 7월 14일).

불구하고 한일관계의 동학(dynamics)에 강하게 규정되어 버렸다. 즉, 한일관계를 구성하는 주요 요소들에 의해 위안부 문제 해결을 둘러싼 외교교섭이 규정 받게 되는 구조가 형성된 것이다.

해방 이후 한일관계는 주권평등, 내정불간섭, 영토보전 등 근대 국제정치적 규범이 상호 인정되고 보장된 관계는 아니다. 전재성의 서론에서 제시되듯이 분단된 한국과 군사주권을 완전히 행사하지 못하는 일본은 상호 인정이 어긋난 관계라 할 수 있으며 이로 인해 양국이 일정한 정체성 갈등을 겪는 것은 필연의 수순이라 할 수 있다. 일본이 근대적 주권국가를 완성하려는 시도가 한국에게 근대 이행과정에서 추구한 제국의 기억을 되살리고, 나아가 일본이 제국의 부활을 상상하는 것으로 인식될 때 양자관계는 안보와 경제적 이익을 둘러싼 근대적 국제정치 게임의 수준을 넘게 된다. 위안부 문제는 주권게임의 속성을 배태하고 있는 사안으로서 본질적으로 인류보편의 가치 추구와 관련된 쟁점이 특정한 주권적 정체성 추구와 연계되어 안보화(과잉안보화)되어진 사례라 할 수 있다.

이 장은 위안부 사례를 둘러싼 주권게임과 근대적 국제정치 게임이 복합되어 전개되는 과정을 분석하고자 한다. 다음 절에서는 정체성을 매개로 한 주권게임이 관계의 안보화를 초래하는 메커니즘을 안보-경제-정체성 넥서스(nexus)란 개념틀로 파악하고, 이 속에서 주권파급효과가 근대적 국제정치 관계가 규정하는 이익의 특정한 한계(parameter)를 넘어서는 경우 균형의 힘이 작동하여 영향을 완화시키는 현상을 개념화한다. 그 다음 절은 박근혜 정부의 강고한 정체성의 정치와 한미일 안보협력, 그리고 한일경제 관계의 연계와 연쇄 과정에 주목하는 동시에, 이러한 연계가 부정적 외부효과를 야기할 때 이를 완화하려는 외부적 개입과 내부적 대응의 동학을 추적한다. 박근혜 정부가 무리한 합의에 도달한 데에는 정체성 정치가 초래하는 부정적 파급효과를 억제하려는 미국 정부의 지속적인 압력과 일거에 문제를 해결하려는 한국 지휘부의 하향식 정책결정이 결합된 데 있음을 밝힐 것이다. 끝으로 이 글은 위안부 외교 사례를 통해 동아시아 국제질서를 이해하는 데 있어 이론적 함의를 제공하며 마무리할 것이다.

II. 한일관계의 정체성-안보-경제 넥서스

한일관계는 한편으로 근대 국제정치 게임의 속성을 반영하고 있다. 즉, 양국관계는 두 국가가 속해 있는 동북아지역의 지정학적 불안이란 조건을 반영하기 때문에 안보 요인이 주요한 변수로 작용해 왔다. 한일관계는 미국의 동맹관계, 즉 한미동맹 및 미일동맹 변수에 영향을 받아왔다는 빅터 차 (Victor Cha)의 연구처럼 역내 세력배분구조의 변화에 따른 미국과 중국, 중국과 일본 간의 전략적 경쟁, 분단과 영토문제의 엄존, 북한 핵 및 미사일 개발 등 안보 변수가 양자관계를 규정하는 주요 변수임은 두말할 나위가 없다. 양국은 미국변수에 따라 상호 안보협력면이 강화되기도, 약화되기도 하였다.[4] 양자 간 경제관계 역시 주요 변수이다. 한일 양국은 주요 무역상대국인 동시에 투자대상이고 인적 교류 등 다양한 수준에서 깊은 상호의존 관계를 만들어왔다. 이를 배경으로 양국은 발전적인 국제경제질서 혹은 지역경제질서를 구축하기 위해 협력해 왔고, 특히 동아시아 금융협력 분야에서 여러 협조적 관계를 유지해 왔다.[5] 다른 한편 양국은 양국의 산업구조적 유사성으로 말미암아 양국 경제를 이끄는 주요 산업부문(예컨대 자동차, 전기기계 등)은 서로 경쟁적 관계에 놓여 있다. 한국이 지구적, 혹은 지역적 가치사슬(value chain)에서의 지위가 상승함에 따라 일본의 상대적 시티에 대한 우려가 고취되어 경합관계에 이르게 된 것이 현실이다. 따라서 양국 간에 자유무역협정(FTA) 등 더 깊은 경제관계 제도화에 주저하게 되고, 오히려

....

4   Victor Cha, "Abandonment, Entrapment, and Neoclassical Realism in Asia: the United States, Japan, and Korea," *International Studies Quarterly* 44-2 (2000).

5   이용욱, "한일협력과 글로벌 금융위기 이후 동아시아 금융지역주의 제도화," 『국제지역연구』 제 17권 (2)호 (2013).

양국이 경쟁적으로 FTA 체결 경쟁을 벌이게 된다. 특히 일본이 TPP 체결에 적극적으로 나선 배경에는 한미FTA 등으로 한국제품에 대한 대일 경쟁력이 상대적으로 약화되는 추세를 반전시키려는 의도가 강하게 작용한 바 있다.[6]

한일관계에서는 안보, 경제 변수뿐 아니라 정체성 변수도 중요하다. 이는 불완전 주권 국가인 양국이 안고 있는 정체성 문제에 기인한다. 예컨대, 전후 일본정치에서 보수적 국가 정체성 구성 노력 혹은 정체성의 정치는 근대 일본 침략의 역사에 대한 수정주의 해석을 통해 이루어져 왔고, 이는 필연적으로 한국 등 주변국과의 역사해석과 충돌을 일으키게 된다. 한일관계의 독특한 측면은 자국내 정체성의 정치가 상대국과의 관계에 깊은 영향을 미치게 된다는 점이다. 한국이 일본의 역대 진보정권(예컨대 호소카와, 무라야마, 하토야마, 칸 정부 등)과 비교적 우호적인 관계를 유지했던 반면 보수 정권(예컨대 하시모토, 고이즈미, 아베 정부 등)과 껄끄러운 관계였던 까닭은 이런 까닭이라 할 수 있다. 특히 정체성 구성을 위해 타국을 멸시하거나 악마화(demonize)하는 경향이 발생하는 경우 양국 간 국가정체성의 간극은 점점 커지게 되고, 갈등도 증폭된다.[7] 양국 간 장구한 역사를 돌아보면 서로가 서로에 대해 후진성에 대한 무시나 멸시감을 재현하여 일종의 자기분열적 심상을 형성해 왔으며, 바로 이런 이유로 양국이 상당한 수준의 경제적 안보적 이익을 공유하면서도 갈등적 측면을 노정해 왔다.[8]

이렇듯 한일관계는 안보와 경제, 그리고 정체성 논리가 작동하는 세 차원으로 파악될 수 있다. 그런데 이들은 서로 중층적, 독립적으로 존재, 작동하는 것이 아니라 서로 연결되는 이른바 안보-경제-정체성 넥서스(nexus)

....

6   김양희, "메가FTA 시대의 도래와 일본의 대응전략,"『동북아경제연구』제25권 (3)호 (2013); 손열, "일본의 TPP 교섭 참가 결정 분석,"『일본연구논총』제39권 (2014).

7   Gilbert Rozman, *National Identities and Bilateral Relations: Widening Gaps in East Asia* (Washington D.C.: Woodrow Wilson Center Press, 2012), pp. 1-2.

8   이용희, "한일관계의 정신사적 문제," 이용희, 노재봉(편),『한국민족주의』(서울: 서문당, 1977).

를 이루고 있어 각 영역 간 긍정적 혹은 부정적 연쇄반응 혹은 파급효과 (spillover effect)가 초래된다.[9] 본래 안보-경제 넥서스 논의는 동아시아 지역질서 분석에서 제기되었다. 동아시아 국제관계에서 안보변수와 경제변수 간 상관관계는 현실주의나 자유주의적 입장처럼 일방향으로 이루어지는 것이 아니라 상황적 맥락에 따라 쌍방형적, 복합적으로 연계되어 나타난다는 것이다.[10] 여기에 정체성 변수를 부가할 경우 안보, 경제, 정체성 간의 상호 연계는 선순환적으로도, 악순환으로도 나타날 수 있다. 예컨대, 전후 서유럽의 독불관계는 안정적 안보관계를 확보하기 위해 지역차원의 경제협력 기제를 마련하고 그 속에서 경제적 상호의존이 진전되면서 경제적 번영과 함께 안보경쟁이 완화되어 공통안보(common security)가 성취되고, 나아가 지역의 집합정체성 구성을 추동하는 두 주역으로서 역할을 수행하였다. 긍정적 파급효과의 연쇄와 자체귀환고리(self-reinforcing feedback loop)가 만들어 지면서 경제-안보-정체성의 선순환 구조가 형성되어 평화와 번영을 가져온 것이다.

서유럽과 달리 동북아는 경제적 경쟁, 안보 긴장, 정체성 갈등이 부정적 연쇄반응을 야기하고 불안정한 악순환(vicious cycle)의 연쇄 메커니즘을 만들어내고 있다고 볼 수 있으며 한일관계도 예외는 아니다. 1965년 국교 정상화 이래 양국 간 경제 상호의존이 심화되었고 시민사회 교류와 연대 등도 활성화되었지만 민족주의적 열정을 기초로 한 정체성의 정치와 갈등은 지속되고 있다. 양국 간 안보관계는 미국을 중심으로 한 부채살 동맹체제에

....

9   동북아지역에서 안보-경제-정체성 넥서스의 작동에 대해서는 이하의 글에서 요약한 것임. 손열, "공생과 번영의 동아시아 다자질서 건축전략: 동북아 평화협력구상을 넘어서," 동아시아 연구원 연구보고서 (2014); 손열, "동북아시아 지역공간의 복합지정학: 안보-경제-정체성 넥서스," 김상배(편), 『한반도 신흥안보의 세계정치: 복합지정학의 시각』 (서울: 한울, 2017); Yul Sohn, "Introduction," in Yul Sohn and T. J. Pempel (eds.), *Japan and Asia's Contested Order: The Interplay of Security, Economics and Identity* (London: Palgrave Macmillan, 2018).

10   T. J. Pempel (ed.), *The Economy-Security Nexus in Northeast Asia* (New York: Routledge, 2013).

편입되어 있는 까닭에 경쟁적 측면은 억제되고 있지만 정체성 갈등에 따른 국민감정 악화로 의미 있는 안보협력이나 경제협력의 제도화는 어려운 실정이다. 그림 1은 이러한 연쇄과정을 묘사하고 있다. 그렇다면 이번 위안부 외교는 어떠한가. 변수 간 상호작용과 연쇄가 어떻게 전개되었는가.

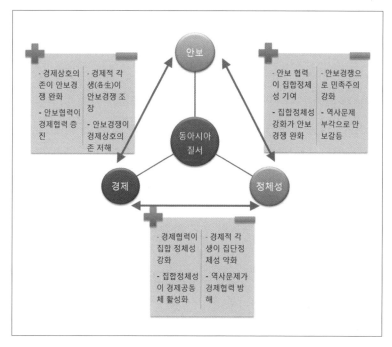

그림 1. 안보-경제-정체성 넥서스

III. 정체성 갈등과 위안부 외교

박근혜 대통령은 취임 직후인 2013년 3.1절 기념사에서 "가해자와 피해자라는 역사적 입장은 천년의 역사가 흘러도 변하지 않는다"는 강경한 메시지를 일본에 보냈다.[11] 5월 한미 정상회담에서 일본의 퇴행적 역사인식이 한국의 상처를 덧나게 하고 한일관계를 악화시킨다는 발언에 이어, 7월 언론인 오찬 간담회에서는 아베 총리와의 정상회담에 부정적인 의사를 표명하여 역사문제 진전을 정상회담과 연계하는 대일 초강수를 던졌다. 이러한 강경노선 이면에는 일본 지도자들의 일련의 퇴행적 언행이 자리하고 있었다. 2월 25일 대통령 취임식 사절단으로 온 아소 타로 부총리 겸 재무상은 "미국에서는 남북전쟁을 보는 시각이 지금도 남부와 북부 사이에 큰 차이가 있는데 한일관계도 마찬가지"란 괴변을 늘어놓아 면담 분위기를 망쳐놓은 데이어 4월 야스쿠니 심사 참배를 강행하였으며, 아베 총리는 국회에서 무라야마 담화와 관련하여 "침략이란 정의는 학문적으로나 국제적으로 정해지지 않았다"는 침략 부인 발언을 늘어놓는 등 한국 정부를 자극하는 일들이 줄을 이었다.[12] 이에 대해 대통령의 강경한 입장이 설정되자 부처들은 제각기 실행에 나서서, 외교부는 장관의 방일 계획을 취소하고, 여성가족부는 앙굴렘 국제만화축제에 위안부 만화를 제작, 전시하는 것을 지원하였으며, 해외 위안부 기림비 건립 지원 등 국제 캠페인을 이어갔다.

그런데, 박근혜 대통령이 대통령 당선 이전부터 위안부 문제에 깊은 관심을 가지고 강경한 입장을 취한 흔적을 찾아보기는 어렵다. 대선 과정에서 위안부 문제에 대한 단호한 대응방침을 발표한 적은 있지만 일과성 발언 이상으로 평가하기는 어렵다. 신정부 출범 시 인수위원회나 국정과제 추진계획에서 위안부 문제 해결을 정책의 최우선순위로 설정한 바도 없다. 오히려 박 대통령의 대일 강경책은 역사문제 전반에 대한 일본의 태도에 대한 실망과 분노에서 나온 것으로 해석할 수 있다. 대통령은 2013년 5월 7일 워싱턴 방문 한미정상회담에서 "일본이 퇴행적 역사인식을 갖고 일본지도자들이 그렇게 행동할 때 일본과 주변국가 간 관계는 악화되고 상처가 덧나게 될 것"이란 발언과 함께 8일 상하원 합동연설에서 "역사에 눈을 감은 자는 미

....

11   청와대, "제94주년 3.1절 대통령 기념사" (2013년 3월 1일).

12   "侵略の定義はない,"『朝日新聞』 (2013년 4월 24일). 아소 발언에 대해서는 "의원시절에 유언, 취임식날 아소망언이 찬물," 『중앙Sunday』 (2013년 8월 10일).

래를 볼 수 없다"며 강하게 일본 정부를 비판하였고, 23일 미국 전략국제문제연구소(CSIS) 소장 일행을 접견한 자리에서 "영토가 몸이라면 역사는 혼"이라며 일본 지도자의 왜곡된 역사인식이 국민의 혼을 아프게 찌를 정도라 강조한 바 있다.[13] 6월 27일 중국을 방문해서는 시진핑 주석에게 안중근 기념비를 하얼빈 역에 설치해 줄 것을 제안하여 미·중을 향한 대일비판을 이어갔다. 8·15 기념사에서도 날선 비판을 이어 갔지만 위안부 문제를 특정하여 언급하지는 않았다. 따라서 위안부 문제는 정권 차원에서 특별한 관심을 기울인 국정과제라기보다는 전 정부로부터 내려온 현안의 성격을 띤 것으로 보아야 한다.

1991년 8월14일 김학순 할머니의 '일본군위안부' 실상에 관한 최초 공개 증언으로 시작된 위안부 문제는 한일 양국뿐 아니라 국제사회에 전시 여성 인권 문제로 제기되었고, 1993년 고노 요헤이 관방장관 담화, 1994년 무라야마 도미이치 총리 담화, 1995년 '여성을 위한 아시아평화국민기금'(이하 '아시아여성기금') 설립 등이 이어졌지만 한일 양국의 시각차는 여전하였다. 한국 정부는 위안부 문제는 반인도적 불법행위로서 양국 간 재정적, 민사적 채권·채무 관계를 다룬 1965년 한일 청구권협정으로 해결되지 않은 사안으로 규정했던 반면, 일본 정부는 한일 청구권협정으로 위안부 문제는 완전히 종결되었다는 입장을 고수하고 있다.[14] 이렇듯, 양국 간 입장 차이가 평행선을 달리고 있는 가운데 2011년 8월 30일 헌법재판소의 결정이 잠복되어 있던 위안부 문제를 외교문제로 끌어올리는 전기가 되었다. 헌법재판소는 위안부 피해자들의 일본에 대한 배상청구권이 청구권협정으로 소멸되

....

13 이 발언은 4월 25일 언론사 국장 오찬회, 8·15 경축사 등에서 반복되었다. 『중앙일보』 (2013년 4월 15일).

14 2005년 8월 26일 총리실 산하의 한일회담 문서공개 후속대책 관련 민관공동위원회는 보도자료를 통해 "일본군 '위안부' 문제 등 일본 정부·군 등 국가권력이 관여한 반인도적 불법행위에 대해서는 청구권 협정에 의하여 해결된 것으로 볼 수 없고 일본 정부의 법적 책임이 남아 있다"고 발표하였다.

었는지에 관해 한일 양국 간 해석상의 분쟁이 있으며, 한국 정부가 이를 청구권협정 분쟁해결 절차에 따라 해결하지 않고 있는 것(부작위)이 위헌이라고 결정하였다.[15] 이에 따라 양국 간 협의가 재개되어 2011년 12월 18일 일본 교토에서 열린 한일 정상회담에서 이명박 대통령은 2011년 한 해에만 16명의 피해자가 숨진 사실을 들며 일본 정부가 위안부 문제 해결을 위한 결단을 내려줄 것을 촉구하였다. 정상회담 이후 일본 외무성 사무차관은 2012년 3월 인도적 차원의 해결방안(이른바 '사사에 안')[16]을 제안하기도 하였으나, 당시 정부는 법적 책임을 외면하고 있다는 이유로 거부하였고, 이 문제는 박근혜 정부의 현안으로 넘어갔다.

박근혜 대통령은 아베 총리와 정상회담은 고사하고 다자 무대에서 조우 자체도 꺼려할 정도로 깊은 불신감을 보여왔기에 양국 외교당국은 서로 정권 초기임에도 불구하고 위안부 현안에 대한 본격적인 논의를 개시하지도 못하였다. 대통령의 대일 강경드라이브는 아베 정부의 강한 저항에 부딪혔다. 역대 일본 정부는 역사문제에 대해서 일종의 부채의식을 가지고 있었고 한국 정부도 도덕적 우위에서 접근할 수 있었기 때문에 한국은 객관적 국력(혹은 협상력)의 열세에도 불구하고 일본과 대등한 외교를 펼쳐왔다고 볼 수 있다. 그러나 아베 정부는 달랐다. 우익적 사관에 기초하여 고노 담화, 무라야마 담화, 김대중-오부치 한일 신파트너십 선언 등에 부정적인 아베 총리는 박근혜 정부의 강수에 강수로 맞대응하였고, 그 결과 한일관계는 급속히 악화되었다.

한국 정부는 역사갈등 속에서 미국의 지지를 확보하여 일본을 압박한다

....

15 동 협정에 따르면 협정의 해석 및 이행에 관한 양국 간 분쟁은 우선 외교상의 경로를 통하고(제3조 제1항), 외교상 경로로 해결할 수 없었던 분쟁은 중재에 의해 해결(제3조 제2, 3항)하도록 규정하고 있다.

16 '사사에 안'이란 2012년 3월 9일 일본 외무성의 사사에 사무차관이 제시한 방안으로, 첫째, 주한 일본대사가 피해자를 개별적으로 방문하여 사과하고, 둘째, 정부 예산에 의한 의료비 지원 등 인도적 조치를 실시하고, 셋째, 아시아여성기금 당시 피해자들에게 전달한 총리 서한에 표명된 입장 및 인도적 조치에 대해 노다 총리 자신의 언어로 표명하고 이를 언론에 공개한다는 내용이다.

는 전략을 추진하였다. 앞서 언급하였듯이 대통령은 한미정상회담뿐만 아니라 2013년 9월 30일 헤이글(Chuck Hagle) 국방장관 면담, 12월 10일 바이든(Joe Biden)의 면담 등에서 일본 측이 역사를 직시하지 않으면 양국 간 관계가 건설적으로 발전해 가기 어렵다는 점을 지속적으로 강조하며 미국의 지지를 호소했다. 클린턴 전 국무장관이 일본군 위안부를 성노예라 명시한 점, 인권을 강조하는 오바마 대통령의 입장, 미국의 만류에도 불구하고 아베 총리의 전격적인 야스쿠니 방문 사건(2013년 12월 26일) 등을 미루어 볼 때 미국이 한국 편을 들어줄 수 있으리란 희망에 근거한 것으로 보인다. 그러나 미국은 반응은 달랐다. 오바마 정부는 한미일 협조체제를 아시아 재균형 전략의 중요한 축으로 삼았기 때문에 지역전략 차원에서 한일관계 악화가 한미일 협력을 약화시키고 중국의 지위를 강화시킬 수 있음을 우려하였다.[17] 즉, 정체성 갈등이 안보 협력에 부정적 외부효과를 끼치고 있다는 인식이었다. 미국 측 고위인사들은 박 대통령에게 중국 측이 한미일협력에 균열을 가할 수 있다는 오판을 하게 하면 안 된다는 점, 따라서 한일 정상이 보다 전략적으로 행동해야 한다는 점을 강조하며 양국 정상회담 개최를 요청한 것으로 전해진다.[18] 아베 총리의 야스쿠니 신사 참배를 계기로 한일, 중일 간에 런던, 워싱턴 등지에서 뜨거운 설전(舌戰)이 전개되었지만 미국은 한국의 기대와 달리 중국을 견제하는 전략적 차원에서 한일 양국의 화해를 요청하는 입장을 견지하였다.

2014년 들면서 미국은 한일 양국 사이에서 본격적인 중재외교에 나섰다. 번즈(Burns) 국무부 차관보와 케리(Kerry) 장관은 잇달아 서울을 방문

....

17   Cheol-hee Park, "Korea-Japan Relations under Deep Stress," in Gilbert Rozman (ed.), *Asia's Alliance Triangle: US-Japan-South Korea relations at a tumultuous time* (New York, NY: Palgrave Macmillan, 2015); Daniel Sneider, "Behind the Comfort Women Agreement," *Tokyo Business Today* (2016년 1월 10일); 손열, "위안부 합의 100일, 한일관계는 어디로?," 『EAI 논평』 (2016년 4월 12일), http://eai.or.kr/main/search_view.asp?intSeq=6839&board=kor_report(검색일: 2018년 1월 28일).

18   Sneider, *Tokyo Business Today* (2016년 1월 10일).

하여 오바마 대통령이 3월 헤이그에서 열리는 핵안보 정상회의 때 한미일 삼국정상회담을 제안하였음을 밝히고 향후 대통령의 성공적인 아시아 순방을 위해 회담 성사를 촉구하였다. 이들은 헤이그 회담이 한일 간 악순환 구조를 선순환 구조로 전환할 수 있을지에 대한 시금석이 될 것이라며 큰 의미를 부여하였고, 한일 양국은 이를 수락하였다.

헤이그 3자 정상회담은 미국이 한일 양국 간 역사문제에 직접적으로 개입한 최초의 사례로 역사적 의미를 갖는다. 미국은 단순히 3자 회동 자리를 마련하는 것을 넘어서, 관계개선의 전제조건인 역사문제, 특히 위안부 문제 해법 마련을 위해 중재 노력을 기울였다. 한일 양국은 악화일로에 있는 양국관계를 개선하는 일환으로 위안부 문제 해결을 위해 2013년 11월 이병기 주일대사와 스가 관방장관 면담에서 실무 교섭을 개시하였으나 아베 총리의 야스쿠니 신사 참배로 중단된 바 있다. 이 연장선에서 한국은 한미일 정상회담의 성사조건으로 위안부 문제에 대한 일본 측의 구체적 제안을 요구하였고 한일 양국 간 치열한 기싸움이 전개되었다. 이러한 경합이 이전투구의 양상으로 전화되는 것을 잠재우고 헤이그 회담을 성사시킨 것은 온전히 미국의 적극적인 중재 때문이다.[19] 3자 회동에서 오바마 대통령은 한일 양국에게 이른바 '투-트랙 접근'이란 화해 공식(formula)을 제시했다. 정상회담을 통해 양자관계를 정상화시켜 안보 및 경제협력을 추진해 가는 동시에 국장급 회의 트랙으로 위안부 문제를 해결해 나가는 방식이었다. 그러나 그는 현실적으로 한일관계는 양수레와 같아서 완전한 분리 대응이 어려우며 역사트랙에서 일정한 진전이 있어야 함을 잘 인식하고 있었다. 곧이어 4월 아시아 순방에 나선 그는 서울에서 스스로 위안부 문제를 거론하며 "전시 성노예(sex slavery) 시스템은 끔찍하고 지독한 인권침해이며 당시 여성들은

....

19 한일 양 정부는 한미일 정상회담 개최의 조건으로서 한일관계 개선을 위한 제안을 놓고 치열한 공방을 벌였으며, 한미일 정상회담 개최 관련 대외 발표문안을 놓고 마지막 단계까지 감정적 다툼이 이어졌으나, 전 과정에서 미국이 적극적으로 중재하여 결국 회담이 성사되었다.

전시가 아니었어도 경악할 만한 침해를 당했다"고 표현하고 "이들의 이야기를 경청하고 존중하고 어떤 일이 일어났는지에 대해 정확하고 명쾌한 설명이 있어야 할 것"이라 명언하였다. 이어서 "아베 총리는 이를 인식하고 있으며 일본국민들도 과거를 진술하고 공정하게 대해야 함을 확실히 인식하고 있을 것"이라며, "양국의 이익이 분명히 수렴하기 때문에 양국 국민은 과거뿐만 아니라 미래로 눈을 돌려 해법을 찾아야 함"을 촉구하였다.[20] 한편, 아베 총리는 지방 시찰중 한 기자의 위안부 질문에 대해 "필설로 다할 수 없는 일을 당한 위안부를 생각하면 정말 가슴이 아프다"고 답했다. 이는 헤이그 정상회담 전제조건으로 요구된 역사인식 계승 발언으로서 3월 14일 국회 예산위원회에서 "역사인식에 관한 역내내각의 입장으로 전체로 계승하겠으며 위안부 문제에 대해서는 필설로 다하기 어려운 가혹한 기억을 가진 분들을 생각하면 정말 마음이 아프다"라는 진술을 반복한 것이다. 그간 아베 총리의 언사로 비추어 보았을 때 이는 상당한 수렴 노력으로서 미국의 압력과 조정하에 양국 사이 위안부 문제에 대한 일정한 접점이 성립되었음을 암시하는 대목이다.[21]

IV. 한미일 관계와 중국 요인

헤이그 공식대로 한국 외교부 동북아국장과 일본 외무성 아주국장 간에 출범한 한일 국장급 협의는 2014년 4월16일 제1차 협의를 시작으로 2015년 12월 28일 합의 발표 때까지 모두 12차례 협의가 열렸으며, 중간에 두 차례의 비공개 협의도 있었다. 한국은 일본이 결자해지 차원에서 먼저 위안부 해법 구체안을 제시하라는 입장인 반면, 일본은 문제 해결의 분위기 조

----

20   손열, "오바마의 전략적 위안부 발언," 『경향신문』 (2014년 5월 2일).
21   『경향신문』 (2014년 5월 2일).

성 차원에서 국제사회에서의 비난 자제, 제3국 기림비 건립 자제 등을 요구하는 등 양측 간 팽팽한 줄다리기가 이어져, 협의는 전혀 진전을 이루지 못하는 상태에 빠졌다. 그 사이 아베 정부는 고노담화 검증 작업으로 한국 측을 자극하는 한편, 한국이 골포스트를 옮기면서 끊임없이 사죄를 요구한다는 이른바 '사죄피로 현상' 여론을 조성하였다. 박근혜 정부는 해외에서 일본 때리기 조치들을 지속적으로 펼쳐가는 한편, 국민이 납득할 만한 위안부사과 없이는 정상회담 불가하다는 강경한 입장을 고수하였다. 헤이그를 계기로 한 투-트랙 접근이 제대로 실행되지 않은 가운데 전장(戰場)은 양국을 넘어 제3국으로 확대되었으며 특히 미국을 무대로 양국 간 치열한 공공외교 난타전이 이어진 결과, 워싱턴 조야에는 역사문제 피로감이 확산되는 부작용을 낳았다.[22]

이렇듯 두 정부 사이 이전투구가 지속되면서 두 국민 간 상호인식 역시 악화일로를 걸었다. 동아시아연구원과 겐론NPO의 공동여론조사 결과에 따르면 그림 2에서 보듯이 한국민의 일본에 대한 부정적 인상은 70%를 상회하고 있고, 일본인의 경우 50%를 상회하는 등 한일관계는 국교정상화 이래 최악의 상황을 맞았다. 그림 3에 따르면 양 국민 모두에게 역사문제와 독도문제가 상대방에 대한 부정적 인상을 가져다주는 압도적 이유였다. 즉, 양국관계는 안보나 경제적 고려보다는 역사, 영토 등 정체성 요인이 우선적으로 작용함을 알 수 있다.

헤이그 회동 이후에도 한일 간 갈등의 골이 깊어지자 미국은 갈등이 아태지역에서 자국이 설정한 전략적 한계선(parameter)를 넘을 수 있다는 우려를 본격적으로 갖게 되었다. 아태지역에서 중국의 전략적 지위를 견제하고 자국의 개입을 보장하는 한계선을 한일관계 갈등이 위협하게 되었다는

....

22 Cheol-hee Park, "Tokyo is winning the battle of influence in Washington," *Korea Focus*, http://www.koreafocus.or.kr/design2/layout/content_print.asp?group_id=105806 (검색일: 2018. 3. 20).

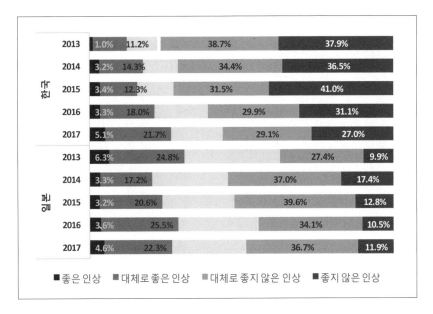

그림 2. 한일 간 상호 이미지(2013~2017)

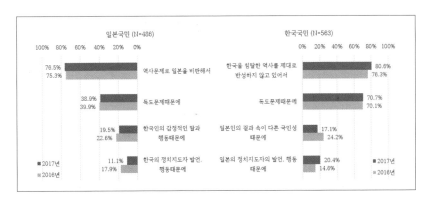

그림 3. 양국이 상대국에 좋지 않은 인상을 가지고 있는 이유

인식으로서, 보다 구체적으로는 한국이 일본으로부터 거리를 두고 중국 편으로 경사하는 경향에 대한 우려이었다. 이러한 인식은 2014년 봄부터 다방면에 걸쳐 전개된 중국의 외교, 경제, 군사적 공세와 관련된다. 안보 면에

서 중국은 5월 21일 상하이(上海)에서 개최된 제4차 CICA 정상회의에서 아시아 지역에서 미국의 군사·안보적 영향력 확대를 견제하려는 러시아와의 전략적 공통이해를 바탕으로 CICA의 역할을 확대하고 발전시켜 아시아 안보협력기구로 만들자고 공식 제안하는 한편, 아시아 문제는 아시아인이 해결해야 할 문제라고 천명하며 '아시아 신안보관'을 주창했다. 경제 면에서는 같은 달 카자흐스탄에서 열린 ADB 총회에서 자국이 주도하는 AIIB 참여국 범위를 획기적으로 넓히고 한국의 참여를 본격적으로 권유한 데 이어, 7월 한중 정상회담에서 시 주석은 박 대통령에게 한국이 AIIB 창립 회원국으로 참여하기를 강력히 희망하였다. 또한 연내 한중 FTA 교섭을 타결하도록 노력하기로 결정하였다. 중국의 군사적 공세 역시 두드러져서 2014년 5월 필리핀이 중국의 '인공섬 건설'에 항의하면서 중국이 남중국해 일대에서 도서 매립작업을 진행하고 있다는 것이 국제사회의 이슈가 되었고, 미국은 도서 매립작업을 강하게 비난하면서 미국, 중국 사이에 첨예한 갈등이 전개되었다.[23]

이렇듯 중국의 공세 속에서 아베 정부는 박근혜 정부의 중국 경사 자세를 부각하며, 한중 양국이 일종의 역사동맹으로 일본을 때리고 한미일 협력구도를 훼손한다는 논리를 사용하였다.[24] 헤이그 공식의 도출과 합의에도 불구하고 정상회담(즉, 관계 정상화) 불가를 고수하는 한국 정부 입장이 결국 양국관계 개선 및 한미일 협력의 장애물이라는 인식을 확산하고자 한 것이다. 그 결과 한국은 위안부 문제 돌파가 필요한, 난처한 상황에 봉착하게 되었다. 미국의 바람대로 정상회담 개최로 관계 정상화를 이루기 위해서는 기왕에 천명한 위안부 문제에 대한 일정한 성과(즉, 대통령의 언사에 따르면

....

23 미중 간 경쟁이 한국의 선택에 제약을 가져다 준 CICA, AIIB, 인공섬 건설 문제는 공교롭게도 모두 2014년 상반기 전개되었다. 정재호 (편), 『미·중 사이 한국의 딜레마: 사례와 평가』 (서울: 서울대학교 미중관계연구소, 2017).

24 "習近平は「中韓歴史認識同盟」を狙う," 『日経ビジネスオンライン』 (2014년 7월 8일), http://business. nikkeibp.co.jp/article/report/20140707/268274/.

"국민이 납득할 만한 수준의 진전")가 담보되어야 하는 처지에 놓인 것이다. 요컨대, 박근혜 정부는 정상회담 개최를 위한 고난이도의 전제조건을 설정하여 한일관계 전반을 경색시킨 다음, 난제 중 난제를 경색된 관계란 악조건하에서 풀어야 하는 일종의 자승자박(自繩自縛)적 상황을 연출한 것이다.

한편, 한일 양국 간 경제관계 역시 경색국면을 맞았다. 예컨대 양국 간 통화스와프협정은 2012년 700억 달러 수준으로 한국이 양자 협정을 맺은 국가들 중 최대규모였으나 한일 간 역사갈등, 정체성 갈등이 심화되면서 급격히 축소되어 2015년에는 완전히 해소되었다. 대외경제의존도가 높은 한국경제로서는 이러한 안전망(safetynet)이 필수적이나 정체성 갈등의 논리에 휘둘릴 수밖에 없었다. 보다 거시적으로 양국 간 경제관계는 악화일로를 걸었다. 양국 간 교역 규모는 2012년 1,080억 달러에서 2015년 710억 달러로 30%가 축소되었다. 이는 주로 대일 수출 감소보다는 수입 감소에 기인하며, 한국의 전체 무역에서 일본이 차지하는 비중은 7%대로 추락하였다. 일본의 대한(대한)직접투자는 2012년 46억 달러에서 2015년 13억 달러 규모로 급격히 축소되었다. 이러한 급격한 반응은 외국인 직접투자가 주로 사전적(ex ante)이며 선제적 투자의 성격이 강하므로 한일관계 악화 영향에 민감하게 반영된 것으로 평가된다. 또한 일본의 한국관광객 수도 같은 기간 무려 50% 감소한 것으로 드러났다. 재계단체(전경련)의 씽크탱크인 한국경제연구소는 이러한 추세가 장기화할 경우 경제 전반에 부정적 영향이 확대될 것으로 평가하면서 "거대 중국에 공동대응하기 위해 양국은 정경분리원칙을 지키고 한일관계를 미래지향적으로 개선"해야 함을 강조했다.[25]

경제계의 불만이 점증하고 미국의 압력이 지속되면서 국내적으로 대일정책에 대한 비판이 빈발하자, 정부 내에서는 상황을 타개하기 위해 특단의 조치가 필요하며 이런 차원에서 최고위층과 직접 뜻이 통하는 비공개 고

....

25　최남석, "최근 한일 양국 간 무역투자 패턴의 변화와 과제," 『KERI Brief』 (2015년 8월 31일), p. 26.

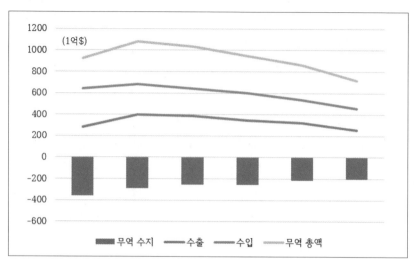

그림 4. 한일 교역규모 추이, 2010-2015

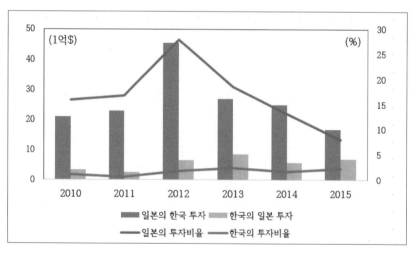

그림 5. 한일 대외직접투자(FDI) 추이, 2010-2015

위급 협의가 필요하다는 의견이 나오기 시작하였다. 그 시기는 대략 이병기 대사가 국가정보원장으로 취임한 즈음인 2014년 8월경이었고, 11월경 정부는 교착상태를 해소하기 위해 국장급 협의와 고위급 협의를 병행하기로 방침을 정하였다. 일본 측이 총리실 직속 국가안전보장회의(NSC) 야치 쇼타로 사무국장을 대표로 내세움에 따라 한국도 이병기 국정원장(2차 고위급 협의부터는 대통령 비서실장)이 대표로 나섰다. 이는 사실상 아베 총리와 박근혜 대통령이 직접 관여하여 문제를 풀어가겠다는 뜻이었다. 고위급 협의에 한국 측을 대표하는 이병기 실장은 앞서 언급하였듯이 주일대사 시절 양국관계 정상화를 위해 적극적으로 노력했던 인사로서 박 대통령이 협상노선으로 전환함에 따라 힘을 받아 협상에 임할 수 있었다.

V. 협상력 균형의 변화와 정치적 타결

양국이 비공개 고위급 협의를 선택한 것은 협상의 조기 타결을 지향한 것으로 볼 수 있다. 협상이 장기화되면 비공개에 따른 부담이 가중될 수밖에 없는 구조인데다, 박 대통령으로서는 점증하는 안보, 경제적 압력을 해소하기 위해서 대일관계를 가능한 한 빠른 기간 내에 회복시킬 필요가 있었다.[26] 또 대부분 고령인 위안부 피해자들의 명예를 회복시켜드릴 수 있는 시간이 얼마 안 남았다는 점, 2015년 6월은 한일 국교정상화 50주년이라는 상징적 명분도 있었다.

그런데, 고위급 협의에 임하는 양국 간 협상력의 균형(balance of bargaining power)은 위안부 문제와 정상회담 연계라는 초강수로 일본을 강력히 압박했던 한국 측의 그간의 기세와는 달리 일본 측에 상대적으로 유리한 형세라 할 수 있었다. 양국관계가 극도로 악화된 속에서 한국은 기왕에 대일 역사외교에서 누렸던 도덕적 우위를 활용하기 어려웠다. "사죄피로" 등으로 한국에 부정적인 일본 국내여론은 일본 정부의 협상력을 높여주었다. 2012년 이래 장기집권 태세에 들어간 아베 내각의 정치적 안정과 리더쉽도 중요한 요인이라 할 수 있다. 이에 더하여 양국 간 협상력 변화에 보다 구조

....

26 "주철기 수석, 올해중 한일관계 반드시 해결," 『연합뉴스』 (2015년 4월 30일).

적인 요인은 일본의 국제적 위상이 강화되고 있다는 현실이었다.

아베 정부는 보통군사국가화 노선 속에서 국제협조주의에 기반한 적극적 평화주의란 슬로건하에 집단적 자위권 용인 결정을 내리고 일련의 안보법제를 통해 군사적 역할 확대와 미일 안보협력 강화에 노력해 왔고, 2013년 3월 전격적으로 TPP 교섭에 참여하여 미국과 공조하며 협상을 견인하였다.[27] 양국 간 동맹 강화의 정점은 4월 28일 미일 공동비전 성명으로서 이는 미국의 아태 재균형 전략과 일본의 국제협조주의에 기반한 적극적 평화주의의 결합을 통해 지역과 세계의 평화와 번영을 확보하기 위해 긴밀히 연대하겠다는 선언이다. 양국의 안전과 번영은 상호 긴밀히 얽혀 있어 서로의 국익이 국경에 의해 정의될 수 없다는 표현에서 보듯이 양국은 군사, 무역, 투자, 개발, 인터넷 거버넌스 등 여러 분야에서 투명성(transparent) 높고, 룰에 기반한(rule-based) 전향적 접근을 통해 지역의 안정과 번영을 위해 긴밀히 협력해 갈 것임을 천명하였다.[28] 사실 미일 관계는 미중 간 전략적 경쟁이 증가하고 북핵위기가 고조되면 될수록 강화되는 측면을 가지고 있다. 한일 간 위안부 갈등을 벌이고 있는 동안 미중 경쟁이 고조되고 북한의 위협이 증가하여 미국에 대한 일본의 가치가 상승하였고 아태지역의 형세는 "미일 vs. 중국" 구도로 흘러갔다. 반면 한국 정부의 운신의 폭은 상대적으로 위축되었다 할 수 있다.

현 시점에서 되돌아보면 2015년 초 미국의 동북아외교 행보는 고위급 협의를 적극 지원하는 방향으로 이루어졌다. 2월 9일 방한한 블린켄(Tony Blinken) 국무부 부장관은 기자회견에서 한미동맹은 일본과 함께 점차 동북아 지역차원의 동맹으로 진화해야 하며 궁극적으로 범세계 현안을 다루

....

27 박영준, "일본 아베정부의 보통군사국가화 평가: 국가안보전략서, 집단적 자위권, 미일가이드라인, 안보법제에 대한 종합적 이해," 『아세아연구』 (162)호 (2015).

28 Office of the Press Secretary, the White House, "US-Japan Joint Vision Statement," (April 28, 2015), https://www.whitehouse.gov/the-press-office/2015/04/28/us-japan-joint-vision-statement (검색일: 2018. 1. 28).

는 글로벌 파트너쉽으로 격상되어야 한다면서 한미일 차관협의회 신설을 제안함과 동시에, "우리는 양국[한일]이 직면한 어려운 문제들이 잘 해결될 수 있도록 몇주간 독려할 것"이라 말해 한미일 협력 차원에서 고위급 협의 진전을 채찍질하고 있음을 암시하였다.[29] 나아가 셔먼(Wendy Sherman) 정무부장관은 동북아 국가들이 역사문제에 지나치게 집착하여 지역차원의 전략적 이익에 거스르는 행동을 해서는 곤란하다는 도발적 발언을 하였다. 2월 27일 카네기 평화재단 연설에서 "정치지도자가 과거의 적을 비난함으로써 값싼 박수를 얻는 것은 어렵지 않으나 이같은 도발은 [동북아시아의] 진전이 아니라 마비를 초래한다"고 역사문제 집착에 대한 경고를 날려 미국이 노골적으로 일본편을 드는 것이 아닌가 하는 의구심을 자아낸 바 있다.[30]

이러한 압력하에서 한국 정부는 그간 '결자해지' 차원에서 일본이 먼저 구체적 해결방안을 제시해야 한다는 기존 입장을 수정하여 일본 측이 해결방안을 마련하는 데 참고가 될 수 있도록 지침(가이드라인)을 먼저 제시하고 이에 따라 해결방안을 찾는 방향으로 선회하였다. 한국 측은 2015년 2월 제1차 고위급 협의 직전에 열린 국장급 협의에서 지침을 제시하였다.[31] '도의적' 등의 수식어가 없는 일본 정부의 책임 인정, 이전보다 진전된 내용의 공식 사죄 및 사죄의 불가역적인 담보, 일본 정부의 예산을 사용하여 책임 인정을 뒷받침하는 구체적인 이행조치 실시가 주요 내용이었다. 이에 대해 일본 측은 '법적', '인도적' 등의 수식어가 빠진 책임과 아시아 여성기금 당시의 총리 서한 수준의 사죄 표현을 할 수 있다고 함과 동시에 한국 측이 취할 상응조치로 이번 합의의 최종·불가역적 해결 확인, 주한 일본대사관 앞 소녀상 문제 해결 노력, 국제사회 비난·비판 자제 등을 공개 및 비공개 형

....

29 "블링컨, "사드, 北위협 대응이 목표… 배치 결정된 바 없어"," 『머니투데이』 (2015년 2월 9일).

30 Wendy Sherman, "Remarks on Northeast Asia," Carnegie Endowment for Peace (February 27, 2015), https://2009-2017.state.gov/p/us/rm/2015/238035.htm (검색일: 2018. 3. 30).

31 이하의 내용은 『한일 일본군위안부 피해자 문제 합의(2015.12.28) 검토 결과 보고서』 (2017년 12월 27일), pp. 8-10.

식으로 포함하기를 요청하였다. 한국 측은 일본 측이 개인 보상 문제를 전혀 제시하지 않았음을 지적하며 개인 보상이 꼭 필요하다는 점을 강조하였고, 또 일본이 요구하는 한국 측 상응조치에 대한 맞대응으로 총리 사죄 표명의 공식성과 불가역성을 담보하기 위한 '각의 결정' 등 일본 측의 상응조치를 제시하였다.

이후 협의에서는 일본 쪽이 제시한 내용과 구상을 바탕으로 진행되었고 한국 측이 제안한 일본 측 조치는 수용되지 않았다. 양측은 2015년 4월 11일 제4차 고위급 협의 때 12월 최종안과 거의 유사한 합의안에 잠정 합의하였다. 대체로 3대 핵심사항(책임, 사죄, 보상)에 대한 합의가 한국 측 희망대로 이루어진 대신 일본 측이 요구하는 상응조치(타결 시 최종적 불가역적 해결 확인, 일본 대사관 앞 소녀상 적절한 해결, 국제사회에서 상호비난 자제, 제3국에서 기림비 설치 부적절 확인, 성노예 용어 사용 중단)가 포함된 주고받기식 합의였다. 그러나, 이후 잠정 합의안에 관하여 양국 정상에게 추인받는 과정에서 추가적인 이슈가 불거졌고, 일본 측의 강경한 자세로 타결이 지체되었다.

박 대통령은 타결에 강한 의지를 보이며 언론에 협상 과정 일부를 공개해 협상당사자와 일본 측을 곤혹스럽게 했다. 국교정상화 50주년 기념일을 앞둔 6월 11일 워싱턴포스트와의 인터뷰에서 위안부 문제가 "막후협상(behind-the-scenes discussions)" 중이라며 "상당한 진전이 있었으며 현재 협상의 마지막 단계(final stage)에 와 있다"고 밝혀 양국 언론뿐만 아니라 협상당국을 당황시켰다.[32] 그러나 일본 근대산업시설의 유네스코 세계유산 등재 문제로 치열한 외교전이 전개되면서 양국 간 갈등의 골이 깊어져 협상은 더 이상 진전되지 못했고, 박 대통령이 일본이 기피했던 중국 전승절 기념행사(9월 3일)에 참석함으로써 위안부 협상의 동력은 소실되었다.

....

32 "Eventually we will face a situation that will be beyond our control," *The Washington Post* (June 11, 2015).

10월 10일 한미정상회담에서 박 대통령은 한편으로 전승절 참석에 따른 중국경사론의 부담을 안고 다른 한편으로는 일본과의 관계개선이란 이중의 압력하에서, 역사문제를 뒤로 하고 미래지향적 관계로 나아가라는 오바마 대통령의 독촉을 받게 된다. 이런 속에서 한일 양국은 한중일 정상회의 재개가 성사되자 이 자리를 빌어 한일 정상회담 개최를 논의하는 과정에서 자연스럽게 그간 중단되었던 고위급 협의를 재개하였다. 2015년 11월 1일 서울에서 한중일 정상회의를 개최한 데 이어 2일 한일 정상회담에서 양국 정상은 한일 국교 정상화 50주년이라는 점을 염두에 두고 가능한 한 조기에 위안부 문제를 타결하기 위한 고위급 협의를 가속화하기로 의견을 모았다. 박근혜 대통령은 연내 타결에 관해 다시 한번 강한 의욕을 보였고, 2015년 12월 23일 제8차 고위급 협의에서 최종 문안이 타결되었다. 4월 잠정 합의안에서 제3국 기림비와 소녀상 관련 표현 일부만 수정된 내용이었다. 2015년 12월 28일 양국은 한일 외교장관 회담을 통해 합의 내용을 확인하였고, 그 직후 공동기자회견에서 위안부 문제의 합의 내용을 발표하였다. 이어 양국 정상은 전화통화를 통해 합의를 확인하고, 박 대통령은 위안부 문제 관련 대국민 메시지를 발표하였다.

VI. 동아시아 지역질서 분석에 주는 함의

2017년 4-5월에 실시한 동아시아연구원-겐론NPO 여론조사에 따르면 한국인 55.5%는 위안부 합의를 부정적으로 평가하고, 응답자의 75%가 위안부 문제는 해결되지 않았다고 보고 있다. 합의를 긍정적으로 보는 일본 여론도 미해결 인식이 54%에 달한다(표 1과 표 2). 요컨대 합의는 했지만 '최종적, 불가역적 해결'과는 거리가 있는 미완의 과제로 남아 있는 것이다. 문재인 대통령이 아베 총리에게 "우리 국민들 대다수가 정서적으로 그 합의를 수용하지 못하고 있는 것이 현실이고 민간의 영역에서 일어나는 문제에

표 1 일본군 위안부 한일 정부 간 합의에 대한 평가

	한국		일본	
	긍정적 평가	부정적 평가	긍정적 평가	부정적 평가
2016	28.1%	37.6%	47.9%	20.9%
2017	21.2%	55.5%	41.8%	25.4%

출처: 동아시아연구원-겐론NPO, "제5회 한일 국민상호인식조사 주요 결과 요약," (2017).

표 2 정부 간 합의로 일본군 위안부 문제 해결 여부

	전부 해결되었다	일정 부분 해결되었다	거의 해결되지 않았다	전혀 해결되지 않았다	모르겠다	무응답
한국	0.3%	19.2%	40.7%	34.3%	5.5%	0.0%
일본	8.1%	17.2%	37.0%	16.8%	20.8%	0.1%

출처: 동아시아연구원-겐론NPO, "제5회 한일 국민상호인식조사 주요 결과 요약," (2017).

표 3 일본군 위안부 한일 정부 간 합의에 대한 긍정적/부정적 평가 이유-한국

긍정적 평가 이유	사과 수준이 비교적 충분하기 때문에	10.8%
	더 이상 역사문제로 한일관계가 발목 잡히면 안 되기 때문에	65.3%
	위안부 지원금으로 당사자들을 위한 사업을 벌일 수 있기 때문에	26.3%
	TPP, 한중일 FTA 등 경제협력의 가능성이 열렸기 때문에	18.3%
	기타	0.9%
부정적 평가 이유	당사자인 위안부 할머니의 의견을 반영하지 않고 합의했기 때문에	77.7%
	법적 책임성이 명확하지 않아 사과로 불충분하기 때문에	49.6%
	돈으로 해결하려고 했기 때문에	49.6%
	위안부 지원금 규모가 충분하지 않기 때문에	19.7%
	소녀상 이전 노력을 언급했기 때문에	16.3%
	최종적 불가역적 해결을 언명했기 때문에	15.8%
	기타	0.9%

출처: 동아시아연구원-겐론NPO, "제5회 한일 국민상호인식조사 주요 결과 요약," (2017).

정부가 나서서 해결하는 데는 한계가 있다"고 말한 것은 이러한 여론의 흐름을 반영한 것이라 할 수 있다.

박근혜 정부가 천신만고 끝에 이루어 놓은 위안부 합의가 국민과 차기 정부에 의해 평가받지 못하고 외교부 태스크포스에 의해 검토 대상으로 전락한 데에는 일차적으로 피해자를 중심에 두고 문제를 풀어가려 하기보다는 외교적 방식으로 일거에 문제를 해결하겠다는 정치적 의지 탓으로 볼 수 있다.[33] 표 3에서 보듯이 국민의 77.7%는 부정적 평가의 이유로 정부가 피해자의 의견을 반영하지 않았다고 답하고 있다. 사실, 외교부는 국장급 협의를 개시한 후 한국정신대문제대책협의회(정대협), 나눔의 집, 대한변협 관계자들과 접촉하여 의견을 들었고, 2015년만 해도 모두 15차례 피해자단체를 접촉하였다. 그러나 이런 의견수렴은 협상에 구체적으로 활용되었다기보다 합의 뒤 예상되는 피해자단체의 반발을 완화하려는 모양새 갖추기라는 인상이 강했다.[34] 피해자 중 비록 숫적으로는 소수라 할지라도 조직화된 강경한 목소리가 엄존하는 현실에서, 아베 정부의 우익적 성향을 고려한다면 피해자 눈높이에 맞는 합의를 이루기는 애당초 불가능했음에도 불구하고, 박근혜 정부는 사실상 시한을 설정한 협상 노선으로 전환하여 대내협상 (즉, 피해자와의 협의)를 경시한 채 대외협상, 즉 일본과 주고받기 협상의 길을 걸었다.[35]

보다 큰 실책은 출범 초기부터 위안부 문제 진전을 한일관계 개선의 전제조건으로 설정함으로써 한일관계 전반의 악화를 초래한 데 있다. 어찌 보면 무리한 합의의 근원은 여기에 있다고 할 것이다. 양국관계 악화가 한미일 협력구도를 이완시켜 중국의 지위를 상승시킨다는 우려가 커지자 미국

....

33 이른바 '피해자중심적 접근"의 실패로서 위안부 합의 검토보고서의 주안점이고 합의 발표 이후 평가 역시 이 점에 주목하고 있다. 남기정, "위안부 합의, 파기냐 완성이냐," 『서울신문』(2018년 1월 15일); 日本軍「慰安婦」問題解決全国行動, "声明:『日韓合意』は解決ではない 政府は加害責任を果たせ"(2018. 1. 23), http://www.restoringhonor1000.info/2018/01/blog-post.html (검색일: 2018. 1. 28).

34 『한일 일본군위안부 피해자 문제 합의(2015.12.28) 검토 결과 보고서』(2017년 12월 27일), p. 27.

35 오태규, "'위안부 합의' 검토보고서 끝이 아니라 시작이다," 『관훈저널』(146)호 (2018).

이 한일 역사문제 개입에 나섰고, 오히려 미국의 압력에 따라 한국은 위안부 문제에 대해 일본과 조속히 정치적 타결을 추진해야 하는 불가피한 상황을 맞게 되었다. 애당초 미국을 설득하여 일본에 압력을 가한다는 전략하에서 대통령이 앞장서서 일본지도자의 퇴행적 역사관 때문에 한일관계 개선이 어렵다는 점을 지속적으로 제기하고 미국의 개입을 요청하였던 행보를 고려해 보면 박근혜 정부는 그야말로 자충수를 둔 셈이다. 또한 양국 간 국민감정 악화로 무역과 투자 규모가 단기간에 축소되고 관광객 수와 문화교류도 급감하였다. 일본시장에서 한류 열기는 냉각되고 재일교포의 삶도 각박해졌다. 결국 이러한 상황을 타개하기 위해 권력 핵심부가 직접 비밀협상에 나서는 무리수가 이어졌고, 정치적 타결에 따른 국내적 후폭풍을 맞았다.

이론적 측면에서 한일 양국 간 정체성의 정치는 안보 동학과 경제적 상호의존에 의해 일정하게 통제되었음을 알 수 있다. 정체성 갈등이 안보와 경제적 이익에 부정적인 파급효과를 초래하는 경우, 특히 그 정도가 일정한 수준을 넘어서는 경우, 이를 억제하는 메커니즘이 작동하게 된다. 이 글은 한국 정부의 대일 강공 드라이브에 한미일 협력이 약화되고 경제거래 축소로 경제계의 피해와 비스니즈 미래에 대한 불안감 등이 커지면서 정책의 전환이 이루어졌음을 보여주었다. 역으로 안보이익 및 경제 이익의 수렴으로 양자간 긍정적 상승효과가 일어나 정체성의 수렴으로 이어질 만큼 전자의 긍정적 파급효과가 크지 않은 것도 사실이다. 다시 말해서 역사갈등을 잠재울 만큼의 경제, 안보적 이익유발 효과가 충분히 크지 않다는 것이다. 따라서 한일 간 정체성-안보-경제 연계의 파급효과는 하방 경직성이 있지만 상승 한계도 뚜렷해 현실적으로 이 범위 내에서 통제되고 있다고 볼 수 있다. 위안부 합의 역시 이런 범위 내에서 3대 핵심쟁점과 상응조치의 교환으로 파국은 면하되 최선은 아닌, 문제의 봉합 수준으로 정리되었다.

요컨대, 위안부 외교에서 안보, 경제, 정체성 요소 간 연쇄작용은 제한된 긴장의 범위 내에서 이루어진다면 이는 비단 한일관계 사례에 국한되는 것은 아니다. 예컨대, 중국과 일본 간에 정체성과 안보 갈등이 연쇄되어 증

폭되더라도 양국 간 교역의 축소 혹은 중단에 따른 경제적 손실이란 고려
가 작용하여 정치/안보관계의 악화를 일정하게 저지하는 효과가 나타난다.
센카쿠 갈등의 경우, 양국 간 전통적 전략적 경쟁의식이 역사문제를 둘러
싼 정체성 갈등으로 증폭되어 안보갈등을 야기하였지만 이것이 군사적 충
돌로 이어지지는 않았던 이유는 양국 간 경제적 상호의존이 균형력으로 작
용하였기 때문이다.[36] 펨펠(Pempel)은 동북아 지도자들이 민족주의적 열정
과 군사적 긴장 상황에도 불구하고 평화를 유지할 수 있었던 이유는 이들이
경제적 안정과 발전을 우선시하였기 때문이라 주장한다.[37] 역사적으로 역내
국가들은 정치/안보와 경제의 분리, 즉 정경분리 원칙을 준수하기 위해 노
력해 왔다. 정체성 갈등이나 안보 긴장이 경제협력의 핵심 이익을 침해하는
수준으로 상승하는 경우 일정한 긴장완화 메커니즘이 작동하여 이른바 정
냉경열(政冷經熱)의 이중구조가 유지되었다.[38] 국교정상화 이후 한일관계 역
시 이런 유형에서 결정적으로 벗어나 부정적 파급효과를 지속적으로 야기
한 경우는 찾아보기 어렵다.

　향후 연구 과제는 동아시아 국제관계에서 경험적으로 정체성-안보-경
제 연계 작용의 상방과 하방 경계가 어떻게 설정되는지, 이를 체계적으로
유형화할 수 있는지가 될 것이다. 또한 이 글에서 중점적으로 다루었던 정
체성과 안보와의 관계뿐 아니라 정체성과 경제 혹은 정체성/안보와 경제 간
연계를 보다 분석적으로 규명하는 과제도 남아 있다. 주로 중일관계 맥락에
서 논의되어 온 정경분리 혹은 정냉경열 관계가 한일관계 및 여타 동아시아
양자관계에 적용되는 경우 어떤 유사성과 상이성이 있는지를 규명할 필요

....

36　Sheila Smith, *Intimate Rivals: Japanese Domestic Politics and A Rising China* (New York: Columbia University Press, 2015).

37　Pempel (2013).

38　Evelyn Goh, "Conceptualizing the Economic-Security-Identity Nexus in East Asia's Regional Order," in Yul Sohn and T. J. Pempel (eds.), *Japan and Asia's Contested Order: The Interplay of Security, Economics and Identity* (London: Palgrave Macmillan, 2018).

가 있다. 끝으로 안보-경제-정체성 넥서스는 국내정치를 매개로 이루어지고 있다는 점에서 여론과 정당정치 변수가 엄밀히 분석되어야 할 필요가 있다.[39] 이러한 작업들을 통해 동아시아 질서 변화는 더욱 체계적으로 이해될 수 있을 것이다.

....

39 대북위협이 위안부 문제 해결에 영향을 준다는 장기영의 연구는 국내결집효과와 정당이념 변수 등 국내정치 요인이 매개되어 있음을 밝히고 있다. 장기영, "안보위협이 과거사 인식에 미치는 영향: 한일 일본군 위안부 협상 타결에 관한 국내 여론 분석," 『국제정치논총』 제57집 (4)호 (2017).

참고문헌

김양희. "메가FTA 시대의 도래와 일본의 대응전략." 『동북아경제연구』 제25권 3호 (2013).

도시환. "동아시아의 여성정책: 일본정부의 일본군 '위안부' 정책을 중심으로." 『저스티스』 제158권 2호 (2017).

동아시아연구원-겐론NPO. "제5회 한일 상호 국민인식조사 주요결과요약." 『EAI 한일 국민 상호인식 조사』 (2017).

박영준. "일본 아베정부의 보통군사국가화 평가:일본 아베정부의 보통군사국가화 평가: 국가안보전략서, 집단적 자위권, 미일가이드라인, 안보법제에 대한 종합적 이해." 『아세아연구』 162호 (2015).

손열. "위안부 합의 100일, 한일관계는 어디로?" 『EAI 논평』 2016년 4월 12일.

_____. "동북아시아 지역공간의 복합지정학: 안보-경제-정체성 넥서스." 김상배 편. 『한반도 신흥안보의 세계정치: 복합지정학의 시각』 서울: 한울, 2017.

신기영. "글로벌 시각에서 본 일본군 '위안부' 문제: 한일관계의 양자적 틀을 넘어서." 『일본비평』 15호 (2016).

양현아 외. 『위안부 합의 이대로는 안된다』 파주: 경인문화사, 2016.

오태규. "'위안부 합의' 검토보고서 끝이 아니라 시작이다." 『관훈저널』 146호 (2018).

외교부. 『한일 일본군위안부 피해자 문제 합의(2015.12.28) 검토 결과 보고서』 한일 일본군 위안부 피해자 문제 합의 검토 TF. 2017년 12월 27일.

이원덕. "한일관계의 현안과 해법." 하영선 외. 『신시대를 위한 한일의 공동진화』 서울: EAI, 2015.

이용욱. "한일협력과 글로벌 금융위기 이후 동아시아 금융지역주의 제도화." 『국제지역연구』 제17권 2호 (2013).

이용희. "한일관계의 정신사적 문제." 이용희, 노재봉 편. 『한국민족주의』 서울: 서문당, 1977.

장기영. "안보위협이 과거사 인식에 미치는 영향: 한일 일본군 위안부 협상 타결에 관한 국내여론 분석." 『국제정치논총』 제57집 4호 (2017).

정재호 편. 『미·중 사이 한국의 딜레마: 사례와 평가』 서울: 서울대학교 미중관계연구소, 2017.

청와대. "제94주년 3.1절 대통령 기념사." 2013년 3월 1일.

최남석. "최근 한일 양국 간 무역투자 패턴의 변화와 과제." 『KERI Brief』 (2015년 8월 31일).

Cha, Victor. "Abandonment, Entrapment, and Neoclassical Realism in Asia: the United States, Japan, and Korea." *International Studies Quarterly* 44-2 (2000).

Goh, Evelyn. "Conceptualizing the Economic-Security-Identity Nexus in East Asia's Regional Order," In Yul Sohn and T. J. Pempel. eds. *Japan and Asia's Contested Order: The Interplay of Security, Economics and Identity*. London: Palgrave Macmillan, 2018.

Park, Cheol-hee. "Korea-Japan Relations under Deep Stress," In Gilbert Rozman. ed. *Asia's Alliance Triangle: US-Japan-South Korea relations at a tumultuous time*. New York, NY: Palgrave Macmillan, 2015.

Pempel, T. J. ed. *The Economy-Security Nexus in Northeast Asia*. New York, NY: Routledge, 2013.

Rozman, Gilbert. *National Identities and Bilateral Relations: Widening Gaps in East Asia*.

Washington D.C.: Woodrow Wilson Center Press, 2012.

Smith, Sheila. *Intimate Rivals: Japanese Domestic Politics and A Rising China*. New York: Columbia University Press, 2015.

Sohn, Yul and T. J. Pempel. eds. *Japan and Asia's Contested Order: The Interplay of Security, Economics and Identity*. London: Palgrave Macmillan, 2018.

남기정. "위안부 합의, 파기냐 완성이냐." 『서울신문』 2018년 1월 15일.

손열. "오바마의 전략적 위안부 발언." 『경향신문』 2014년 5월 2일.

Sneider, Daniel. "Behind the Comfort Women Agreement." *Tokyo Business Today*. 2016년 1월 10일.

"Eventually we will face a situation that will be beyond our control." *The Washington Post*. June 11, 2015.

Office of the Press Secretary, the White House. "US-Japan Joint Vision Statement." April 28, 2015. https://www.whitehouse.gov/the-press-office/2015/04/28/us-japan-joint-vision-statement (검색일: 2018. 1. 28).

Park, Cheol-hee. "Tokyo is winning the battle of influence in Washington." *Korea Focus*. http://www.koreafocus.or.kr/design2/layout/content_print.asp?group_id=105806 (검색일: 2018. 3. 20).

Sherman, Wendy. "Remarks on Northeast Asia." *Carnegie Endowment for Peace* (February 27, 2015). https://2009-2017.state.gov/p/us/rm/2015/238035.htm (검색일: 2018. 3. 30).

日本軍「慰安婦」問題解決全国行動. "声明: 『日韓合意』は解決ではない 政府は加害責任を果たせ." 2018. 1. 23. http://www.restoringhonor1000.info/2018/01/blog-post.html (검색일: 2018. 1. 28).

제6장

경제위기, 지역협력의 제도화, 융합과정모델: 치앙마이 이니셔티브

이용욱(고려대학교)

* 이 글은 2015년 "경제위기, 지역협력의 제도화, 융합과정모델: 치앙마이 이니셔티브"라는 제목으로 『평화연구』 제23권 1호에 게재된 논문을 일부 보완한 것임.

I. 서론

국가 주권을 제약하는 신자유주의 운영원리에 따라 지난 30여 년 동안 재편된 세계경제질서는 서로 연관된 세 가지 새로운 흐름을 촉발시켰다. 첫째, 글로벌리제이션이라고 불리는 국가 간 경제상호의존의 심화이다. 무역, 투자, 금융, 통화의 탈국경화와 이에 따른 경제단위 사이의 민감성과 취약성의 확대를 의미한다. 둘째, 금융/통화 위기의 빈번한 출현이다. 1982년 8월에 시작된 남아메리카 부채 위기, 1990년대 초 북유럽(스웨덴, 노르웨이, 핀란드)에서 일어난 금융위기, 1992-1993년에는 영국, 스페인, 이탈리아, 프랑스 등의 통화가 폭락한 통화위기가 연이어 발생하였다. 1994-1995년에는 전 국제통화기금(IMF) 총재인 미셸 캉드쉬가 '21세기 최초의 금융위기'라고 정의한 멕시코 페소 위기가 있었고, 뒤이어 1997-1998년에는 동아시아가 금융위기에 직면하게 되었다. 동아시아 금융위기는 1999-2000년에 브라질, 아르헨티나, 러시아까지 확산되었다. 2008년에는 신자유주의의 심장인 미국에서 금융위기가 발생하여 세계경제에 큰 타격을 주었으며, 2010년 시작된 유럽 국가부채위기는 아직까지 진행형이다.

마지막으로, 자유화, 탈규제, 민영화로 상징되는 글로벌리제이션의 부정적 영향을 최소화하기 위해 방어적 기제로서 지역경제협력의 제도적 발전이 나타났다. 특히 금융위기에 대한 지역 차원의 대응이 발생하였다.[1] 개별국가를 넘어선 지역 차원의 금융위기 대응은 1990년대 이래 등장한 새로

....

1　무역을 통한 지역경제협력은 1950년대부터 유럽에서 시작하여 북미(NAFTA), 남미(MERCO-SUR, the Andean Group), 동아시아(APEC) 등에서도 나타나게 되었다. 따라서 지역무역협력은 신자유주의 경제원리와 정책이 만들어낸 새로운 현상이라기보다는 기존의 흐름을 확산시켰다고 볼 수 있다.

운 위기대응 방식이라 할 수 있다. 유럽의 경우, 유럽 차원의 금융감독기구의 제도적 발전, 유로화의 등장은 이러한 금융 위기와 밀접한 관계가 있다.[2] 아직 해결되지 않고 표류 중인 유럽 국가부채위기 역시 유럽금융안정기금(EFSF: European Financial Stability Facility)과 유럽안정메커니즘(ESM: European Stability Mechanism)의 제도적 발전으로 이어졌다. 빈번한 금융위기를 겪은 남미 역시 아직 초보적 수준이기는 하나 지역 차원의 금융안정성 확보를 모색하여 왔다. 최근 남미국가들이 출범시킨 남미 은행(Banco del Sur)이 한 사례이다. 중동의 걸프협력회의(GCC: Gulf Cooperation Council), 아프리카의 아프리카 경제공동체(AEC: Africa Economic Community)도 지역적 차원의 금융위기 대응 방식과 맞닿아 있다.[3]

동아시아 역시 제도적 협력을 통한 지역 차원의 금융 안전망 확충을 꾀하였다. 대표적인 사례가 1997년 동아시아 금융위기 이후 아세안+3이 제도적 협력으로 발전시킨 치앙마이 이니셔티브(CMI: Chiang Mai Initiative)이다.[4] 금융위기 방지 및 금융위기 시 효과적인 대처방안으로 2000년 양자 간 스왑(swap) 협정에서 출발한 치앙마이 이니셔티브는 2010년 다자화 되어 (CMIM: Chinag Mai Initiative Multilateralization) 금융협력의 제도적 공고

....

2 Emmanuel Mourlon-Druol, *A Europe Made of Money: The Emergence of the European Monetary System* (Ithaca: Cornell University Press, 2012); 박영준, "EU 금융 감독 체계 개편과 동아시아 금융 협력에 대한 함의," 이용욱(편), 『동아시아 금융 지역주의의 정치경제: 제도적 발전과 쟁점들』 (서울: 아연출판부, 2012), pp. 62-96.

3 이용욱, "한일 협력과 글로벌 금융위기이후의 동아시아 금융지역주의 제도화," 『국제지역연구』 제17권 (2)호 (2013), p. 192.

4 치앙마이 이니셔티브와 함께 동아시아 금융협력을 견인하고 있는 것은 아시아채권시장 이니셔티브(ABMI: Asian Bond Market Initiative)이다. 2002년 출범한 아시아채권시장 이니셔티브는 역내 금융시장 개발과 활성화를 통해 서구자본시장에 대한 동아시아의 의존성을 줄이려는 목적을 가지고 있다고 평가된다. 아세안+3는 아시아 채권시장 활성화를 위해 신용보증투자기구(CGIF: Credit Guarantee Investment Facility)를 2011년 5월 발족시켰으며, 역내 채권거래에 대한 결제 서비스를 제공할 역내 예탁결제기구(RSI: Regional Settlement Intermediary)의 설립 논의도 현재 활발하게 진행하고 있다. 이용욱, "변환하는 세계금융질서와 한국의 선택: 지역과 글로벌의 다자주의 연계," 『국가전략』 제18권 (3)호 (2012), pp. 5-34 참조.

화 단계로 들어서게 되었다. 아세안+3는 2011년 5월 싱가포르에 치앙마이 이니셔티브 다자화의 자매기관으로서 역내 금융 감시기구인 아세안+3 거시경제 감시기구(AMRO: ASEAN Plus Three Macroeconomic Research Office)를 성공적으로 출범시키며 치앙마이 이니셔티브 다자화와 시너지효과를 꾀하고 있다. '아세안+3 거시경제 감시기구'는 금융위기 방지를, 치앙마이 이니셔티브 다자화는 금융위기 시 신속하고 효과적인 유동성을 공급하는 주요 기제가 된다. 특히 아세아+3은 2013년 5월 '아세안+3 거시경제 감시기구'를 국제기구화하기로 만장일치로 합의하여, '아세안+3 거시경제 감시기구'는(아세안+3 각국의 국내 비준이 완결되면) 동아시아 최초로 금융부분을 관장하는 국제기구로 자리매김하게 된다.

탈국경적 형태의 경제상호의존의 심화, 빈번한 금융위기, 금융위기의 지역 차원의 제도적 대응은 서로 연관된 현상으로서 세계경제질서 거버넌스의 틀을 시장중심에서 벗어나 국가 역할이 부각되는 형태로 짜고 있다. 지역금융협력의 대두와 제도적 발전은 IMF와 경쟁, 보완하며 글로벌 금융 거버넌스의 변화에 일정한 영향력을 끼칠 수 있다. 반대로, IMF 등 글로벌 금융거버넌스의 개혁 방향은 지역금융협력이 어떻게 제도적으로 발전할 것인지에 대한 방향성을(수렴 혹은 일탈) 제공할 수 있다.

이러한 거시적 맥락에서, 본 논문은 경제위기(금융/통화 위기)와 경제주권 회복의 성격을 띠는 지역금융협력의 제도화의 관계를 분석하고자 한다. 역사적 사례를 살펴보면, 모든 금융/통화 위기가 지역금융협력으로 연결되지 않았으며, 지역금융협력에도 그 제도적 협력의 깊이와 넓이가 지역마다 다르게 나타났다. 따라서 본 논문의 이론적 문제의식은 언제, 어떻게 금융/통화 위기가 지역금융협력의 제도화로 이어지는가이다. 세계경제질서 거버넌스 구조적 변화의 핵심 축이라는 그 중요성에 비추어 볼 때, 금융/통화위기와 지역금융 협력체의 출현과 제도적 발전과의 관련성을 탐구하는 이론적 분석은 아직 미미하고 시작 단계에 있다. 본 논문은 기존 문헌을 넘어서서 금융/통화 위기가 언제, 어떻게 지역금융협력체의 제도적 발전으로 연결되는지에 대한 체계적인 이론적 분석틀을 제시하고자 한다. 본 논문에서 제시된 이론적 분석틀은 경험적 검증을 통해 동아시아를 비롯한 다른 지역의 제도적 금융협력의 발전(혹은 실패)의 원인과 과정에 새로운 시각을 제공해 줄 것으로 기대한다.

본 논문에서 제시될 이론적 분석틀은 합리주의와 구성주의 분석이론을 융합한 과정분석모델(Process-oriented Model)로서 제도의 형성과 변화를 고찰하는 '신제도주의 연구'의 큰 틀 내에서 논증된다.[5] 구체적으로, '융합과정분석모델'에 대한 논의는 헤닝[6]의 연구를 비판적으로 검토하는 것으로부터 시작된다. 헤닝의 연구는 변수중심의 주류 사회과학 접근법을 사용하여 금융/통화 위기와 지역협력체의 제도적 발전과의 관계를 가장 체계적이면서도 종합적으로 다루었다. 본 논문은 헤닝의 합리주의 분석방법이 역설적

....

5　본 논문에서 합리주의는 실증주의 인식론을 바탕으로 일반적 법칙을 밝히는 자연과학을 모델로 한 변수중심의(Variable-oriented) 연구 접근법으로 정의한다. 반면에, 구성주의는 인간의 경험과 인식에서 벗어나서 독립적으로 존재하는 사회적 실제는 있을 수 없다는 사회 존재론을 기반으로 과정 중심의 해석학적 과학(Interpretative Science)의 입장을 취하는 연구 접근법을 의미한다. Martin Hollis and Steve Smith, *Explaining and Understanding International Relations* (Oxford: Clarendon Press, 1991); Bruno Latour, *Reassembling the Social: An Introduction to Actor-Network Theory* (Oxford: Oxford University Press, 2005); Vincent Pouliot, "'Sobjectivism': Toward a Constructivist Methodology," *International Studies Quarterly* 51-2 (2007), pp. 359-84 참조. 마지막으로, 신제도주의(Neoinstitutionalism)는 국제정치학에서 Keohane 주도로 논증되어온 '신제도자유주의'를 의미하지 않는다. Robert Keohane, *After Hegemony: Cooperation and Discord in World Economy* (Princeton: Princeton University Press, 1984) 참조. 본 논문에서 신제도주의는 조직사회학(Institutional Analysis of Organization)에서 발전해 온 제도의 형성, 발전, 변화에 관한 다양한 이론적 견해를 지칭한다. John Meyer and Brian Rowan, "Institutionalized Organizations: Formal Structures as Myth and Ceremony," *American Journal of Sociology* 83-2 (1977), pp. 340-63; Walter Powell and Paul DiMaggio (eds.), *The New Institutionalism in Organizational Analysis* (Chicago: University of Chicago Press, 1991); Richard Scott, *Institutions and Organizations* (Thousand Oaks: Sage, 2001) 참조.

6　Randall Henning, "Economic Crises and Regional Institutions," in Miles Kahler and Andrew MacIntyre (eds.), *Integrating Regions: Asia in Comparative Context* (Stanford: Stanford University Press, 2013), pp. 170-92.

이게도 인식과 의미지향적인 구성주의의 해석학적 과학에 의존하고 있음을 밝힘으로써 과정중심의 융합모델을 제시한다. 융합과정모델은 검증 가능한 경험적 분석을 위해 순차성을 두어 명료하게 제시하였다. 마지막으로, 융합과정모델이 어떻게 경제주권회복 지향의 치앙마이 이니셔티브의 제도적 발전에 경험적으로 적용될 수 있는지 살펴본다.

본 논문은 다음과 같은 순서로 진행된다. 먼저, 본 논문의 연구 사례인 치앙마이 이니셔티브의 제도적 발전 과정을 간략하게 서술적 형태로 소개한다. 본 논문의 이론적 관심이 금융/통화 위기와 지역금융협력체의 제도적 발전과의 관련성이기 때문에 이 장의 서술은 1997년 동아시아 금융위기와 2008년 미국발 글로벌 금융위기를 두 분기점으로 하여 진행한다. 이어서, 합리주의와 구성주의의 이론적 시각을 융합하여 금융/통화 위기가 지역금융협력의 제도화로 연결되는 조건과 과정을 도출해낸다. 이를 기반으로 융합과정모델을 제시하고, 치앙마이 이니셔티브의 제도화 과정을 예증으로 분석한다. 결론은 주요 논의를 정리하고, 본 논문에서 제시한 융합과정모델의 한계와 미래발전 방향을 논의한다. 본 논문의 내용인 지역제도의 형성과 발전에 관련된 미래 연구주제를 국가의 역할과 주권이라는 맥락 속에서 제도연계이론에 비추어 조망하며 마무리한다.

II. 금융위기와 치앙마이 이니셔티브 제도적 발전[7]

아세안+3이 동아시아 역내 금융협력을 목적으로 발전시킨 치앙마이 이니셔티브는 두 개의 금융위기를 배경으로 출범, 제도적 공고화를 이루었다. 1997년의 동아시아 금융위기는 치앙마이 이니셔티브를 2000년 5월에 탄생

....

7   아래에 논의된 치앙마이 이니셔티브 제도화에 대한 서술은 이용욱 (2012), pp. 15-6; 이용욱 (2013), pp. 194-7을 참조하여 요약, 보완하였다.

시켰으며, 2008년 미국발 글로벌 금융위기는 아세안+3이 치앙마이 이니셔티브의 다자화를 통해 지역협력의 제도적 공고화를 기하게 하였다. 치앙마이 이니셔티브는 동아시아 다자주의 경제외교의 가장 성공적인 사례로 꼽히며 미래에 아시아통화기금(AMF: Asian Monetary Fund)으로까지 발전할 수 있을지 관심을 모으고 있다.

1997년 동아시아 금융위기를 기점으로 아세안+3는 세 차례 회의를 거친 후 일본이 1998년 역내 금융위기를 완화하기 위해 발표, 실행한 '신미야자와 구상'의 후속으로서 치앙마이 이니셔티브를 출범시켰다. 치앙마이 이니셔티브는 낮은 수준의 협력 형태인 양자 간 스왑 협정으로 비교적 미미하게 시작하였다. 치앙마이 이니셔티브의 제도적 목적은 동아시아에서 금융위기의 재발을 미연에 방지하고, 위기 발생 시 신속한 유동성 공급을 통한 금융위기의 조기진압으로 요약된다. 치앙마이 이니셔티브는 지역 차원의 금융 안전망 제고를 위한 금융협력 체제 구축의 일환으로 제도화되었다고 볼 수 있다. 치앙마이 이니셔티브는 점증하는 금융위기에 대응하는 동아시아 역내 방어적 기제로 그 제도적 목적을 갖게 되었음을 의미한다.

전술한 대로, 치앙마이 이니셔티브는 2000년 5월 출범 당시, 높은 수준의 다자적 협력체가 아닌 총 스왑 규모 170억 달러의 쌍무적 네트워크로 시작되었다. 쌍무적 통화스왑이란 스왑을 맺은 당사국 간에 위기 발생 시 평소 약정해 둔 액수만큼 자국화폐를 맡기고 달러(또는 상대국 통화)를 차입하여 IMF식 강압적인 구조조정 없이 유동성을 확보할 수 있게 함을 의미한다. 이는 아세안+3이 치앙마이 이니셔티브를 역내 방어기제로서 제도화하고 있음을 방증한다. 2000년 총 스왑 규모 170억 달러로 시작한 치앙마이 이니셔티브는 약정 규모가 계속 증가하여 2010년 다자화 직전인 2009년에는 900억 달러에 이르렀다.

그러나 치앙마이 이니셔티브의 양자 협약 형태에는 분명한 제도적 한계점이 있었다. 치앙마이 이니셔티브의 가장 중요한 제도적 목적인 금융 위기를 겪는 국가에 신속하게 유동성 공급을 하는 것이 제도적으로 쉽지 않았기 때문이다. 양자 스왑 협약의 경우 위기를 겪는 국가가 치앙마이 이니셔티브를 이용하여 유동성을 확보하기 위해서는 양자 협약 대상국 전체와 일대일 협상을 하여야 한다. 따라서 협상과 스왑의 실행 시간이 많이 걸리는 등 거래비용이 높아 결국 금융위기 당사국이 신속하게 유동성 확보를 할 수 없게 된다. 높은 거래비용 문제는 치앙마이 이니셔티브의 실효성에 의문을 제기하게 하였다. 실효성 이전에, 높은 거래비용은 치앙마이 이니셔티브의 발동, 즉 회원국이 치앙마이 이니셔티브를 이용하여 금융위기를 대응하는 '사용 가능성' 자체를 크게 낮출 수 있다고 비판되었다. 이러한 연유로 치앙마이 이니셔티브의 다자화 필요성이 회원국들로부터 제기되었는데, 다자화는 당사국들 간에 단일협상을 통해 동시 구제금융인출을 가능하게 하는 제도적 장치로 인식되었다.

치앙마이 이니셔티브 다자화에 대한 논의는 2006년 아세안+3 재무장관 회담에서 정식으로 시작되었다.[8] 다자화에 대한 논의 시작과 함께 2006년 회의에서 양자 스왑 발동의 신속화를 우선 꾀하였다. 위기 발생 시 모든 스왑 상대국들이 이틀 내 소집되어 동시에 자금지원의 집단의사결정을 하는 것으로 합의하였다. 2007년 교토회담은 '포스트 치앙마이 구상'을 내놓았다. 포스트 치앙마이 구상의 핵심은 양자 스왑을 넘어 다자화를 위한 공동기금화로의 전환이었다. 구체적으로, 아세안+3는 양자 협정 성격의 치앙마이 이니셔티브를 단일공동펀드(Reserve Pooling)를 조성하여 운영하기로 합의하였다. 또한, 2007년 회의에서는 구제금융인출 결정에 관해서도 기초적인 합의를 만들어 내었다. 치앙마이 이니셔티브의 발동을 단일 다자간 협약을 통해 결정할 수 있는 방법을 향후 구체적으로 논의하기로 합의한 것이다.[9]

....

8   Hyoung-kyu Chey, "The Changing Political Dynamics of East Asian Financial Cooperation: The Chiang Mai Initiative," *Asian Survey* 49-3 (2009), p. 452.

9   김진영, "글로벌 금융 거버넌스와 아시아 금융 협력," 이용욱(편), 『동아시아 금융 지역주의의 정치경제: 제도적 발전과 쟁점들』 (서울: 아연출판부, 2012), pp. 45-6.

2008년 미국발 글로벌 금융위기는 치앙마이 이니셔티브의 제도적 발전에 새로운 촉매제로 작용하였다. 기존에 논의되고 있었던 다자화에 정당성을 부여하며 다자화 협상에 큰 힘을 실어주었다. 2009년 2월 특별 재무장관 회의에서 치앙마이 이니셔티브를 다자화하기로 합의하였고, 연이어 2009년 5월 재무장관 회의에서 다자제도의 운영을 위한 구체적인 시행방안도 마련하였다. 이렇게 합의된 치앙마이 이니셔티브 다자화는 2010년 3월 24일에 공식 발효되었다.

2009년 회의에서 합의된 시행방안은 다음과 같다. 우선, 다자화되어 공동기금형태로 운영하게 될 치앙마이 이니셔티브의 기금을 총 1200억 달러로 확정하였다. 총 1200억 달러인 공동기금은 세계에서 외환 보유국 1, 2위를 차지하고 있는 중국과 일본이 각각 384억 달러(32퍼센트), 아세안이 238억 달러(20퍼센트), 한국이 194억 달러(16퍼센트)를 분담하게 되었다. 공동기금의 총규모와 함께 다자제도 운영을 위한 투표권, 제안권, 거부권 유무등도 함께 결정하였다. 투표권은 분담금 비율과 경제규모가 작은 나라에 대한 배려를 동시에 고려하여 중국, 일본, 아세안이 각각 28.4퍼센트로 동일한 지분을 얻게 되었다. 한국은 가장 적은 14.8퍼센트의 투표권을 갖게 되었다. 이와 함께, 2009년 5월 회의는 구제금융의 인출에 필요한 협상 거래비용도 개선하였다. 회원국가가 긴급구제금융을 요청하면 1주일 이내에 회원국 3분의 2 이상의 의결로 자금지원 여부를 결정하고 곧 인출을 할 수 있도록 하여 신속한 유동성 공급을 통한 위기대응 능력을 강화를 도모하였다. 아세안+3는 치앙마이 이니셔티브 다자화를 통해 1200억 달러의 단일공동펀드를 운영하게 되어 긴급구제금융의 유동성을 제고하였고, 투표권 등을 합의하고 구제금융협상 거래비용을 대폭 낮추어 치앙마이 이니셔티브가 실질적으로 기능할 수 있는 제도적 틀을 마련하였다.

2011년 5월, 베트남의 하노이에서 열린 아시아개발은행 (ADB: Asian Development Bank) 연차총회에 참석한 아세안+3 재무장관들은 치앙마이 이니셔티브 다자화의 제도적 강화를 위한 후속 조치를 취하였다. 유동성을 한층 보강하였고, 금융위기 사전 예방 방안을 마련하는 노력을 기울였다. 유동성 보강은 단일공동기금의 규모를 두 배인 2400억 달러로 확대하기로 합의하였다. 금융위기 사전 예방은 치앙마이 이니셔티브 다자화가 위기 발생의 경우에만 자금지원을 할 수 있도록 한 것을 개선하여 위기징후가 있는 국가에 선제적 지원이 가능하도록 구체적 방법을 향후 논의기로 하였다

아세안+3의 합의에 의한 치앙마이 이니셔티브 다자화에 있어 빼놓을 수 없는 제도적 발전은 아세안+3 거시경제 감시기구(AMRO)라는 독자적 감시기구의 출범이다. 아세안+3는 그동안 미약하였던 공동의 역내 지역경제 감시기능(Surveilance)을 위해 지역감시기구인 '아세안+3 거시경제 감시기구'를 2011년 5월에 출범시켰다.[10] 아세안+3 거시경제 감시기구는 치앙마이 이니셔티브 체제에서 느슨한 감시감독 메커니즘이었던 '경제 및 정책 대화(ERPD: Economic Review and Policy Dialogue)'의 보강을 위한 필요성이 제기되어 만들어졌다. 기존의 '경제 및 정책 대화 메커니즘'은 아세안+3 회원국들 간에 강제성이 없는 거시경제 정보공유와 약한 단계의 동료집단 압력(Peer Group Pressure)을 가능하게 하는 정도의 역할에 머물렀다.[11] 아세아+3은 2013년 5월 '아세안+3 거시경제 감시기구'를 국제기구화하기로 만장일치로 합의하여, '아세안+3 거시경제 감시기구'는 동아시아 최초로 국제기구의 지위를 갖는 금융부분을 관장하는 기구로 자리매김하게 될 것으로 보인다.[12]

....

10 박영준 (2012).

11 김진영 (2012), p. 47.

12 박영준 (2012), pp. 82-3에 따르면, '아세안+3 거시경제 감시기구'는 동아시아 금융협력의 실효성 제고 측면에서 크게 세 가지 기능을 수행할 목표를 가지고 있다. 첫 번째는 평상시 엄밀하고 지속적인 경제감시기능을 통해 경제위기의 사전적 예방을 위해 노력한다. 역내거시경제 동향을 객관적이고 공정하게 평가하여 경제감독보고서를 작성하거나 아세안+3 회의에 참가하여 의견을 개진하여 이를 수행할 수 있다. 두 번째는 경제위기 시 사후적인 위기 해결 기능을 한다. 치앙마이 이니셔티브가 역내 최종대부자 차원에서 자금대출 결정을 내릴 때 자금 지원 조건 등을 마련하고 채권국과 채무국의 협상 진행을 도울 수 있다. 마지막으로 긴급구제금융의 집행과 효과를 감독하는 역할을 할 수 있다.

III. 금융/통화위기와 지역금융협력의 제도적 발전 분석

1. 합리주의 분석의 한계

대내외적 경제, 사회, 정치적 위기가 새로운 제도의 형성 혹은 기존제도의 변화 및 발전과 밀접한 관련성을 갖는다는 논지는 새로운 것은 아니다. 위기는 기존 질서와 제도의 문제해결 능력에 의구심을 불러일으키고, 기존 제도에 존재하는 내적 모순 역시 두드러지게 하여 변화의 씨앗을 뿌린다. 위기는 새로운 정치세력의 등장과 함께 새로운 비전과 대안 정책이 채택, 수행되게 함으로써 제도적 변화를 견인하게 된다.[13] 부르디외[14]의 '아비투스(Habitus)' 개념의 작동도 위기와 제도의 변화를 설명하는 하나의 틀이다. 아비투스는 통념이란 뜻이 독사(Doxa), 통설(Orthodoxy), 이설(Heterodoxy) 등으로 구성되어 있는데, 위기를 통해 기존 체제 우호적인 통설과 비판적인 이설이 경쟁하게 된다. 이설의 승리는 새로운 '통념, 즉 독사'의 출현과 함께 사회제도의 변화로 이어진다.[15] 신제도주의 핵심 개념인 '결정적 분기점(Critical Juncture)'과 '단절균형(Punctuated Equilibrium)' 등은 위기와 제도적 변화의 관계성을 이론화하는 데 사용되는 주요 수단이다.[16] [17]

....

13 Jeffrey Legro, *Rethinking the World: Great Power Strategies and International Order* (Ithaca: Cornell University Press, 2006).

14 Pierre Bourdieu, *Outline of A Theory of Practice* (Cambridge: Cambridge University Press, 1977).

15 Bourdieu (1977), pp. 159-71.

16 John Campbell and Leon Lindberg, "The Evolution of Governance Regimes," in John Campbell, Rogers Hollingsworth, and Leon Lindberg (eds.), *Governance of American Economy* (Cambridge: Cambridge University Press, 1991); Kathleen Thelen, "Historical Institutionalism in Comparative Perspective," *Annual Review of Political Science* 2-1 (1999), pp. 369-404.

17 '결정적 분기점' 개념을 사용하여 동아시아 경제협력을 설명하는 논의는 Kent Calder and Min Ye, "Regionalism and Critical Junctures: Explaining 'Organizational Gap' in Northeast

이러한 지적 작업의 기반 위에서 헤닝은 금융/통화 위기가 언제, 어떤 조건 아래에서 지역 차원의 제도적 금융협력으로 연결되는지를 탐구하였다.[18] 전술한 대로 헤닝의 문제의식 역시 모든 금융/통화 위기가 지역 차원의 제도적 협력으로 귀결되지는 않았다는 관찰로부터 출발하였다. 주류 사회과학의 실증주의 인식론을 바탕으로 한 합리주의 이론의 시각에서 헤닝은 연구목표를 일반이론을 제시하는 것으로 삼았다. 다름 아닌, 금융/통화 위기가 지역협력체의 출현과 발전으로 이어지게 하는 핵심변수를 찾아내어 일반화하는 작업이다. 헤닝은 관련 사례 수가 한정되어 있어, 핵심변수의 일반화를 위해 비교사례연구를 통해 일반적 필요/충분조건을 찾아내는 것으로 연구를 설계하였다.[19]

헤닝은 금융/통화 위기와 지역협력체 발전에 관한 기존문헌을 종합적으로 검토하여 여섯 개의 잠재적 핵심변수들을 추출한 후 이들을 가설화하

....

Asia," *Journal of East Asian Studies* 4-2 (2004), pp. 191-226 참조.

18   위기와 제도적 변화의 관련성에 대한 헤닝의 기존 문헌 검토는 주로 정치학 저서와 논문들을 중심으로 이루어졌다. Peter Gourevitch, *Politics in Hard Times: Comparative Responses to International Economic Crises* (Ithaca: Cornell University Press, 1983); Jeffry Friden, "Invested Interests: The Politics of National Economic Policies in a World of Global Finance," *International Organization* 45-4 (1991), pp. 425-51; Stephan Haggard, *The Political Economy of the Asian Financial Crisis* (Washington D.C.: Institute for International Economics, 2000); Randall Henning, "Systemic Conflict and Regional Monetary Integration: The Case of Europe," *International Organization* 52-3 (1998), pp. 537-73; Randall Henning, *East Asian Financial Cooperation.* Policy Analyses in International Economics 57 (Washington D. C. : Institute for International Economics, 2002); Kent Calder and Min Ye, *The Making of Northeast Asia* (Stanford: Stanford University Press, 2010) 참조.

19   필요/충분조건을 분석해내는 연구로는 Charles Ragin, *Redesigning Social Inquiry: Fuzzy Sets and Beyond* (Chicago: University of Chicago Press, 2008), chs. 6-7 참조. 관련해서, James Mahoney, "Qualitative Methodology and Comparative Politics," *Comparative Political Studies* 40-2 (2007), pp. 122-44는 유사비교(Methods of Agreement)와 차이비교(Methods of Difference)를 통한 '제거(Elimination)' 전략을 사용하여 필요/충분조건을 밝힐 수 있다고 논하였다. 유사비교는 '제거'를 통해 잠재적 필요조건을 제외시킬 수 있고, 차이비교는 '제거'를 통해 잠재적 충분조건을 제외시킬 수 있다.

여 네 개의 사례를 비교하여 검증하는 분석 방식을 취하였다. 이에 앞서, 헤닝은 핵심변수들이 작동할 수 있는 두 가지 중요한 적용범위(Scope Conditions)를 설정하였다. 금융/통화 위기의 내생성 여부와 역외지역(IMF 등 글로벌 다자기관 포함)의 우호적 지원(Extraregional Support) 여부이다. 금융/통화 위기의 원인이 지역내부에 존재하고(내생성), 역외지역의 지원이 충분하고 우호적이라면 지역협력체가 형성, 발전될 가능성은 낮다. 반대로, 금융/통화 위기의 원인이 외생적이고, 역외지역의 지원이 불충분하고 비우호적으로 역내대응과 충돌을 일으키면 지역협력체가 형성, 발전될 가능성은 높다.

헤닝이 경험적 검증을 위해 사용한 네 개의 사례는 브레튼 우즈 통화체제의 붕괴 이후 나타난 유럽의 제도적 통화협력(European Monetary Integration), 1980년대 남미 부채 위기 이후에 논의가 된 남미의 금융/통화 협력, 1994-1995년 멕시코 페소 위기 이후 북미자유무역협정(NAFTA)의 지역협력 방향성, 본 논문의 주요 사례이기도 한 1997년 동아시아 금융위기와 2008년 글로벌 금융위기 이후 전개된 치앙마이 이니셔티브의 제도화 등이다. 정도의 차이가 있지만 위기가 지역협력체로 발전한 성공 사례는 유럽과 동아시아, 실패 사례는 남미에서 일어난 두 위기 모두이다. 네 개의 사례가 각기 다른 시공간의 장에서 일어난 금융/통화 위기와 지역적 대응이라는 점에서 일반화를 위한 자연실험적(Natural Experiment) 요소를 가진다고 볼 수 있다.

헤닝이 추출해 낸 잠재적 핵심변수들은 다음과 같다.[20] 먼저, 지역협력을 지속적으로 구현해낼 수 있는 지역협력총괄기구(Secretariat Office)의 존재 유무이다. 지역협력총괄기구의 존재가 위기 후 지역협력 제도화에 더 우호적일 수 있다. 둘째, 지역 내에 상당한 수준으로 통합된 상품, 서비스, 자본 시장의 존재 여부이다. 역내 높은 수준으로 통합된 시장은 금융위기가

....

20   Henning (2013), pp. 174-5.

일어났을 때 부정적으로 영향을 받는 시장 참여자가 많은 까닭에 신속한 지역적 대응을 유발할 수 있다는 논리이다. 셋째, 기존에 기능적으로 작동하고 있는 역내 경제협력 기제가 존재할 경우, 이는 역내 국가 간 협력 패턴을 창출하여 금융/통화 협력으로 쉽게 전이될 수 있다(Spillover Effect). 넷째, 역내 패권국의 존재가 위기에 대한 지역적 대응을 용이하게 한다. 이는 공공재 공급과 관련한 킨들버거식 패권안정론에서 연유한다. 다섯째, 지역 내 금융/통화 위기대응 방안과 IMF와 같은 글로벌 다자기관의 위기대응 방안과의 충돌 여부이다. 대응 방안에 대한 선호도가 충돌할 경우, 독자적인 지역협력체 구상이 추진될 가능성이 높다.[21] 마지막으로, 새로운 지역협력체의 등장, 혹은 기존 지역협력제도의 변화에 대한 미국의 반응이다. 초강대국인 미국이 지지하지 않을 경우 새로운 지역협력체의 출현 등은 어렵다는 현실주의적 힘의 논리이다.

필요/충분조건에 대한 분석을 검증의 중심으로 한 헤닝의 연구결과를 살펴보자. 먼저, 6개의 핵심변수 중 어떤 변수도 단독으로 충분조건이 되지 못했다. 필요조건의 경우, 상당수준의 통합된 상품, 서비스, 자본 시장의 존재(두 번째 가설), 기존에 기능적으로 작동하는 경제협력 기제를 통한 전이효과(세 번째 가설), 역내 위기대응 방안과 IMF와 같은 글로벌 다자기관과의 선호도 충돌(다섯 번째 가설) 등 세 개의 핵심변수가 필요조건으로 꼽히었다. 나머지 세 개의 변수인, 지역협력총괄기구의 존재 여부, 역내 패권국의 존재 유무, 역내 제도협력기제 발전에 관한 미국의 반응 등은 독립변수로서 그 영향력이 모호하게 나타났다. 지역협력총괄기구의 존재 여부는 유럽에서 긍정적으로 작동하였지만, 동아시아에서는 치앙마이 이니셔티브가 지역협력총괄기구 없이 발전하여 인과관계의 고리가 약하다고 평가되었다. 멕시코 페소 위기 경우에도 북미자유협정을 관장하는 지역총괄기구의 존재

....

21 후술하겠지만, 위기대응 방식에 대한 선호도 충돌은 위에 논의된 헤닝의 적용범위 중의 하나인 역외지원의 우호성과 상당부분 일치한다.

에도 불구하고 위기 이후 제도화된 역내 금융협력으로 연결되지 못하였다.[22] 역내 패권국의 존재 유무 역시 유의미한 결과를 도출하지는 못하였다. 유럽의 성공은 독일과 프랑스의 경쟁구도에서 진행되었으며, 미국의 패권이 북미에서 금융/통화 협력의 제도화를 견인하지 못하였고, 동아시아에서는 치앙마이 이니셔티브가 중국과 일본의 경쟁과 협력 속에 발전하고 있기 때문이다. 마지막으로, 미국의 지지여부는 치앙마이 이니셔티브가 미국의 우호적 태도와 지원 없이도 지난 15년간 발전해왔다는 점에서 기각되었다.

헤닝 연구의 가장 중요한 결론은 조합분석(Combinatorial Analysis)을 통한 충분조건의 도출이다. 조합분석은 라긴(Ragin)이 퍼지셋(Fuzzy Set)이라는 개념의 소개와 함께 제시한 분석기법인데, 그 핵심은 변수들의 조합이 각각의 변수가 독립적으로 작용하여 얻어지는 결과와 다르게 필요/충분조건을 충족시킬 수 있다는 것이다.[23] 가령, 각각의 변수는 충분조건이 되지 못하지만, 이들 2-3개 변수의 조합이 집합을 이루어 충분조건이 될 수 있다는 의미이다. 헤닝은 조합분석을 적용하여 두 개의 변수를 묶어 하나의 충분조건집합을 도출해내었다.[24] 금융/통화 위기가 외생적이고(적용범위의 한 조건) 역내 위기대응 방식의 선호도가 IMF와 같은 글로벌 다자기구와 충돌할 때(필요 변수 중의 하나) 지역협력체가 출현하고 제도적 공고화의 길로 나아간다는 것이다. 헤닝에 따르면, 유럽의 통화통합은 브레튼 우즈 체제의 붕괴

....

22 물론 이에 대한 공정한 결론을 내기 위해서는 두 가지 사항을 고려하여야 한다. 첫째, NAFTA는 기본적으로 무역에 관한 협정이다. 둘째, NAFTA를 관장하는 지역총괄기구가 유럽의 그것에 비해 제도적 역사도 짧고 미약하였다는 것이다. 그럼에도 불구하고, NAFTA 체결 시 미국 연방준비위원회는 캐나다 은행(The Bank of Canada) 및 멕시코 은행(The Bank of Mexico)과 통화 스왑 협정을 맺어서 금융협력의 단초는 마련되어 있었다고 평가할 수 있다.

23 Charles Ragin, *Fuzzy-Set Social Science* (Chicago: University of Chicago Press, 2000).

24 전술한 대로, 헤닝이 검증한 6개의 변수는 그 어느 것도 단독으로는 충분조건이 되지 못하였다. 퍼지셋 기법을 이용하여 EU 회원국들의 공동안보 및 외교정책에 대한 선호도를 분석한 논문으로는 Mathias Koenig-Archibugi, "Explaining Government Preferences for Institutional Change in EU Foreign and Security Policy," *International Organization* 58-1 (2004), pp. 137-74 참조.

라는 외부에서 온 위기와 1980년대와 1990년대에 걸쳐 일어난 미국주도의 거시경제 및 통화 정책조정과의 충돌의 조합에서 비롯되었다.[25] [26] 동아시아의 치앙마이 이니셔티브도 유동성의 급속한 역외유출이라는 외생적 변수와 위기에 빠진 역내 국가들과 IMF의 위기대응 방식에 대한 선호도의 충돌에서 비롯되었다.[27]

이러한 세밀한 다층적 분석기법의 적용에도 불구하고, 헤닝의 연구는 분석의 타당성에 있어 큰 결함을 가지고 있다. 다름 아닌, 헤닝의 연구가 천착하고 있는 합리주의 분석방법이 헤닝 자신의 핵심주장인 '금융/통화 위기의 내외생성'을 분석적으로 담아낼 수 없다는 점이다. 적용범위로서든, 충분조건의 주요 변수로든 헤닝의 연구에 있어 위기의 내외생성은 분석의 시작점이다. 또한, 위기의 내외생성에 대한 지역 내 인식이 역내 위기대응 방식을 결정하고, 이것이 다시 글로벌 다자기관과의 위기대응 선호도에 있어 갈등 혹은 협력을 불러온다고 보면 위기의 원인에 대한 분석은 아무리 강조해도 지나치지 않다.

그러나 헤닝이 사용한 변수중심의 합리주의 모델은 위기의 원인을 분석하지 않고 주어진 것으로 본다. 내생성, 외생성이 이분법적으로 단순하게 변수화되어 기계적으로 적용된다. 자세히 후술하듯이, 금융/통화 위기의 원인에 대한 해석은 획일적이지 않고 다양하며, 경쟁적이고, 정치적이다. 위기의 원인은 주어진 것이 아닌 분석되어져야 하는 대상이다. 이는 분석적으로 의미중심의 '해석의 정치학'을 요청하는데 해석의 정치학은 합리주의 지적 전통 밖에 있다. 역설적이게도 헤닝의 합리주의 분석모델은 인식과 의미지향적인 구성주의의 해석학적 과학에 의존하고 있음을 볼 수 있다. 따라서 금

....

25 Henning (2013), p. 177.
26 유럽의 통화통합이 미국과의 환율조정 갈등에서 기인하였다는 논의에 대한 자세한 분석은 David Marsh, *The Euro: The Battle for the New Global Currency* (New Haven: Yale University Press, 2009) 참조.
27 Henning (2013), pp. 189-90.

융/통화 위기와 이와 연결된 지역협의체의 제도적 발전에 대한 분석은 구성주의와 합리주의가 융합된 과정중심의 분석틀을 필요로 한다고 할 수 있다.

2. |구성주의와 합리주의의 융합과정모델과 치앙마이 이니셔티브에의 적용

메타이론으로서 구성주의에 대한 견해는 다양하지만, 합리주의처럼 인과관계와 인과경로를 밝히는 '경험적 구성주의' 연구에는 두 가지 공유점이 있다.[28] 그 하나는 인간 행동이 의미 지향적이라는 것이다. 합리주의에서 말하는 '도구적 합리성'도 하나의 의미체계로서 고정되어 있지 않고 시공간적으로 다르게 정의되며 인간 행동에 방향성을 준다.[29] 다른 하나는 주관성과 객관성을 논리적으로 연결한 간주관성(Intersubjectivity), 혹은 간주관적 사실의 분석적 중요성이다. 정체성, 규범, 규칙 등은 간주관적 사실로서 이들이 어떻게 집합적 아이디어로 자리매김하면서 정치, 경제, 사회에 영향을 미치는가를 탐구하는 것이 구성주의 연구의 핵심이 된다.[30] 인간 행동의 의미

....

28　메타이론으로서 구성주의 다양성에 대한 논의는 Emanuel Adler, "Seizing the Middle Ground: Constructivism in World Politics," *European Journal of International Relations* 3-3 (1997), pp. 319-63; Ted Hopf, "The Promise of Constructivism in International Relations Theory," *International Security* 23-3 (1998), pp. 171-200; John Ruggie, "What Makes World Hang Together? Neoutilitarianism and the Social Constructivist Challenge," *International Organization* 52-4 (1998), pp. 855-86 참조. 경험적 구성주의를 대중화시킨 저서로는 Peter Katzenstein (ed.), *Culture of National Security: Norms and Identity in World Politics* (New York: Columbia University Press, 1996) 참조. 경험적 구성주의 연구에서 국제정치경제에 적용된 다양한 분석기법에 대한 논의는 이용욱, "구성주의 국제정치경제: 방법론 고찰과 적용," 『세계정치』 (20)호 (2014), pp. 302-14 참조.

29　Hayward Alker, *Rediscoveries and Reformulations: Humanistic Methodologies for International Studies* (Cambridge: Cambridge University Press, 1996); Emanuel Adler and Vincent Pouliot (eds.), *International Practices* (Cambridge: Cambridge University Press, 2011).

30　최근 Rawi Abdelal, Mark Blyth, and Craig Parsons, "Introduction: Constructing the Inter-

지향성과 간주관적 사실의 분석적 중요성이 구성주의 해석적 과학의 토대가 된다.[31]

　이러한 구성주의 맥락에서, 위기는 분석되어져야 하는 간주관적 사실이다. 구성주의 정치경제학자들인 위드마이어, 블라이스, 시브룩[32]은 위기를 '행위자들이 변화가 필요하다고 간주관적으로 해석한 사건'이라고 규정하며, 특정사건이 자동적으로 위기가 되는 것이 아니라 행위자들 간에 사건에 대한 해석, 소통, 경쟁을 통한 결과로서 위기가 구성되어지는 만큼 위기는 분석이 필요한 대상임을 역설하였다. 특정사건에 대해 다양한 해석이 존재한다. 따라서 '사건의 위기화'에 대한 분석은 '무엇이 위기인가?' '위기의 원인은 무엇인가?' '누가 권위를 가지고 사건을 특정요인에 의한 위기라고 규정하고 설파하는가?' 등과 같은 질문을 풀어내는 것에서 비롯된다.[33] 특정 경제위기가 금융 혹은 통화 위기라고(고용 부진에서 비롯된 경제성장 저하에 따른 위기가 아닌) 규정되는 것도 이러한 사회정치적 구성력의 결과라고 볼 수 있다.

　'사건의 위기화'를 2008년 미국발 글로벌 금융위기를 일례로 간단하게 살펴보자.[34] 미국정부의 공식적 입장도 위기가 무엇이고 그 원인이 무엇

....

national Economy," in Rawi Abdelal, Mark Blyth, and Craig Parsons (eds.), *Constructing the International Economy* (Ithaca: Cornell University Press, 2010a), pp. 1-19은 체계적인 경험적 분석을 돕기 위해 구성주의 국제정치경제 분석틀을 네 개의 핵심영역으로 나누어 제시하였다. 네 개의 핵심영역은 의미중심의 분석(Path of Meaning), 인지중심의 분석(Path of Cognition), 불확실성중심의 분석(Path of Uncertainty), 주체/정체성중심의 분석(Path of Subjectivity) 등이다. 이들 네 개의 분석틀은 각기 다른 경로를 통해 인과관계를 추적하지만, 정책의 선호도 혹은 행위자의 이익개념을 주어진 것이 아닌 분석대상으로 삼고 있는 공통점이 있다.

31　이용욱 (2014), pp. 299-300.

32　Wesley Widmaier, Mark Blyth, and Leonard Seabrooke, "Exogenous Shocks or Endogenous Constructions? The Meanings of Wars and Crises," *International Studies Quarterly* 51-4 (2007), p. 748.

33　Rawi Abdelal, Mark Blyth, and Craig Parsons, "Re-Constructing IPE: Some Conclusions Drawn from a Crisis," in Rawi Abdelal, Mark Blyth, and Craig Parsons (eds.), *Constructing the International Economy* (Ithaca: Cornell University Press, 2010b), pp. 232-6.

인지에 관해서도 하나로 통일되어 있지 않고 변하였다. 금융위기가 서브프라임 모기지 시장의 붕괴로 촉발되었을 때, 부시 정부는 금융위기는 유동성 문제라고 규정하고 7천억 달러에 달하는 부실자산프로그램을 시행하였다. 2009년의 오바마 정부에서는 금융위기는 부실자본화에 기인하였다고 주장하며 금융, 자본 시장의 규제개혁으로 정책방향을 전환하였다. 미국 정부와는 달리 미국의 금융 단속기관들은 금융위기의 원인을 신용평가기관들의 도덕적 해이에서 찾았다. 독일은 금융위기를 '앵글로 색슨 자본주의'의 위기로 진단하였고, 미국을 제외한 대부분의 국가들은 금융위기를 과도한 차입자본에 의한 투자의 위기로 해석하였다.[35] 이처럼 명백한 경제위기라 할지라도 위기의 본질, 즉 위기가 무엇이며 그 원인은 무엇인지는 주어질 수도 없고, 연구자가 주관적으로 판단하여 변수로서 사용할 수 있는 대상이 아니다. 전술한 부르디외의 논의를 적용해보면, 위기는 그 내용과 원인이 통설과 이설의 경쟁 구도 속에서 규정되는 정치적 개입(Political Intervention)과 불가분의 관계가 있다고 할 수 있다.

위기 본질에 대한 구성주의적 분석이 헤닝의 합리주의 모델과 연관해서 중요한 또 하나의 이유는 위기대응에 관한 역내 선호도 형성에 결정적인 영향을 미치기 때문이다. 전술한 대로, 역내 대응과 글로벌 다자기관의 위기대응 선호도 간의 충돌이 헤닝의 조합분석에서 지역협력체의 제도적 형성과 발전을 견인하는 충분조건의 한 축이다. 따라서 역내 대응 선호도에 대한 분석이 필요하다. 위에 논의된 '사건의 위기화'와 마찬가지로 위기에 대한 역내 대응방식도 주어진 것이 아닌 분석되어져야 할 대상이다.[36] 그렇다

....

34 정하용, "2008 미국 금융위기와 보호주의의 쇠퇴," 『평화연구』 제21권 (1)호 (2013), pp. 47-72.

35 Abdelal, Blyth, and Parsons (2010b), p. 232.

36 러시아 지역분리주의운동을 분석한 Yoshiko Herrera, *Imagined Economies: The Sources of Russian Regionalism* (Cambridge: Cambridge University Press, 2005)의 연구는 '사건의 위기화'와 관련해서 시사점이 크다. 1990년대 초 러시아의 스베르드로브크 자치구(Sverdlovk Oblast)는 경제적 불평등을 이유로 지역분리를 러시아 중앙정부에 요구하였는데, 객관적 경제지표(연방 GRP(Gross Regional Product), 연방세금, 실질 소득, 실업률 등)에서 타 지역에 비해

면, 역내 위기대응 선호도는 어떻게 형성될까?

역내 위기대응 선호도의 형성은 역내에서 집합적으로 도출되는 위기의 내용과 원인에 대한 정치적 합의와 연결되어 있다. 위기에 대한 이해와 역내 위기대응 선호도 형성의 논리적 연계는 복잡하지 않다. 이는 인과관계처럼 원인 분석에 따른 결과로서 위기대응 방식에 근거를 둔다. 즉, 금융/통화 위기의 본질이 특정원인을 중심으로 역내에서 합의되면 그에 따라 원인을 해결하는 방식으로 위기대응 선호도가 결정된다. 위기에 대한 원인 분석은 문제가 무엇인지, 앞으로 무엇이 해결되어야 하고 어떻게 대응하여야 하는지에 대한 아이디어를 제공하여 행위자의 선호도 형성에 기반이 된다.[37] 전술한 대로, 2008년 금융위기에 대한 미국의 상이한 정책적 대응도(유동성 공급에서 금융 규제개혁으로 변화) 위기에 대한 상이한 해석에서 기인한다. 위기의 본질에 대한 역내 인식이 어떻게 간주관적으로 공유되고, 얼마나 신속하게 합의되는가가 지역협의체 구성으로 발전하는 경험적 사실에 대한 핵심적인 분석 지점이 된다.[38]

....

스베르드로브크 자치구의 경제상황은 나쁘지 않았다. 이러한 '객관적' 경제상황에도 불구하고, 스베르드로브크 자치구 사람들은 경제상황이 계속 나빠지고 있다고 인식하였으며, 이러한 비관적인 경제상황은 모스크바 중앙 정부와 의회의 무관심과 비타협성에 기인한다고 주장하며 지역 분리를 요구하게 되었다. Herrera의 연구는 주관성과 객관성이 혼재되어 일어나는 '간주간적 사실의 정치'의 일례를 논의하며, 사건(혹은 사실)은 그 자체가 아니라 그에 대한 해석과 정치적 함의가 중요하다는 점을 보여준다.

37 Mark Blyth, "Powering, Puzzling, or Persuading? The Mechanisms of Building Institutional Orders," *International Studies Quarterly* 51-4 (2007), p. 762.

38 선호도(Preference)가 항상 최종 정책으로 선택되어지지는 않는다는 점을 유의할 필요가 있다. 개념적으로 선호도는 행위자가 어떤 제약도 없는 상태에서 성취하기를 원하는 것을 말한다. 최종 정책은(가령 지역협력체의 출범 등) 정책을 실행시킬 수 있는 물적, 지적 능력(Capacity), 상대방과의 관계 및 권력 구조 등을 고려하여 결정된다. 이에 대해, Peter Hall, "Preference Formation as a Political Process: The Case of Monetary Union in Europe," in Ira Katznelson and Barry Weingast (eds.), *Preferences and Situations: Points of Intersection between Historical and Rational Choice* (New York: Russell Sage Foundation, 2007), pp. 130-1은 선호도와 최종 정책을 '근본이익(Fundamental Interests)'과 '전략적 이익(Strategic Interests)'으로 개념적으로 구분하였다. 선호도는 근본이익에 해당된다. 따라서 선호도와 최종 정책이 일치하는

정리하면, 금융/통화 위기와 지역협력체의 제도적 발전과의 연관성을 분석하며 도출된 헤닝의 합리주의 모델은 구성주의 분석의 기반 위에서 작동한다. 보다 더 엄밀하고 완성된 형태의 분석틀은 헤닝에 의해 제시된 변수들과 구성주의 분석에서 볼 수 있는 과정이 융합된 포괄성을 갖추어야 한다. 충분조건을 밝힌 헤닝의 모델을 단순화하면 '(금융/통화 위기의 외생성 × 지역과 외부의 위기대응 선호도 충돌) → 지역협의체의 제도적 발전'으로 표현할 수 있다. 여기에 '사건의 위기화'와 '위기의 본질화'의 과정을 담은 구성주의 분석이 포함되면 융합과정모델이 된다. 융합과정모델을 단순화시켜 분석틀로 정리하면 다음과 같다.

사건 X → 사건 X의 위기화 → 사건 X의 위기 원인에 대한 경쟁적 해석 → 위기 본질(내용과 원인)의 간주관적 수렴화 → (금융/통화 위기의 외생성 × 지역과 외부의 위기대응 선호도 충돌) → 지역협의체의 제도적 발전

물론 현실의 세계에서는 위와 동일한 순서로 사건X에서 지역협의체의 제도화로 연결되지 않을 수 있다. 가령, 위기에 대한 해석이 단일하게 나와 세 번째와 네 번째 순차가 혼합될 수 있다.[39] 예시된 융합과정모델은 경험적 분석을 용이하게 하는 수단으로 하나의 전형(Ideal Type)이다. 전술한 치앙마이 이니셔티브의 제도적 발전과정을 간단하게 분석적으로 살펴봄으로써 융합과정모델의 유효성을 기초적인 수준에서 논하여 보자.

동아시아에서 치앙마이 이니셔티브의 제도적 발전은 두 개의 경제위기, 즉 1997년 동아시아 금융위기, 2008년 미국발 글로벌 금융위기를 매개로

....
경우와 다르게 나타나는 경우가 있을 수 있겠다. 이에 대한 분석은 이론이 아닌, 경험적 분석을 통해 논의되어진다.

39 앞서 헤닝의 분석에서 제시된 필요조건들이 '위기화'의 정치, 경제, 사회적 맥락에 따라 첫 번째를 제외한 융합과정모델의 각 단계에서 다양한 형태로 작용할 수 있다. 현재 제시된 융합과정모델은 전형으로 더 많은 경험적 연구와 이론의 상호작용을 통해 더욱 구체화되어야 한다.

하였다. 동아시아 금융위기는 2000년 치앙마이 이니셔티브의 출범을 가져왔고, 미국발 글로벌 금융위기는 2010년 치앙마이 이니셔티브의 다자화를 촉발하며 제도적 공고화에 기여하였다.[40] 치앙마이 이니셔티브는 헤닝의 사례연구 중 금융/통화 위기가 지역협력체의 제도화로 연결된 성공사례이다. 바꾸어 말하면, 치앙마이 이니셔티브는 헤닝의 조합분석이 가장 쉽게 설명할 수 있는 최대유사사례(Most Likely Case)이다. 그러나 치앙마이 이니셔티브의 제도적 발전 과정을 상세히 검토해보면, 치앙마이 이니셔티브가 위기의 본질에 대한 경쟁적 해석과 이에 수반된 지역과 외부의 선호도 충돌에서 비롯되었음을 알 수 있다. 금융위기가 역내에서 발생하여 직접적인 영향을 받은 1997년 동아시아 금융위기가 특히 중요하다. 치앙마이 이니셔티브가 경로의존성을 띠며 제도화되는 시발점이 되기 때문이다. 이후 치앙마이 이니셔티브의 다자화는 출범 초기의 제도적 목적(Institutional Purpose)의 연장선상에서 발전하였다.

동아시아 금융위기는 1997년 5월 태국의 바트화 폭락으로 시작하였다. 태국 정부는 구제금융을 요청하게 되었고, 일본 도쿄에서 IMF와 태국의 구제금융 협약이 1997년 8월 11일에 체결되었다. 태국은 협약에 따라 총 172억 달러의 긴급구제금융을 받게 되었는데, IMF가 40억 달러, 일본이 40억 달러, 한국과 아세안 국가들이 65억 달러, 아시아개발은행(ADB)이 12억 달러 등을 출연하였다. 도쿄회의는 글로벌 다자기관인 IMF와 동아시아 역내 국가들이 정책 공조를 통해 금융위기 대응의 새로운 패턴을 만들어내었다는 찬사를 받았다.[41] 따라서 이때까지만 해도 동아시아 국가들과 IMF의 충

....

40 전창환, "동아시아에서의 민주적 지역 금융거버넌스의 구축? 동아시아 금융 협력의 성과와 한계," 『기억과 전망』 제(27)호 (2012), pp. 319-40; Ji Young Choi, "East Asian Financial Regionalism and the Politics of Global Financial Governance: Structural and Institutional Power in Global and Regional Governance," *Pacific Focus* 28-3 (2013), pp. 411-34.

41 Yong Wook Lee, *The Japanese Challenge to the American Neoliberal World Order: Identity, Meaning, and Foreign Policy* (Stanford: Stanford University Press, 2008), pp. 145-6.

돌은 감지되지 않았고 금융위기 대응을 위한 지역협력체 구성은 논의 밖의 먼 이야기였다.

도쿄회의가 성공적으로 마무리된 직후 얼마 지나지 않아 동아시아 국가들과 IMF/미국의 갈등은 수면 위로 급부상하였다. 태국에서 시작한 금융위기가 필리핀, 말레이시아, 싱가포르, 인도네시아로 빠르게 확산되었고, IMF는 미국과 함께 금융위기의 원인을 '동아시아 정실자본주의(East Asian Crony Capitalism)'에서 찾았다. 이에 따라 IMF는 통상적인 재정긴축정책을 넘어 위기에 빠진 동아시아 국가들에게 강도 높은 경제구조개혁을 구제금융조건으로 요구하였다.[42] 이러한 IMF의 금융위기 원인에 대한 인식과 처방은 동아시아 국가들의 분노를 자아내었고, 동아시아 국가들로 하여금 대안적 금융위기 대응방안을 모색하게 하였다.[43]

동아시아 국가들이 IMF 정책에 부정적으로 반응한 가장 큰 이유는 금융위기의 원인에 대한 인식이 IMF와 근본적으로 달랐기 때문이다. 금융위기 초기부터 동아시아 국가들의 공통된 인식에 따르면 태국을 비롯한 역내 국가들의 금융위기 원인은 일시적인 유동성 부족이었다. 다시 말해, '경제 펀더멘탈'이 붕괴된 파산(Insolvency)이 아니었다.[44] 동아시아 국가들이 공유한 '일시적 유동성 공급부족'이라는 인식의 토대는 거시경제지표였다. 성장률, 인플레이션, 정부채무비중, 경상수지 등 위기에 빠진 국가들의 거시경제지표는 안정적이었던 반면, 금융위기를 즈음하여 급격한 자본유출이

....

42　Devesh Kapur, "The IMF: A Cure or a Curse?," *Foreign Policy* 111 (Summer, 1998), pp. 114-29에 의하면 대상국에 따라 IMF 구제금융조건 패키지는 약 50개에서 80개의 조건으로 이루어져 있었고 대부분의 조건이 자유화, 탈규제, 민영화를 지향하는 신자유주의 구조개혁을 내용으로 하였다.

43　Richard Higgott, "The Asian Economic Crisis: A Study in the Politics of Resentment," *New Political Economy* 3-3 (1998), pp. 333-56; John Ravenhill, "A Three Bloc World? The New Asian Regionalism," *International Relations of the Asia-Pacific* 2-2 (2002), pp. 167-95.

44　Saori Katada, *Banking on Stability: Japan and the Cross-Pacific Dynamics of International Financial Crisis Management* (Ann Arbor: University of Michigan Press, 2001).

관찰되었다. 따라서 동아시아 국가들에 있어 적합한 금융위기 처방은 부족한 유동성의 신속한 공급이었다. IMF와 미국의 눈에는 동아시아 금융위기는 '동아시아(Asian Economies)'의 위기였고, 동아시아 국가들에게는 국경 없는 무분별한 자본이동을 가능하게 한 '신자유주의 글로벌 경제'의 위기였다.[45]

동아시아의 첫 번째 지역협력체 대안은 일본으로부터 제기되었다. 1997년 9월 21일 IMF와 세계은행의 연차총회에서 일본은 동아시아 국가들과 협의를 바탕으로 아시아통화기금(AMF) 창설을 제안하였다. 아시아통화기금은 1000억 달러 규모로 구상되었고, 신속한 유동성 공급을 목적으로 하였다. 미국과 유럽의 반대로 일본의 아시아통화기금 구상은 실현되지 못하였지만, 이후 치앙마이 이니셔티브의 단초가 된 아세안+3의 회동이 1997년에 후반부터 시작되었다. 치앙마이 이니셔티브는 2000년 5월 발족하였는데, 아세안+3는 치앙마이 이니셔티브가 동아시아의 '자조 시스템(Self-help Mechanism)'임을 분명히 하였다.[46]

같은 맥락에서 2010년의 치앙마이 이니셔티브 다자화는 2008년 글로벌 금융위기를 신자유주의적 경제운용의 근본적 결함으로 보는 동아시아 국가들의 인식과 떨어질 수 없다. 전술한 대로, 아세안+3는 다자화를 통한 더욱 신속하고 효율적인 역내 금융위기 대응 자조시스템 구축을 목표로 하였다. 이는 아세안+3이 다자화를 신자유주의적 글로벌리제이션에 대한 지역 방어기제로서 구제금융의 IMF와의 연계를 기존의 80%에서 2012년 70%로 낮추었다는 점에서도 찾아볼 수 있다. 여기에 아세안+3는 역내 거시경제 감시, 감독 기제인 AMRO를 2011년 발족시키고 2013년 국제기구화하기로 하여 금융 거버넌스에서 동아시아의 자치, 자율권의 확대를 꾀하였다.[47]

....

45 Lee (2008), pp. 154-5.

46 Shigeko Hayashi, *Japan and East Asian Monetary Regionalism: Towards a Proactive Leadership Role* (London: Routledge, 2006), p. 109.

47 Youngwon Cho, "South Korea and the Pitfalls of East Asian Monetary Regionalism: Do

기초적인 분석이지만 위에 예시된 치앙마이 이니셔티브의 제도적 발전 과정은 융합과정모델의 유효성에 긍정적인 신호를 보낸다. 먼저, 금융위기의 본질이 주어질 수 없는 것이라는 것을 동아시아와 IMF의 대립구도로 보여주었다. 또한 역내 위기대응 방식의 선호도가 금융위기의 원인에 대한 해석을 통해 형성되는 것을 논증하여, 선호도 충돌에서 지역협력체의 제도화로 가는 과정을 포착해 낼 수 있었다. 이는 헤닝의 모델에서 포착할 수 없는 부분을 끄집어 낸 것으로서 합리주의와 구성주의 연구의 생산적인 융합 가능성을 제시한다.

IV. 결론

본 논문은 금융/통화 위기가 언제, 어떤 조건에서 경제주권 회복형 지역협력체의 제도적 발전으로 연결되는지를 문제의식으로 하여 융합과정모델을 제시하였다. 이 문제에 관한 헤닝의 기존 연구를 소개하고 비판적으로 검토함으로써 헤닝의 합리주의 모델이 내재하고 있는 분석적 한계를 구성주의 시각의 융합을 통해 극복하고자 하였다. 변수중심의 합리주의와 과정중심의 구성주의의 융합으로 구체적이며 포괄적인 통합분석틀을 도출하였고, 이를 동아시아의 치앙마이 이니셔티브의 제도화 과정에 적용함으로써 그 유효성을 논증하였다. 융합과정모델은 검증 가능한 경험적 분석을 위해 순차성을 두어 명료하게 제시하였다.

제시된 융합과정모델은 전형으로서 더 많은 경험적 연구와 분석을 통해 검증되고 개선되어질 수 있을 것이라 생각한다. 헤닝에 의해 제시된 핵심 변수들이 지역내외의 정치, 사회, 경제적 맥락에 따라 다른 조합을 이루어 융합과정모델에 적용될 수 있을 것이다. 지역 내에 위기 본질에 관한 간

....

Neighbors Mean Neighborly Behavior?," *Pacific Focus* 29-1 (2014), pp. 92-115.

주관적 수렴화가 일어나지 않는 경우도 상정해 볼 수 있다. 또한, 지역 선호도가 다른 변수들(가령 안보문제와 같은 외생변수) 의해 근본적 이득에 머무르게 되어 최종 정책을 유인할 전략적 이득으로 발전하지 못할 경우도 있을 것이다. 이들 문제들이 후속 연구를 통해 해결되면, 더욱 구체적이고 엄밀한 분석틀이 도출될 수 있을 것으로 예상한다.

마지막으로, 본 논문의 내용인 지역제도의 형성과 발전에 관련된 미래 연구주제를 제시하고자 한다. 서론에서 논의한 대로 2008년 글로벌 금융위기 이후 지역권역별 금융안정망 확충과 금융시장 발전을 담아내는 지역협력체가 속속 등장하고 있다. 유럽, 중동, 남미, 아프리카, 동아시아 등지에서 지역제도 창출이 수직적으로 증대하고 있다. 중국이 2013년 10월에 제안하여 최근 2014년 10월 24일 500억 달러 규모로 출범하게 된 아시아인프라투자은행(AIIB)도 한 예이다.[48]

이러한 비슷한 기능과 제도적 목적을 가진 지역협력체의 확산은 글로벌 거버넌스 측면에서 볼 때 제도들이 앞으로 어떤 관계를 형성에 나갈 것인지가 초미의 관심이 된다. 먼저, 글로벌 다자기구와 지역협력체가 경쟁적인 관계를 형성할 것인지, 아니면 상호 보완하는 형태로 발전해 나갈 것인지가 중요한 문제로 부각될 것이다. 지역에 따라 글로벌 다자기구와 다른 형태의 관계를 맺을 수도 있을 것이다. 분석 개념을 사용하여 말하면, 글로벌 다자기구와 지역협력체는 경쟁을 통해 위계적으로 연계되어질 수도 있고 (Hierarchical Linkage) 분업형의 유사적 연계(Parallel Linkage)를 이룰 수도 있을 것이다.[49] 또한, 지역협력체 간에 어떤 관계를 맺으면서 발전해 나갈 것인지도 중요하다. 난립이라고 불릴 만큼 새롭게 대거 등장한 지역협력체

....

48 중국과 미국의 패권경쟁 가능성에 대한 논의는 박홍석, "중국의 패권경쟁 가능성과 미국의 정책 대응," 『평화연구』 제21권 (2)호 (2013), pp. 159-88 참조.

49 Vinod Aggarwal, "Reconciling Multiple Institutions: Bargaining, Linkages, and Nesting," in Vinod Aggarwal (ed.), *Institutional Design for a Complex World: Bargaining, Linkages, and Nesting* (Ithaca: Cornell University Press, 1998), pp. 1-3.

중 얼마나 많은 수의 지역협력체가 '제도적 생존과 공고화'를 이루어 낼 것인가? 제도적 생존과 공고화의 조건은 무엇일까?

참고문헌

김진영. "글로벌 금융 거버넌스와 아시아 금융 협력." 이용욱 편. 『동아시아 금융 지역주의의 정치경제: 제도적 발전과 쟁점들』서울: 아연출판부, 2012.

박영준. "EU 금융 감독 체계 개편과 동아시아 금융 협력에 대한 함의." 이용욱 편. 『동아시아 금융 지역주의의 정치경제: 제도적 발전과 쟁점들』서울: 아연출판부, 2012.

박홍석. "중국의 패권경쟁 가능성과 미국의 정책대응." 『평화연구』제21권 2호 (2013).

이용욱. "변환하는 세계금융질서와 한국의 선택: 지역과 글로벌의 다자주의 연계." 『국가전략』제18권 3호 (2012).

_____. "한일 협력과 글로벌 금융위기이후의 동아시아 금융지역주의 제도화." 『국제지역연구』제17권 2호 (2013).

_____. "구성주의 국제정치경제: 방법론 고찰과 적용." 『세계정치』20호 (2014).

전창환. "동아시아에서의 민주적 지역 금융거버넌스의 구축? 동아시아 금융 협력의 성과와 한계." 『기억과 전망』27호 (2012).

정하용. "2008 미국 금융위기와 보호주의의 쇠퇴." 『평화연구』제21권 1호 (2013).

Abdelal, Rawi, Mark Blyth, and Craig Parsons. "Introduction: Constructing the International Economy." In Rawi Abdelal, Mark Blyth, and Craig Parsons. eds. *Constructing the International Economy.* Ithaca: Cornell University Press, 2010a.

_____. "Re-Constructing IPE: Some Conclusions Drawn from a Crisis." In Rawi Abdelal, Mark Blyth, and Craig Parsons. eds. *Constructing the International Economy.* Ithaca: Cornell University Press, 2010b.

Adler, Emanuel. "Seizing the Middle Ground: Constructivism in World Politics." *European Journal of International Relations* 3-3 (1997).

Adler, Emanuel and Vincent Pouliot. eds. *International Practices.* Cambridge: Cambridge University Press, 2011.

Aggarwal, Vinod. "Reconciling Multiple Institutions: Bargaining, Linkages, and Nesting." In Vinod Aggarwal. ed. *Institutional Design for a Complex World: Bargaining, Linkages, and Nesting.* Ithaca: Cornell University Press, 1998.

Alker, Hayward. *Rediscoveries and Reformulations: Humanistic Methodologies for International Studies.* Cambridge: Cambridge University Press, 1996.

Blyth, Mark. "Powering, Puzzling, or Persuading? The Mechanisms of Building Institutional Orders." *International Studies Quarterly* 51-4 (2007).

Bourdieu, Pierre. *Outline of A Theory of Practice.* Cambridge: Cambridge University Press, 1977.

Calder, Kent and Min Ye. "Regionalism and Critical Junctures: Explaining 'Organizational Gap' in Northeast Asia." *Journal of East Asian Studies* 4-2 (2004).

_____. *The Making of Northeast Asia.* Stanford: Stanford University Press, 2010.

Campbell, John and Leon Lindberg. "The Evolution of Governance Regimes." In John Campbell, Rogers Hollingsworth, and Leon Lindberg. eds. *Governance of American Economy.*

Cambridge: Cambridge University Press, 1991.

Chey, Hyoung-kyu. "The Changing Political Dynamics of East Asian Financial Cooperation: The Chiang Mai Initiative." *Asian Survey* 49-3 (2009).

Cho, Youngwon. "South Korea and the Pitfalls of East Asian Monetary Regionalism: Do Neighbors Mean Neighborly Behavior?" *Pacific Focus* 29-1 (2014).

Choi, Ji Young. "East Asian Financial Regionalism and the Politics of Global Financial Governance: Structural and Institutional Power in Global and Regional Governance." *Pacific Focus* 28-3 (2013).

Friden, Jeffry. "Invested Interests: The Politics of National Economic Policies in a World of Global Finance." *International Organization* 45-4 (1991).

Gourevitch, Peter. *Politics in Hard Times: Comparative Responses to International Economic Crises*. Ithaca: Cornell University Press, 1983.

Haggard, Stephan. *The Political Economy of the Asian Financial Crisis*. Washington D.C.: Institute for International Economics, 2000.

Hall, Peter. "Preference Formation as a Political Process: The Case of Monetary Union in Europe." In Ira Katznelson and Barry Weingast. eds. *Preferences and Situations: Points of Intersection between Historical and Rational Choice*. New York: Russell Sage Foundation, 2007.

Hayashi, Shigeko. *Japan and East Asian Monetary Regionalism: Towards a Proactive Leadership Role*. London: Routledge, 2006.

Henning, Randall. "Systemic Conflict and Regional Monetary Integration: The Case of Europe." *International Organization* 52-3 (1998).

_____. *East Asian Financial Cooperation*. Policy Analyses in International Economics 57. Washington D.C.: Institute for International Economics, 2002.

_____. "Economic Crises and Regional Institutions." In Miles Kahler and Andrew MacIntyre. eds. *Integrating Regions: Asia in Comparative Context*. Stanford: Stanford University Press, 2013.

Herrera, Yoshiko. *Imagined Economies: The Sources of Russian Regionalism*. Cambridge: Cambridge University Press, 2005.

Higgott, Richard. "The Asian Economic Crisis: A Study in the Politics of Resentment." *New Political Economy* 3-3 (1998).

Hopf, Ted. "The Promise of Constructivism in International Relations Theory." *International Security* 23-3 (1998).

Hollis, Martin and Steve Smith. *Explaining and Understanding International Relations*. Oxford: Clarendon Press, 1991.

Kapur, Devesh. "The IMF: A Cure or a Curse?" *Foreign Policy* 111 (Summer, 1998).

Katada, Saori. *Banking on Stability: Japan and the Cross-Pacific Dynamics of International Financial Crisis Management*. Ann Arbor: University of Michigan Press, 2001.

Katzenstein, Peter. ed. *Culture of National Security: Norms and Identity in World Politics*. New York: Columbia University Press, 1996.

Keohane, Robert. *After Hegemony: Cooperation and Discord in World Economy*. Princeton: Princeton University Press, 1984.

Koenig-Archibugi, Mathias. "Explaining Government Preferences for Institutional Change in EU Foreign and Security Policy." *International Organization* 58-1 (2004).

Latour, Bruno. *Reassembling the Social: An Introduction to Actor-Network Theory*. Oxford: Oxford University Press, 2005.

Lee, Yong Wook. *The Japanese Challenge to the American Neoliberal World Order: Identity, Meaning, and Foreign Policy*. Stanford: Stanford University Press, 2008.

Legro, Jeffrey. *Rethinking the World: Great Power Strategies and International Order*. Ithaca: Cornell University Press, 2006.

Mahoney, James. "Qualitative Methodology and Comparative Politics." *Comparative Political Studies* 40-2 (2007).

Marsh, David. *The Euro: The Battle for the New Global Currency*. New Haven: Yale University Press, 2009.

Meyer, John and Brian Rowan. "Institutionalized Organizations: Formal Structures as Myth and Ceremony." *American Journal of Sociology* 83-2 (1977).

Mourlon-Druol, Emmanuel. *A Europe Made of Money: The Emergence of the European Monetary System*. Ithaca: Cornell University Press, 2012.

Pouliot, Vincent. "'Sobjectivism': Toward a Constructivist Methodology." *International Studies Quarterly* 51-2 (2007).

Powell, Walter and Paul DiMaggio. eds. *The New Institutionalism in Organizational Analysis*. Chicago: University of Chicago Press, 1991.

Ragin, Charles. *Fuzzy-Set Social Science*. Chicago: University of Chicago Press, 2000.

_____. *Redesigning Social Inquiry: Fuzzy Sets and Beyond*. Chicago: University of Chicago Press, 2008.

Ravenhill, John. "A Three Bloc World? The New Asian Regionalism." *International Relations of the Asia-Pacific* 2-2 (2002).

Ruggie, John. "What Makes World Hang Together? Neoutilitarianism and the Social Constructivist Challenge." *International Organization* 52-4 (1998).

Scott, Richard. *Institutions and Organizations*. Thousand Oaks: Sage, 2001.

Thelen, Kathleen. "Historical Institutionalism in Comparative Perspective." *Annual Review of Political Science* 2-1 (1999).

Widmaier, Wesley, Mark Blyth, and Leonard Seabrooke. "Exogenous Shocks or Endogenous Constructions? The Meanings of Wars and Crises." *International Studies Quarterly* 51-4 (2007).

제7장

중국의 국가이익 재구성과 동아시아 정책

김애경(명지전문대학교)

* 이 글은 2013년 "중국의 국가이익 재구성 분석: 대 개도국 외교전략 변화를 중심으로"라는 제목으로
『민주사회와 정책연구』 제23권에 게재된 글을 수정 및 보완한 것임.

I. 서론

전 지구적 차원에서 정치, 경제, 안보, 문화 등등의 이슈에 대한 중국의 참여와 연루는 점점 확대되고 있다. 특히 동아시아 지역에서의 중국의 공세적 행태는 국제사회의 주목을 받고 있다. 중국의 이러한 참여와 연루는 1990년대 중·후반을 기점으로 2000년대에 들어서면서 보다 확대되었다. 중국의 다자 레짐의 참여확대 및 주도적 창설, 동아시아 금융위기에 대한 대응, 북한 핵문제 해결을 위한 6자회담에서의 주도적 역할, 개발도상국과의 교류활성화를 통한 영향력 확대, 소프트파워 확산을 위한 노력 등등은 좋은 사례들이다.

최근 보이는 이와 같은 중국의 대외행태들은 중국이 일관되게 보였던 모습은 아니다. 중국은 한때 다자기구가 패권국의 패권유지를 위한 도구라고 혹평했다. 그러나 현재 중국은 유엔을 비롯한 국제기구 및 제도에 적극적으로 참여할 뿐만 아니라, 주동적으로 창설하는 모습을 보이고 있다. 북한 핵문제에 있어서도 중국은 제1차 북핵 위기 발발시기인 1990년대 초반에는 중국이 할 수 있는 일은 거의 없으며 당사국 간의 인내심 있는 대화만이 유일한 해결 방법임을 강조하며 매우 소극적인 태도를 취하다가 제2차 북핵 위기 때는 6자회담 개최를 위한 중재외교를 전개하는 적극성을 보였다. 제3세계 국가들과의 관계에서도 1970년대 중반까지 제3세계의 리더를 자처하며 혁명경험을 전파하고 자국의 경제적 능력을 넘어서는 원조를 제공하면서 국제질서의 혁명적 개조를 위해 연대전략을 취했다. 이후 중국이 국내 경제발전과 현대화에 매진하게 되면서부터는 '중국은 영원히 제3세계 편에 서지만 리더역할은 하지 않을 것(不當頭)'임을 천명했다.

이후 천안문사태와 냉전의 종식으로 국제적 고립을 타개하기 위한 주변국, 개발도상국과의 관계강화의 모습을 보였다. 1990년대 중후반 발생한 동아시아 금융위기 때도 인민폐 가치를 유지하면서 동아시아 국가들의 위기 극복을 위해 간접적인 역할을 수행했다. 이후 2000년대 초반에는 중국이 매우 공세적으로 '주변'국가와 개발도상국에 대해 매력공세(charm offensive) 외교를 통한 소프트파워 확산전략을 펼치며, 영향력을 확대하는 등 변화된 모습을 보였다. 2008년 글로벌 금융위기 이후 중국은 대외적으로 매우 적극적인 정책을 제시하고 추진하고 있다. 시진핑 지도부가 등장한 이후 '중화민족의 위대한 부흥'을 이루는 '중국몽(中國夢)', '신형대국관계(新型大國關係)' 구축, '친선혜용(親善惠容)의 주변외교', '운명공동체(命運共同體)', '일대일로(一帶一路: One Belt, One Road)' 구상, '신형국제관계' 수립 등 새로운 개념을 제시하면서 신흥 강대국으로서의 면모를 과시하며 그에 걸맞은 적극적인 행보를 취하고 있다.

그런데 분명한 것은 이러한 변화된 중국의 대외행태들은 매번 모두 중국의 국가이익을 반영하고 있다는 점이다. 일반적으로 무정부적 국제체제 하에서 모든 국가는 국가이익을 추구한다. 그러므로 그것이 절대적이든 상대적이든, 국가이익은 그 국가가 취한 대외행위를 합리화하거나 재해석한다. 물론 모든 국가의 이익이 동일하다거나, 한 국가의 이익이 영구불변할 수는 없다. 즉 "국가이익은 모든 국가에게 선험적으로 주어진 동일한 것이 아니라 정체성의 영향을 받아 상이하게 구성"될 수 있기 때문이다.[1] 결국 한 국가의 정체성은 외생적으로 주어지는 것이 아니라 국제체제와의 상호작용을 통해 변화할 수 있다. 정체성의 변화는 그 국가의 이익 재구성에 영향을 주고, 그 국가이익은 다시 정체성 형성에 영향을 주는 상호작용을 통해 대외행위에 반영된다.

최근 십여 년간, 길게는 몇 십 년간 중국이 정치적, 경제적, 외교적으로

....

1   Alexander Wendt, *Social theory of International Politics* (Cambridge: Cambridge University Press, 1999), p. 231.

변화된 모습을 보이고 있다는 점은 누구나 인정하는 사실이다. 중국의 이러한 변화에 대해 국제사회는 향후 '중국이 기존 세계질서에 위협이 될 수 있다', '기회가 될 것이다' 또는 '중국은 현 국제질서의 현상유지자다', '중국은 현 국제질서의 수정주의자다' 등등의 상반된 평가를 내놓고 있으며, 이에 대한 의견도 분분하다. 중국은 현재 국제질서의 수호자로서 국제관계 규범을 준수하지만 동시에 새로운 규범창출자로 부상하고 있다. 이 글은 중국의 국가이익이 확대·재구성됨으로써 중국은 대외적으로, 특히 동아시아 지역에 대해 변화된 행태를 보이고 있음을 주장한다. 중국이 강대국으로 부상하는 데 동아시아 지역은 발판역할을 할 수 있다. 동아시아 지역에서 중국중심의 질서를 운영해본 경험이 있기 때문에, 중국이 이 지역에서의 완전한 주도권을 가졌을 때 어떤 모습을 보일지는 한국의 관심사이기도 하다. 중국 국가이익의 확대재구성과 대외행태 변화에 대한 고찰은 향후 동아시아 지역 더 나아가 국제사회에서의 중국의 역할전망의 근거를 제공할 수 있다는 점이 이 글의 의의이다.[2]

중국의 동아시아 정책은 중국의 국제적 위상이 향상되며 국가이익이 확대·재구성되면서 적극적, 공세적으로 변화되어 왔다. 중국의 부상이 현재진행형이듯이 중국이 생각하는 이상적인 동아시아 질서도 현재 재구성되어가고 있고, 그 모습도 명확하지 않다. '불완전 주권'국가이자 권위주의 국가인 중국이 천하질서의 경험에 대한 일반대중들의 향수까지 더해진다면 내재된 전통적 제국성이 쉽게 표출될 가능성도 배제할 수 없다. 이 글의 구성을 다음과 같다. 이 글의 분석 틀을 제공하기 위해 국제정치 이론의 패러다임별 국가이익의 개념을 고찰하며 이 글이 취하는 국가이익의 재구성과 관련된 개념을 소개한다. 3장에서는 중국의 국가이익이 재구성되고 있음을 논하기

....

2 오랜 기간 서구중심 질서에 적응해 온 동아시아 지역에서 중국의 부상이 가지는 의미에 대한 연구는 다음을 참조. David C. Kang, *China Rising: Peace, power, and order in East Asia* (New York: Columbia University press, 2007).

위해 중국의 변화된 대외전략에 반영된 중국의 이익을 고찰한다. 4장에서는 재구성된 중국의 국가이익이 중국의 동아시아 정책에 어떻게 반영되었는지를 고찰한다. 마지막으로 중국이 재구성해가는 동아시아 질서의 모습은 어떤 특징을 가질 것인지에 대한 단상으로 결론을 대신하며 글을 마무리할 것이다.

II. 국가이익 개념

지금처럼 체제적인 수준은 아니었지만 외교정책을 논의하기 위한 다양한 '지혜'는 이전부터 존재해왔다. 이 분야에서 가장 오래된 저술은 중국 전국시대 종횡가(縱橫家)들의 책략을 모은『전국책(戰國策)』, 인도 카우틸리아(Kautilya)가 기원전 4세기에 저술한『아타샤스트라(Arthashastra)』등이 있으며, 16세기 초 유럽에서 나온 마키아벨리의『군주론(The Prince)』은 가장 대표적인 저술이다. 이러한 저술들은 논리적이고 연역적인 체계를 가진 이론이 아니라 국가경영과 관련된 경험적인 지혜를 모은 통치학이었다.[3] 이처럼 오래된 저술들에서뿐만 아니라 오늘날의 국제관계에서도 국가이익(national interests)은 매우 중요한 개념이다.

국가이익은 국가 간 상호작용에서 국가의 행동을 정당화한다. 즉 국제사회에서 국가가 어떻게 행동해야 하는 지를 제시해 주는 근거 또는 원칙이라 할 수 있다. 때문에 국제관계 또는 국가의 행위를 설명하는 이론의 틀이 되는 모든 패러다임(paradigm)에서 국가이익의 중요성은 강조된다. 그러나 개별국가가 추구하는 국가이익이 선험적으로 주어지는 것인지, 모든 국가가 동일한 이익을 추구하는지, 따라서 그 국가이익은 영원불변하는지에 대해서는 견해 차이를 보이고 있다. 보다 자세하게 살펴보면 다음과 같다.

....

3   이근욱,『왈츠이후: 국제정치 이론의 변화와 발전』(서울: 도서출판 한울, 2009), pp. 25-6 참조.

현실주의자들은 개별국가보다 상위의 권위체가 존재하지 않는다는 동일한 무정부상태를 강조하며, 현실주의에서 가정하는 무정부상태는 본질적으로 군사적 경쟁, 세력균형 및 전쟁을 생산하는 경향이 있는 자구체계이다. 개별국가보다 상위의 권위체가 없는 이러한 무정부상태의 특성은 개별국가의 이익에 영향을 주기 때문에 개별 국가들은 선험적으로 주어진 동일한 이익을 가진다고 주장한다. 즉 국제체제의 무정부성은 체제적 차원에서 개별국가에게 일방적으로 투여되어 이들 개별국가들은 동일한 이익—권력 또는 안보—을 추구하도록 강요한다는 것이다. 때문에 기타 대내적 차이는 그다지 큰 의미를 갖지 않으며, 개별국가는 국제체제와 그 구조에 영향을 미치지 않는다. 이들에게는 단지 그들이 지닌 힘(power)만이 중요한데, 그 힘은 물질주의적 가정을 전제로 한 힘이다. '극성(polarity)'은 국제체제의 물질적 권력의 분포를 가장 잘 표현한 개념이다.

물론 전통적 현실주의와 신현실주의를 대표하는 모겐소(Hans J. Mor-genthau)와 왈츠(Waltz)는 힘에 대한 생각이 다소 차이가 있긴 하다. 전통적 현실주의자 대표주자 모겐소는 권력을 국가이익과 동일시하여, 모든 국가들은 '권력으로 정의된 국가이익'(national interests defined in terms of power or national interests defined as power)을 추구한다고 주장하였다. 권력은 경제력, 군사력, 자원, 기술 등으로 구성되는데, 전통적 현실주의자들은 일반적으로 군사력을 권력의 가장 필수적인 구성요소라고 주장했던 반면 신현실주의의 대표주자인 왈츠는 권력과 국가이익을 동일시하지는 않았다. 그는 국제체제라는 무정부성 때문에 국가는 자조(self-help)의 원칙을 가장 중요하게 간주한다고 주장했다. 개별국가보다 상위의 권위체가 존재하지 않기 때문에 자국의 안보문제는 스스로 해결해야 한다는 것이다. 따라서 모든 국가는 안보 추구를 위해 노력하기 때문에 권력-power의 추구는 목적이 아니라 오히려 안보추구라는 국가이익을 달성하기 위한 수단이라는 것이다.

구성주의자들도 국제체제의 무정부적 특성을 인정한다. 그러나 국제체제의 무정부상태가 외생적으로 주어지거나 자연적으로 주어진 것이라고 생각하지 않는다. 세계정치에서 힘의 중요성과 국제체제에서 '자조'라는 특성은 국가행태에 대한 의식의 산물이다.[4] 따라서 국제체제의 무정부성도 어떤 종류의 역할—적, 경쟁자, 친구—이 체제를 지배하는가에 따라 한 가지 종류만 존재한다기보다 거시적인 수준에서 한 가지 이상—최소한 세 가지—의 구조를 가질 수 있다고 주장한다. 다시 말해서 무정부적 국제체제에서 모든 국가가 자국의 안보추구를 위해 경쟁만을 일삼지는 않으며, 일정 정도의 경쟁도 하고 일정 정도의 협력도 하며 경쟁과 협력을 동시에 추구할 수도 있다는 것이다. 그 경쟁의 정도에 따라 국제체제의 무정부성은 홉스적(Hobbesian), 로크적(Lockean), 칸트적(Kantian) 구조로 나타날 수 있는데, 이 구조는 경쟁의 수준이 낮아지고 협력의 수준이 높아지는 순서이며 개별 국가들이 어떻게 만들어 가는지에 따라 다른 무정부성을 구성할 수 있다는 것이다. 또 국제체제의 무정부성은 경쟁과 협력의 수준에 따라 국제체제의 구조는 다르게 나타나고 변화될 수 있는데, 그 흐름이 반드시 칸트적 구조로 변화된다는 보장은 없으나 최소한 후퇴하지는 않을 것이라는 점을 명시하고 있다.[5]

이렇게 상이한 무정부상태가 존재할 수 있다는 가정은 무정부상태의 물질적 구조가 개별 국가의 인식에 따라 그 의미가 달라질 수 있다는 구성주의의 주장을 기반으로 한다. 구성주의는 국제사회의 구조가 물질적인 힘보다는 공유된 관념에 의해 구성되며, 정체성과 이익은 부여되는 것이라기보다 이러한 공유된 관념의 산물이라고 주장한다. 즉 국제체제의 동일한 물질적 상태가 동일한 의미를 갖지 않으며 구성원 간의 상호작용 과정에서 맥락에 따라 체제가 갖는 의미는 달라질 수 있다는 점이다. 이는 국제체제와 구

....

4   Scott Burchill, *The National Interest International Relations Theory* (New York: Palgrave MacMillian, 2005), p. 186.
5   알렉산더 웬트 지음. 박건영, 이옥연, 구갑우 옮김, 『국제정치의 사회적 이론: 구성주의』 (서울: 사회평론, 2009), pp. 350-6.

조를 강조하는 왈츠의 주장에 국제체제가 갖는 사회적 맥락(social context)을 강조하는 입장이다.[6] 예를 들어 미국을 포함한 세계 각국은 영국과 북한이 보유한 핵무기에 대한 대응은 상이하다. 북한이 보유한 핵무기에 대해 더 위험하다고 인식하는데, 물질적 측면만을 두고 보면 영국은 북한보다 훨씬 많은 양의 핵무기를 보유하고 있을 뿐 아니라 북한의 것보다 파괴력 또한 강력하다. 그러나 미국을 포함한 국제사회의 반응은 물질적 측면에 대한 평가와는 상이하다. 이는 핵무기가 갖는 물질적 조건만으로는 설명될 수 없으며 이 물질적 조건을 어떻게 인식하느냐의 문제이다. 영국과 북한이 미국과의 관계에서 만들어낸 사회적인 맥락에서 비롯되었다고 설명된다.[7]

따라서 구성주의적 관점에서 보면 무정부적 국제체제가 일방적으로 개별국가의 이익과 정체성 및 행위에 영향을 준다기보다 개별국가 간의 상호작용을 통해 국제체제는 구성될 수 있으며 개별국가와 국제체제도 상호영향을 주고받으며 구성된다. 결국 동일한 물질적 상황, 즉 무정부적 국제체제에 대해 개별국가의 해석과 의미부여는 다를 수 있다. 따라서 한 국가의 정체성과 이익은 선험적으로 주어지고 보편적 정의에 합치되는 단일한 현상으로 존재하는 것이 아니라 사회적 맥락에 상이하게 나타날 수 있으며, 여러 종류의 정체성이 혼재할 수도 있다. 다시 말해서 국제체제의 물질적 측면은 개별 국가의 정체성과 이익에 영향을 주지만, 그것이 어떠한 내용을 가지는지는 미리 알 수 없다. 대신 국가들은 상호의존, 공동 운명, 동질성, 자제, 토의 등을 통해 그리고 무엇보다도 과거 경험에 따라서 물질적 조건을 해석하고 의미를 부여한다. 또한 이 과정에서 개별 국가는 정체성과 이

....

6   이근욱 (2009), pp. 240-1.

7   Alexander Wendt, "Anarchy Is What State Make of It: the Social Construction of State Politics," *International Organization* 49-2 (Spring 1992), pp. 391-425; Alexander Wendt "Constructing International Politics," *International Security* 20-1 (Summer 1995), pp. 71-82; Alexander Wendt and Daniel Friedheim, "Hierarchy Under Anarchy: Informal Empire and the East German State," *International Organization* 49-4 (Autumn 1995), pp. 689-721.

익을 형성한다.[8]

구성주의는 정세성과 이익의 관계에 대해서도 설명하였다. 그들에 따르면 정체성은 국가이익의 근거이다. 행위자들은 그들이 사회적 맥락의 영향을 받지 않은 상황에서 이익의 리스트(portfolio)를 가지고 있지 않으며, 그들은 상황(situation)을 정의하면서 그들의 이익을 규정한다(define)고 주장한다.[9] 즉 사회적 상호작용 없이 외생적으로 주어지는 선험적인 이익은 있을 수 없으며, 이익은 사회적 상호작용을 통한 경험과 심사숙고의 결과로서 오랜 시간 동안 발전되고 학습과 재학습되어 구성된다. 뿐만 아니라 행위자의 상상의 한계, 현실적 가능성의 범위, 한계와 제약에 대한 인지로, 무엇이 필요한지에 대한 인식(knowledge)과 무엇이 합법적인 행위라고 간주되는지에 대한 이해 속에서 이익은 만들어지고, 발전하고 변화한다는 것이다.[10]

이 글은 중국의 국가이익이 지속적으로 재구성되면서 동아시아 지역에 대한 중국의 정책도 변화되었음을 고찰한다. 구성주의 관점에 따르면 중국의 국가이익은 국제체제라는 구조의 영향을 받아 선험적으로 주어진 것이라기보다 국제사회와의 상호작용을 통해 중국의 인식이라는 과정을 거쳐 구성된다. 물론 국제사회와의 상호작용과 중국의 인식이 어떤 과정을 통해 어떻게 구성되는지를 증명하기는 어렵다. 따라서 이 글은 중국의 정책을 통해 중국의 이익이 어떻게 재구성되어 왔는지를 추론할 것이다.

III. 중국의 국가이익 재구성

국제사회의 어느 한 국가도 예외 없이 자국의 국가이익의 실현을 매우

....

8   이근욱 (2009), p. 255.

9   Scott Burchill (2005), p. 192.

10   Christian Reus-Smit, "Constructivism," in Scott Burchill, et al. (eds.), *Theories of International Relations* (New York: Palgrave, Macmillan 2001), pp. 219-20.

중시할 것이다. 중국도 건국 이후 마오쩌둥(毛澤東) 통치시기에도, 덩샤오핑
(鄧小平), 장쩌민(江澤民), 후진타오(胡錦濤) 통치시기에도 내내 국가이익의
실현을 중시했다. 시진핑(習近平)이 통치하는 현재에도 국가이익의 실현은
중국 대외전략의 근본원칙이자 지침이다. 건국 이후 마오쩌둥 집권 시기 여
러 차례 변화를 주던 외교전략, 즉 소련과의 연합으로 미국에 대항하는 친
소 일변도(一邊倒)노선부터 중소분쟁의 격화로 소련과의 관계를 단절하는
독자노선(兩條線: 反修反覇)을 거쳐 이후 미국과 연합하여 소련을 견제했던
반소공동노선(一條線)으로의 변화는 모두 당시 국가이익에 근거한 전략이었
다는 평가를 받는다.

개혁개방을 실시한 이후에도 중국 지도부들은 예외 없이 국가이익을 강
조하였다. 예를 들면 덩샤오핑은 국내외적인 정치적 풍파를 겪은 후 중미관
계가 악화되었던 1989년 말 미국의 닉슨대통령과 회견하며 자국의 국가이
익은 문제를 논의하고 처리하는 최고의 가이드라인임을 강조하였다. 장쩌
민 전 국가주석도 외교는 국민과 민족의 이익을 견고하게 수호해야 한다는
점을, 원자바오(溫家寶)총리도 중국 외교정책의 출발점은 여전히 국가이익
을 수호하는 것임을 주장하였다.[11]

이처럼 시기는 다르지만 중국의 지도부는 국가이익의 실현을 위해 외교
노선과 전략을 변화시키며 국가이익에 대한 중요성을 피력하고 있다. 그러
나 한 국가의 이익이 단일하지 않듯이 중국의 국가이익도 매우 다양한 내용
을 포함하고 있는데, 중국이 국제체제와의 상호작용을 통해 이익의 중요성
과 긴박성에 따라 중국이 추구했던 이익도 시기별로 상이했다. 중국의 국가
이익은 자국의 대외정체성에 따라 그 내용과 범위가 확대되었고, 우선순위
가 변화되면서 재구성되었다고 할 수 있다. 이미 언급하였듯이 국가이익은

....

11 『鄧小平文選』第3券 (北京: 人民出版社, 1993), p. 330; 江澤民, 『江澤民論有中國特色的社會主義』
(北京: 中央文獻出版社, 2002), p. 529; "溫家寶總理答中外記者問," 『光明日報』 (2010年 3月 15日),
http://www.gmw.cn/content/2010-03/15/content_1072069.htm (검색일: 2010. 3. 15).

객관적인 물질적 상황과 이에 대한 주관적 인식이 결합되어 구성되어 왔고, 국제체제라는 객관적 구조에 대한 중국의 주관적 인식이 결합되면서 국가이익도 시기별로 각각 상이하게 구성되었다.

"중국의 국가이익은 변화하였고 최근 10년 동안의 변화는 비교적 크다는 사실은 모두가 다 알고 있다"는 중국의 한 전문가의 매우 단정적인 주장도 중국의 국가이익이 시기별로 다르게 구성되었으며 다르게 표출되었다는 이 글의 주장을 지지해 준다.[12] 그는 최근 10년 동안 중국의 이익의 변화가 비교적 컸다는 점을 경제이익의 내용을 예로 들어 다음과 같이 설명하고 있다. 중국이 오랜 기간 동안 경제이익을 최우선으로 삼아왔으며, 기타 모든이익은 경제이익에 종속되어왔다. 때문에 중국의 국내외 전략과 정책은 경제건설과 현대화 실현을 위한 제반 조건을 마련하는 방향으로 제정되고 시행되어 왔음은 누구도 부정할 수 없다고 주장한다.

그런데 10년 전과 현재 중국의 경제이익은 그 내용이 변화됐다. 1990년대까지만 해도 중국이 자원의 문제를 지금처럼 심각하게 고민하지 않았다. 개혁개방 초기에는 자원이 부족한 것이 아니라 자본이 부족하다고 인식하였다. 그 이후 일정 기간 동안에는 자본이 부족한 것이 아니라 기술이 부족하다고 인식하게 되었고, 지금에 와서는 자본도, 기술도 아닌 자원이 부족하다는 것을 발견하게 되었다. 이렇게 같은 경제이익이라고 하더라고 그 내용이 변화될 수 있다. 과거 경제이익이라면 외자와 기술의 도입이었으나 현재는 중국 자본의 대외투자로 변화되었다. 즉 과거에는 자본이 없었으나 현재는 자본을 어떻게 투자할 것인지가 중요한 경제이익의 문제로 대두되었다는 것이다.[13] 이처럼 중국이 경제이익의 실현을 주장한다고 할지라도 객관적 물질적 상황에 대한 중국의 인식이 결합되어 시기별로 그 내용과 범위는 확대·변화되면서 재구성되었음을 알 수 있다.

....

12 閻學通, "崛起中的中國國家利益內涵,"『中國戰略論壇』7月號 (2006), p. 77.
13 閻學通 (2006), p. 77.

모든 국가는 시기구분 없이 전반적으로 정치·안보적 차원의 이익과 경제적 차원의 이익, 문화 및 기타이익을 추구한다는 점은 부인할 수 없다. 단지 정치·안보적 차원의 이익과 경제적 차원의 이익, 문화 및 기타 이익은 그 내용이 단일하지 않으며 국제체제와의 상호작용과 이에 대한 인식에 따라 시기별로 더 강조되거나 우선시되는 이익이 있다. 국제체제라는 물질적 구조와 중국의 이에 대한 인식이 결합되어 시기별로 재구성되는 중국의 국가이익을 분석해 보면 다음과 같다. 시기별로 중국이 우선순위에 두었던 국가이익이 완전히 단절되어 상이하다고 말할 수는 없으며 중복되면서 확대·재구성되었다. 중국의 외교노선은 드라마틱한 변화를 보였다는 평가를 받을 정도로 변화가 많았지만, 국가이익의 확대·재구성이라는 틀로 중국외교의 노정(歷程)을 구분해 보면 크게 개혁개방 이전, 개혁개방 이후, 냉전종식 후 1990년대 – 2000년대 초중반, 2000년대 후반 – 현재까지의 4단계로 구분할 수 있다.

먼저, 건국 이후 개혁개방 이전 시기 중국은 국가의 생존과 국제사회의 정치적 승인 획득의 이익실현에 진력하였다.[14] 이 시기는 미국과 소련 그리고 이 두 국가를 지지하는 국가들이 대립하는 시기였다. 이 시기 중국은 비록 소련과 동맹관계를 맺어 소련과 소련을 중심으로 하는 사회주의 진영국가들의 정치적 지지를 받았다. 그러나 미국을 중심으로 하는 자유민주주의, 자본주의 진영국가들은 중국을 승인하지 않았을 뿐만 아니라 중국에 대해 정치적 고립, 경제적 봉쇄라는 적대정책을 실시하였다. 중국은 건국초기였던 1950년대에 국가건설에 매진하고 대만과의 통일을 추진하고자 하였으나, 1950-1953년 한국전쟁 참여하면서 중국에 대한 미국의 견제는 더욱 심화되었으며 중국이 느끼는 안보의 위협은 가중되었다. 게다가 동맹국 소련으로부터도 중국이 기대했던 만큼의 지원을 받지 못했고, 유엔에서 중국을 대표하는 주체도 사회주의 중국이 아닌 대만정부였다. 이 시기 중국은 비록

....

14   姜運倉, "冷戰期間中國國家利益的變化脈絡分析," 『商丘師範學院學報』 25卷 1號 (2009), pp. 65-8.

소련을 중심으로 한 사회주의 진영에 속해 있었지만 제3세계 국가로서 체제 밖에서 미국 등의 국가의 견제와 봉쇄를 받았다. 때문에 당시 중국에게는 국가의 생존과 국제사회에서의 정치적 승인을 받는 것이 다른 어떤 이익보다 우선하는 국가이익이었다.

이후 1960년대 중후반부터 1970년대에는 미소 양국의 역량에 변화가 생겼다. 소련은 매우 빠른 경제성장을 이루면서 군비확충에 박차를 가하게 되었다. 양국 간 전략핵무기 분야에서 균형을 이루면서 미소 양국 간 긴장완화의 국면이 조성되었다.[15] 이 시기 미국은 베트남 전쟁으로 국내외 여론의 공격을 받았으며, 자본주의 진영의 유럽 국가들과 일본의 대미의존도가 낮아지면서, 정치·경제적으로 이들 국가들은 미국으로부터의 탈피경향을 보였다. 이로써 소련을 봉쇄(containment)할 수 있었던 미국의 능력이 일정 정도 약화되었다. 게다가 아시아, 아프리카 및 라틴아메리카 국가들도 국제무대에서 더 많은 발언권과 평등한 지위를 요구하였고, 중국 역시 유엔에서의 지위를 회복하면서 국제사회의 중요한 행위체가 되었다. 이 시기 중국이 전략 삼각(the strategic triangle)의 한 축으로 비유되었던 것도 이러한 연유에서이다. 또 1968년과 1969년 소련과 미국이 발표한 브레즈네프독드린(Brezhnev Doctrine)과 닉슨독트린(Nixon Doctrine), 1950년대 말부터 시작되어 1969년 중소국경 지대의 우수리(烏蘇里: Amur)강 전바오다오(珍寶島: Damansky)에서의 국경수비대 간 충돌로 더욱 심화된 중소 간 마찰은 국제체제에 대한 중국의 인식에 영향을 주었다. 국가의 생존위협에 대한 대상은 변화되었지만 이 시기에도 생존이익은 여전히 중국이 가장 우선시하는 국가이익이었다 할 수 있다.

개혁개방 이후부터 1980년대 말 냉전 종식이전 시기 중국의 국가이익

....

15 전략핵무기 분야에 있어 1962년 쿠바미사일 위기 시 미소 간 보유량은 대략 4:1이었는데, 1970년대 초 양국은 균형을 이루었으며 수량만을 보면 소련이 미국을 추월하였다. 이후 1972년 5월 미소 양국은 〈전략무기제한협정(SALT I)〉에 서명하였다. 姜運倉 (2009), p. 66.

의 우선순위는 생존과 정치적 승인획득에서 국내경제 발전을 위한 자본과 기술유입으로 재구성되었다. 사회주의 중국이 유엔에서 중국을 대표하는 국가가 되면서, 참여 정도와 수위는 매우 제한적이었지만 중국이 유엔 산하 다자 레짐에 점진적으로 참여하였다. 이렇게 중국은 체제 내의 국가로 합류하기 시작하였고 그 참여 정도와 수위는 개혁개방 이후 심화되었다.[16] 이로써 중국이 그동안 우선순위로 두었던 생존과 정치적 승인의 이익은 일정정도 달성한 상태가 되었다. 그러나 당시 국제 체제적 수준에서 미소 양국은 여전히 대립구조를 유지하고 있었다. 단지 미소 양국의 세력구도가 1960-70년대와는 다소 다른 양상을 띠었다. 소련은 아프가니스탄 전쟁에서 교착상태에 빠지면서 국력의 쇠퇴를 보였던 반면 미국은 베트남 전쟁의 늪에서 벗어나 닉슨독트린 정책을 수정하여 동맹정책을 강화하였을 뿐만 아니라 소련에 대한 강경정책을 실시하였다.[17]

1970년대 초 중국과의 데탕트(détente)를 추구하면서 미국의 대중국 적대정책은 일부 철회되었으나, 대만문제에 대해 여전히 명쾌하지 않은 미국의 태도에 중국은 다소 불만을 가질 수밖에 없었다. 체제적 수준에서 1970년대와 크게 다르지 않았지만 이 시기 중국은 지도부가 교체되면서 국제체제에 대한 인식이 변화하였다. 체제 내의 제3세계 국가로서 중국은 국가의 생존과 국제사회의 정치적 승인이라는 이익이 일정 정도 해결되었다고 인식하면서 국가이익의 우선순위는 경제이익, 즉 부국(富國) 만들기로 재구성되었다. 이 시기 중국의 부국이 되기 위한 경제발전은 자본과 기술의 도입을 의미한다. 이는 중국외교의 모든 초점을 경제발전을 위한 평화로운 주변 환경과 국제환경 조성으로 규정하였던 점에서도 알 수 있다. 1972년

....

16 중국이 가입한 국제조약을 예로 들어보면, 1999년까지 중국은 220개의 조약에 가입하였다. 그러나 1949-1978년 사이에 가입한 국제조약은 단지 35개에 불과하며, 그 나머지인 185개는 1979년 이후에 가입하였다. 中國外交部 홈페이지, http://www.fmprc.gov.cn/chn/premade/24475/dabiao.htm (검색일자: 2004. 4. 4).
17 이기택, 『국제정치사』 (서울: 일신사, 1997), p. 533.

중일 수교 과정에서 제기된 센카쿠(釣魚島, 중국명 댜오위다오) 문제 처리에서도 국가이익의 우선순위에 대한 중국의 인식은 반영되었다.

냉전종식 후 1990년대-2000년대 초반까지 중국의 국가이익은 경제발전, 정치적 영향력 확대부터 경제력에 부응하는 군사력 강화와 국제적 공헌까지 확대·재구성되었다. 대외적으로 동유럽 국가들이 몰락하고 소련이 해체되면서 냉전은 종식되었고, 이에 따라 체제적 수준에서 미소 양강 구조는 미국 주도의 패권구조로 변화하였다. 1990년대 초반 중국의 국내정치의 영향으로 미국을 비롯한 서구 선진국들이 중국에 대해 봉쇄정책을 취하면서, 중국은 제3세계라는 정체성을 강조하였다. 중국은 이에 대해 건국초기와 같은 생존의 위협 혹은 정치적 승인 획득까지는 아니지만 국제사회의 정치적 지지가 필요했다. 뿐만 아니라 개혁개방이 이루어 낸 성과를 지속시켜 국제체제의 패권구조를 다극화구조로 변화시켜야 한다고 생각했다. 냉전이 종식된 후 미국의 신세계질서(New World Order) 구상에 대응하는 "국제정치경제신질서(國際政治經濟新秩序)"구상을 제기하여 패권질서의 불공정성·불합리성을 지적하며 국제질서의 개조를 강하게 주장했던 점도 중국이 인식하는 이익이 이전과는 다르게 재구성되었다고 판단된다.

1990년대 중·후반기 미국의 패권구조는 여전히 건재했지만 동아시아 지역 국가들이 금융위기를 겪으면서 국제체제와 자국의 관계에 대한 중국의 인식은 변화하였다. 중국은 자국의 경제발전을 위한 자본과 기술의 유입도 중요한 국가이익이지만 동아시아의 주변 국가들의 금융위기 극복을 위한 직·간접적 공헌도 중국의 중요한 이익일 수 있음을 고민하기 시작했던 것으로 판단된다. 동아시아 국가들이 금융위기로 어려움을 겪고 있을 때 중국은 위안화(人民幣) 가치를 절하하지 않았으며 동남아 국가에 대해서는 일정정도의 원조를 제공해 줌으로써 이 지역 국가들이 금융위기를 극복하는 데 직·간접적으로 도움을 주었다. 이로써 중국은 동아시아 지역의 안정을 도모하는 지도자적 역할을 수행했다는 평가를 받기 시작했다.[18] 이후 중국 스스로도 자신의 역할 정체성에 대해 '책임감 있는 대국(負責任的大國)'으로

재평가하기 시작하였고, 중국 정부의 공식표현들과 학자들 간에 진행되는 논의들은 좋은 단서가 된다.[19]

1990년대 후반 동아시아 금융위기를 겪으면서 중국의 국제적 위상이 제고되면서 국제적 역할에 대한 국제사회의 요구는 높아지기 시작했고 중국도 내부적으로 자국의 국제적 역할을 조정할 필요성을 인식하게 되었다. 결정적으로 2008년 미국발 글로벌 금융위기로 기존 패권국 미국이 쇠락하면서 중국은 상대적으로 부상하게 되었고, 이는 국제체제와 중국과의 관계의 변화로 이어졌다. 중국이 먼저 제시한 개념은 아니지만, 중국은 G2의 위상을 누리며 자국의 이익을 확대·재구성하고 있다. 즉 2000년대 초·중반부터 현재까지 중국의 부상이 빠르게 현실화되면서 중국의 국가이익은 핵심이익부터 중요이익의 내용 모두 중국이 중요하게 고려하는 국가이익으로 간주되며 전방위적으로 확대·재구성되었다. 예컨대 정치·안보적 차원에서 경제력에 비례하는 군사력강화, 예를 들면 이전과 다르게 해양대국화는 현재 중국에게 매우 중요한 이익이 되었으며 정치적 영향력 확대와 국제적 공헌 역시 이미 중국이 소홀히 할 수 없는 이익이 되었다. 영토문제는 국가의 생존과 관련된 정치·안보적 차원의 국가이익이다. 그런데 2010년 3월 중국 정부는 남중국해가 중국의 영토보존과 관계 있는 핵심이익임을 명확히 밝힌 바 있는데, 이는 "논쟁을 보류하고 공동개발하자(擱置爭議, 共同開發)"고 제의하던 1970-80년대와는 상반된 모습이다. 또 유엔의 평화유지활동에 대한 중국의 인식변화 역시 정치·안보적 차원에서 중국의 국가이익이 확대·재구성되고 있다는 단적인 사례이다.[20]

....

18　Avery Goldstein, "The Diplomacy Face of China's grand Strategy: A Rising Power's Emerging Choice," *The China Quarterly* 168 (Winter 2001), p. 845.

19　중국의 정체성 변화와 관련하여 정부의 공식표현의 변화와 학자들의 논의는 다음의 논문을 참조. 김애경, "중국의 대외정체성 인식변화: 제1, 2차 북핵 위기에 대한 중국의 역할변화 분석을 사례로," 『국가전략』 제10권 (4)호 (2004), pp. 33-60.

20　1950-60년대 중국은 유엔 평화유지군을 제국주의 경찰부대로 간주하고 매우 비판적인 태도를 견지하였으나 1970-80년대에는 보다 유연한 입장을 취하면서 사안별로 구분하여 지지하기 시

경제적 차원에서 중국은 여전히 경제의 지속적인 발전이 필요하다. 중국은 이미 1997년 제 15차 당대회 보고에서 중국공산당 창당 100주년이 되는 2012년에는 "소강사회의 전면적 실현"을, 건국 100주년이 되는 2049년에는 "부강하고 민주적이며 문명적인 사회주의 국가" 건설을 목표로 제시하였다. 2002년 제16차 당대회 보고에서는 이러한 목표달성을 위해 21세기의 첫 20년은 중국에게 매우 중요한 '전략적 기회의 시기(戰略機遇期)'이기에 중국은 모든 역량을 집중하여 이 기간을 반드시 잘 이용해야 하며 충분히 능력을 발휘할 수 있는 시기임을 강조하였다. 때문에 중국은 지속적인 경제발전을 여전히 우선시하는 국가이익으로 간주하고 있지만, 그 내용이 자본과 기술의 유입에서 자본과 기술의 수출로 재구성되었으며 이로 인한 해외 투자기업과 공민의 권익보호 및 국제적 공헌을 통한 발언권 확대라는 이익으로까지 확대·재구성되었다.[21] 중국이 1980-1990년대에는 중국이 경제관련 다자레짐에서 중국의 이익을 극대화하는 '최대/최소전략(mini-maxi strategy)'을 취하고, 가능하면 무임승차(free-riding) 전략을 추구했다.[22] 반면 지금은 중국의 발언권을 확대하며 지역적·세계적 차원의 거버넌스 프레임을 구성해가기 위해 전력을 다하고 있다.[23] 중국은 총 6,500억 위안의 통화스왑협정을 체결하는 등 적극적으로 지역차원의 금융협력을 확대하였고, 국제통화기금(IMF) 재원의 증자방식과 화폐제체 개혁방안을 적극적으로

....

작하였다. 1990년대부터 현재까지는 중국이 유엔평화유지활동에 매우 중요한 역할을 하고 있다고 스스로 평가할 정도로 비교적 적극적인 태도를 견지하고 있다. 趙磊, "中國國家身分及參與聯合國維持和平行動," 『新遠見』12月號 (2007).

21 중국의 해외에서의 이익을 보호해야 한다는 논의는 다음의 논문을 참조. 蘇長和, "論中國海外利益," 『世界經濟與政治』1期 (2000).

22 Samuel S. Kim, "China's International Organizational Behavior," in Thomas W. Robinson and David Shambaugh (eds.), *Chinese Foreign Policy: Theory and Practice* (New York: Oxford Press, 1995), pp. 420-1.

23 중국의 발언권 확대와 관련된 논의는 다음의 논문을 참조. 梁凱音, "論中國擴展國際話語權的新思路," 『國際論壇』11卷 3號 (2009), pp. 43-47; 王嘯, "國際話語權與中國國際形象的塑造," 『國際關係學院學報』6期 (2010), pp. 60-7.

건의하였다. IMF에서는 미국의 거부권을 제한할 만큼의 개혁방안을 도출해 내지는 못했지만 중국이 IMF 출자금액을 증대시키고 중국의 쿼터를 늘리면 서 의결권 조정에 합의를 도출시켰다는 점, 일대일로(一帶一路) 구축 제의와 아시아 인프라투자은행(Asia Infrastructure Investment Bang) 창립은 지역 적·세계적 차원의 거버넌스 프레임을 구성하려는 중국의 노력으로 평가할 수 있는 좋은 사례들이다.[24]

문화 및 기타차원에서 문화적 영향력의 확대와 소프트파워 증대 역 시 이미 중국의 중요한 국가이익으로 재구성되었다. 중국은 진정한 강대국 이 되기 위해서 경제력, 군사력과 같은 하드파워뿐만 아니라 소프트파워 즉 "다른 국가의 행위에 간접적으로 영향을 미칠 수 있는 능력"도 매우 중요하 다고 인식한다.[25] 전 세계적으로 공자학원(孔子學院)을 수립하여 중국어 보 급에 박차를 가하고 있는 점도 중국이 긍정하든 부정하든 자국의 소프트파 워 증대를 위한 조치라고 할 수 있다.[26] 이렇게 중국은 국제체제와 상호작용 하는 과정에서 자국의 위상과 정체성을 재규정해왔고 다시 국가이익을 재 규정하고 있다. 건국 이후 국제체제와 중국과의 관계에 따라 중국의 국가이 익은 내용과 범위에서 확대·재구성되어 왔다. 그렇다면 확대·재구성된 중 국의 국가이익은 동아시아 지역에 어떻게 반영되어 정책으로 구현될 것인

....

24 "同心協力, 共創未來: 在二十國集團領導人第四次峰會上的講話,"『杭州日報』(2010年 6月 28日); "合 作推動增長, 合作謀求共贏," (2010年 11月 12日), http://news.china.com.cn/txt/2010-11/12/ content_21329459.htm (검색일: 2011. 10. 6.); "王岐山闡釋中國對IMF增資立場," 財經網 (2009 年 3月 28日).

25 JiSi Wang, "China's Search For Stability With America," *Foreign Affairs* 84-25 (September/ October 2005), pp. 39-48.

26 2016년 12월 현재 전 세계 140개국과 지역에 총 512개의 공자학원과 1,073개의 공자학당을 수 립한 상태이다. 그 중 공자학원은 아시아 32개국과 지역에 115개, 아프리카 33개국에 48개, 유 럽 41개 국가에 170개, 미주 21개국에 161개, 오세아니아 3개국에 18개를 개설하였고, 공자학당 은 아시아 20개국에 100개, 아프리카 15개국에 27개, 유럽 29개국에 293개, 미주 8개국에 554개, 오세아니아 4개국에 99개를 개설했다. (孔子學院 사이트, http://www.hanban.edu.cn/confu-ciousinstitutes/node_10961.htm (검색일: 2018. 1. 3)).

지는 다음 장에서 보다 구체적으로 살펴보고자 한다.

IV. 중국의 동아시아 정책

강대국으로 부상하고 있는 중국에게 지역적 기반은 필요하다. 특히 중국처럼 이웃하는 국가가 많고, 해양으로의 진출로가 막혀 있는 국가는 지역 차원에서 주도적 지위를 획득해야 할 필요가 있다. 동아시아는 중국의 정치·안보이익, 경제이익 및 문화이익이 집중되어 있는 지역으로 강대국으로 부상하는데 필요한 전략지역인 것이다. 지정학적으로 동아시아는 중국을 둘러싸고 있기 때문에 동아시아 지역질서의 향방은 중국에게 매우 중요하다. 그 목표를 명확히 명시하고 있지는 않지만, '중국몽(中國夢)'이라는 개념으로 중화민족의 위대한 부흥을 외치는 중국에게 이웃국가들과의 안정적이고 평화적 관계 유지는 중국의 부상에 필요조건이다. 마치 아시아 국가로서 아태지역을 전략적 강역(戰略疆域, strategic zone)으로 동아시아를 전략적 핵심지역으로 간주해야 한다는 한 중국학자의 주장처럼, 중국의 부상에 동아시아 지역에 대한 주도권 확보는 필수적이다.[27]

1949년 건국 이후 중국이 지역(region)의 개념으로 동아시아 지역을 보기 시작한 건 그리 오래된 일이 아니다. 근대시기 동아시아 지역에 대한 서구세력의 확장을 경험한 이후 중국은 외교적으로 서구와의 교섭에 중점을 두었다. 주변국가 및 동아시아 국가들과는 오히려 갈등을 겪어왔다. 이후 중국은 오랜 기간 지역적 차원에서 동아시아 국가와의 관계를 처리했다기보다 양자관계라는 개념으로 관련 국가들과의 관계를 처리했다.[28] 1990년대

....

27　門洪華, "中國東亞外交戰略選擇的重要性," 2010, https://wenku.baidu.com/view/0231c580a6c-30c2259019ea8.html (검색일: 2015. 3. 7).

28　Rosemary Foot, "Pacific Asia: The Development of Regional Dialogue," in Louise Fawcett and Andrew Hurell (eds.), *Regionalism in World Politics: Regional Organization and In-*

중반 이후에야 중국은 비로소 지역의 개념을 받아들이기 시작했고, 동아시아 지역을 중국의 강대국화에 필요한 기반지역임을 인식하며 동아시아 지역 국가들과의 협력에 관심을 기울였다.[29] 1990년대 중후반은 중국이 지역적 차원에서 강대국으로서의 일정한 역할이 필요하다는 점을 인식하기 시작한 그 시기이다. 그러나 중국이 정책적 차원에서 동아시아 지역을 집단화(grouping)하여 공식적으로 국가적 차원의 정책을 발표한 적은 없다.

개혁개방 이후 중국의 발전에 동아시아 지역은 매우 중요한 역할을 수행했다. 상당기간 동안 중국의 대외경제활동의 70%가 동아시아에서 진행됐고 중국투자의 85%는 동아시아지역 국가들로부터 시행된 것이다.[30] 이처럼 중국이 강대국 위상을 얻는 데 동아시아 국가들의 공은 적지 않다. 이후 중국도 동아시아 경제구조에 편입되면서 동아시아 지역경제 발전에 상당한 영향을 미치고 있다. 이미 언급했듯이 1990년대 중반 이전까지 중국은 동아시아 협력에 대해 매우 소극적이었고, 1999년 이전까지는 아시아 경제와 안보시스템에 대한 견해를 공식적으로 발표한 적이 없었다.[31] 1997년 동아시아 금융위기는 동아시아 국가들의 지역협력에 촉매제가 됐는데, 이 시기 중국은 자국의 국제적 위상을 '책임감 있는 강대국'으로 인식하기 시작할 무렵이다. 결국 동아시아 금융위기를 계기로 동아시아에 대한 중국의 연루와 개입이 증가됐다고 평가할 수 있다. 중국은 화이질서(華夷秩序)를 운영했던 경험이 있는데, 화이질서의 지리적 기반은 동북아시아, 동남아시아 및 기타 이웃국가로 구성된 동아시아 지역이다. 때문에 중국이 부상하면서 이 지역에 대한 연루와 개입이 증가하면 할수록, 중국이 동아시아 질서를 재구성함

....

ternational order (Oxford: Oxford University Press, 1996), p. 239.

29 朱雲漢, "中國人與21世紀世界秩序,"『世界經濟與政治』10期 (2001).

30 國家發展改革委員會外事司與外經所課題組, "中國參與區域經濟合作的現狀, 問題與建議,"『經濟研究參考』41號 (2004).

31 Shujiro Urata, "The Emergence and proliferation of Free Trade Agreement in East Asia," *The Japanese Economy* 32-2 (2004), pp. 5-52.

에 있어 역사적 경험을 반영하고자 할지에 대해서 많은 이웃국가들이 우려했다.

때문에 2000년대 들어서며 중국은 다양한 시그널을 보내 이웃국가들을 안심시키며 동아시아 이웃국가들의 신뢰를 얻고자 했다. 중국이 동아시아 지역에 대한 연루와 개입이 증가되면서 보이는 특징은 양자관계뿐만 아니라 다자레짐을 주도적으로 확대시켰다. 예를 들어 중국은 2002년 아세안과 FTA를 체결하고, 2002년 중국은 아세안 국가들과 〈남해각방행위선언〉 조인, 2003년에는 비아세안 국가로서는 처음으로 동남아우호협력조약(TAC)에 가입했다. 2002-2003년 제2차 북핵 위기 발발 때도 중국은 1990년대 초와는 다르게 적극적인 중재로 3자, 6자 회담을 조직하는 모습을 보였다. 이 시기 중국이 보였던 이웃국가들에 대한 일련의 행태를 영향력 확대를 위한 매력공세였다는 평가도 있다.[32] 이미 언급했듯이 1990년대 중후반 동아시아 국가들은 금융위기를 겪으면서 동아시아의 이웃 국가들의 안정과 발전 역시 중국의 중요한 이익임을 인식하게 됐던 것이다. 당시에는 동아시아 지역은 여전히 미국의 패권이 지배적이었고, 동아시아 지역에서의 미중 간 패권경쟁의 가능성만 제기됐었다. 당시 중국은 기존 질서의 현상유지 국가(Status Quo Power)로 평가받았고, 중국 스스로도 미국의 지역 내 패권에 도전하는 행위들을 최대한 자제하며 미국의 패권에 도전하는 국가로 보일지에 대해 우려하기까지 했다.[33]

2008년 미국발 글로벌 금융위기는 중국의 이익 구성과 동아시아 정책

....

32 이영학, "중국 소프트파워 대외정책의 공세적 변화와 원인: 중국의 남중국해 정책을 중심으로," 『중소연구』 제36집 (1)호 (2012), pp. 45-82.

33 Alastair I. Johnston, "Is China a Status Quo Power?," *International Security* 27-4 (Spring 2003), pp. 5-56. 이 시기 지역 내 중국의 역할에 대한 중국학자들의 논의들도 이를 반영한다. 중국이 미국 우위의 패권질서에 대한 현상변경 국가로 보일 수 있는 부분에 대해 매우 신중하게 접근하는 경향을 보였다. 이 시기 중국학자들의 논의에 대해서는 다음을 참조. 김애경, "중국의 강대국화 담론: 1999년 코소보사태 전후 시기를 중심으로," 정재호(편), 『중국의 강대국화: 비교 및 국제정치적 접근』 (서울: 도서출판 길, 2006), 제7장.

에 영향을 주었다. 2010년 중국은 경제규모 세계 2위국인 'G2' 국가가 되었다. 이에 따라 중국의 '책임감 있는 대국' 정체성은 강화되었는데, 기존의 '책임감 있는 대국'의 정체성이 미국 주도의 질서 내에서 규범을 준수하며 질서를 평화적으로 유지하는 것이 중국의 역할이자 이익이었다면, 강화된 '책임감 있는 대국' 정체성은 지역질서를 평화적으로 유지하면서 중국의 향상된 지위만큼의 발언권과 영향력을 확대하는 역할과 이익으로 재구성되었다고 볼 수 있다.[34]

중국학자들의 논의들에서도 이러한 추세를 발견할 수 있다. 중국 내에서 자국의 국제적 역할과 발언권 확대와 관련된 논의는 매우 1990년대 후반이후 활발하게 진행되어 왔다. 1990년대 말 2000년대 초 당시 중국 내부 논의의 스펙트럼은 매우 넓었다. 중국의 국제적 지위가 높아지는 만큼의 역할을 해야 한다는 책임대국론파, 국제사회에서 제한적인 책임을 수행하며 중국의 실리를 도모해야 한다는 도광양회(韜光養晦)파, 중국의 이중적 정체성을 고려하여 '발전, 주권, 책임'의 이익을 조화시켜야 한다는 중도파 및 국제사회와의 연계를 신중히 고려할 것을 건의하는 부류 등이 존재했다.[35] 이렇게 다양한 스펙트럼의 논의는 글로벌 금융위기 이후에도 지속되었다. 이전의 논의가 중국의 발전, 강대국화를 위한 정책과 전략이 중심이었다면, 글로벌 금융위기 이후의 논의는 중국의 발전이익뿐만 아니라 중국과 국제체제와의 관계, 국제질서 속에서의 중국의 이익을 동시에 반영하고 있다는 점이 큰 차이이다.[36] 즉 중국이 높아진 국제위상에 맞게 영향력과 발언권을 확

....

34 학계를 중심으로 국제적 위상에 걸맞게 현 시스템에서 중국이 발언권 확대를 도모해야 한다는 견해가 지속적으로 제기되고 있다는 점은 매우 큰 함의를 갖는다. 김애경, "중국은 북핵문제 해결을 위해 어떠한 역할을 해 왔는가?," 성균중국연구소(편), 『북중관계 다이제스트: 한중 소장 학자들에게 묻다』(서울: 다산출판사, 2015), pp. 53-4.

35 김재철은 중국의 대외적 역할과 정책에 대한 중국 학자들의 내부 논의를 국제주의와 민족주의로 구분해서 소개했다. 자세한 내용을 다음의 저서를 참고. 김재철, 『중국과 세계: 국제주의, 민족주의, 외교정책』(파주: 한울 아카데미, 2017).

36 김애경, "국제질서의 변화와 중국 대외전략에 대한 담론 검토: 중국 내부 논의 분석을 중심으

대해야 한다는 논의가 활발해졌다.

2010년을 전후로 중국이 동아시아 지역에서 보인 행태들은 자국의 영향력 강화, 발언권 확대를 시도하고 있는 것으로 판단된다. 특히 지역차원에서 중국이 자국의 강대국화의 기반인 경제력을 이용해서 소위 '핵심이익'을 키우기, '핵심이익'을 지키기 위한 주도권 다지기, 이웃국가들과의 협력강화를 위한 다자레짐 구성에 적극적이었다. 2010년 전후로 동아시아 지역의 갈등이 더욱 격화되었던 것도 이 지역에 대한 중국의 적극적 외교행태와 무관하지 않다. 중국은 강대국으로 부상한 만큼 영향력을 확대하려고 했던 반면 미국은 중국에 동아시아 지역에서의 주도권을 양보할 생각이 없다. 미국은 중국의 부상에 대응하기 위해 '아시아 회귀(Pivot to Asia)'전략을 천명하며 중국의 부상을 지연시키고자 했다.

이에 중국은 동아시아 질서에서 자국의 영향력 강화, 발언권 확대를 위해 1990년대 후반 2000년대 초반까지 보였던 '매력공세'와는 상반된 모습을 보였다. 예컨대, 2011년 2월 중국 구축함의 필리핀 어선에 대한 사격사건, 5월 중순 중국 순찰함의 베트남 시추선박 충돌사건, 2012년 중국 정찰함과 필리핀 군함의 대치와 베트남 EEZ내의 스카보러 암초(Scarborough Reef, 중국명 황옌다오 黃巖島) 점거, 2014년 5월 중국 해양 석유 981 시추선의 베트남 영해진입으로 중-베트남 양국 어선의 해상충돌 사건, 2014년 영유권 분쟁 중인 피어리 크로스암초(Fierry Cross Reef, 중국명 융수자오永暑礁)에 인공섬 건설과 군사시설을 배치, 2016년 국제상설중재재판소(PCA)의 판결 거부, 2010년과 2012년 센카쿠 열도(釣魚島, 중국명 댜오위다오) 갈등에 대응하는 경제보복 등의 조치는 중국이 '핵심이익'을 지키며 동아시아 지역에서의 주도권을 다지기 위한 방편이다.

뿐만 아니라 중국은 경제력을 기반으로 적극적인 대외경제 전략을 취하며 동아시아 지역에 대해 미국과의 주도권 경쟁도 주저하지 않는 모습이다.

....

로," 『아시아리뷰』 제2권 (2)호 (2012), p. 77.

물론 미국에 도전한다는 인상을 주지 않기 위해 중국은 매우 신중하게 접근하고 있지만, 진행속도가 빠르든 느리든 중국이 최근 취하는 일련의 행태들은 동아시아 지역의 주도권을 다지기 위한 의도라고 판단하기에 충분하다. 인민폐 국제화 추진, '일대일로' 구축을 위한 다양한 조치와 연선국가들과 적극적인 협약 체결, 아시아 인프라투자은행(AIIB) 수립 등은 좋은 사례들이다. 물론 이와 같은 경제적 조치들은 동아시아 국가들에게만 국한되지는 않는다.

AIIB의 경우 중국이 새롭게 제시한 금융질서 메커니즘의 사례로 2016년 1월 중국 주도로 출범되었다. AIIB 설립은 중국이 '일대일로' 구상을 실현시키기 위한 재정충당 등 복합적인 목표가 반영됐다. 세계은행, 국제통화기금, 아시아개발은행 등 기존의 금융기구와 역할이 중첩되고 있음에도 불구하고 중국이 새로운 금융기구인 AIIB를 설립한 것은 지역적 차원에서 미국 및 일본 중심의 기성 금융질서에서 탈피하고 부분적 대체를 통해 아시아 지역에서 중국의 영향력을 확대하기 위해서라는 평가를 받는다.[37] 더 나아가 AIIB의 의사결정 부문에서 중국은 '거부권'을 포기하는 등 미국식 운영 원리와 다른 원칙을 제시하면서 '규칙제정자(rule maker)'로서의 역할을 수행하고 있는 셈이다.

이처럼 중국은 최근 강대국화의 지역적 기반이라고 할 수 있는 동아시아 지역질서에 매우 적극적·공세적 태도로 임하고 있다. 이는 국내산업 구조개선과 민족주의 정서의 상승 등 다양한 요인들이 복합적으로 작용했지만, 동아시아 지역에 대한 중국의 이익이 확대·재구성되었다는 점도 간과할 수 없다. 자국의 국제적 위상이 향상된 만큼 중국은 지역질서와 국제질서에서 자국의 영향력과 목소리가 반영되어야 하는데, 특히 중국과 이웃하

....

37 이봉걸, "AIIB, 57개국 참여 '중국의 꿈' 실현 본격화되나?," 『The Unified Korea』 (5)호 (2015), p. 31; 손열, "AIIB와 한국의 선택," 정재호(편), 『미·중 사이 한국의 딜레마: 사례와 평가』 (서울: 서울대학교 미중관계연구소, 2017), p. 21.

는 국가들에 대한 주도권을 가져야 한다고 인식하고 있다. 동아시아는 중국의 강대국화를 위한 지역적 기반이 될 수 있기 때문이다. 그러나 기존 패권국인 미국은 자국 중심의 질서가 재구성되는 것을 우려하면서 이해관계가 상충되고 있는 것이다. 결국 중국이 최근 보이고 있는 대외행태들은 이웃하는 상대국에 때로는 노골적으로 무력시위나 경제제재의 수단으로 압박하고, 때로는 자국의 경제력을 바탕으로 경제적 지원과 협력을 이끌어내는 방법으로 지역질서 재구성을 시도하고 있다고 판단된다.

V. 동아시아 질서에 대한 함의

이상으로 건국 이후 중국이 국제체제와의 상호작용을 통해 중국의 국가이익이 끊임없이 재구성되었고, 중국의 동아시아 정책에 반영되었음을 살펴보았다. 최근 중국이 부상하면서 공세적 외교를 구사한다는 비판을 받는 것도 중국이 국제체제와의 상호작용을 통해 자국의 정체성과 이익을 끊임없이 재구성해왔기 때문이다. 건국 이후 개혁개방 이전까지 중국은 미소 양국이 만들어 놓은 냉전체제에서 국가의 생존과 국제사회에서 정치적 승인획득을 다른 어떤 이익보다도 우선시하였다. 유엔에서의 대표지위를 회복하게 되고, 중국이 지도부가 교체되면서 국제체제의 특징이 평화와 발전임을 인식하였고 이에 따라 중국은 국내경제 발전을 가장 우선시하는 국가전략으로 삼았다. 국내경제발전을 위해서는 자본과 선진기술의 유입은 이후 중국이 가장 우선시하는 이익이 되었다. 이후 중국의 국제적 위상이 제고되면서 국가이익은 경제발전뿐만 아니라 정치적 영향력 확대, 경제력에 부응하는 군사력 강화 및 국제적 공헌으로까지 확대되었고, 이후 이익의 내용과 범위는 더욱 풍부해지면서 재구성되었다. 즉 경제이익을 사례로 보더라도 과거에는 자본과 기술의 유입을 통한 중국경제 발전이 매우 중요한 이익이었다면, 현재에는 자원공급선의 안정화, 자본과 기술의 수출, 해외에 투자한 자국기업과 공민의 보호 및 자국 중심의 지역경제질서 구축, 세계경제질서에서 중국의 영향력 확대 등으로 확대·재구성되었다.

이렇게 재구성된 중국의 국가이익은 중국의 동아시아 정책에도 반영되었다. 정치·안보적 차원에서 중국은 동아시아 국가들과의 갈등도 불사하며 '핵심이익'을 지키며, 기존질서에 도전하는 모습을 보이고 있다. 경제적 차원에서는 자국의 경제력을 바탕으로 동아시아 경제 질서 재구축에 매진하고 있다. 미국 중심의 질서에 도전한다는 인상을 주지 않기 위해 노력했던 이전의 모습과는 대조적이다. 중국이 최근 다양한 국제적 이슈에서 공세적인 행태를 보이는 점은 중국의 이익이 그 내용과 범위에서 지속적으로 확대·재구성되었음을 의미한다. 중국의 경제가 지속적으로 발전하고 이에 따라 동아시아 지역질서 및 세계질서 차원에서 정치적·경제적·문화적 및 기타 차원의 영향력이 확대된다면 중국의 국가이익도 더욱 더 확대될 것이다. 그렇다면 중국은 더 많은 이슈에서 더 큰 발언권과 영향력을 발휘하고자 할 것이다.

중국이 강대국으로서 발언권과 영향력을 어떻게 확대할 것인지는 향후 동아시아 질서 모습에 매우 중요한 요인이다. 중국경제가 지속적인 발전이 거듭되면서 동아시아와 전 세계에서의 지위가 더욱 향상된다면, 지금까지 중국의 행태들을 고찰해볼 때 중국은 동아시아 지역질서와 세계질서 재구성을 시도할 것이다. 그런데 중국의 이익이 중국의 경제력과 맞물려 확대·재구성됐듯이 동아시아 질서에 대한 중국의 태도, 정책 역시 지속적으로 진화될 가능성이 있다. 중국의 부상은 여전히 진행형이며, 중국이 기대하는 이상적인 동아시아 질서 구성 역시 진행형으로 그 모습이 명확하지 않다. 그럼에도 불구하고 중국은 동아시아 질서가 구성되어 가는 과정에서 자국의 영향력의 최대화를 도모할 것이다. 이 과정에서 기존 질서의 운영원리가 중국의 입장에서 불공정하다고 판단될 때는 수정하려는 모습을 보일 것이다.

중국은 동아시아 국가들이 갖는 '불완전 주권'국가라는 특징을 가지면서 천하질서를 운영했던 경험을 가진 국가이다. 중국이 세계에서 매우 중요한 부분이 되었기 때문에 세계에 대한 중국의 문화와 사상의 의미를 토론해야 한다는 천하질서를 연구한 자오팅양(趙汀陽)의 말과 화이질서 운영에 기본이 되었던 사상의 체계적인 연구를 통해 중화민족의 부흥은 화하주의(華夏主義)의 부흥이 필요하다는 주장은 매우 의미심장하다.[38] 중국이 과연 동아시아 질서를 어떻게 구성해가려고 생각하는지에 대한 의구심이 든다. 물론 21세기인 지금에 계서체계(hierarchy)인 중화질서를 재연하기는 어려울 것이다. 그러나 중국 국내 민족주의 정서 역시 중국의 국제적 위상이 제고되면서 강화되었고, 중국의 민족주의 정서는 근대시기 서구 제국들로부터 받았던 굴욕에서 벗어나 국제사회에 당당하게 서는 중국을 요구하고 있다. 권위주의 체제를 유지하는 중국이 일반 대중들의 민족주의 정서가 더해지면서 쉽게 내재된 전통적 제국성이 표출될 수도 있을 것이다. 결국 중국이 구성하려고 하는 동아시아 질서가 어떤 모습이 될지는 중국이 참여하고 있고 구축해 놓은 다자기제들을 어떻게 운영하고, 그 속에서 중국은 어떤 역할을 수행할지에 달려 있어, 보다 면밀한 관찰이 필요할 것으로 판단된다.

....

38   자오티양 저, 노승현 옮김, 『천하세계-21세기 중국의 세계인식』 (서울: 도서출판 길, 2010),
      p. 11; 葉自成, 『中華民族復興的歷史根源-華夏主義: 華夏體系500年的大智慧』 (北京: 人民出版社,
      2013), pp. 504-9.

참고문헌

김애경. "중국의 대외정체성 인식변화: 제1, 2차 북핵 위기에 대한 중국의 역할변화 분석을 사례로." 『국가전략』 제10권 (4)호 (2004).

_____. "중국의 강대국화 담론: 1999년 코소보사태 전후 시기를 중심으로." 정재호 편. 『중국의 강대국화: 비교 및 국제정치적 접근』 서울: 길, 2006.

_____. "국제질서의 변화와 중국 대외전략에 대한 담론 검토: 중국 내부 논의 분석을 중심으로." 『아시아리뷰』 제2권 2호 (2012).

_____. "중국은 북핵문제 해결을 위해 어떠한 역할을 해 왔는가?" 성균중국연구소 편, 『북중관계 다이제스트: 한중 소장 학자들에게 묻다』 서울: 다산출판사, 2015.

김재철. 『중국과 세계: 국제주의, 민족주의, 외교정책』 경기도: 한울 아카데미, 2017.

손열. "AIIB와 한국의 선택." 정재호 편. 『미중 사이의 한국의 딜레마: 사례와 평가』 서울: 서울대학교 미중관계연구소, 2017.

웬트, 알렉산더 저. 박건영, 이옥연, 구갑우 옮김. 『국제정치의 사회적이론: 구성주의』 서울: 사회평론, 2009.

이근욱. 『왈츠이후: 국제정치 이론의 변화와 발전』 파주: 한울, 2009.

이기택. 『국제정치사』 서울: 일신사, 1997.

이봉걸. "AIIB, 57개국 참여 '중국의 꿈' 실현 본격화되나?." 『The Unified Korea』 5호(2015).

이영학. "중국 소프트파워 대외정책의 공세적 변화와 원인: 중국의 남중국해 정책을 중심으로." 『중소연구』 제36집 1호 (2012).

자오티양 저. 노승현 옮김. 『천하세계-21세기 중국의 세계인식』 서울: 도서출판 길, 2010.

Burchill, Scott. *The National Interest International Relations Theory*. New York: Palgrave MacMillian, 2005.

Foot, Rosemary. "Pacific Asia: The Development of Regional Dialogue." In Louise Fawcett and Andrew Hurell. eds. *Regionalism in World Politics: Regional Organization and International order*. London: Oxford University Press, 1996.

Goldstein, Avery. "The Diplomacy Face of China's grand Strategy: A Rising Power's Emerging Choice." *The China Quarterly* 168 (Winter, 2001).

Kang, David. C. *China Rising: Peace, power, and order in East Asia*. New York: Columbia University press, 2007.

Kim, S. Samuel. "China's International Organizational Behavior." In Thomas W. Robinson and David Shambaugh. eds. *Chinese Foreign Policy - Theory & Practice*. London: Oxford Press, 1995.

Reus-Smit, Christian. "Constructivism." In Scott Burchill. et al. eds. *Theories of International Relations*. New York: Palgrave MacMillian, 2001.

Urata, Shujiro. "The Emergence and proliferation of Free Trade Agreement in East Asia." *The Japanese Economy* 32-2 (2004).

Wang, JiSi. "China's Search For Stability With America." *Foreign Affairs* 84-25 (September/

October, 2005).

Wendt, Alexander and Daniel Friedheim. "Hierarchy Under Anarchy: Informal Empire and the East German State." *International Organization* 49-4 (Autumn, 1995).

Wendt, Alexander. "Anarchy Is What State Make of It: the Social Construction of State Politics." *International Organization* 49-2 (Spring, 1992).

_____. "Constructing International Politics." *International Security* 20-1 (Summer, 1995).

_____. *Social theory of International Politics*. Cambridge: Cambridge University Press, 1999.

『鄧小平文選』第3卷. 北京: 人民出版社, 1993.

國家發改革委員會外事司與外經所課題組. "中國參與區域經濟合作的現狀, 問題與建議."『經濟研究參考』 41號 (2004).

姜運倉. "冷戰期間中國國家利益的變化脈絡分析."『商丘師範學院學報』25卷 1期 (2009).

江擇民.『江擇民論有中國特色的社會主義』北京: 中央文獻出版社, 2002.

梁凱音. "論中國擴展國際話語權的新思路."『國際論壇』11卷 3號 (2009).

蘇長和. "論中國海外利益."『世界經濟與政治』1期 (2000).

"同心協力, 共創未來: 在二十國集團領導人第四次峰會上的講話."『杭州日報』2010年 6月 28日.

"王岐山闡釋中國對IMF增資立場."財經網. 2009年 3月 28日.

王嘯. "國際話語權與中國國際形象的塑造."『國際關係學院學報』6期 (2010).

葉自成.『中華民族復興的歷史根源-華夏主義: 華夏體系500年的大智慧』北京: 人民出版社, 2013.

閻學通. "崛起中的中國國家利益內涵."『中國戰略論壇』7月號 (2006).

趙磊. "中國國家身分及參與聯合國維持和平行動."『新遠見』12月號 (2007).

朱雲漢. "中國人與21世紀世界秩序."『世界經濟與政治』10期 (2001).

孔子學院 사이트, http://www.hanban.edu.cn/confuciousinstitutes/node_10961.htm (검색일: 2018. 1. 3).

"合作推動增長, 合作謀求共贏." 2010年 11月 12日. http://news.china.com.cn/txt/2010-11/12/ content_21329459.htm (검색일: 2011. 10. 6).

門洪華. "中國東亞外交戰略選擇的重要性." https://wenku.baidu.com/view/0231c580a6c30c2259019 ea8.html(검색일: 2015. 3. 7).

"溫家寶總理答中外記者問."『光明日報』2010年 3月 15日. http://www.gmw.cn/content/2010-03/15/ content_1072069.htm (검색일: 2010. 3. 15).

제8장

시장과 국가 관계의 새로운 모색: 중국 사회주의 시장경제의 의미와 한계

정주연(고려대학교)

• 이 글은 2017년 "중국식 경제모델: 중국이 제시하는 새로운 시장경제의 의미와 한계"라는 제목으로 『사회과학연구』 제43집 3호에 게재된 논문을 수정 및 보완한 것임.

I. 서론

오늘날 보편적이고도 상식적인 개념으로 받아들여지는 '시장경제'는 사실 매우 근대적인 개념이다. 시장경제의 근간인 '개인'과 '개인의 이익'이라는 개념 자체가 16-17세기까지의 전통과 관습 속에서는 용인되지 않았다. 더구나 이기적인 개인들이 각자 자율적으로 경제활동을 하면서 자신들의 이익을 추구하면, 극심한 혼란이 초래되고 공동체의 질서가 붕괴되는 것이 아니라, 오히려 자연스레 질서와 효율성이 생겨나 결국 사회 전체의 필요를 충족하게 된다는 시장경제의 원리는 일견 매우 비상식적이다. 여기서 예상을 뒤엎고 공동체의 붕괴를 막는 것은 바로 '시장의 자기조정적 특성'이다. 탐욕적인 개인의 이기적 행위들의 합이 파괴적으로 증폭되지 않는 것은 바로 '분업'화된 업무들을 수행하는 개인들 간에 '경쟁'이 작동하면서 가격인상을 억제하고 생산 수량을 적절히 조정하기 때문이다. 서로 무관한 개인들이 각자 자유롭게 자신의 이익을 최대한 충족시키기 위해 노력한다면 그것이 경쟁시장이라는 메커니즘을 통해 효율적으로 타인과 공동체의 경제적 이익을 증가시키는 의도치 않은 결과를 가져온다는 자본주의의 핵심적인 논리는 지난 250여 년 동안 그 어떤 계획이나 명령보다도 더 효율적으로 인류에게 물질적 풍요를 제공하면서 그 유효성을 증명하였다.[1]

자본주의의 발전이 가져온 또 다른 중요한 결과는 정치와 경제, 그리고

----

1   애덤 스미스 저, 김수행 옮김, 『국부론』(서울: 비봉출판사, 2007); 로버트 하일브로너, 윌리엄 밀 버그 저, 홍기빈 옮김, 『자본주의 어디서 와서 어디로 가는가』(서울: 미지북스, 2010), 1-3장; 아 나톨 칼레츠키 저, 위선주 옮김, 『자본주의 4.0: 신자유주의를 대체할 새로운 경제 패러다임』(서 울: 컬처앤스토리, 2011), p. 86 및 정주연, "다시 국가와 정치로: 자본주의의 위기와 대안모색," 『국제지역연구』 제25권 (3)호 (2016).

국가와 시장의 분리이다. 시장의 발전 이전에 경제는 철저히 정치의 영역에 종속되어 있었고, 개인은 공동체의 권위에 얽매여 있었다. 자본주의의 발전을 통해 경제가 정치로부터, 그리고 개인이 공동체로부터 자율성을 획득하게 되고, '공공의 이익을 대변하는 국가 및 정치'와 '개인의 이익 추구를 보장하는 민간영역 및 시장'이라는 두 개의 권위가 사회를 이끌어 가는 시대가 시작되었다.[2] 그리고 이와 함께 공동체의 운영에 있어 두 영역, 즉 정치와 경제 또는 국가와 시장 간의 역할분담과 국가에 의한 시장 보완 및 견제가 중요한 문제가 되었다. 20세기 후반에 들면서, 국가와 시장의 긴장관계는 시장의 우위로 귀결되는 듯 보였다. 자본주의에 대한 대안적 실험이었던 현실 사회주의의 실패와 함께, 자본주의는 경제적 효율성과 정치적 정당성 모두에 있어 궁극적인 승리를 거둔 것으로 인식되었다. 특히 미국의 독보적인 정치적, 경제적 헤게모니가 그 우월성을 입증한 영미식 자유주의적 자본주의(Anglo-American liberal capitalism)의 영향력은 시장 자유화와 탈규제를 경제 위기에 대한 해법으로 간주하는 워싱턴 컨센서스(Washington Consensus)와 함께 전세계로 확산되었다. 국경 없는 자본과 시장의 힘이 국민국가의 독점적이고 배타적인 권위를 약화시키거나 정책 자율성을 크게 제한할 수 있는 상황이 도래하면서,[3] 시장이 국가와 주권의 절대성에 도전하는 상황이 된 것이다.

그러나 자유시장의 효율성, 합리성, 보편성, 정당성에 대한 믿음이 그 어느 때보다 전 지구적으로 공유되고 있음에도 불구하고, 자본주의가 심각

....

2   로버트 하일브로너, 윌리엄 밀버그 (2010), p. 297.

3   이에 대한 논쟁으로는 다음을 참고하라. Susan Strange, *The Retreat of the State: the Diffusion of Power in the World Economy* (New York: Cambridge University Press, 1996); Riccardo Petrella, "Globalization and Internationalization," in Robert Boyer and Daniel Drache (eds.), *States Against Markets: The Limits of Globalization* (London: Routledge, 1996); Iyanatul Islam and Anis Chowdhury, *The Political Economy of East Asia: Post-crisis Debates* (Oxford University Press, 2000); and Linda Weiss (ed.), *State in the Global Economy: Bringing Domestic Institutions Back In* (Cambridge: Cambridge University Press, 2003).

한 비판에 직면해 있는 것도 사실이다. '이기적인 개인의 욕구'에 기반하여 작동하는 자본주의하에서, 개인의 이기심을 공동체의 번영으로 전환시키는 핵심적인 매커니즘인 시장의 자율적 조정기능이 한계에 봉착하고, 그 한계를 보완하던 공적 규제 능력은 저하되면서, 개인의 욕망과 경쟁이 정치적·경제적 불평등을 심화시키고 공동체의 경제적 안정성과 정치적 정당성을 위협하는 상황이 대두한 것이다. 또한 자유주의적 자본주의(liberal capitalism)가 전 세계로 확산되고 경제의 세계화가 전대미문의 수준으로 빠르게 진행되면서, 전 지구적 자본이동에 따른 금융위기의 파괴력이 확대되고, 국지적 경제위기와 불안정성이 체제적 수준의 위기로 전이될 가능성 및 그에 대한 국내경제의 취약성 또한 크게 높아지고 있다. 이에 더하여 개인의 욕망을 자극하고 소비를 극대화하는 방식으로 지속되어 온 자본주의적 경제성장이 자원고갈과 환경파괴를 가속화하면서, 인류 공존의 물적 기반마저 잠식하는 상황에 이르렀다. 결국 현실의 자본주의는, 그 동력인 '이기적 개인의 욕구'가 적절히 조정되지 못하고 '공동체의 집합적 복리와 공존'마저 위협하는 문제에 직면해 있다.[4]

시장의 자율적 조정기능에 대한 신뢰에 기반한 자유주의적 자본주의 발전모델들이 그 내적 모순과 한계를 노출하는 시점에서, 학문적 관심의 대상으로 부상하고 있는 사례는 중국이다. 최근 수십 년간 이룩한 경제력의 성장과 그에 힘입은 정치적 파워의 확장을 기반으로, 중국은 미국 중심의 자유주의적 자본주의 경제체제에 대한 대안으로도 거론되고 있다. 시장을 중심으로 한 경제개방과 탈규제, 체제적 수준의 경제 구조개혁을 권고하는 워싱턴 컨센서스(Washington Consensus)를 비판하면서 정치적 권위주의와 국가개입에 기반한 점진적 경제개혁을 강조하는 베이징 컨센서스(Beijing Consensus)를 제안하거나,[5] 자유주의적 시장경제와 자유 민주주의의 결합

....

4　이러한 관점에서 자본주의의 위기를 분석한 저자의 최근 논의로는 다음의 글을 참고하라. 정주연, "다시 국가와 정치로: 자본주의의 위기와 대안모색,"『국제지역연구』제25권 (3)호 (2016).

을 이상적인 모델로 제안하는 '서구식' 또는 '미국 중심적' 정치경제 모델에 대한 도전으로 사회주의 시장경제와 정치적 권위주의가 결합한 '중국모델론'을 논의하는 것[6]이 그 대표적인 예이다.

시장이 국가의 권위에 도전하고 개인의 이익이 공동체의 복리를 침해하는 자본주의의 위기상황에서, 중국의 사회주의 시장경제는 개인과 공동체의 경계, 시장과 국가의 균형, 국가의 역할과 공동체의 가치에 대한 새로운 접근을 시도한다는 점에서 흥미로운 사례임이 분명하다. 중국이 지금까지 이룩한 경제적 성공은 개인들 간의 자유로운 경쟁과 시장의 자율적 조정을 통해서만이 아니라 공유제를 근간으로 적극적인 국가의 개입과 국유기업의 주도적 역할을 통해서도 공동체의 부를 창출하고 복리를 확대할 수 있다는 가능성을 보여주기 때문이다. 그렇다면 중국의 '사회주의 시장경제'는 과연 국가와 시장 간의 새로운 균형점을 제안하고, 국가의 권위 및 공동체적 가치의 회복을 가능케 할 수 있는가. 대안적 체제로서 '중국식 경제모델'이 가지는 가능성과, 그럼에도 존재하는 한계는 무엇인가.

이러한 질문들을 탐색하기 위해 이 논문의 2절은 먼저 중국의 사회주의 시장경제가 어떤 특징을 가지는지 살펴보고, 이어 3절에서 중국의 사회주의 시장경제가 노출하고 있는 문제와 한계들을 분석한다. 이 장은 중국이 추구하고 있는 시장경제 모델이 자본주의의 모순에서 결코 자유롭지 않으며, 오

....

5   Joshua Ramo, *The Beijing Consensus* (Foreign Policy Centre, 2004); Scott Kennedy, "The Myth of the Beijing Consensus," *Journal of Contemporary China* 19-65 (June 2010); Stefan A. Harper, *The Beijing Consensus: How China's Authoritarian Model Will Dominate the Twenty-First Century* (Basic Books, 2010); Yasheng Huang, "Rethinking the Beijing Consensus," *Asia Policy* 11 (January 2011); and John Williamson, "Is the "Beijing Consensus" Now Dominant?" *Asia Policy* 13 (January 2012).

6   Suisheng Zhao, "The China Model: Can It Replace the Western Model of Modernization?" *Journal of Contemporary China* 19-65 (June 2010); Weiwei Zhang, *The China Wave: Rise of a Civilizational State* (World Century Publishing Corporation, 2012); and Daniel Bell, *The China Model: Political Meritocracy and the Limits of Democracy* (Princeton University Press, 2015).

히려 더 취약한 상황에 처해 있음을 보여준다. 이어 4절은 이러한 문제들을 해결하고자 하는 중국의 내부적 시도들이 가지고 있는 근본적인 한계들을 비판적으로 짚어본다. 이 논문은 중국이 시장경제 발전과정에서 발생하는 문제들을 '더욱 효율적이고 빠른 성장'을 통해 극복하려는 과정에서 '더 나쁜 자본주의'로 전락할 수 있고, 중국의 특수성을 강조하면서 '중국특색 사회주의'의 우월성을 부각하려고 하는 과정에서 국가주의의 덫에 빠질 수 있는 위험에 처해 있음을 보여준다.

중국의 사회주의 시장경제가 기존의 자본주의 경제체제에 대한 대안적 모델로 정당성과 보편적 설득력을 가지려면, 효율과 발전에 있어서 자본주의보다 상대적으로 우월함을 증명하는 것이 아니라, 개인과 공동체의 균형을 회복하고 평등과 공존의 가치를 보다 잘 실현할 수 있음을 보여주는 것이 중요하다. 이를 위해서는 공유재산과 국유기업에 대한 엄격하고 투명한 관리감독체계를 구축하고, 강력한 국가권력을 견제하는 제도적 장치를 만들어야 한다. 그러나 권위주의적 정치체제에 의해 유지되고 있으면서도, 국가와 공적영역의 힘을 효과적으로 통제함으로써 비로소 그 경제적 불안정성과 정치적 정당성의 위기를 극복할 수 있다는 점에서, 중국의 사회주의 시장경제가 제안하는 시장과 국가의 공존방식은 결코 해결이 쉽지 않은 정치적 딜레마와 한계를 가지고 있다.

II. 중국의 사회주의 시장경제

1. 시장의 수용과 정당화

중국의 개혁개방은 1978년 12월에 열린 중국공산당 11차 3중전회를 기점으로 공식적으로 시작되었다. 농업의 탈집단화, 경제특구 설치를 통한 경제 개방, 시장과 계획의 공존(쌍궤제) 등을 중심으로 제한된 범위 내에서 점진적인 시장개혁을 추진하던 초기 경제개혁 시기는, 개혁의 방향과 시장화의 정도를 놓고 공산당 지도부 내부의 보수파와 개혁파 간의 치열한 갈등이 공존하던 시기이다. 이러한 내부 논쟁을 일단락시킨 것은 1992년 1월 덩샤오핑의 남순강화이다. 천안문 사태 이후 경제개혁이 크게 위축된 상황에서 션전(深圳) 경제특구를 방문한 덩은 경제개혁의 성공을 치하하고 인민과 지방정부들이 보다 빨리, 더 과감한 개혁을 추진하도록 독려하면서 중국 경제 개혁의 중요한 전환점을 마련했다. 시장경제가 곧 자본주의는 아니며, 생산성 제고를 위해서는 시장경제의 수단을 이용할 수 있다고 본 등소평의 실용적 사고는, 이념적 도그마를 벗어나 시장을 경제발전이라는 목적을 달성하기 위한 유용한 수단으로 간주하는 실용적 사고를 여실히 보여준다.

'사회주의 시장경제'가 중국의 공식 슬로건이 된 것은 1992년 10월, 제14차 당대회에서다. 여기서 공산당은 이제 중국은 1984년 이래 공식적인 개혁목표였던 '사회주의 계획경제'가 아닌 '사회주의 시장경제'를 지향할 것이라 천명함으로써, 개혁의 방향을 둘러싼 그간의 이념논쟁에 종지부를 찍었다. '시장'이라는 단어는 드디어 공식적으로 정당성을 확보한 것이며, 이로써 중국의 경제발전의 목표는 사회주의 경제가 아니라 시장을 도입한 혼합경제가 되었다. 1993년에는 중국 헌법 15조의 "국가는 사회주의 공유에 기반한 경제계획을 실시한다"는 구절을 "국가는 사회주의 시장경제를 실시한다"라는 구절로 대체하면서,[7] 처음으로 '사유화' 또한 이념적 정당성을 획득하게 되었다. 이후 중국은 이전 단계의 '패자 없는' 조심스러운 개혁에서 '패자를 감수하는' 빠르고 근본적인 시장개혁을 추진하기 시작한다. 이는 과감한 외국투자유치, 도시와 농촌의 국공유기업 사유화, 노동자 해고를 감수한 국유기업개혁, 그리고 WTO 가입으로 이어지면서 중국의 경제구조를 근본적으로 바꾸어 놓았다.

....

7   "中华人民共和国宪法修正案"(1993年 3月 29日), http://www.npc.gov.cn/npc/xinwen/2013-12/10/content_1816099.htm.

1978년까지 국유기업은 중국의 산업을 지배하는 사회주의 경제의 척추였다. 1978년 당시 국유기업은 중국 총산업생산량의 77%를 차지하였고, 나머지 산업생산량도 거의 다른 형태의 공유기업들의 생산에 의존하고 있었다. 그러나 국유기업 생산량은 지속적으로 감소하여 1996년에 이르면 총산업생산량의 33%로 감소하였으며, 이에 반해 개혁 전에는 전무하였던 사기업과 외자기업의 생산량은 각각 19%와 12%로 증가하였다.[8] 사기업 수는 꾸준히 증가하여 2004년에 그 수가 160만 개에 이르렀고, 10년 만인 2014년에는 1060만 개로 열배가량 증가하였으며, 4천 만의 소규모 자영업자(거티후)들 또한 등장하였다. 2014년에 이르면 비국유부문이 중국 전체 GDP의 60%, 도시고용의 80% 이상, 그리고 새로운 직업의 90% 이상을 담당하게 된다. 반면 국유기업의 총산업생산량은 2002년에는 외자기업에 추월당하고 2003년에는 사유기업에 의해 추월당한 이후 크게 성장하지 못하면서 그 비중이 급속히 감소해 왔다. 40여 년 만에 엄청난 산업구조 변화가 일어난 것이다.[9]

국공유기업의 사유화 및 사기업의 폭발적 증가와 함께, 중국경제에서 '자본가'가 차지하는 입지도 극적인 전환을 맞이하였다. 2000년에 들어서면 장쩌민은 중국특색사회주의의 새로운 단계에 진입하기 위해서는 당이 중국사회의 선진부문을 받아들여야 한다는 '3개대표론'를 내세우는데, 이는 지금까지는 무산계급의 이익을 대표해 온 공산당이 이제 자본가와 지식인을 포함한 광범위한 계급과 계층의 이익을 대표함으로써 중국식 사회주의 발전에 박차를 가할 수 있다는 것이다.[10] 3개대표론은 2002년 11월에 열린 16

....

8   Barry Naughton, *The Chinese Economy* (The MIT Press, 2007), pp. 299-300.
9   David Zweig, "China's Political Economy," in William Joseph (ed.), *Politics in China: An Introduction* (Oxford; New York: Oxford University Press, 2014).
10   江泽民, "在庆祝中国共产党成立八十周年大会上的讲话(全文)" (2001), http://www.china.com.cn/zhuanti2005/txt/2001-07/01/content_5042177.htm; 江泽民, "全面建设小康社会, 开创中国特色社会主义事业新局面--在中国共产党第十六次全国代表大会上的报告" (2002), http://www.china-daily.com.cn/dfpd/18da/2012-08/28/content_15820005.htm.

차 당대회에서 채택되어 당헌에 포함되었으며, 2004년 3월에는 마르크시즘, 모택동사상, 등소평이론과 나란히 주요사상으로 국가 헌법에 표기되었다. 이는 공산당은 과거 계급의 적이었던 자본가들에게 공식적으로 문호를 열고 적극적으로 포용하기 시작했다는 것, 그리고 시장과 사유화에 이어 자본가들도 중국의 사회주의 시장경제체제에서 이념적으로 정당한 입지를 차지하게 되었음을 의미한다.

2. '사회주의 시장경제'는 무엇인가

그렇다면 이처럼 시장과 사유경제와 자본가가 중요한 위치를 차지하고 있는 중국의 '사회주의 시장경제'는 과연 서구 자본주의와 근본적으로 다른가. 중국의 경제체제는 여전히 '사회주의'라 부를 수 있는 것인가.

중국 헌법[11] 1조는 "중화인민공화국은 노동자계급이 영도하고, 농공연맹을 기초로 하는 인민민주독재 사회주의 국가이다"라고 명시하고 있다. 소유제와 관련해서는, 6조에서 "중화인민공화국 사회주의경제제도의 기초는 생산수단의 사회주의 공유제, 즉 전민소유제와 노동군중집체소유제이다"고 하고 있으며, 특히 "도시의 토지는 국가소유이다. 농촌과 도시교외의 토지는 법률이 국유로 규정한 것 이외에는 집체소유이다…어떠한 조직이나 개인도 토지를 침해, 매매, 또는 기타 불법한 방식으로 양도할 수 없다"(10조). 그리고 15조는 "국가는 법에 의거하여 어떠한 조직이나 개인이 사회경제질서를 어지럽히는 것을 금한다"라고 선을 긋고 있다. 이러한 조항들에 비추어 볼 때, 중국은 명백히 사회주의 국가이며 국가(또는 공동체)의 주요생산수단 소유 및 경제운영과 관련한 통제권을 명시하고 있다.

그러나 동시에 탄력적인 조항들도 공존한다. 헌법 6조는 공유제 조항에 더하여 "(중국 사회주의 경제제도는)사회주의 초급단계에 있어 공유제를 주

....
11 현행 중국 헌법은 1982년 공포되어 2018년까지 5차례 수정을 거쳤다.

요부분으로 견지하되 다양한 소유제를 함께 발전시키는 기본경제제도이다"라는 단서를 달고 있으며, 11조는 "법률이 규정하는 범위 내에서 개인 및 민영경제 등 비공유제경제는 사회주의시장경제의 주요한 구성부분이다. 국가는 개인 및 민영경제 등 비공유제경제의 합법적 권리와 이익을 보호한다. 국가는 비공유제경제의 발전을 격려, 지지, 인도하며, 법에 의거하여 관리감독을 실시한다"라 하고 있다. 또한 13조는 "국민의 사유재산은 침범받지 아니한다. 국가는 법률규정에 의거하여 국민의 사유재산권과 상속권을 보호한다"고 명시하고 있다.[12] 즉 중국의 경제체제는 사회주의 공유제를 기본으로 하면서도 소유제의 다양성을 인정하며 국가가 적극적으로 개인의 사유재산권과 비공유경제를 보호한다고 강조하고 있는 것이다.

과연 이처럼 혼합적인 특성들을 드러내고 있는 중국의 경제체제를 여전히 '사회주의'라고 부를 수 있을지에 대해서는 논쟁의 여지가 있다. 정치적으로는 명확히 자본주의를 배격하고 있으면서도, 실제에 있어서는 빠르게 시장경제를 받아들이고 선진 자본주의 경제를 모방하면서 개혁과 성장을 이루어야 하는 상황에서 채용된 '사회주의 시장경제'라는 용어 자체가 상당한 실용적 목적과 모호성을 가지고 있기 때문이다. 경제개혁과 개방이 시작된 이래 공산당 지도부 내에서도 개혁의 필요성에 대한 정치적 합의는 존재하였지만 그 방식, 속도 및 방향에 대해서는 상당한 논쟁과 갈등이 지속되어왔다. 따라서 중국의 경제체제를 무엇으로 정의하고 어떻게 분류해야 할지에 대해서는 여전히 논란이 있으며, 그 미래의 모습이 어떠한 것이 될 것인가는 훨씬 더 광범위한 예측과 격렬한 논쟁의 대상이다.

중국의 사회주의 시장경제체제에서 사회주의가 차지해야 하는 입지에 대한 중국 내부 논쟁의 스펙트럼은 매우 넓다. 리우쥔닝(刘军宁) 등과 같은 일부 자유주의자들이 중국 사회주의를 중국사회의 병폐의 근원이자 극복

....
12 "中华人民共和国宪法"(2004), http://www.npc.gov.cn/wxzl/wxzl/2004-04/19/content_334617.htm.

의 대상으로 간주하고 개인의 권리 및 자유시장의 확대를 적극 옹호하는 반면,[13] 많은 주류학자들은 일정의 정치개혁을 주장하면서도 공산당하의 기존 정치체제는 정치적인 당위로 간주한다. 한편 시장화 개혁이 경제불평등과 같은 중국경제의 병폐를 낳았다고 보는 신좌파 학자들은 사회주의 이념을 강조하면서 시장에 대한 제한을 주장한다는 점에서 기존의 경제개혁 정책에 비판적인 세력으로 분류될 수 있다. 그러나 이들 신좌파 학자들 또한 중국의 사회주의를 다르게 이해하고 해석한다. 예를 들어 칭화대의 왕후이(汪暉)는 토지 소유제, 국유기업, 국가의 개입 등 과거 모택동시기의 사회주의 '유산'이 현재의 경제적 성공을 가능케했다고 보면서 중국의 특수성을 강조하는 반면,[14] 칭화대의 추이즈위안(崔之元)은 보다 보편적인 관점에서 '자유사회주의'와 같은 개념을 제안하면서 현실과 미래의 실제적 '목표'로서의 사회주의를 지향한다.[15] 다시 말해, 사회주의가 가지는 의미와 구체적인 실현방법은 중국 학자들 간에서도 구체적인 합의가 부족한 상황이다.

정치적 논쟁을 떠나 경제적 차원에서 현실의 중국 사회주의 시장경제 체제를 분석하자면, 그 핵심적인 특징은 토지 공유제의 유지, 국유기업의 핵심적 역할, 전략적 산업부문과 금융부문에 있어서의 국가의 직접적인 통제와 적극적인 산업정책 등으로 요약할 수 있다.[16] 즉 사유화와 사적영역의 확대에도 불구하고 핵심적인 영역에서는 공적 소유 또는 통제를 견지하며, 국가가 경제전반을 직접적인 개입을 통해 관리한다는 것이다. 이러한 특징들은 한동안 비교사회주의적 관점에서 사회주의 경제체제가 자본주의로 전환되는 과정에서 드러나는 전환기 경제(transitional economy) 또는 혼합경제(mixed economy)적 특징으로 분석되었다. 그러나 구사회주의 경제들을 훌

....

13 저자의 리우쿤닝 인터뷰 (2016년 1월 5일).

14 저자의 왕후이 인터뷰 (2016년 1월 7일).

15 추이즈위안 저, 김진공 옮김, 『프티부르주아 사회주의 선언』(파주: 돌베개, 2014).

16 Barry Naughton and Kellee S. Tsai (eds.), *State Capitalism, Institutional Adaptation, and the Chinese Miracle* (Cambridge University Press, 2015).

쩍 넘어서는 경제성장이 지속되면서, 중국을 단순히 사회주의 경제체제의 전환기적 형태나 변종으로 간주하기보다는 비사회주의 경제체제들과의 비교를 통해 보편적인 관점에서 접근하고 해석하려는 시도가 점차 활발해지고 있다.

비교정치적 관점에서, 중국의 경제체제는 종종 동아시아 발전국가모델과의 비교된다. 강한 '국가능력'을 기반으로 국가가 금융부문을 통제하고 적극적인 산업정책을 펼치며 경제 전반을 조정하면서 정책의 최우선순위인 경제성장에 전념한다는 점에서 양자 간의 유사점을 발견하는 것이다. 최근에 와서는 중국의 경제체제를 국가 자본주의(State Capitalism)의 한 형태로 해석하는 관점들이 부상하고 있는데, 국유기업을 통한 국가의 직접적인 경제 참여, 그리고 비민주적형태의 공공 거버넌스와 시장 등의 자본주의 조직의 결합이 그 특징으로 꼽힌다.[17] 여기서 중요한 점은 중국이 시장화 개혁을 전면에 내세우고 있으면서도 여전히 경제의 핵심부문에 대한 통제를 유지하고 있다는 점이다. 특히 최근 몇 년간 전략산업을 중심으로 국유기업에 대한 국가의 통제와 관리를 강화하려는 시도가 눈에 띈다.[18] 명백히 시장경제를 근간으로 하되 국가가 주요 국유기업들에 대한 통제를 통해 기업부문 전반에 대한 확장된 영향력을 가지고 경제를 관리하는 데 직접적인 역할을 담당하는 것이야말로 중국경제체제의 주요 특징이다.[19]

물론 중국의 경제체제가 실제로는 훨씬 더 시장주도적이라는 관점들도 존재한다. 사기업과 시장이야말로 중국경제체제의 변환의 원동력이었으며

....

17 Benjamin L. Liebman, "Introduction," in Benjamin L. Liebman and Curtis J. Milhaupt (eds.), *Regulating the Visible Hand? The Institutional Implications of Chinese State Capitalism* (Oxford University Press, 2016); Naughton and Tsai (2015); and Joshua Kurlantzick, *State Capitalism: How the Return of Statism is Transforming the World* (New York: Oxford University Press, 2016).

18 Sun Ryung Park and Joo-Youn Jung, "Consolidation and Centralization: Rare Earth Industrial Restructuring in China," 『평화연구』 제25권 (1)호 (2017).

19 Liebman (2016); Naughton and Tsai (2015); and Kurlantzick (2016).

실제로는 중국경제체제는 국가주도라기보다는 시장주도로 성공을 이루었다는 주장[20]에 더하여, 자본주의적 가치와 행태의 확산 정도에 비추어 본다면 중국은 국가의 개입하에 자본과 성장의 가치가 모든 것을 지배하는 국가신자유주의(State Neoliberalism)라는 주장도 있다.[21] 그러나 중국경제체제가 가진 사회주의적 특성이나 국가의 역할에 대한 가중치를 다르게 둠에도 불구하고 기존의 주요 분석들이 가진 공통점은, 중국의 '사회주의 시장경제'를 이미 자본주의의 일종으로 간주하고 있다는 것, 그리고 강력한 국가의 주도권과 시장이 결합한 체제로 보고 있다는 것이다.

3. '사회주의 시장경제'의 함의

결국 중국의 '사회주의 시장경제'는 진화 중이며 실상 그 내용과 목표, 그리고 우선순위가 여전히 논쟁의 대상이라고 보아야 한다. 과연 중국경제체제는 동아시아의 발전국가와 유사한 형태가 될 것인가, 아니면 단순히 국유기업의 독과점이 지배하는 자본주의 경제가 될 것인가. 아니면 진정으로 사회주의적인 가치를 실현하는 새로운 형태의 시장경제로 발전할 것인가. 물론 그 진화에는 현 공산당 체제의 유지 또는 공고화에 부합해야 한다는 명확한 정치적 한계가 존재하며, 그 과정과 결과도 정치적으로 재해석될 것이다. 중요한 것은, 단지 자본주의로의 전환단계 또는 자본주의의 한 변종으로 치부하기에는, 중국의 사회주의 시장경제가 이미 기존의 선진 자본주의와 대비되는 중요한 특징들을 가지고 있다는 점이다. 그것은 주요 기업의 공적 소유와 국가의 직접적인 경제개입이다. 중국은 공적 영역과 공유재산

....

20 Huang (2008) and Nicholas Lardy, *Markets over Mao: The Rise of Private Business in China* (Institute for International Economics, 2014).

21 Alvin So and Yin-Wah Chu, "State Neoliberalism: The Chinese Road to Capitalism in Comparative Perspective," presented at the conference 『Capitalism and Capitalisms in Asia』 at Asia Center, Seoul National University (Oct. 2015).

이 핵심적인 역할을 하면서 그를 통해 기존의 자본주의 모델과는 다른 관점을 사고하고 실험하며 경제발전의 새로운 모델을 모색할 수 있는 사례라는 점에서 매우 흥미롭다.

대안으로서의 중국의 시장경제가 가진 중요한 함의는, 개인의 권리와 욕망에 기반하여 발전해 온 기존의 선진자본주의와는 차별화된 접근을 제시할 수 있다는 점에 있다. 중국이 지금까지 이룩한 경제적 성공은 개인들 간의 자유로운 경쟁을 통해서만이 아니라 국가와 국유기업도 효율적으로 공동체의 부를 창출하고 경제발전을 이룩할 수 있고, 국가가 국유기업의 역할과 이윤을 활용하여 적극적으로 공동체의 평등과 복리를 확대할 수 있는 가능성을 보여준다. 공동체에 의해 침해받지 않고 자유롭게 발현되는 '개인의 욕구'가 '공동체의 집합적 복리 및 공존'을 침해하면서 공동체의 정치적 정당성을 위협하고 있는 현 자본주의의 위기상황에서, 중국의 경제모델은 개인과 국가의 경계, 사적소유권과 경제발전의 문제, 국가의 역할과 공동체의 가치에 대한 새로운 모색을 가능케 할 수 있다는 점에서 흥미로운 연구 사례이다.

하지만 다른 한편, 중국식 경제모델에는 결코 간과할 수 없는 심각한 문제들이 존재한다. 중국의 사회주의 시장경제는 선진 자본주의 경제의 발전을 모방하면서 고속성장을 지향하는 과정에서 오히려 자본주의적 병폐가 심화되고 있으며, 강력한 권위주의 국가의 전횡 또는 비호하에 자본의 가치가 모든 것을 지배하는 가장 위험한 형태의 자본주의 체제가 될 수도 있는 위험에 직면하고 있다. 3장에서는 이러한 문제상황을 보다 구체적으로 살펴보고자 한다.

III. 문제상황: 사회주의 시장경제의 한계

1. 경제적 문제

1) 국가의 한계와 위기

중국의 사회주의 시장경제의 첫 번째 문제는 역설적이게도 지금까지의 성공적 경제발전을 가능케 한 경제체제 자체의 특징이 지니는 한계에서 비롯된다.

중국 경제체제의 가장 두드러지는 특징은 국가의 적극적인 개입이다. 중국은 그동안 국가가 시장의 영역을 상당부분 대체 또는 보완하면서 경제체제의 조정자 역할을 담당해왔지만, 급속한 경제발전과 사적 영역의 팽창, 그리고 경제개방에 따른 외국기업 및 자본의 역할 증대 등 새로운 변화에 직면하면서 국가의 직접적인 개입과 통제가 가진 효용성은 점차 근본적인 한계를 드러낼 수밖에 없다. 특히 중국경제에서 국가의 경제통제를 위한 핵심수단은 금융부문에 대한 통제이다. 공산당 정권은 의도적으로 금융부문의 발전을 억압하고 금융개방을 지연시키면서 정책선호에 따른 자본 배본을 통해 산업정책을 펼쳐왔다.[22] 이러한 산업정책의 대표적인 수혜자가 국유기업들이다.

그러나 국제경제에서 중국의 위상이 높아지고 외국자본의 역할이 점증하며 금융개방의 필요와 압력이 증가하는 상황에서 국가의 금융부문에 대한 통제력이 약화되는 것은 불가피하다. 이는 국가의 핵심적인 정책수단이 약화되고 정책 자율성이 줄어들면서 경제체제의 조정자로서의 역할이 제한될 수밖에 없음을 의미한다.[23] 그리고 지금까지 외부의 금융위기와 경제적

....

22 James Riedel and Jian Gao, *Investment, Finance and Reform* (Princeton University Press, 2007).
23 Islam and Chowdhury (2000).

인 충격에서 비교적 안전하게 보호되어 온 중국경제가 점점 더 불안정한 국제 자본주의 경제에 개방된다는 것은, 곧 정부 관리하의 중국 금융부문이 가진 후진성, 부실채권 누적, 도덕적 해이, 관리감독체계의 미비 등의 내적 취약성도 적나라하게 노출하게 된다는 것을 의미한다. 1998년 동아시아 금융위기에서 극명하게 드러난 것처럼, 국가주도형 경제하 금융부문의 구조적 취약성은 외부 충격에 직면하였을 때 순식간에 국가경제 전반으로 번지면서 대규모의 경제위기를 야기할 수 있는 결정적인 문제이다.[24]

더구나 중국경제의 비약적 성장과 더불어, 시장을 보완하거나 대체하는 조정자로서의 국가의 능력과 정책 자율성에 대한 도전이 사적 영역이나 국제경제에서뿐만 아니라 국가내부 행위자로부터도 야기되고 있다. 중국은 1997년 15차 당대회에서 선택된 조대방소(抓大放小) 정책에 따라 에너지, 자원, 통신, 철강, 국방 등 핵심 산업의 선택된 국유기업들을 초대형 기업집단으로 통합하고 높은 진입장벽을 형성하여 규모를 키우고 독점적 권한을 확보해 왔다. 이들 대형국유기업들의 경우 막대한 독점적 이익을 거두면서 공산당 지도부와의 유착을 통한 부패의 의혹을 끊임없이 받고 있으며, 그 거대한 정치적, 경제적 영향력으로 인해 정부 경제부처의 통제가 쉽지 않다. 2006-2007년 국제유가 인상에도 불구하고 정부가 물가안정 등을 이유로 국내 석유가격인상을 제한하자 하류부문 사업에서 손실을 보던 중국석유(CNPC)와 중국석화(Sinopec) 등 석유기업들이 국내공급을 대폭 줄이고 해외공급으로 돌림으로써 대규모 석유파동을 야기한 것은 그 한 예이다.

특히 중국의 사회주의 시장경제를 대표하여 독과점적 지위를 누리며 그 정치경제적인 영향력을 강화하고 있는 국유기업의 입지 뒤에는, 그간 국유부문에 매우 편향적으로 지속되어 온 금융 및 정책지원과 특혜가 자리 잡고 있다.[25] 이는 심각한 도덕적 해이와 비효율성, 불량채권의 누적이라는 고질

....

24 정주연 (2016) 및 왕윤종, "중국의 경제체제: 관치금융시스템의 후진성과 취약성," 정주연(편),
    『중국의 부상과 국내정치적 취약성』 (서울: 사회평론아카데미, 2017).

제8장 시장과 국가 관계의 새로운 모색: 중국 사회주의 시장경제의 의미와 한계 **239**

적인 문제를 야기해왔다. 이러한 문제들은 중국경제의 가장 큰 폐단 중 하나로 지적되어 왔지만, 경제적이기보다는 정치적인 이유로 인해 해결이 쉽지 않다. 국가의 경제 통제를 유지하기 위해서는 전략부문에서의 국유기업의 독점적 지위를 유지하는 것이 필요할 뿐만 아니라, 이념적으로도 '사회주의 시장경제'하에서 사회주의의 근간인 국유기업의 지배적 입지를 견지하는 것은 매우 중요하기 때문이다. 더욱이 대규모 도시 실업을 야기할 수 있는 국유기업 구조조정은 공산당 정권의 정당성과 안정성 차원에서 매우 민감한 이슈이기도 하다.

또한 재정 재집중화를 추진한 1994년의 세제개혁 이후 지방정부의 세수 창출 필요성이 가중된 상황에서, 경쟁적으로 재정 확대에 골몰하는 지방정부의 이익과 전체 국가경제에 대한 중앙집중적 관리 및 조정을 시도하는 중앙정부의 이익이 상충하면서 경제정책의 효과적 집행이 도전받는 상황도 빈번하게 발생하고 있다. 가장 극적인 사례는 밀수 문제일 것이다. 중국이 전세계적 독점지위를 누리고 있는 전략자원인 희토류의 경우, 지방정부의 묵인 또는 방조 아래 채굴과 밀수가 횡행하여 매년 수출쿼터의 3분의 1 이상이 밀수출되고 있는 것으로 예측되지만, 이를 통제하려는 중앙정부의 노력은 아직 큰 효과를 거두지 못하고 있다. 희토류 산업에 대한 효과적인 생산통제를 위해 중소규모 지방기업들을 중앙 국유기업으로 통합하려는 산업구조 조정이 추진되었지만, 지방정부의 협조를 얻기 힘든 상황에서 최근에야 가시적인 성과를 보이고 있다.[26]

즉 국가의 정책 자율성이 안팎으로 도전받는 전지구적인 현상은 국가의

....

25 2009년과 2010년, 정부가 지배하는 중국은행들의 대출금 1조 1천억 달러 중 9% 이하가 중소사기업들에 대출된 것에 비해, 거의 나머지 대부분은 국유기업들에게 대출되었다. Kurlantzick (2016).

26 Sun Ryung Park and Joo-Youn Jung, "Between the Local Governments and Producers: Why Rare Earth Smuggling Persists in China," 『국제관계연구』 제20권 (2)호 (2015) and Park and Jung (2017).

역할에 대한 의존도가 큰 중국경제에 있어 더욱 중요한 문제이다. 특히 국유기업이나 지방정부 등 국가행위자들이 큰 정치적 영향력을 지닌 적극적인 경제행위자인 상황에서 내부적 도전의 문제는 더욱 심각하다. 감독과 규제를 담당해야할 국가행위자와 피감독자 입장인 경제행위자가 명확히 구분되지 않고, 국가 내부에서 정책을 둘러싼 이익갈등이 첨예하게 일어나며, 규제기관의 독립성이 약하고 부패가 만연한 상황에서, 취약한 국가의 감독 능력 및 조정능력은 중국경제의 대외개방도와 시장화가 심화될수록 더욱 큰 구조적 문제가 될 가능성이 높다.

2) 경제적 불평등

중국의 사회주의 시장경제의 성공이 낳은 또 다른 심각한 문제는 경제적 불평등이다. 성장과 효율을 강조하고 부유해질 수 있는 사람부터 부유해지자는 '선부론'을 내세우면서 추진해온 시장화 개혁은 중국사회 내에 다양한 차원의 경제적 불평등을 낳았다. 시장개혁이 서서히 사회주의적 평등주의를 와해시키면서 중국은 개발도상국들 중 가장 평등한 사회에서 가장 불평등한 사회로 빠르게 이동해 온 것이다. 중국은 심각한 도농 간, 지역 간, 그리고 개인 간 빈부격차 문제에 시달리고 있다. 특히 단위(work unit)와 같은 사회주의 제도가 해체되고 아직 제도적 사회보장체계가 미약한 상황에서 자본주의적 경쟁과 생존의 논리가 팽배해지면, 경제적 약자의 곤란과 박탈감은 더욱 커질 수밖에 없다.

중국에서 도농 간의 경제적 격차는 모택동정권하에서 호구제를 토대로 이미 구조화되어 있었으나, 시장화 개혁을 거치면서 더욱 심각해졌다. 중국의 국가통계국에 따르면 2009년에 도시와 농촌의 1인당 평균수입은 3.3 대 1로 최고치에 이르렀다. 이후 농촌의 복지를 확충하고 수입 증가를 위한 정책을 펴면서 평균수입 비율의 격차는 다소 감소하였으나, 2013년 현재 여전히 3 대 1의 비율을 보이고 있다.[27] 지역 간 격차는 특히 해안지방과 서부내륙지방을 중심으로 두드러지게 나타난다. 경제개혁개방이 시작된 이후 지방정부에 재정자율권을 부과함으로써 개혁의 동인을 제공하는 정책이 추진된 결과, 지역 간, 특히 지리적 이점을 지닌 해안도시와 척박한 서부내륙지방 간의 경제적 격차는 매우 커졌다. 일인당 GDP를 기준으로 보자면 2015년의 중국은 17,000달러 이상인 베이징, 티엔진, 상하이시, 14,000달러가 넘는 장쑤성, 11,000-13,000달러 수준의 저장성, 푸지엔성, 광동성 등과 함께 4,000-5,000달러 사이의 간수성과 윈난성이 공존하고 있다.[28] 고소득 지역은 동부해안에, 저소득 지역은 서부내륙에 집중 분포되어 있다.

개인들 간의 빈부격차는 더욱 심각하다. 1980년대 이후 중국의 지니계수는 지속적으로 증가하였는데, 1990년대 초에 이르러 이미 일반적으로 심각한 수준의 불평등으로 간주되는 0.4를 넘어섰다.[29] 2013년 중국 국가통계국이 12년 만에 처음으로 발표한 지니계수 분석에 따르면, 중국의 지니계수는 2008년 0.491로 피크를 이룬 후 하향세를 보여 2012년에는 0.474로까지 줄어들었다. 그러나 다수의 분석은 실제 수치가 이보다 훨씬 높을 것이라 예측한다. 텍사스 A&M대학과 청두 서남재경대학이 2013년에 진행한 "China Household Finance Survey"에 따르면, 2010년 중국의 지니계수는 0.61에 이르렀다. 이를 기준으로 보자면 중국의 불평등 수준은 세계 최고의 지니계수 수준을 보이는 남아프리카공화국의 0.6을 뛰어넘는 심각한 수준이다.[30] 유엔보고에 따르면, 2013년 기준 270만의 백만장자와 251명의 억만장

....

27　Unicef, "Children in China: An Atlas of Social Indicators 2014" (April 2, 2015), http://www.unicef.cn/en/index.php?m=content&c=index&a=show&catid=197&id=813.

28　International Monetary Fund (IMF), "World Economic Outlook Database" (April, 2017), https://www.imf.org/external/pubs/ft/weo/2017/01/weodata/index.aspx.

29　World Bank, "Inequality in Focus, August 2013: Experiences from China and Brazil" (Sept. 19, 2013), http://www.worldbank.org/en/topic/poverty/publication/inequality-in-focus-august-2013.

30　China Household Finance Survey (CHFS) (2013), http://www.chfsdata.org/; "For Richer, for Poorer," *The Economist* (Oct. 13, 2012), http://www.economist.com/node/21564414; and "To each, not according to his needs," *The Economist* (Dec. 15, 2012), http://www.economist.com/news/finance-and-economics/21568423-new-survey-illuminates-and-ex-

자를 보유한 중국에서, 인구의 13%는 여전히 하루에 미화 1.25달러 이하로 생활하고 있다.[31] 북경대에서 실시한 한 조사는 수입의 불평등 정도를 보여 주는데, 2012년 중국 전가구의 상위 5%가 전체가구수입의 23%을, 하위 5% 가 0.1%를 차지하고 있다는 분석을 내놓았다.[32] 부의 불평등의 차원에서 보자면, 상위 10% 부자는 1995년 중국 전체 부의 30.8%를, 2002년에 41.4% 를, 그리고 2011년에 86.7%를 소유하고 있어 불평등의 수준이 급속히 심화 되고 있음을 알 수 있다.[33]

물론 경제적 불평등의 심화는 중국에만 국한된 문제가 아니다. 그러나 현재 중국의 불평등 수준은 선진 자본주의 국가들은 물론이고 비슷한 발전 단계의 국가들의 수준을 넘어서고 있다. 중국당국의 공식발표에 근거하더 라도 중국의 지니계수는 신자유주의적 자본주의를 대표하는 사례인 미국의 수준보다 훨씬 높다. 미시건 대학과 북경대 학자가 공동으로 진행하여 2014 년 발표한 분석에 따르면 1980년대 이래 중국의 수입 불평등은 미국보다 훨 씬 가파르게 증가하였는데, 중국의 지니계수는 1980년의 0.3에서 2012년에 는 0.55로 증가, 1980년대 이래 불평등 수준이 점진적으로 증가하여 지니계 수가 0.45 수준에 이른 미국을 크게 앞지르고 있다. 같은 연구에 따르면, 중 국의 불평등 정도는 같은 발전수준의 국가들의 평균 또한 크게 넘어서고 있 다.[34] 사회주의와 평등을 기치로 자본주의의 폐단을 비판해 온 중국의 경제 불평등이 세계최고 수준이라는 점은 중국 사회주의 시장경제가 자본주의의

....

tent-chinese-income-inequality-each-not.

31 "China Lets Gini Out of the Bottle," *Reuters* (Jan. 18, 2013), http://www.reuters.com/arti-cle/us-china-economy-income-gap-idUSBRE90H06L20130118.

32 "Cost of Environmental Damage in China Growing Rapidly Amid Industrialization," *The New York Times* (March. 29, 2013), http://www.nytimes.com/2013/03/30/world/asia/cost-of-environmental-degradation-in-china-is-growing.html.

33 "Gini Out of the Bottle," *The Economist* (Jan. 26, 2013), http://www.economist.com/news/china/21570749-gini-out-bottle.

34 Xie Yu and Xiang Zhou, "Income Inequality in Today's China," *Proceedings of the Nation-al Academy of Sciences of the United States of America* 111-19 (February 2014).

문제를 자본주의보다도 더 극심하게 겪고 있음을 의미한다. 이는 중국 경제 성장의 지속가능성과 중국식 모델의 정당성을 근본적으로 의심하게 하는 문제이다.

2. 정치적 문제

위에서 살펴본 중국 사회주의 시장경제체제의 경제적 문제들은 곧 정치적 문제로 연결된다. 먼저 중국과 같은 국가 주도적 발전모델이 국가의 조정능력의 약화되고 금융부문의 취약성이 노출되면서 경제위기에 직면한다면, 그동안 성공의 과실을 분배하면서 무마해 온 다양한 사회적 불만을 증폭시킬 수 있다는 점에서 상당히 큰 정치적 불안을 낳을 수 있다. 더욱이 중국의 사회주의 시장경제가 자본주의의 내적 불안정성과 부작용에서 자유롭지 않을 뿐만 아니라 경제적 불평등이 더욱 큰 양상을 보이고 있다는 점은, 사회주의를 표방하고 있는 중국 공산당의 정치적 정당성에 심각한 도전이 될 수 있다. 즉 중국은 공산당의 강력한 정치권력 때문에 사회주의의 경제적, 이념적 기반을 유지하면서도 시장경제를 받아들이고 양자 간에 발생하는 모순이 폭발하는 것을 지연시킬 수 있었지만, 오히려 시장의 모순들이 야기하는 정치적 공동체의 정당성 위기에 자본주의 경제들보다 더 취약할 수 있다.

사회적 불만이 폭발할 수 있는 가능성은 여러 차원에 잠재해 있다. 도시 실업은 그 한 예이다. 1990년대 후반부터 공격적으로 진행된 국유기업개혁의 결과, 1995년 당시 도시노동자의 60%를 고용하던 국유기업부문은 2002년에 이르면 30%로 그 비중이 급감하였다.[35] 1997-2007년 사이에는 약 4500만의 국유부문 고용이 감축되었는데, 1993년 국유기업 종사자가 1억

....

35 National Bureau of Economic Research (NBER), "Official Statistics Understate Chinese Unemployment Rate" (Oct. 2015), http://www.nber.org/digest/oct15/w21460.html.

1000만 명 정도였던 것을 고려한다면 15년 여 만에 40%의 고용이 축소된 것에 해당한다. 결국 시장화가 보다 본격적으로 진행되는 1990년대 중반 이후 10여 년 동안, 국유기업 종사자들의 반 정도가 직장을 잃었다고 볼 수 있다.[36] 그 결과 1990년대 후반부터 3%를 넘나들던 실업률은 2000년대 초반부터 급등하여 국가통계국 공식발표로만도 4%를 넘어선 수준이 유지되고 있다. 실제 실업률은 이보다 훨씬 높을 것으로 보이는데, 이미 언급한 China Household Finance Survey에서는 2012년 중국의 도시실업률을 8.05%로 예측하며,[37] 2002-2009년 중국의 실제 평균실업률이 거의 11%였다는 분석도 있다.[38] 과거 사회주의체제하에서 '단위(work unit)'로서 평생고용과 종합적 복지를 제공하던 국유기업부문이 시장화 개혁으로 대폭 축소되고 사회주의의 특혜계층이던 도시노동자들이 대거 실업자가 되어버린 현실은, 사회주의적 안전망이 해체되고 무한경쟁에 내몰린 거대한 잠재적 불만세력들이 존재한다는 것을 의미한다. 실제로 최근 중국에서 노동자의 파업 및 시위사례는 그 빈도가 급증하여 2011년 185건이던 것이 2015년에는 15배 가까운 2726건으로 늘었으며, 조직화 정도도 심화되고 있는 것으로 나타나고 있다. 앞으로 2-3년 안에 구조조정으로 500-600만의 추가 실직이 예상된다는 점을 고려할 때, 도시노동자의 정치적 불만과 그 정치적 파급효과는 급등할 것으로 보인다.[39]

심각한 경제적 불평등, 실업, 사회주의적 안전망의 해체, 이 모든 것들

....

36 William Hurst, "Urban China: Change and Contention," in William Joseph (ed.), *Politics in China: An Introduction* (Oxford; New York: Oxford University Press, 2014); and Zweig (2014).

37 "Is China's Official Unemployment Rate Totally Off?" *The Atlantic* (Dec. 19, 2012), http://www.theatlantic.com/international/archive/2012/12/is-chinas-official-unemployment-rate-totally-off/266101/.

38 National Bureau of Economic Research (NBER), "Official Statistics Understate Chinese Unemployment Rate" (Oct. 2015), http://www.nber.org/digest/oct15/w21460.html.

39 "파업으로 몸살 앓는 중국... 공산당 권력마저 위협한다,"『중앙일보』(2016년 6월 8일), http://news.joins.com/article/20139206#home.

은 약자의 고통과 강자의 이익이 부당한 것이라는 인식과 결합될 때 더욱 큰 정치적 불안요소로 전환될 수 있다. 실제로 경제적 불평등 현상은 중국의 일반대중들도 심각하게 인식하고 있는데, Pew Research Center에서 2012년에 실시한 설문조사의 결과는 이를 뒷받침한다. "오늘날 빈익빈부익부현상이 더욱 심해지고 있다"라는 문장에 대해 응답자의 45%가 "완전히 동의한다"라고, 36%가 "대체로 동의한다"라고 응답, 절대다수인 81%가 부익부 빈익빈이 존재한다는 점에 공감하였다. 그리고 빈부격차가 '아주 큰 문제'라고 생각하는 중국인의 비율 또한 2008년의 41%에서 48%로 증가하여, 경제적 불평등의 심각성에 대한 인식도 점차 심화하고 있음을 알 수 있다.[40]

이러한 점에서 위험한 것이 바로 중국에 만연한 부정부패이다. 2011년 중국인민은행의 예측에 따르면 1990년대 중반에서 2008년까지 수천 명의 정부관료와 국유기업 경영자들이 중국 밖으로 밀반출한 금액은 1230억 달러에 달한다(Joseph 2014).[41] 기업과 정치 부패를 모니터하는 국제 NGO인 Transparency International에 따르면 2016년 중국의 부패지수는 40으로 (100점 만점, 0이 가장 부패함), 176개국 중 79위를 차지했다.[42] 강력한 권위주의적 국가권력하에서 급속한 경제성장이 이루어지면서 만연하게 된 금권과 관권의 결탁, 공공영역의 부패 문제는 중국인들에게 매우 심각한 문제로 인식되고 있고 그 인식 또한 점차 강화되고 있다. 이미 언급한 Pew Research Center의 설문조사에서 관료부패가 '아주 큰 문제'라고 생각하는 중국인의 비율은 2008년 39%에서 2012년에는 50%로 변화, 4년 사이에 큰 폭

....

40 Pew Research Center, "Growing Concerns in China about Inequality, Corruption" (Oct. 16, 2012), http://www.pewglobal.org/2012/10/16/growing-concerns-in-china-about-inequality-corruption/.

41 William Joseph (ed.), *Politics in China: An Introduction* (Oxford; New York: Oxford University Press, 2014).

42 Transparency International, "Corruption Perceptions Index, 2016" (Jan. 25, 2017), https://www.transparency.org/news/feature/corruption_perceptions_index_2016.

으로 증가했다.[43]

이에 더하여 최근 심각해지고 있는 환경문제가 야기하는 위험을 직접 체감하고 있는 국민들의 불만 또한 상당한 수준이다. 2007년 세계 최대의 온실가스 배출국이 된 중국은 2014년 현재 전 세계 온실가스의 27%를 배출하고 있다. 중국의 많은 도시들이 WHO 권고량의 2-5배에 달하는 이산화황을 배출하고 있으며, 대도시의 이산화질소 배출량도 급증하여 베이징에서 호흡하는 것은 하루 2갑의 담배를 태우는 것과 같은 효과를 낳는 것으로 알려져 있다.[44] 이에 따른 건강상의 문제도 심각한데, 미국 UC버클리 대학이 2015년 발표한 연구에 따르면 중국에서는 매년 160만 명이 공해로 인한 심장마비와 폐암, 천식, 뇌졸중 등으로 사망한다.[45] 2015년에 실사한 Pew Research Center의 조사에 따르면, 중국인들은 환경오염을 공직자 부패 다음으로 심각한 문제로 인식하고 있다. 응답자들 중 공기오염이 '아주 심각한 문제'라고 생각한 사람은 피조사자의 35%를 차지했고, 수질오염이 '아주 심각한 문제'라고 생각한 사람도 34%였다. '다소 큰 문제'라고 답한 응답자까지 포함하면 76%에 이르는 중국인들이 공기오염과 수질오염이 큰 문제라고 인식하고 있다.[46]

중국정부가 상황의 심각성을 인식하고 2008년 환경보호부를 설치하고 2014년에 환경보호법을 강화하는 등 대처에 나서왔지만 그 효과는 미흡하

....

43　Pew Research Center, "Growing Concerns in China about Inequality, Corruption" (Oct. 16, 2012), http://www.pewglobal.org/2012/10/16/growing-concerns-in-china-about-inequality-corruption/.

44　The International Relations and Security Network (ISN), "China's Environmental Crisis" (Feb. 8, 2016), http://www.isn.ethz.ch/Digital-Library/Articles/Detail/?id=195896.

45　"Cost of Environmental Damage in China Growing Rapidly Amid Industrialization," *The New York Times* (March. 30, 2013), http://www.nytimes.com/2013/03/30/world/asia/cost-of-environmental-degradation-in-china-is-growing.html.

46　Pew Research Center, "Corruption, Pollution, Inequality Are Top Concerns in China" (Sept. 24, 2015), http://www.pewglobal.org/2015/09/24/corruption-pollution-inequality-are-top-concerns-in-china/.

다는 평가를 받아왔다. 그 결과 최근 수년간 중국에서는 환경문제가 대중시위의 주요 원인이 되고 있는데, 한 은퇴한 당관료에 따르면 2012년에만 5만여 건의 환경관련 시위가 발생하였다.[47] 주목할 만한 사실은, 환경문제는 비정치적이면서도 계층과 지역을 망라하는 이슈로서 대중동원 및 조직력이 상당히 크다는 점이다. 특히 중산층과 지식인층의 관심과 참여도가 크고, 2000년대 말부터 농촌에서 도시로 시위의 주요기반이 움직이고 있으며, 인터넷 등을 통한 적극적인 정보공유와 동원이 이루어지고 있다는 사실은 정치적으로 중요한 함의를 지닌다. 실제로 지방정부를 대상으로 한 오염가능 및 혐오 또는 위험시설에 대한 반대시위의 요구가 수용되는 사례가 늘어나고 있다.[48] 환경문제는 중국에서 인터넷 등의 첨단기술을 활용한 일반대중의 보다 적극적이고 조직적인 대중 참여의 가능성을 보여주고 있다.[49]

실제로 시장개혁이 본격화된 1990년대 말 이후, 중국은 매년 수만 건의 집단 시위를 목격했으며, 그 수는 매년 가파르게 증가해왔다.[50] 2009년에 이르면 집단시위의 수는 1993년보다 12배 가까이 증가, 10만여 건에 이르렀다는 연구 결과가 있다.[51] 또한 시위의 강도도 커지고 있는데, 2010년에 발생한 시위 중 정부 당국과 시위대 간에 폭력적인 충돌이 있었던 사건은

....

47 "Pollution spurs more Chinese protests than any other issue," *Grist* (March 8, 2013), http://grist.org/news/pollution-spurs-more-chinese-protests-than-any-other-issue/.

48 "Bolder Protests against Pollution Win Defeats in China," *The New York Times* (July. 4, 2012), http://www.nytimes.com/2012/07/05/world/asia/chinese-officials-cancel-plant-project-amid-protests.html?_r=0.

49 Joo-Youn Jung and Ming Zeng, "Negotiating Industrial Policies in China: Local Governments, Enterprises, and Citizens' Environmental Protests," *Presented at AAS in Asia* (June. 26, 2017) 및 정주연, 증명, "중국의 정책과정: 환경이슈와 시민참여의 확산," 정주연(편), 『중국의 부상과 국내정치적 취약성』 (서울: 사회평론아카데미, 2017).

50 EastSouthWestNorth, "Statistics of Mass Incidents" (Nov. 15, 2006), http://www.zonae-uropa.com/20061115_1.htm.

51 Jae Ho Chung, Hongyi Lai, and Ming Xia, "Mounting Challenges to Governance in China: Surveying Collective Protestors, Religious Sects, and Criminal Organizations," *China Journal* 56 (July 2006).

187,000건으로 알려졌다.[52] 지금까지 중국 공산당은 지속적인 경제 성공에 힘입어 사회주의 시장경제의 문제와 모순을 합리화하고, 문제의 원인을 주로 지방 및 하층관료 개개인의 비리나 부패로 돌리면서, 부패관료를 엄단하는 등의 해결사 역할을 통해 그 정치적 정당성을 유지해왔다. 아직 많은 중국인들은 불평등, 부패, 환경오염 등을 정치구조적 문제로 인식하거나 당중앙에 비판의 화살을 돌리고 있지는 않는 것으로 보인다.[53] 그러나 경제성장의 속도가 느려지면서 나눌 수 있는 파이의 크기가 줄어들고, 경제적 불평등이 점점 더 심화되며, 약자들의 고통이 배가된다면 이는 사회주의 이념의 가치를 기본적으로 흔드는 것이자, 궁극적으로 현 공산당 정권에 대한 불만으로 전환될 수 있는 문제이다. 이런 의미에서 중국의 '사회주의 시장경제'는 정치적 불안정성 또한 상당히 내포하고 있다.

IV. 중국의 대안모색과 한계

3장에서 설명한 바와 같이 중국의 사회주의 시장경제는 그 괄목할 만한 성과에도 불구하고 심각한 도전에 직면해 있다. 그리고 이에 대해서는 중국 내에서도 진지한 자각과 대안적 논의가 진행되어 왔다. 그 중 가장 눈에 띄는 것은 미국패권과 서구 자본주의를 비판하면서 중국 사회주의를 옹호하는 신좌파와 유교의 민본사상을 근간으로 하여 중국의 전통에서 현 정권의 정통성을 찾는 신유가이다. 신유가는 유교의 민본주의나 전통적인 과거

....

52 Teresa Wright, Sandra Gonzalez-Bailon, and Neville Bolt, "Mobilizing Dissent: Local Protest, Global Audience," *World Politics Review* (2013).

53 Debora Davis and Feng Wang (eds.), *Creating Wealth and Poverty in Postsocialist China* (Stanford, Calif: Stanford University Press, 2009) and Teresa Wright, *Accepting Authoritarianism: State-Society Relations in China's Reform Era* (Stanford, Calif: Stanford University Press, 2010).

제가 가진 능력주의적 특징 등을 현재의 중국체제가 계승하고 있음을 강조하면서, 사회주의 이념의 설득력이 약화되는 상황에서 발생한 이념적 공백을 유교로 대체하려는 시도를 하고 있다. 이는 대외적으로는 유교를 중심으로 중국의 소프트파워를 증가시키기 위한 전략의 일환으로 활용되어 전세계에 공자학원을 설립하는 등의 양상으로도 나타난다. 그러나 이미 공산당의 비판과 타도의 대상이었던 봉건적 과거가 왜 그 정당성의 근본이 될 수있으며, 과거에 존재했던 이념이나 제도가 현재에 과연 어떤 연속성과 적실성 있는지, 사회주의와는 어떻게 공존하는지를 논리적으로 보여주지 못하는 상황이다. 또한 중국전통과 문화의 우월성에 기반하여 중국의 차별성과예외성을 강조하는 배타적이고 보수적인 문화주의의 성격을 띠고 있어 공격적인 국수주의로 변할 수 있다는 우려의 대상이 되고 있다.

신좌파의 논의는 좀 더 구체적이고 세련되었다고 볼 수 있는데, 기본적으로 중국 사회주의를 긍정적으로 평가하고 개선하여 확대하는 것을 목표로 삼는다. 이들은 제자백가를 포괄하듯 노동자·농민을 포함한 모든 계층을 포괄하는 유가 사회주의 공화국을 주창하거나(홍콩대 간양), 기층사회를 포괄하는 사회주의적 평등을 강화하는 방식으로 경제정책에서 사회정책으로 초점을 전환할 것을 촉구하면서 그 과정에서 중앙정부의 능력강화를 강조하거나(중문대 왕샤오광), 토지를 중심으로 한 막대한 공유자산을 기반으로 세금은 낮으면서도 높은 복지 수준을 유지하는 자유사회주의 모델을 제시하는데(칭화대 추이즈위안), 기본적으로 국가의 역할을 더욱 확대함으로써 모든 대중에게 평등과 복지를 제공한다는 이상을 실현하고자 한다.[54] 그

....

54 신좌파의 주장은 보시라이가 총칭에서 실험한 '총칭모델'의 성공을 통해서 그 영향력을 확대한 바 있다. 총칭모델은 국가의 영향력을 확대하면서 경찰력강화와 광범위한 조직범죄소탕, 마오시대 사회주의적 윤리의 부흥, 외자도입과 내수확대, 공공사업과 사회정책의 확대, 국유기업 강화 등을 추진하였다. 그 결과 2008년 당시 중국 GDP성장률이 8%였던 데 반해 총칭은 14.3%의 성장률을 기록하는 등 상당한 성공을 거두었다. 그러나 총칭모델은 보시라이의 정치적 몰락과 함께 발전모델로서의 영향력을 크게 상실했다.

러나 시장과 함께 문제의 다른 한 축이라고도 할 수 있는 국가의 역할을 더욱 강화하는 것이 어떻게 현실의 문제를 해결할 수 있는지, 국가의 실패와 과도한 국가권력의 부작용을 어떻게 해결할 것인지는 불명확하다. 또한 사회주의 또는 모택동주의로의 회귀한다고 해도 과연 중국이 과거에 이미 경험한 실패에서 어떻게 자유로울 수 있을지도 의문스럽다.

이 두 대표적인 대안적 접근은 사상 스펙트럼에서 좌와 우에 위치하고 있으며, 각각 유교와 사회주의를 내세운다는 점에서 원칙적으로 상호 적대적일 수 있다. 그러나 흥미롭게도 이들은 공통적으로 '국가주의'를 내세운다는 접점이 있으며, 국가주의를 중심으로 결합되어 공산당 정권의 정당성을 강화하기 위해 활용되고 있다.[55] 또한 이들은 동서에 대한 이분법적 인식론에 입각하여 기존 '서구 자본주의'적인 해법을 배격하는 동시에, '중국 예외주의'를 내세우면서 중국의 상황은 다른 국가들과 근본적으로 다르며 적어도 중국적 맥락에서는 중국의 정치 및 경제체제가 서구의 체제보다 우월성을 지닌다고 주장한다는 공통점을 가진다. 유교 및 공자 등과 같은 중국적 전통과 문화를 소환하여 중국적 사회주의의 가치를 정당화하려는 노력들은 이러한 맥락에서 읽을 수 있다. 그러나 이들의 접근은 기존의 중국 사회가 가지는 많은 폐단과 모순을 간과하고, 중국적 상황에서는 불가피한 문제로 축소하고 있다는 비판에서 자유로울 수 없다. 또한 이분법적 접근과 일방의 우월성을 주장하는 접근은 협소한 민족주의적 성격을 띠면서 문화우월주의나 패권주의의 수단으로 변질되기 쉬우며, 보편적 설득력이나 정당성을 확보하기는 매우 어렵다.

한편, 중국의 정치적 부상과 함께 강화된 중국체제에 대한 자신감을 기반으로 수년 전부터 칭화대 교수인 다니엘 벨(Daniel Bell)이나 복단대 교수인 장웨이웨이(Zhang Weiwei) 등을 중심으로 제창되고 있는 중국모델론(China model)은 중국 체제에 대한 기존의 국가주의적 관점들을 보다 보편

....

55　조경란, 『현대 중국 지식인 지도: 신좌파·자유주의·신유가』 (파주: 글항아리, 2013).

적인 언어로 발전시키고 더 공격적으로 정당화하려는 노력이라고 할 수 있다.[56] 즉 권위주의 정치체제, 능력주의(meritocracy)에 기반한 공산당의 효율적인 통치력, 그리고 국가주도적 시장경제가 결합된 '중국모델'이 지금까지 중국이 이룩한 정치경제적 성공의 근간이며, 더 나아가 민주주의와 자유주의적 자본주의를 결합한 서구식 발전모델보다 더 우월한 보편적 대안이 될 수 있다는 것이다. 그러나 이러한 주장은 엄격한 학문적 분석에 기반한 것이라기보다는 대증적으로 발전해 온 중국의 정치경제적 특징들을 사후적으로 요약한 결과에 가까워 보편적인 설득력은 아직 부족하다. 더구나 이러한 접근은 신좌파가 가진 시장의 병폐에 대한 성찰마저 결여된 상태에서, 경제발전이라는 성과주의적 기준에 치중하여 현 체제를 정당화하는 성격을 띠고 있다. 이는 기존의 중국 경제 및 정치체제가 가진 문제점을 간과 또는 묵인하고 있다는 비판에서 자유로울 수 없을 뿐만 아니라, 국가개입을 통해 공동체의 평등과 복지를 늘리고 시장이 가져온 기존의 부작용들을 치유하려는 대안적인 시도라기보다는 권위주의적 국가개입의 효율성과 정당성을 강조하고자 하는 정치적 의도가 강하게 드러나고 있다.

우려스러운 점은 중국식 '사회주의'가 가지는 이와 같은 민족주의적, 국가주의적 특성들이 급속하게 강화되고 있다는 점이다. 그 가장 극적인 예가 '시진핑사상'으로 불리는 '신시대 중국특색 사회주의(新時代中國特色社會主义)'의 등장이다. 2017년 10월의 제19차 당대회에서 시진핑 총서기가 내세운 '신시대 중국특색 사회주의'의 핵심은 '신시대'이다. 마오가 혁명을 통해 통일 중국을 건설하고 덩이 개혁을 통해 중국을 경제적으로 부유하게 하였다면, 이제 새로운 시대에 진입한 시진핑의 중국은 '중화민족의 위대한 부흥의 실현'을 통해 대외 정치적으로 '강한' 국가가 될 것이라는 것이다(习近平 2017).[57] 이는 또한 지금까지 커다란 성공을 이룩해 낸 '사회주의 시장경

....

56   Bell (2015); Zhang (2012).
57   习近平, "决胜全面建成小康社会 夺取新时代中国特色社会主义伟大胜利—在中国共产党第十九次全国

제'에 대한 자신감을 반영하고 있다. 이제 '중국특색 사회주의'를 통해 선진 자본주의 국가들로부터 정치적, 경제적 독립성을 유지하면서 그들과는 다른 경로와 전략을 통해서도 경제발전을 이룰 수 있음을 증명함으로써, 다른 개발도상국에게 '중국식 사회주의 시장경제'가 '미국식 자유주의적 자본주의'에 대한 보편적 대안이 될 수 있음을 증명한 것이다.

'시진핑 신시대 중국특색 사회주의 사상(习近平新时代中国特色社会主义思想)'은 19차 당대회에서 만장일치로 당장에 삽입되었다.[58] 역사적으로 당장에 자신의 이름을 딴 사상을 넣은 지도자는 마오쩌둥과 덩샤오핑 둘뿐이었으므로, 이는 시진핑을 두 지도자와 같은 반열로 올리는 결정이라고 볼 수 있다. 2018년 3월에 열린 전국인민대표대회에서는 국가주석의 연임제한규정을 철폐한 헌법수정이 통과되었고, 곧이어 시진핑은 만장일치로 국가주석으로 선출되었다.[59] 이제 시진핑으로의 권력집중은 의심할 수 없는 추세로, 시진핑의 장기집권을 정당화하는 제도화 작업은 일반의 예측보다 빨리 진행되고 있다. '사회주의 시장경제'의 그늘에 대한 중국내부의 비판적 자성이 발전할 수 있는 가능성은 급격히 줄어드는 반면, 민족주의가 사회주의를 대체하는 가치가 되고, 더 빠르고 효율적인 성장으로 그 정당성을 확보해야만 하는 국가주의적이고 중상주의적인 권위주의 체제가 공고화되고 있는 것이다.

V. 결론

현실 자본주의의 문제는 성장의 동력이 되어 온 '이기적 개인의 욕구'가

....

代表大会上的报告" (2017), http://jhsjk.people.cn/article/29613458.

58 "中国共产党章程" (2017), http://www.12371.cn/special/zggcdzc/.

59 "中华人民共和国宪法修正案" (2018), http://www.pkulaw.cn/fulltext_form.aspx?Gid=311281.

'공동체의 집합적 복리 및 공존의 원칙'과 충돌하고, 시장의 조정기능의 한계를 노출하고 있음에도 이를 보완할 수 있는 국가의 공적 권위는 약화되면서, 결과적으로는 사적 이익추구가 공동의 번영을 위협하고 국가의 정치적 정당성을 위협하는 파괴적인 형태로 발전하는 양상을 보이고 있다는 사실이다. 이러한 상황에서, 공유제와 적극적인 국가개입이 근간을 이루면서도 성공적으로 성장을 이루고 있는 중국의 사회주의 시장경제가 시사하는 바는 크다. 이른바 '중국식 경제모델'이 자본주의 경제체제의 대안이 될 수 있는 지점은, 사회주의적 실험의 전통에 기반하여 평등, 공정성, 정의, 그리고 공동체의 역할 및 공존의 가치를 보다 잘 실현함으로써, 자본주의 경제가 겪고 있는 '이기적 개인의 욕구'와 '공동체의 복리' 간의 모순을 해결하는 단서를 제시할 수도 있다는 데에 있다. 중국의 사회주의 시장경제는 개인들 간의 자유로운 경쟁과 시장의 자율적 조정을 통해서만이 아니라 국가의 개입과 국유기업의 주도적 역할을 통해서도 성공적으로 공동체의 부를 창출하고 공동체의 복리를 확대할 수 있는 잠재적 가능성을 보여준다.

그러나 급속한 성장을 이끌어 낸 조정자로서의 국가의 역할은 경제가 발전하고 개방될수록 점차 그 효율성과 정당성을 잃을 수밖에 없다는 점에서, 현재의 성공은 역설적으로 위기를 내포하고 있다. 더욱이 사회주의 이념의 기치를 들고 있음에도 불구하고 극심한 수준의 경제불평등과 부패문제에 직면한 중국은 국가의 정당성 위기에 오히려 자본주의 국가보다 더 취약하다. 지속적인 경제성장을 유지해야만 대중의 불만을 잠재우고 정치적 정당성을 유지할 수 있는 상황에서는 국가가 환경오염 등 공동체에 대한 새로운 도전에 적극적으로 대처하기도 쉽지 않다. 즉, 중국의 사회주의 시장경제는 자본주의 경제체제보다도 자본주의의 보편적 위기에 더욱 취약한 양상을 보이고 있다.

중국의 사회주의 시장경제가 공유제에 기반하여 국가가 적극적으로 시장을 보완하며 공동체의 복리를 확대하는 모델로 발전해 나가기 위해서는, 평등과 복지를 지원하기 위한 공적영역의 역할을 확립하고, 공유기업 및 토지 대한 통제 및 소유권을 기반으로 국가의 재원을 확보하고, 정부의 경제적 감독 및 조정능력을 강화하며, 국유기업의 부를 효율적으로 관리하기 위한 구조적인 개혁이 필요하다. 그러나 그것만으로는 중국의 시장경제가 단순히 또 다른 형태의 국가 자본주의로 발전할 위험이 있다. 중국의 '사회주의 시장경제'가 적실성 있는 대안으로 평가받기 위해서는 자본과 시장의 지배에 대한 비판적 접근과 함께, 국가의 지배에 대한 우려와 비판에도 성실하게 답해야만 한다. 즉 시장이라는 '보이지 않는 손(invisible hand)'의 전횡을 어떻게 극복할 것인가 하는 고민과 함께, 국가와 공동체가 휘두르는 '보이는 손'이 가진 거대한 힘을 어떻게 감독하고 제한할 것인가(regulating the visible hand)라는 고민을 진지하게 해야 하는 것이다. 특히 공유부문이 담당할 수 있는 시장보완적 기능을 최대한 활용하는 동시에, 국공유기업에 대한 관리감독체계를 구축하고, 국가의 개입을 규제하는 제도적 장치를 만들어 그 힘을 효과적으로 감시하고 제한하는 것은 중국이 겪고 있는 경제적 불안정성과 정치적 정당성의 위기를 극복하기 위해 매우 중요한 과제다.

강력한 국가권력이 스스로를 규제하는 제도적 장치를 만들어 그 힘을 효율적으로 제한할 때, 중국경제의 효율성이 제고될 뿐만 아니라 정치적 정당성 또한 강화될 수 있다는 것이 중국의 사회주의 시장경제가 직면한 역설이다. 그리고 이처럼 국가와 권력의 손을 묶는 정치적 개혁에 대한 논의가 근본적으로 제한되어 있고, 현실의 권력은 더욱 자신을 확장하는 속성을 노출하고 있다는 점에서, 중국의 사회주의 시장경제가 제안하는 새로운 국가-시장 관계는 근본적인 한계를 가지고 있다.

참고문헌

로버트 하일브로너, 윌리엄 밀버그 저. 홍기빈 옮김. 『자본주의 어디서 와서 어디로 가는가』 서울: 미지북스, 2010.

아나톨 칼레츠키 저. 위선주 옮김. 『자본주의 4.0: 신자유주의를 대체할 새로운 경제 패러다임』 서울: 컬처앤스토리, 2011.

애덤 스미스 저, 김수행 옮김. 『국부론』 서울: 비봉출판사, 2007.

왕윤종. "중국의 경제체제: 관치금융시스템의 후진성과 취약성." 정주연 편. 『중국의 부상과 국내정치적 취약성』 서울: 사회평론아카데미, 2017.

정주연, 증명. "중국의 정책과정: 환경이슈와 시민참여의 확산." 정주연 편. 『중국의 부상과 국내정치적 취약성』 서울: 사회평론아카데미, 2017.

정주연. "다시 국가와 정치로: 자본주의의 위기와 대안모색." 『국제지역연구』 제25권 3호 (2016).

_____. "중국식 경제모델: 중국이 제시하는 새로운 시장경제의 의미와 한계." 『사회과학연구』 제43집 3호 (2017).

조경란. 『현대 중국 지식인 지도: 신좌파 · 자유주의 · 신유가』 파주: 글항아리, 2013.

추이즈위안 저. 김진공 옮김. 『프티부르주아 사회주의 선언』 파주: 돌베개, 2014.

Bell, Daniel. *The China Model: Political Meritocracy and the Limits of Democracy*. Princeton University Press, 2015.

Chung, Jae Ho, Hongyi Lai, and Ming Xia. "Mounting Challenges to Governance in China: Surveying Collective Protestors, Religious Sects, and Criminal Organizations." *China Journal* 56 (July, 2006).

Davis, Debora and Feng Wang. eds. *Creating Wealth and Poverty in Postsocialist China*. Stanford, Calif: Stanford University Press, 2009.

Harper, Stefan A. *The Beijing Consensus: How China's Authoritarian Model Will Dominate the Twenty-First Century*. New York: Basic Books, 2010.

Huang, Yasheng. *Capitalism with Chinese Characteristics: entrepreneurship and the state*. Cambridge; New York: Cambridge University Press, 2008.

_____. "Rethinking the Beijing Consensus." *Asia Policy* 11 (January, 2011).

Hurst, William. "Urban China: Change and Contention." In William Joseph. ed. *Politics in China: An Introduction*. Oxford; New York: Oxford University Press, 2014.

International Monetary Fund (IMF). "World Economic Outlook Database." (April 2017). www. imf.org/external/ns/cs.aspx?id=28.

Islam, Iyanatul and Anis Chowdhury. *The Political Economy of East Asia: Post-crisis Debates*. Oxford University Press, 2000.

Joseph, William. ed. *Politics in China: An Introduction*. Oxford; New York: Oxford University Press, 2014.

Jung, Joo-Youn and Ming Zeng. "Negotiating Industrial Policies in China: Local Governments, Enterprises, and Citizens' Environmental Protests." *Presented at AAS in Asia* (June 26,

2017).

Kennedy, Scott. "The Myth of the Beijing Consensus." *Journal of Contemporary China* 19-65 (June, 2010).

Kurlantzick, Joshua. *State Capitalism: How the Return of Statism is Transforming the World.* New York: Oxford University Press, 2016.

Lardy, Nicholas. *Markets over Mao: The Rise of Private Business in China.* Institute for International Economics, 2014.

Liebman, Benjamin L. "Introduction." In Benjamin L. Liebman and Curtis J. Milhaupt. eds. *Regulating the Visible Hand? The Institutional Implications of Chinese State Capitalism.* New York: Oxford University Press, 2016.

National Bureau of Economic Research (NBER). "Official Statistics Understate Chinese Unemployment Rate." (October, 2015). http://www.nber.org/digest/oct15/w21460.html.

Naughton, Barry. *The Chinese Economy: Transition and Growth.* London: MIT Press, 2007.

Naughton, Barry and Kellee S. Tsai. eds. *State Capitalism, Institutional Adaptation, and the Chinese Miracle.* New York: Cambridge University Press, 2015.

Park, Sun Ryung and Joo-Youn Jung. "Between the Local Governments and Producers: Why Rare Earth Smuggling Persists in China." 『국제관계연구』 제20권 2호 (2015).

_____. "Consolidation and Centralization: Rare Earth Industrial Restructuring in China." 『평화연구』 제25권 1호 (2017).

Petrella, Riccardo. "Globalization and Internationalization." In Robert Boyer and Daniel Drache. eds. *States Against Markets: The Limits of Globalization.* London: Routledge, 1996.

Ramo, Joshua. *The Beijing Consensus.* Foreign Policy Centre, 2004.

Riedel, James and Jian Gao. *Investment, Finance and Reform.* Princeton: Princeton University Press, 2007.

So, Alvin Y. and Yin-Wah Chu. "State Neoliberalism: The Chinese Road to Capitalism in Comparative Perspective." presented at the conference 『Capitalism and Capitalisms in Asia』 at Asia Center, Seoul National University (October, 2015).

Strange, Susan. *The Retreat of the State: the Diffusion of Power in the World Economy.* New York: Cambridge University Press, 1996.

Weiss, Linda. ed. *State in the Global Economy: Bringing Domestic Institutions Back In.* Cambridge: Cambridge University Press, 2003.

Williamson, John. "Is the "Beijing Consensus" Now Dominant?" *Asia Policy* 13 (January, 2012).

Wright, Teresa. *Accepting Authoritarianism: State-Society Relations in China's Reform Era.* Stanford, Calif: Stanford University Press, 2010.

Wright, Teresa, Sandra Gonzalez-Bailon, and Neville Bolt. "Mobilizing Dissent: Local Protest, Global Audience." *World Politics Review* (2013).

Yu, Xie and Xiang Zhou. "Income Inequality in Today's China." *Proceedings of the National Academy of Sciences of the United States of America* 111-19 (February, 2014).

Zhang, Weiwei. *The China Wave: Rise of a Civilizational State.* World Century Publishing Corporation, 2012.

Zhao, Suisheng. "The China Model: Can It Replace the Western Model of Modernization?" *Journal of Contemporary China* 19-65 (June, 2010).

Zweig, David. "China's Political Economy." In William Joseph, ed. *Politics in China: An Introduction*. Oxford; New York: Oxford University Press, 2014.

"파업으로 몸살 앓는 중국...공산당 권력마저 위협한다." 『중앙일보』 2016년 6월 8일. http://news. joins.com/article/20139206#home.

"Bolder Protests against Pollution Win Defeats in China." *The New York Times*. July 4, 2012. http://www.nytimes.com/2012/07/05/world/asia/chinese-officials-cancel-plant-project-amid-protests.html?_r=0.

"For Richer, for Poorer." *The Economist*. Oct. 13, 2012. http://www.economist.com/node/21564414.

"Is China's Official Unemployment Rate Totally Off?" *The Atlantic*. Dec. 10, 2012. http://www.theatlantic.com/international/archive/2012/12/is-chinas-official-unemployment-rate-totally-off/266101/.

"To each, not according to his needs." *The Economist*. Dec. 15, 2012. http://www.economist.com/news/finance-and-economics/21568423-new-survey-illuminates-and-extent-chinese-income-inequality-each-not.

"China Lets Gini Out of the Bottle." *Reuters*. Jan. 18, 2013. http://www.reuters.com/article/us-china-economy-income-gap-idUSBRE90H06L20130118.

"Gini Out of the Bottle." *The Economist*. Jan. 26, 2013. http://www.economist.com/news/china/21570749-gini-out-bottle.

"Pollution spurs more Chinese protests than any other issue." Grist. Mar. 8, 2013. http://grist.org/news/pollution-spurs-more-chinese-protests-than-any-other-issue/.

"Cost of Environmental Damage in China Growing Rapidly Amid Industrialization." *The New York Times*. Mar. 29, 2013. http://www.nytimes.com/2013/03/30/world/asia/cost-of-environmental-degradation-in-china-is-growing.html.

China Household Finance Survey (CHFS). 2013. http://www.chfsdata.org/.

EastSouthWestNorth. "Statistics of Mass Incidents." Nov. 15, 2006. http://www.zonaeuropa.com/20061115_1.htm.

Pew Research Center. "Growing Concerns in China about Inequality, Corruption." Oct. 16, 2012. http://www.pewglobal.org/2012/10/16/growing-concerns-in-china-about-inequality-corruption/.

_____. "Corruption, Pollution, Inequality Are Top Concerns in China." Sept. 24, 2015. http://www.pewglobal.org/2015/09/24/corruption-pollution-inequality-are-top-concerns-in-china/.

The International Relations and Security Network (ISN). "China's Environmental Crisis." Feb. 8, 2016. http://www.isn.ethz.ch/Digital-Library/Articles/Detail/?id=195896.

Transparency International. "Corruption Percentions Index, 2016." Jan. 25, 2017. https://www.

transparency.org/news/feature/corruption_perceptions_index_2016.

Unicef. "Children in China: An Atlas of Social Indicators 2014." April 2, 2015. http://www.unicef.
cn/en/index.php?m=content&c=index&a=show&catid=197&id=813.

World Bank. "Inequality in Focus, August 2013: Experiences from China and Brazil." Sept. 19,
2013. http://www.worldbank.org/en/topic/poverty/publication/inequality-in-focus-
august-2013.

江泽民. "在庆祝中国共产党成立八十周年大会上的讲话(全文)." 2001年7月1日. http://www.china.com.
cn/zhuanti2005/txt/2001-07/01/content_5042177.htm.

江泽民. "全面建设小康社会, 开创中国特色社会主义事业新局面-在中国共产党第十六次全国代表大会上的
报告." 2002年11月8日. http://www.chinadaily.com.cn/dfpd/18da/2012-08/28/content_
15820005.htm.

习近平. "决胜全面建成小康社会 夺取新时代中国特色社会主义伟大胜利 — 在中国共产党第十九次全国代表
大会上的报告." 2017年10月27日. http://jhsjk.people.cn/article/29613458.

"中国共产党章程." 2017年10月24日. http://www.12371.cn/special/zggcdzc/.

"中华人民共和国宪法." 2004年3月14日. http://www.gov.cn/gongbao/content/2004/content_62714.
htm.

"中华人民共和国宪法修正案 1993年3月29日." http://www.npc.gov.cn/npc/xinwen/2013-12/10/
content_1816099.htm.

"中华人民共和国宪法修正案." 北大法宝. 2018年3月11日. http://www.pkulaw.cn/fulltext_form.
aspx?Gid=311281.

제9장

'보통국가'와 '아름다운 나라' 사이에서: 2000년대 일본
자민당 헌법개정 논의과정의 정체성 정치

이정환(서울대학교)

I. 서론

국가정체성 인식 차원에서 일본은 어떤 국가이고 어떻게 변화해야 하는가의 논의는 결국 헌법개정을 통해 그리는 국가상(想)과 연결될 수밖에 없다.

일본의 정치주도세력인 자유민주당(이하 자민당) 내에서는 오랫동안 헌법개정에 대한 논의가 진행되어 왔다. 가장 최근인 2018년 3월 22일 자민당 헌법개정추진본부는 전체회의를 통해 헌법개정의 4대 쟁점에 대한 논의를 종결하고, 3월 25일 당대회 전날인 24일 지방의원간담회에서 4대 쟁점에 대한 잠정 조문안을 발표하였다. 아베 신조(安倍晋三) 총리가 2017년 5월 3일(헌법기념일) 2020년 신헌법 시행 목표를 제시한 후, 헌법개정추진본부를 중심으로 진행해온 헌법개정 논의가 한 국면을 지나고 있음을 의미한다. 총무회를 거쳐서 당론으로 확정되어야 하는 절차가 남아 있지만, 현재 아베 자민당이 추진하고자 하는 헌법개정의 골격은 이제 구체적 모습을 드러냈다.

아베 총리가 2017년 신헌법 시행 목표 일정을 제시하였을 때나 자민당 헌법개정추진본부에서 잠정 조문안을 발표하였을 때, 국내외의 주된 관심은 현행 헌법 9조의 개정에 있다. 현행 헌법 9조의 개정을 중심으로 호헌 대 개헌의 대립구도로 헌법개정 논의가 진행되어온 전후 일본에서 헌법개정안에 대한 관심이 9조 개정에 집중되는 것은 당연하다. 9조의 전쟁방기와 전력불소유 조항의 유지와 변경을 중심으로 호헌 대 개헌의 대립구도로 일본 헌법개정 논의를 이해하는 것은 일본 정치권 내에 존재하는 핵심적 국가정체성 인식 차이를 드러내는 장점이 있다.

하지만 냉전기 일본 정치인들의 국가정체성 인식을 이해하는 데 가장 효과적인 방법이었던 호헌 대 개헌의 대립구도는 2000년대 이후의 자민당 정치인들의 국가정체성 인식을 이해하는 데 한계가 있다. 9조를 중심으로 하는 호헌 대 개헌의 관점에서 현 시점의 자민당은 총체적으로 개헌 세력이다. 하지만, 자민당 내 헌법개정 논의의 역사에서 호헌 세력이 주류로서 존재해 온 시기가 길었다. 2000년대 이후 자민당 내에 9조 개정에 대해 당내에 폭넓은 동의가 이루어진 와중에도, 천황의 지위와 국가와 개인의 관계 등에 대한 당내 인식 차이가 존재해왔다. 또한 9조 개정을 중심으로 하는 호헌 대 개헌의 대립구도는 현재 아베 정권하에서 진행되고 있는 자민당 헌법 개정 논의에서 아베 주류파와 이시바 시게루(石破茂)의 관점 대립을 설명하지 못한다. 본 연구는 2000년대 이후 자민당 헌법개정 논의에서 개헌의 방향성을 놓고 지속되어 온 정책노선 갈등에서 9조 개정을 중심으로 하는 호헌 대 개헌의 대립 구도가 아닌 다른 형태의 정체성 정치를 밝히고자 한다.

구체적으로 본 연구는 자민당의 당론으로 채택되었던 두 번의 헌법초안을 주요 연구 대상으로 한다. 자민당은 2005년에 '신헌법초안(新憲法草案)'의 이름으로 헌법개정안을 최초로 당론으로 채택하였으며, 2012년에는 '일본국헌법개정초안(日本国憲法改正草案)'의 이름으로 두 번째 개정안을 당론으로 채택하였다. 본 연구에서는 편의상 전자를 〈2005년 초안〉으로, 후자를 〈2012년 초안〉으로 칭할 것이다.[1] 〈2005년 초안〉과 〈2012년 초안〉은 '전쟁이 가능한 나라'로의 개헌이라는 공통점을 넘어, 세부로 들어가면 담아내고 있는 국가정체성에서 매우 큰 차이를 보이고 있다. 〈2005년 초안〉은 국가에 대한 개인의 권리, 상징으로서의 천황에 대한 조항에서 현행 헌법의 내용을 유지하고 있다. 반면에 〈2012년 초안〉은 천황의 존재와 역할, 국가 대 개인의 관계에 있어서 현행 헌법을 근본적으로 부정하는 내용이 담겨 있다.

....

1   〈2005년 초안〉인 '신헌법초안'은 더 이상 자민당 홈페이지에서 게시되지 않고 있다. '신헌법초안'의 전문은 憲法学習会, "自民党新憲法草案 (2005)"(http://www.kenpou-gakushuukai.pw/kaiken_an_2005.html, 최종검색일: 2018년 4월 10일)을 참조. 〈2012년 초안〉인 '일본국헌법개정초안'은 自由民主党 憲法改正推進本部, "日本国憲法改正草案"(http://constitution.jimin.jp/draft/, 최종검색일: 2018년 4월 10일)을 참조.

본 연구는 자민당이 당론으로 채택한 두 초안 사이의 상이한 내용이 나오게 된 원인으로 자민당 당내의 정체성 갈등을 제기한다. 헌법개정 논의과정에서 드러나는 개헌의 방향성에 대한 정체성 갈등구조는 '보통국가' 대 '아름다운 나라'로 비유될 수 있다. '보통국가'는 전력불소유 내용을 담고 있는 9조의 개정을 통해 전력을 보유할 수 있는 나라를 만드는 것에 초점을 두지만, 국가 대 개인의 관계, 천황에 대한 해석에서 현행 헌법의 보편주의적 해석을 유지하고자 하는 정체성을 칭한다.[2] '아름다운 나라'는 소위 일본적 가치를 헌법에 담아내고자 하는 전통주의적 정체성을 의미한다.[3] 두 정책노선이 중복되는 부분이 없는 것은 아니지만, 〈2005년 초안〉과 〈2012년 초안〉의 논의과정에서 두 정책노선은 지속적으로 대립하여 왔다.

한편, 〈2005년 초안〉과 〈2012년 초안〉 사이의 큰 차이를 만들어 낸 원인으로 각 초안이 당론으로 채택되는 시점의 자민당 내의 정치적 기회구조가 존재한다. 정체성이 정책으로 전환되는 과정에서 정치가 작동하기 마련이다. 두 정체성 사이의 대립구도 속에서 보다 '보통국가' 노선에 가깝게 〈2005년 초안〉이 작성되도록 만든 요인으로 당시 고이즈미 준이치로(小泉純一郎) 총리의 강력한 당내 장악력이 존재한다. 한편, 〈2012년 초안〉 작성 과정에서는 '보통국가' 노선을 지지해 줄 수 있는 자민당 당내의 보수리버럴 세력의 쇠퇴가 주목된다. 정체성 갈등이 당내 의견 수렴과정에서 어느 쪽으로 경사하는지는 상이한 정책노선이 당내에서 얼마나 정치적 영향력을 확보하는지와 연관된다.

본 장의 구성은 다음과 같다. 2절에서는 냉전기 자민당 헌법개정 논의의 구조를 밝히고, 3절에서는 2000년대에 자민당 내 헌법개정 논의가 진전되는 배경과 그 논의과정에 대해 설명할 것이다. 4절에서는 〈2005년 초안〉

....

2   오자와 이치로(小沢一郎)의 『日本改造計画』의 보통국가론은 일본의 전통주의에 대해 부정적인 인식을 바탕으로 국제주의적 입장에서 개헌을 논하고 있다. 그의 보통국가론은 보편주의적 관점에서 일본의 미래를 논하고 있다. 小沢一郎, 『日本改造計画』 (講談社, 1993).

3   아베 신조의 저서 제목 『美しい国へ』에서 차용. 安倍晋三, 『美しい国へ』 (文藝春秋, 2006).

과 〈2012년 초안〉의 내용 차이를 천황, 국가 대 개인, 안전보장의 세 부분으로 나누어 설명할 것이다. 5절에서는 〈2005년 초안〉과 〈2012년 초안〉 사이의 내용 차이를 야기한 2000년대 자민당 내 정체성 갈등 구조를 '아름다운 나라' 정체성과 '보통국가' 정체성의 대립구조 속에서 설명할 것이다. 6절에서는 자민당 헌법개정 논의의 흐름에서 2018년 진행되고 있는 자민당의 헌법개정 논의를 평가하고자 한다.

II. 냉전기 자민당 헌법개정 논의의 구조

일본 보수정치세력의 현행 헌법에 대한 태도는 일관된 것으로 보기 어렵다. 일반적으로 호헌의 혁신정치세력 대 개헌의 보수정치세력의 구도는 1946-47년 시점에서 일본 정치세력의 헌법에 대한 태도를 설명하는 데 부합하지 않는다.

현행 헌법은 1946년 2월 13일 연합국최고사령부(GHQ)가 일본 정부에 제시한 '맥아더초안'을 토대로 하고 있다. 일본 정부는 '맥아더초안'을 토대로 정부초안을 작성하여, 3월 6일 초안요강을 발표하고 4월 17일 전문을 발표한 뒤, 국회(당시 일본제국헌법하의 제국의회)로 넘겼다. 대일본제국헌법을 대체하는 '수정제국헌법수정안(修正帝国憲法改正案)'이 제국의회와 추밀원을 10월에 통과하고, 11월 3일 공포된 후, 1947년 5월 3일 시행에 이르게 되면서 현행 일본국헌법은 성립되었다. '맥아더초안'을 토대로 하는 정부초안이 제국의회에서 논의되는 과정에서 자민당 주축 정치세력들이 당시 몸담고 있던 자유당과 진보당은 현행 헌법에 찬성하는 입장을 가지고 있었던 반면에, 사회당과 공산당은 부분수정 또는 반대의 입장에 서 있었다.[4]

물론 현행 헌법이 만들어지는 과정에서 보수정치세력이 정부초안에 대

....

4   小熊英二, 『〈民主〉と〈愛国〉—戦後日本のナショナリズムと公共性』(新曜社, 2002), pp. 160-9.

해 찬성했던 것은 GHQ의 강력한 요구에 대한 수용의 성격을 지닌다. 그들이 현행 헌법이 담고 있는 가치에 대해 동의하고 있던 것은 아니다. 일본 정부가 마쓰모토 죠지(松本烝治)를 중심으로 헌법안을 준비하는 과정 중, 자유당은 1946년 1월에, 진보당은 2월에 당의 헌법개정요강을 발표하였다. 이들 보수정당들의 헌법안은 현행 헌법의 내용과는 거리가 멀다. 천황의 통치권과 국민이 아닌 신민의 표현 등에서 볼 수 있듯이 보수정당들의 헌법안은 제국헌법과 차이점보다 공통점이 더 크다.[5] 현행 일본국헌법의 기본가치에 대한 근본적 동의와 상관없이 보수정치세력은 현행 일본국헌법을 실용주의적 관점에서 수용했다. 신헌법이 만들어지는 과정에서 시데하라 기주로(幣原喜重郎) 내각과 제1차 요시다 시게루(吉田茂) 내각은 GHQ가 요구하는 민주주의적 내용을 최대한 축소시키려는 노력을 기울이는 한편, 수용하지 않을 수 없다는 판단이 서면 그 내용을 재빨리 수용하고 이를 자신들의 내용으로 만드는 모습을 보였다.[6] 민주주의적 가치를 내재화하지 못했던 당시 보수정치인들에게 새로운 헌법은 주어진 것이었다.

하지만, 냉전의 고도화 속에서 헌법의 평화주의는 재무장을 꺼리는 요시다에게 강력한 도구가 된다. 미국의 대일점령정책이 냉전 속에서 민주화에서 재무장으로 전환되었을 때, 요시다는 헌법의 9조를 이유로 미국에 기지를 제공하는 대신 무장을 최소화하고 경제성장에 집중하는 정책노선을 지속시켰다.[7] 냉전기 자민당 세력의 외교전략을 대표하는 요시다 노선이 자민당의 호헌론의 중심을 이룬다.[8] 반면에 미국의 정책전환 이후 재무장에 공명하는 보수정치인들은 1950년대에 들어 헌법개정에 대해 목소리를 높

....

5   코세키 쇼오이찌 저, 김창록 옮김, 『일본국 헌법의 탄생』(서울: 뿌리와이파리, 2010), pp. 74-6.

6   쇼오이찌 (2010), pp. 161-85.

7   케네스 파일은 요시다의 정책노선을 '요시다 노선'으로 최초로 명명한 것은 본인이라고 말한다. 케네스 파일 저, 이종삼 옮김, 『강대국 일본의 부활』(파주: 한울, 2008), p. 385.

8   조세영, 『봉인을 떼려 하는가: 미일동맹을 중심으로 본 일본의 헌법개정 문제』(서울: 아침, 2004), pp. 100-1.

이기 시작하였다. 샌프란시스코강화조약 체결로 1952년 일본이 주권을 회복한 국내정치구조의 조건 변화와 한국전쟁의 국제정치적 조건은 1950년대 들어 헌법개정에 대한 보수정치인들의 관심과 주장이 강화된 배경이 된다.[9] 보수정치인들의 헌법개정에 대한 높은 관심은 요시다가 총재로 있던 자유당도 1954년 자주헌법개정과 천황을 국가원수로 하는 개정안을 내놓은 것에서 볼 수 있듯이 1950년대 초반 대세적 흐름이었다.[10]

자유당과 민주당의 합당으로 1955년 탄생한 자민당은 창당 때부터 헌법개정을 당론으로 삼았으며, 하토야마 이치로(鳩山一郎) 내각과 기시 노부스케(岸信介) 내각에서 헌법개정의 노력은 가시화되었다. 자민당은 1955년 창당과 함께 헌법개정 준비를 위한 헌법조사회를 당내에 설치하였다.[11] 한편, 자민당 당내의 헌법개정 논의를 정책적으로 실현시키기 위해 헌법개정 논의를 담당하는 기구를 국회 차원에 설치하려는 노력이 전개되었지만, 야당의 반대 속에서 성공하지 못했다. 대신, 1957년에는 내각에 헌법조사회를 설치하여서 헌법개정의 모멘텀을 살리고자 노력하였다. 하지만 1950년 초 한국전쟁의 시기에 비해 1950년대 후반에는 일본사회 내에서 헌법개정에 대한 호의적 태도는 줄어들었고, 호헌에 대한 동의가 증가하면서 자민당의 헌법개정 노력은 사회로부터의 반발에 직면하였다.[12]

1960년 안보투쟁 이후, 자민당의 헌법개정에 대한 노력은 잦아들게 되었다. 이케다 하야토(池田勇人) 내각 이후 자민당 정권은 요시다 노선으로 회귀하여 헌법개정에 적극적으로 나서지 않았다. 1957년 내각에 설치되었던 헌법조사회도 1964년 헌법개정에 대한 찬성과 반대의 입장이 포괄되어 있는 보고서를 내놓고 1965년 해산되었다.[13] 이후 냉전기 동안, 헌법개정에 대

....

9   남기정, 『기지국가의 탄생: 일본이 치른 한국전쟁』 (서울: 서울대학교출판문화원, 2016), pp. 289-92.
10   전진호, "21세기 일본의 국가이념과 헌법조사회," 『일본연구논총』 제25집 (2007), p. 6.
11   조세영 (2004), p. 41.
12   케네스 파일 (2008), pp. 399-401.

한 자민당 내의 논의는 지속되었지만 헌법개정이 가시적 형태로 정책화되지는 못했다. 본인 스스로가 헌법개정의 강한 지지자이면서, '전후체제의 총결산'을 정권의 모토로 내세웠던 나카소네 야스히로(中曽根康弘)도 헌법개정의 당위적 필요성을 넘어서 시안에 대한 당론의 확정 단계로 나아가지 못했다.[14]

보수본류(保守本流)로 불리는 자민당 내 요시다 노선의 계승자들은 헌법개정 논의로 인한 국내정치적 혼란의 가능성을 회피하는 실용주의적 관점에서 호헌의 입장에 서 있었다. 이들의 존재는 자민당 내 헌법개정 논의 자체의 진전을 막아내는 역할을 해왔다. 1982년 자민당 헌법조사회가 내놓은 '일본국헌법총괄중간보고(日本国憲法総括中間報告)'는 9조 1항을 존치하고 2항의 개정으로 자위대의 법적근거를 마련하는 안과 더불어 당내에서 9조는 변동되면 안 된다는 의견이 강력함을 함께 부연설명하고 있다. 평화헌법이 국민들의 의식에 강력하게 자리 잡았고, 주변국과의 관계를 고려할 때 9조의 기본정신인 평화주의에 변화를 주는 개정은 필요 없다는 인식이 개정론과 더불어 자민당 당내에 강력하게 존재하고 있음을 적기하고 있던 것이다.[15] 9조 개정에 대한 당내 의견 통일이 되어 있지 않은 가운데 헌법개정초안에 대한 당론의 채택은 쉽지 않은 일이다. 이러한 당내 인식 차이 속에서 자민당은 지속된 논의에도 불구하고 냉전기에 당론으로 확정된 헌법개정안을 갖고 있지 못했다.

....

13 전진호 (2007), pp. 7-8.
14 전진호 (2007), p. 9.
15 舛添要一, 『憲法改正のオモテとウラ』(講談社, 2014), kindle location, 173-179.

III. 2000년대 자민당 내 헌법개정 논의의 전개

1990년대 냉전의 종언과 더불어 요시다 노선에 입각한 냉전시대 외교에 대한 재고가 모색되었고, 보다 능동적인 일본 국가의 역할을 주문하는 인식이 일본 내에 확산되었다. 탈냉전 시기 들어 일본의 국제정치적 역할에 대한 정치인들의 정체성 인식은 리차드 사무엘스(Richard Samuels)에 의해 보통국가론, 평화국가론, 미들파워 국제주의, 신자주국가론의 4가지 유형으로 정리된 바 있다.[16] 4가지 정체성 유형 중에서 보통국가론, 미들파워 국제주의, 신자주국가론이 자민당을 중심으로 하는 1990년대 보수정치권 내에 존재하고 있었다. 헌법개정 차원에서 미들파워 국제주의는 호헌적 입장에 서 있는 반면에 보통국가론과 신자주국가론은 개헌적 입장이다. 하지만 보통국가론과 신자주국가론은 9조 개정에 대해 의견이 일치될 뿐, 국내정치제도에 대한 가치관이 수렴되지 않는다.

1990년대 국가정체성 인식 차원에서 정치권 내에 개헌 지지가 증가하였지만, 헌법개정에 대한 논의가 실제로 전개되는 것은 정치적 변화와 맞물려 있었다. 1993년 50여 년 만에 비자민연립정권에게 정권을 내주었던 자민당은 1994년 연립정권 형태로 여당 지위를 회복한 후, 계속해서 연립형태를 통해 정권을 유지해왔다. 1990년대 후반 자민당의 연립선택지로는 리버럴 야당 세력과의 연립과 보수 야당 세력과의 연립이 존재했다. 전자의 자사사(自社さ, 자민-사회-사키가케)연립은 1994년부터 1998년까지 지속되었다.[17] 한편, 후자의 보보연합(保保連合, 자민과 신진)의 구상은 1996년에 자민

....

16 Richard Samuels, *Securing Japan: Tokyo's Grand Strategy and the Future of East Asia* (Ithaca: Cornell University Press, 2007).

17 자사사 연립 속에서 자민당은 1995년 강령에 헌법개정을 일절 언급하지 않았으며, 강령과 함께 작성된 '신선언'에 현행 헌법의 의의를 긍정하면서 자민당 창당 시에 언급되어온 '자주헌법의 제정'을 실질적으로 보류하였다. 中北浩爾, "自民党の右傾化─その原因を分析する," 塚田穂高 編, 『徹底検証 日本の右傾化』 (筑摩書房, 2017), p. 90.

당과 신진당 내에서 논의되었지만 실현되지 않았다.[18] 하지만, 보보연합 구상은 1999년 오부치 게이조(小渕恵三) 내각에 의한 자자공(自自公, 자민-자유-공명) 연립으로 변용되어 나타나게 된다. 오부치 정권은 국정의 안정적 운영을 위해 공명당과의 연립을 모색하였고, 공명당과의 연립의 전제조건으로 신진당 분열과정에서 탄생한 자유당과의 연립을 우선 결성한 뒤, 이후 자자공 연립을 형성하였다.[19] 1999년 자자공 연립 논의 중 이루어진 정당 간의 정책조율 과정에서 오자와 이치로(小沢一郎)의 자유당은 유엔평화유지활동에의 적극적 참여와 헌법개정에 대해 적극적인 목소리를 내었다. 연립 참여 정당들은 헌법개정 논의를 국회에서 다루는 조직으로서 국회에 헌법조사회를 설치할 것에 합의하였다.[20] 전체적으로 보수화된 야당들도 헌법개정 논의에 대한 필요성에 동의하면서 국회 내 헌법조사회의 설치와 관련된 법안이 1999년 통과되어, 2000년 1월 국회 헌법조사회가 출범하였다.

국회 헌법조사회는 헌법개정 논의가 처음으로 국회에서 논의되는 제도적 틀이었다는 점에서 그 의의가 크다. 헌법조사회는 중의원과 참의원에 각각 설치되어 5년 동안 헌법을 둘러싼 여러 이슈들에 대한 논의를 정리하는 역할을 수행하였다.[21] 2000년 초반 활동한 국회 헌법조사회는 헌법개정안 작성의 기능을 가지고 있지 않았다. 하지만, 헌법조사회는 각 정당들이 헌법의 쟁점사항들에 대해서 자신들의 입장을 정리하고 당론을 확정해야 하는 기회를 제공하였다.[22] 2000년대 자민당 내의 헌법개정 논의도 국회 헌법조사회의 활동이라는 맥락 속에서 존재한다. 국회 헌법조사회는 2007년 폐지

....

18 中北浩爾, 『自民党政治の変容』 (NHK出版, 2014), kindle location, 2377-2429.

19 菅原琢, "再生産される混迷と影響力を増す有権者," 小熊英二 (編), 『平成史【増補新版】』 (河出書房新社, 2014), pp. 111-3.

20 中北浩爾 (2014), kindle location, 2757-2764.

21 김지연, "일본의 헌법개정과 보통국가화: 헌법조사회 중간보고서를 중심으로," 『한일군사문화연구』 제3집 (2005), pp. 49-50.

22 박철희, "일본 정당들의 헌법개정안 시안 분석을 통해서 본 개헌 논의의 정치과정," 『일본연구논총』 제27호 (2008), p. 74.

되고 후계조직으로 헌법심사회가 양원에 설치되었다. 헌법심사회는 조사를 넘어서서 헌법개정을 발의하는 역할을 수행하는 위상을 가지게 되었다.[23]

하지만, 2000년 시점에 헌법개정의 방향성은 고사하고, 헌법개정 자체의 필요성에 대한 자민당 내부의 의견도 통일되어 있지 않았다. 오부치 총리나 보수본류를 대표하는 파벌 고치카이(宏池会)의 당시 회장이었던 가토 고이치(加藤紘一) 등은 자민당이 나서서 개정안을 국회에 제출하는 것에 대해 부정적이었다. 반면에 나카소네 전 총리나 헌법개정에 신념을 가지고 있는 야마사키 다쿠(山崎拓)는 헌법개정에 대해 자민당이 적극적으로 나서야 한다는 주장을 전개하였다.[24]

자민당 내에서 헌법개정안의 작성을 위한 당내 조직구성은 고이즈미 정권 시기인 2003년에 이루어졌다. 2001년 취임한 고이즈미 총리는 자민당 간사장으로 개인적 친분이 두터운 야마사키를 임명하였다. 가토, 야마사키, 고이즈미는 1990년대 파벌과 정책적 입장 차이를 넘어서 정치적 유대관계를 형성해온 사이이다(YKK).[25] 야마사키 간사장은 고이즈미 총리에게 자민당 창립 50주년이 되는 2005년에 자민당이 당론으로 헌법개정안을 책정할 필요성이 있음을 제기하였고, 이를 고이즈미 총리가 수용하였다. 이를 배경으로 2003년 11월 자민당 헌법조사회 산하에 '헌법개정프로젝트팀'을 설치하여 개정안에 대한 논의를 시작하였으며, 2004년 10월에 신설된 헌법개정안기초위원회(憲法改正案起草委員会)'가 그 역할을 이어받았다. 하지만 야스오카 오키하루(保岡興治) 헌법조사회장의 독단적 헌법개정안 책정과 이것의 언론 유출 문제로 새로운 헌법개정안의 협의기구 창설이 모색되었다.[26] 그 결과 2004년 12월 고이즈미 총리를 본부장으로 하는 신헌법추진본부를 설

....

23   倉田保雄, "参議院憲法審査会規程の制定を受けて‐憲法改正手続法の課題,"『立法と調査』318 (2011), pp. 98-117.

24   전황수, "일본의 헌법조사회발족과 개헌논의,"『한국과 국제정치』제33호 (2000), pp. 320-1.

25   中北浩爾 (2014), kindle location, 2482-2530.

26   舛添要一 (2014), kindle location, 548-560.

치하고, 산하에 모리 요시로(森喜朗) 전 총리를 위원장으로 하는 신헌법기초위원회를 설치하여 헌법개정안을 준비하였다. 신헌법추진본부의 활동의 결과물이 〈2005년 초안〉이다.

한편 2006년 총리에 취임한 아베 신조는 헌법개정의 절차상의 문제점을 해소하는 제도정비에 나섰다. 현행 헌법 96조의 헌법개정 조항의 불투명한 점을 해소하는 법정비 작업으로 국민투표법을 2007년 통과시킴으로써, 헌법개정을 실행할 수 있는 제도여건을 확보하였다.[27] 하지만 국민투표법에서 설정한 3년의 유예기간 후 헌법개정안이 발의 가능한 최초의 시점인 2010년에 자민당은 야당의 위치에 자리했다. 아베, 후쿠다 야스오(福田康夫), 아소 다로(麻生太郎) 세 총리의 재임 동안 지속된 지지율 저하 속에서 2009년 9월에 민주당에게 정권을 내준 것이다.

야당이 된 자민당은 민주당과의 차별화를 모색하는 과정에서 헌법개정 논의의 진전이 필요하다는 판단하에 2009년 12월 헌법개정 논의의 새로운 당내 조직으로써 헌법개정추진본부를 설치하였고, 샌프란시스코강화조약 발효 50주년이 되는 2012년 4월 27일에 2005년 초안의 개정의 형태로 〈2012년 초안〉을 발표하고, 이를 당론으로 채택하였다.

IV. 〈2005년 초안〉과 〈2012년 초안〉 비교

일본의 다양한 헌법개정안들이 가지는 성격을 판단하는 기준은 구 대일본제국헌법이 담고 있지 못한 현행 헌법의 3대 원칙인 국민주권, 기본적 인권의 존중, 평화주의의 내용이 개정안에 어떻게 변화하는지 또는 연속되는지이다.[28] 현행 헌법이 만들어지는 과정에서 주권이 국민에게 있음을 명확

....

27 박철희 (2008), pp. 86-9.
28 자민당 〈2005년 초안〉과 〈2012년 초안〉을 비교하는 과정에서 필요한 현행 일본국헌법과 구 대

히 하는 한편 천황이라는 존재에 '상징'의 기능을 부여하여 천황제의 존속을 모색했었다. 따라서 헌법개정안의 국민주권에 대한 성격은 천황에 대한 기술을 통해 판단될 수 있다. 한편, 기본적 인권의 존중은 현행 헌법의 국민의 권리와 의무 부분에 기술된 국가 대 개인의 관계가 개정안들에서 어떻게 수정되는지를 통해 파악 가능하다. 평화주의의 연속과 변화에 대한 판단은 헌법 9조에 대한 기술 속에서 판단된다. 〈2005년 초안〉과 〈2012년 초안〉은 천황에 대한 부분과 국가 대 개인의 관계에 대한 두 부분에서 같은 세계관에 서 있다고 보기 어려울 만큼 편차를 보인다.

1. 천황

현행 헌법의 전문에는 명시적으로 국민주권이 등장하고 있다.

이에 주권이 국민에게 있음을 선언하며 이 헌법을 확정한다. 본래 국정은 국민의 엄숙한 신탁에 의한 것으로, 그 권위는 국민으로부터 유래하고, 그 권력은 국민의 대표자가 행사하며, 그 복리는 국민이 향유한다. 이는 인류 보편의 원리이며, 이 헌법은 이러한 원리에 기초한 것이다. 우리는 이에 반하는 일체의 헌법·법령 및 조칙(詔勅)을 배제한다.

국민주권 원칙에 입각해서, 제국헌법에서는 '신성하여 범할 수 없고' '국가의 원수로서 통치권을 총람하는' 천황은 현행 헌법 1조 '천황은 일본국의 상징이며 일본 국민통합의 상징으로서 그 지위는 주권을 가진 일본 국민의 총의에 기초한다'의 조문에 의거하여 더 이상 원수가 아니고 통치권을 소유하고 있지 않다. 또한 제국헌법에서 '제국의회의 협찬을 받아 입법권을

....

일본제국헌법의 원문은 国立国会図書館, "日本国憲法の誕生"(http://www.ndl.go.jp/constitution/index.html, 최종검색일: 2018년 4월 10일)을 참조.

'행사하던' 천황은 현행 헌법 3조 '천황의 국사에 관한 모든 행위는 내각의 조언과 승인을 필요로 하며, 내각이 그 책임을 진다'의 조문과 4조 1항의 '천황은 이 헌법이 정하는 국사에 관한 행위만을 행하며, 국정에 관한 권능을 갖지 않는다'의 조문에 따라 국정과는 거리가 먼 존재가 되었다.

자민당의 〈2005년 초안〉과 〈2012년 초안〉 모두, 천황이 국정에 관한 권능이 없다는 조항을 변경하지 않는다. 〈2005년 초안〉과 〈2012년 초안〉 모두에서 현행 헌법 4조 1항은 그대로 유지되고 있다.

논의의 초점은 1조의 기술이다. 〈2005년 초안〉은 현행 헌법 1조의 기술 그대로를 답습하고 있다. 국가의 상징이자 국민통합의 상징으로서의 천황에 대한 기술 변경이 없다. 〈2005년 초안〉의 전문에도 '상징천황제는 이를 유지한다'로 명시되어 있다.

반면에 〈2012년 초안〉의 1조는 다음과 같다.

천황은 일본국의 원수로, 일본국의 상징이며 일본 국민통합의 상징으로서 그 지위는 주권을 가진 일본 국민의 총의에 기초한다.

현행 헌법의 1조 문구에 하나의 구절만 추가되었지만, 그 의미 자체가 다르다. 제국헌법에서 천황에게 부여되었던 국가원수의 지위를 부여하는 구절은 그 이후의 상징천황제의 문구가 실질적으로 무효가 되도록 만들고 있다. 〈2012년 초안〉의 전문에도 상징으로서의 천황에 대한 기술은 존재한다. '일본국은 긴 역사와 고유의 문화를 지니고, 국민통합의 상징인 천황을 모시는 국가로서, 국민주권하에 입법, 행정, 사법의 3권 분립에 기초에 통치된다'가 〈2012년 초안〉 전문의 첫 구절이다. 천황이 상징이라는 기술이 들어가고 국민주권이 다시 확인되고 있지만, '천황을 모시는'의 기술은 〈2012년 초안〉의 '천황은 일본국의 원수'라는 표현과 함께 현행 헌법의 상징천황제를 무력화시키고 있다.

천황에 대한 기술에서 〈2005년 초안〉은 특기할 만한 사항이 없다. 그 이유는 〈2005년 초안〉은 현행 헌법의 상징천황제를 전적으로 계승하고 있기 때문이다.[29] 반면에 〈2012년 초안〉은 천황에 대한 국가원수 지위 부여 속에서 상징천황제로부터 근본적 변화를 시도하고 있다.

2. 국가 대 개인

현행 헌법에서 천황과 안전보장에 대한 기술 이후에 바로 이어지는 국민의 권리와 의무에 대한 부분에서 가장 핵심적인 조항은 13조이다. 현행 헌법 13조는 '모든 국민은 개인으로서 존중된다. 생명, 자유 및 행복 추구에 대한 국민의 권리는 공공의 복지에 반하지 않는 한 입법과 그 밖의 국정에서 최대한 존중될 필요가 있다'로 기술되어 있다. 13조에서 국민의 권리가 '개인'으로서 누리는 권리로 되어 있다는 점이 핵심적이며, 권리 제한의 판단 근거는 '공공의 복지'에의 저촉 유무이다. 〈2005년 초안〉과 〈2012년 초안〉의 13조 내용은 다음과 같다.

(2005년 초안 13조) 모든 국민은 개인으로서 존중된다. 생명, 자유 및 행복 추구에 대한 국민의 권리는 공익과 공공의 질서에 반하지 않는 한 입법과 그 밖의 국정에서 최대한 존중될 필요가 있다.

(2012년 초안 13조) 모든 국민은 사람으로서 존중된다. 생명, 자유 및 행복 추구에 대한 국민의 권리는 공익과 공공의 질서에 반하지 않는 한 입법과 그 밖의 국정에서 최대한 존중되지 않으면 안 된다.

〈2005년 초안〉과 〈2012년 초안〉 모두 국민의 권리에 대한 제한의 조건으로 공익과 더불어 공공의 질서를 추가했다는 점에서 동일하다. 하지만 두

....

29   舛添要一 (2014), kindle location, 2369-2375.

초안 사이의 결정적 차이는 〈2005년 초안〉이 모든 국민은 개인으로서 존중된다는 현행 헌법의 문구를 답습하는 반면에 〈2012년 초안〉은 개인을 사람으로 표현 변경을 하였다는 점이다.

근대입헌주의가 국가에 대한 대립항으로서 개인의 권리 보장을 전제로하고 있으며, 헌법은 국가의 권력으로부터 국민의 권리를 보장하는 문서로서의 의미를 지닌다.[30] 국가 대 개인의 긴장관계의 대립항 속에서 현행 헌법이 서술되어 있고, 〈2005년 초안〉은 이를 그대로 따르고 있다. 하지만, 개인을 사람으로 표현을 바꾼 〈2012년 초안〉에서는 국가 대 개인의 긴장관계가드러나지 않는다. 실제로 자민당 헌법개정추진본부의 자료 〈일본국헌법개정안Q&A〉에서 국민의 권리에 대한 현행 헌법의 기술이 구미의 천부인권설에 기반을 두고 있지만, 국민의 권리는 공동체의 역사, 전통, 문화 중에 서서히 따르는 것이며, 헌법의 인권규정은 구미의 천부인권설이 아닌 자국의역사, 전통, 문화를 따라 변경될 필요가 있다고 설명하고 있다.[31]

〈2012년 초안〉은 국가와 국민이 유기적으로 조화된 관계 속에 연결되어 있는 것을 전제로 기술된 측면이 강하다. 개인을 의도적으로 사람으로변경한 논리는 〈2012년 초안〉의 24조에 추가된 가족 조항과 연결된다. '가족은 사회의 자연스런 기초적 단위로서, 존중되어야 한다. 가족은 상호 돕지않으면 안 된다'는 문구에는 개인의 권리 보호보다 가족 단위를 중시하는세계관이 담겨져 있다.[32] 〈일본국헌법개정안Q&A〉을 통해 자민당 헌법개정추진본부는 가족 조항의 삽입은 '세계인권선언' 16조 3항을 참조한 것이라는 의견을 피력하고 있다.[33] 하지만, 국민의 권리 기술에서 개인을 누락시킨상태에서 가족 조항을 추가한 결과 가족, 지역사회, 국가의 단위에서 조화와

....

30 樋口陽一·小林節,『「憲法改正」の真実』(集英社, 2016), kindle location, pp. 166-92.

31 自由民主党 憲法改正推進本部, "日本国憲法改正草案Q&A,"(http://constitution.jimin.jp/faq/, 최종검색일: 2018년 4월 10일), p. 13.

32 樋口陽一·小林節 (2016), kindle location, 1326-1371.

33 自由民主党 憲法改正推進本部, "日本国憲法改正草案Q&A," pp. 16-7.

협조적 자세를 요구했던 일본의 전통주의적 세계관이 강하게 배어나오고 있다.

개인의 권리 보호에 대한 〈2005년 초안〉과 〈2012년 초안〉의 차이는 21조의 표현의 자유에 대한 기술에서도 나타난다. 현행 헌법의 21조는 '1항 집회·결사·언론·출판 및 그 밖의 모든 표현의 자유를 보장한다. 2항 검열해서는 안 된다. 통신 비밀을 침해해서는 안 된다'로 되어 있다. 〈2005년 초안〉 21조 '1항 집회·결사·언론·출판 및 그 밖의 모든 표현의 자유는 누구에 대해서도 보장된다. 2항 검열은 해서는 안 된다'의 기술은 표현의 자유에 대해서 현행 헌법과 차이가 없다. 반면에 〈2012년 초안〉 21조 기술에서 1항은 수정이 없고 2항을 크게 바꿔어 '전항의 규정에도 불구하고, 공익과 공공의 질서를 침해하는 것을 목적으로 하는 활동을 하고 그리고 그것을 목적으로 결사하는 것은 허용되지 않는다' 문구가 추가되었다.

개인의 권리에 대한 제한적 관점은 국가를 위한 국민의 역할에 대한 강조와 연결된다. 〈2012년 초안〉 전문에는 다음과 같은 기술이 포함되어 있다.

> 일본 국민은 국가와 향토에 대한 긍지와 기개를 지니고 스스로 지키며, 기본적인 인권을 존중함과 동시에 화(和)를 존중하고 가족과 사회 전체가 서로 도우면서 국가를 형성한다.
> 우리는 자유와 규율을 존중하고 아름다운 국토와 자연 환경을 지키면서 교육과 과학기술을 진흥하고 활력있는 경제 활동을 통해 국가를 성장시킨다.
> 일본 국민은 좋은 전통과 우리의 국가를 오래도록 자손에게 계승하기 위해, 여기 이 헌법을 제정한다.

〈2012년 초안〉 전문에서 해석되는 일본 국민은 일본의 전통 계승을 위해 가족, 사회, 국가의 규율을 존중하면서 공동체 전체를 위해 노력해야만 하는 존재이다.[34] 이는 국가 권력으로부터 권리를 보호받아야 되는 개인이라는 현행 헌법과 〈2005년 초안〉의 세계관과는 차별화된다. 〈2012년 초안〉 3조에 국기(國旗)와 국가(國歌)에 대한 조항을 추가하면서 3조 2항에 '일본 국민은 국기와 국가를 존중하지 않으면 안 된다'는 기술을 추가한 점도 이 관점에서 이해될 수 있다.

3. 안전보장

일본의 헌법개정 논의에서 가장 주목을 받는 부분은 당연히 9조이다. 현행 헌법의 9조는 다음과 같다.

1항 일본 국민은 정의와 질서를 기조로 하는 국제평화를 성실히 희구하고, 국권 발동으로의 전쟁과 무력에 의한 위협 또는 무력행사는 국제분쟁을 해결하는 수단으로는 영구히 방기한다.
2항 전항의 목적 달성을 위해, 육·해·공군 기타 전력은 보유(保持)하지 않는다. 국가의 교전권은 인정하지 않는다.

9조 1항의 전쟁방기 조항보다 2항의 전력불보유 조항이 헌법개정안들에서 초점이 되었다. 〈2005년 초안〉과 〈2012년 초안〉 모두 9조의 기술에 있어서 현행 헌법의 수정을 추구하고 있다.

우선 〈2005년 초안〉에 나타난 9조 변경의 포인트는 9조 1항을 존치하고 9조 2항을 삭제하는 대신에, 9조 2를 신설하여 자위군을 명기하는 것이다. 〈2005년 초안〉의 9조 2의 1항은 다음과 같다.

우리 나라의 평화와 독립 그리고 국가와 국민의 안전을 확보하기 위해, 내각총리대신을 최고지휘관으로 하는 자위군을 보유한다.

········

34 国内情勢研究会 編, 『検証自民党憲法改正草案』(ゴマブックス, 2016), kindle location, 1009-1022.

이에 더해 〈2005년 초안〉에는 9조 2의 2항에 자위군 활동에서의 국회 승인의 필요성, 즉 문민통제에 대한 기술이 담겨 있고, 3항에 국제평화활동에의 참여에 대한 법적 근거 기술이 추가되어 있다.

〈2012년 초안〉의 9조에 대한 기술에서 9조 1항은 현행 헌법과 미묘하게 다르다. 〈2012년 초안〉은 '전쟁은 방기'하고, '무력에 의한 위협과 무력의 행사는 국제 분쟁을 해결하는 수단으로 사용하지는 않는다'고 기술하여 방기가 전쟁에만 해당되도록 표현에 변화를 주었다. 한편 9조 2항은 삭제하는 대신 완전하게 문구를 바꾸어 다음과 같이 기술하고 있다.

전항의 규정은 자위권의 발동을 방해하지 않는다.

자위권 행사 여부에 대한 헌법해석 문제를 완전하게 해소하고자 추가된 문구이다. 그에 더해 9조 2의 1항에 전력에 대해 다음과 같이 기술하고 있다.

우리나라의 평화와 독립 그리고 국가와 국민의 안전을 확보하기 위해 내각총리대신을 최고지휘관으로 하는 국방군을 보유한다.

〈2012년 초안〉의 9조 2는 2005년 초안과 마찬가지로 2항에 문민통제의 조항, 3항에 국제평화유지활동 참여에의 법적 근거를 추가하였다. 〈2012년 초안〉에는 9조 3도 추가되어 '국가는 주권과 독립을 지키기 위해, 국민과 협력해 영토, 영해, 영공을 보전하고 그 자원을 확보하지 않으면 안 된다'의 문구가 들어가 있다.

〈2005년 초안〉과 〈2012년 초안〉의 가장 큰 차이점은 신설되는 9조 2에 기술되는 전력의 명칭이다. 〈2005년 초안〉은 자위군을 〈2012년 초안〉은 국방군으로 표현하고 있는 것에서 가장 큰 차이가 있다. 자위대의 연속성 속에서 자위군으로 기술하고 있는 〈2005년 초안〉에 비해 〈2012년 초안〉은 주권을 지는 독립국가로서의 기본 권리를 강조한다는 차원에서 국방군으로 기술을 변경하였다.

하지만 자위군이건 국방군이건 두 초안은 현행 헌법의 9조 2항의 내용을 삭제하고 있다는 점에서 일치한다. 전력불보유 조항을 삭제하는 것으로 자위대의 위헌성 문제를 해소하고자 하는 것이다.[35] 하지만, 〈2005년 초안〉은 집단적 자위권 행사에 대한 '보유하고 있지만 행사할 수 없다'는 기존 정부 해석을 완전히 바꾸는 것은 아니다. 집단적 자위권의 '행사할 수 없다'의 근거로 현행 헌법 9조 1항과 2항 전체가 근거가 되어왔기 때문이다. 때문에 〈2012년 초안〉은 2항에 자위권이 행사되는 데 9조 1항이 제약되지 않는다는 근거의 문구를 추가한 것이다.[36]

천황과 국민의 권리 부분에 대한 기술에서는 현행 헌법과 〈2005년 초안〉이 유사성이 높고, 〈2012년 초안〉이 크게 차별화된다. 반면에 9조 개정의 부분에서 〈2005년 초안〉과 〈2012년 초안〉은 상호간에 유사점이 크고, 현행 헌법과 큰 차이점을 지닌다.[37]

V. 2000년대 자민당 내 국가정체성 갈등 구조

〈2005년 초안〉은 국민주권과 상징천황제, 개인의 권리 보장에서 현행 헌법의 가치를 유지하는 한편, 9조 2항의 삭제를 통한 평화주의 가치로부터의 탈피라는 성격을 지니고 있다. 반면에 〈2012년 초안〉은 평화주의 가치로부터의 탈피라는 점에서만 〈2005년 초안〉과 일치할 뿐, 국가와 개인의 관

....
35 〈2005년 초안〉 논의과정에서 안전보장 조항에 대한 토의내용은 舛添要一 (2014), 2장 2절을 참조.
36 国内情勢研究会 編 (2016), kindle location, 698-740.
37 한편, 〈2005년 초안〉과 〈2012년 초안〉 모두 헌법개정을 위한 국회 발의 요건을 현행 헌법의 중참 양원 각각의 총의원 2/3에서 과반수로 변경한다는 내용을 담고 있다는 점에서 동일하다.

계, 천황 지위 문제에 있어서 현행 헌법은 물론 〈2005년 초안〉과도 크게 차별화된다. 두 초안의 편차는 9조 개정을 중심으로 하는 호헌 대 개헌의 대립구도 속에서 이해되기 어렵다. 9조에 대해서 두 초안은 평화주의로부터의 이탈 추구라는 공통된 정체성에 기반을 두고 있다. 하지만 〈2005년 초안〉 논의 과정에서 자민당 내에서는 상당한 수준의 논쟁이 존재했다. 그 논쟁에서 발견되는 것은 평화주의로부터 이탈한 정상국가 일본이 어떠한 나라여야 하느냐에 대한 인식 차이가 존재한다.

일본 보수정치권에서 일본의 국가 통치체계를 일본 고유의 전통과 문화가 반영될 수 있는 형태로 재구성해야 한다는 관점은 새로운 것이 아니다. 현행 헌법에 대한 부정적 인식 중에서 일본의 고유한 가치 인식과 부합하지 않는 서구적 가치들에 입각한 구미적 헌법이 강제된 것이라는 논리가 헌법이 탄생되던 시점부터 지금까지 면면히 이어져 오고 있다.[38] 하지만, 일본의 전통적 가치에 대한 높은 긍정 인식이 외교정책에서 대미협조주의로부터의 이탈로 연결되는 예는 드물다. 이시하라 신타로(石原慎太郎)와 같은 사례를 제외하면 기성보수정치권에서 전통주의 가치관은 대미협조노선과 공존해 왔다.

냉전기 동안, 일본의 보수정치권 내의 전통주의 정체성은 자민당 지도부의 실용주의 노선과 전통주의적 가치관에 대한 혁신정치세력 그리고 일본사회 내의 반대 목소리 속에서 국가정책에 반영되기가 쉽지 않았다. 전통주의 가치관은 1990년대 자사사 연립 속에서 과거사 반성의 대아시아외교가 이루어지는 과정에서 이에 대한 반동 차원에서 자민당 내에서 저변을 넓혀갔다.[39] 무라야마 담화가 발표된 1995년 8월 15일 자민당 역사검토위원회에서 발행한 『대동아전쟁의 총괄』은 1990년대 자민당 내 역사수정주의 인

....

38 조세영 (2004), pp. 102-4.
39 나카노 고이치, 김수희 옮김, 『우경화하는 일본 정치』 (서울: 에이케이커뮤니케이션즈, 2016), p. 108.

식을 대변하고 있다.[40] 1990년대 후반 자민당 내의 역사수정주의 지향성과 전통주의 지향성은 합치하여 애국심 고취 교육의 진흥과 가학적 역사관에 대한 반대의 주장으로 전개되었다.[41]

2001년 취임한 고이즈미 총리는 전통주의적 가치관에 서 있지 않았다. 하지만, 자민당 총재선거 과정에서 야스쿠니 신사 참배를 공약으로 제시하면서 자민당 내 전통주의 정체성 세력을 정치적 자원으로 동원하였고, 총리 재임 기간 동안 매년 야스쿠니 참배를 지속하면서 이들의 지지를 유지하는 데 성공하였다.[42] 고이즈미 총리가 전통주의 정체성 세력에게 제공한 최대의 선물은 아베의 등용이다. 1990년대 소장 시절부터 역사검토위원회 활동에 적극적이었던 아베는 1990년대 후반기에 자민당의 이념적 선명성을 강화해야 한다는 인식을 지니고 있었고, 그가 생각하는 자민당의 이념적 선명성은 전통주의적 가치관이었다. 2000년부터 관방부장관 직을 맡았던 아베는 고이즈미 내각에서도 그 직을 유지하다가, 2003년 고이즈미에 의해 자민당 간사장으로 임명되었다. 간사장으로 아베는 기본이념위원회를 설치하고, 자민당의 국가관을 확립하여서 이를 헌법개정과 교육기본법 개정의 근간으로 삼고자 하였다.[43] 2004년 참의원 선거에서의 부진 이후 간사장 대리로 격하된 이후에도 헌법개정과 교육기본법 개정을 중심으로 하는 '뿌리 보수'의 결집 노선을 추구하였다. 아베의 뿌리 보수 노선은 고이즈미의 신자유주의 개혁노선과는 달리 전통주의적 가치관에 기반을 두고 있다.[44] 아베의 책 제목인 '아름다운 나라, 일본'은 전후 시기 동안 '무시'되어 왔던 일본의 역사와 전통에 대한 긍정적 인식에서 국가정체성을 찾고 있는 아베의 사고

....

40   구유진, "역사문제를 둘러싼 일본 보수의원연맹 연구," 국민대학교 일본학연구소 (편), 『일본 파워엘리트의 대한정책』(서울: 선인, 2016), pp. 134-40.
41   中北浩爾 (2014), kindle location, 2656-2685.
42   나카노 고이치 (2016), pp. 126-7.
43   中北浩爾 (2014), kindle location, 3132-3184.
44   나카노 고이치 (2016), pp. 134-5.

를 대변해 주며, '아름다운 나라'는 2000년대 자민당 내 전통주의 정체성을 상징하고 있다.

아름다운 나라 정체성을 대표하는 아베는 〈2005년 초안〉 작성과정에서 전문에 일본의 역사와 전통을 찬미하는 문구 삽입, 천황에 대한 원수 지위 부여, 가족의 존중과 국기·국가에 대한 규정 삽입 등을 시도하였다.[45]

〈2005년 초안〉의 논의에서 이러한 '아름다운 나라' 정체성과 대립하였던 것은 요시다 노선의 전통에 서서 군사력 이외의 다른 수단으로 국제공헌을 하는 한편 평화주의 가치는 지키자는 호헌적 입장이 아니다. 물론 2000년대 자민당 내에서 가토 고이치로 대표되는 호헌적 노선이 존재한다.[46] 하지만, 〈2005년 초안〉 논의과정에서 호헌론 색채는 찾아보기 어렵다. '아름다운 나라' 정체성과 대립하였던 노선은 국민주권, 상징천황제, 개인의 기본권 보장에 대한 현행 헌법의 내용은 이미 일본사회 내에 널리 수용되어 있으며 이에 대해 변경을 가하면서 일본 전통과 문화의 중요성을 헌법에 적을 필요는 없으며, 헌법개정의 요체는 9조 개정을 통한 전력보유의 확립에 있을 뿐이라는 관점이다.[47] 9조 개정을 통해 주권국가로서의 부족한 부분을 메운다는 의미에서뿐만 아니라, 다른 선진국들의 가치체계와 크게 다르지 않은 민주주의 입헌체계 속에서 국가 통치체계를 유지한다는 의미에서 '보통국가' 정체성이라고 부를 수 있다.

〈2005년 초안〉 작성과정에서 이 대립을 종결지은 것은 고이즈미 총리였다. 우정선거 승리 이후 높은 지지율에 더해 당내 강력한 장악력을 키운 고이즈미는 당내 논의 갈등에서 큰 변화를 추구하는 않는 입장에서 전통주

....

45　舛添要一 (2014), kindle location, 681-693.

46　헌법개정에 부정적인 가토는 헌법을 개정하여야 한다면 평화헌법의 기본이념에 입각한 신헌법을 수립하는 '호헌적 개헌론'의 입장에 서 있다. 이정환, "2000년대 자민당 온건보수의 향방," 국민대학교 일본학연구소 (편), 『일본 파워엘리트의 대한정책』(서울: 선인, 2016), pp. 276-7.

47　〈2005년 초안〉 논의과정에서 신헌법기초위원회 사무국 차장을 맡았던 마스조에 요이치(舛添要一)가 이러한 관점을 보여주고 있다. 舛添要一 (2014), kindle location, 92-99.

의적 정체성에 입각한 내용을 초안에서 덜어내는 최종결정을 내렸다.[48]

전통주의적 정체성 세력이 〈2005년 초안〉에 담아내지 못한 내용들은 〈2012년 초안〉에 고스란히 담겼다. 이것은 2000년대 후반 자민당의 정치적 좌초 와중에 자민당 내 정체성 대립구도의 평행추가 일방적으로 기울어졌음을 보여주는 증거이다. 이에 대해서는 2000년대 후반 아베에 인한 자민당 내 세력 분포에 대한 이해가 흥미롭다. 아베는 자민당 내 자신과 같은 진정한 보수가 약 20%, 가토 고이치와 같은 리버럴 인사가 12-13%, 나머지는 시류에 편승한다고 자민당 내부 세력 구도를 이해하고 있다.[49] 정권을 민주당에 내어주는 와중에 자민당은 고이즈미 주도의 신자유주의개혁에 대한 부정적 관점에 더불어, 창당정신으로 돌아가 진정한 보수의 정체성을 찾자는 관점이 널리 공유되었다.[50] 야당이 된 후 총재로 선출된 다니카기 사다카즈(谷垣禎一)는 2000년대 중반에 보여주던 리버럴한 색채에서 벗어나 보수정당으로서의 자민당의 정체성 확립이라는 목표를 따라갔다. 다니카기도 시류에 편승한 것이다. 야당 시절 자민당의 시류인 보수정당 정체성 확립에서 그 내용은 아베의 전통주의적 가치관으로 채워졌다. 아베로 대표되는 전통주의적 정체성 세력은 보수정당 정체성 확립 목표에 대한 자민당 내 흐름 속에서 〈2005년 초안〉에 남아내지 못한 내용들을 〈2012년 초안〉에 담아내는 데 성공하였다. 〈2012년 초안〉을 최종적으로 승인한 총재가 가토 고이치의 파벌 계승자로 리버럴 세력으로 간주되어 왔던 다니카기라는 점에서 2012년 초안은 자민당 내부 정체성 대립구도의 큰 변동을 보여주는 것이라 할 수 있다.

....

48   박철희 (2008), pp. 77-8.
49   中北浩爾 (2014), kindle location, 3362.
50   中北浩爾 (2017), pp. 90-1.

VI. 2018년 자민당의 헌법개정 논의

2017년 아베 총리의 신헌법 시행 일정 목표 제시 이후 헌법개정 논의를 진행해 온 자민당 헌법개정추진본부는 2018년 3월에 논의를 일단락지었다. 2018년 헌법개정추진본부는 〈2005년 초안〉이나 〈2012년 초안〉과 같은 헌법 전체의 조문안을 제시하지 않고, 헌법 변경의 4대 쟁점에 대한 잠정 변경안만을 내놓았다. 자민당 헌법개정추진본부에서 논의된 4대 쟁점 사항은 '자위대', '긴급사태', '교육충실', '합구해소'이다. 2018년 3월 24일 헌법개정본부가 제시한 4대 쟁점사항에 대한 변경안은 다음과 같다.

'합구해소' 관련 조항은 47조에 '참의원 의원의 전부 또는 일부의 선거에 있어서, 광역 지방공공단체의 각 구역을 선거구로 하는 경우에는, 각 선거구에 적어도 한 명을 선출해야만 하도록 하는 것이 가능하다.'라는 문구를 추가하는 것으로 발표됐다. '교육충실' 관련 조항은 26조 3항을 신설하여 '국가는 각 개인이 경제적 이유에 관계없이 교육 받을 기회를 확보하는 것을 포함해, 교육 환경의 정비에 노력하지 않으면 안 된다'의 내용을 추가하는 방안이 제시되었다. '긴급사태' 관련 조항은 64조 2에 '대지진과 기타 비정상적인 대규모의 재해에 의해, 중의원 의원의 총선거 또는 참의원 의원의 통상선거의 적정한 실시가 곤란하다고 인정될 경우, 국회는 그 임기의 특례를 정하는 것이 가능하다.'를 추가하고, 73조 2에 '대지진과 기타 비정상적인 대규모의 재해에 의해 특례의 사정이 있을 때 내각은 국민의 생명, 신체, 재산의 보호를 위해 정령을 제정하는 것이 가능하다.'를 추가하는 것으로 정리되었다. 일본 헌법개정 논의에서 가장 핵심적이라 할 수 있는 '자위대' 관련 조항은 9조 2를 신설하여 '전조(9조)의 규정은, 우리나라의 평화와 독립을 지키고 국가와 국민의 안전을 보호하기 위해 필요한 자위의 조치를 가지는 것을 방해하지 않으며, 이를 위한 실력 조직으로서 자위대를 보유한다.'는 내용을 추가하는 것이 자민당 헌법개정추진본부의 안으로 제시되었다.[51]

〈2005년 초안〉과 〈2012년 초안〉에서 전통주의적 내용을 담아내려 노력하였던 아베 세력이 주류파로 정권을 장악한 와중에 나온 자민당의 헌법개정 포인트에는 과거 아베 세력이 내세웠던 전통주의적 가치관이 전혀 반영되어 있지 않다. 또한, 2018년 자민당 헌법개정 포인트에서 9조 관련 부분은 9조의 2항을 1항과 더불어 존치한다는 점에서 〈2012년 초안〉은 물론 〈2005년 초안〉보다 현행 헌법으로부터 변경의 폭이 적다. 변경의 폭의 문제가 아니라, 9조 2항을 존치한다면 9조 2에 자위대에 대한 기술을 한다고 해도, 9조 2항에 의거해서 자위대는 여전히 전력(군대)이 아니게 된다. 이 부분에서 9조의 명확한 정리를 원하는 이시바 시게루의 반론이 존재한다. 이시바는 자위대의 존립 근거를 실질적인 군대로 명확히 규정한 2012년 자민당의 당론을 다시금 제기하고 있다.[52] 즉, 전력불보유 내용이 남아 있는 한 자위대의 존립 근거를 헌법 조문에 추가한다고 해도 전력불보유와 자위대의 근본적인 갈등 구조가 사라지지 않는다는 것이다.

이러한 문제를 모를 리 없는 주류파가 전력불보유 내용의 9조 2항을 존치하고자 하는 데에는 여러 가지 이유가 있다. 일단 연립여당인 공명당을 배려할 필요가 있기 때문이다. 자민당과의 연립 속에 개헌에 부정적인 자세에서는 많은 부분 유연해졌지만, 공명당은 여전히 9조 개정에 대해서 신중하다.[53] 또한, 2014년 집단적 자위권에 대한 헌법해석 변경과 2015년 안보법 재개정으로 인해 자위대의 실제 군사활동에 있어서 이미 현행 헌법이 별다른 제약을 하지 못하고 있다는 점도 배경으로 작용한다.[54] 현행 헌법의 평화주의 성격은 이미 사실상 무력화되어 있다. 따라서 전력(군대)이 아닌 자위

....

51 "改憲協議は視界不良　自民, 4項目条文案提示,"『日本経済新聞』(2018년 3월 25일).

52 石破茂, "政策コラム: 自民党大会など"(http://www.suigetsukai.org/201800330_ishiba/; 최종검색일: 2018년 4월 10일).

53 이기태, "일본 공명당과 집단적 자위권 행사 용인 문제,"『한일군사문화연구』 제20집 (2015), p. 12.

54 집단적 자위권에 대한 헌법해석 변경과 안보법제 변화에 대해서는 박철희 편,『일본의 집단적 자위권 도입과 한반도』(서울대학교출판문화원, 2016)를 참조.

대의 존립 근거만 추가해 자위대를 위헌성에서 벗어나게만 하자는 것이 자민당 주류파의 입장이라고 볼 수 있다. 집단적 자위권에 대한 헌법 해석 변경보다 헌법 9조의 개정을 통한 집단적 자위권의 공식화를 선호했던 이시바에게 아베 주류파의 9조 존치와 9조 2의 자위대 근거 규정 추가 시도는 안전보장에 대한 편법적 우회를 위한 선택으로 보일 수밖에 없다.

현재 아베 정권의 헌법개정 논의를 주도하고 있는 아베 세력은 〈2005년 초안〉과 〈2012년 초안〉 당시에 '보통국가' 노선이 아닌 '아름다운 국가' 노선에 서 있었다. 하지만, 2018년 3월 자민당이 제시한 4대 개헌 쟁점 내용은 '아름다운 국가' 노선과는 거리가 멀다. 이는 아베의 역사수정주의적이고 전통주의적 국가정체성 인식이 현재 아베 정권의 정책에 얼마나 반영되고 있는지에 대해 재고할 필요성을 제기한다. 신념주의자 아베가 헌법개정이라는 정책과제에서 실제로 성과를 내놓기 위해 보이고 있는 실용주의적 측면이 발견된다.

2016년 참의원 선거에서 자민-공명 연립여당과 헌법개정에 찬성하는 일본유신회의 의석까지 합쳐서 참의원에서 2/3 이상의 의석수를 확보함으로써, 개헌세력이 중의원과 참의원 모두에서 2/3 이상의 의석수를 확보하였다. 이러한 상황은 2017년 중의원 총선거 이후에도 변화가 없다. 이는 어느 때보다 헌법개정의 실현에 가까운 조건이 만들어진 상태임을 의미한다. 2019년 참의원 선거에서 연립여당과 개헌지지의 야당세력이 다시 2/3를 확보한다면 이 조건은 유지되겠지만, 그렇지 않다면 헌법개정의 가능성은 다시 멀어질 것이다. 2018년 아베 자민당의 헌법개정 포인트에 과거 아베가 주장했던 전통주의적 보수 색채를 걷어내고 9조 개정에서 보통국가론자들에게 부족하다고 여겨질 정도로 변화 폭을 축소한 것은 역설적이게도 헌법개정의 실현 가능성이 높아진 조건에서 기인한다고 볼 수 있다.

VII. 결론

동아시아 국제정치를 이해하는 데 있어서 주권완성의 정치가 지역의 각 국가 내부에서 어떻게 작동되고 있는지는 중요한 변수이다. 일본의 동아시아정책은 현행 헌법의 불완전 주권 문제에 의해 제약되고 있다. 이는 중국의 부상에 대한 일본의 대응이라는 국제정치게임의 성격이 일본 국내적 주권완성 정치가 어떤 형태로 귀결되는가에 의해 영향을 받을 것임을 암시한다. 본 연구는 헌법개정 논의를 통해 일본 국내적 주권완성 정치의 새로운 갈등구조를 드러내는 성격을 지닌다.

일본의 헌법개정 논의는 보수우경화의 프레임 속에서 언급되는 경우가 많다. 하지만, 호헌의 정체성이 일본 정치권 전체에서 매우 약체화되어 있는 상황에서 '보통국가' 정체성과 '아름다운 나라' 정체성을 구별하는 것은 일본보수정치권 내의 국가정체성 인식 차이를 심화해 이해하는 데 도움이 된다. 2000년대 들어 자민당 내에서 9조 개정은 상수이지 논쟁지점이 아니다. 더욱이 2014년 집단적 자위권에 대한 헌법 해석변경의 각의결정 이후, 헌법 9조의 평화주의는 사실상 형해화되어 있다.

9조의 변경 대 유지라는 구도를 넘어서서 9조 변경으로 어떤 국가를 만들고 싶은가의 질문이 주어졌을 때 그 해답의 단초는 2000년대 자민당 내 헌법개정 논의과정에서 일부 발견된다. 그리고 2000년대 자민당 내에서 '보통국가' 정체성을 담아내고 있는 정치세력들은 전통주의적 '아름다운 나라' 정체성 세력에 비해서 일본 국내사회와 주변국가들에게 긍정적으로 해석될 여지가 있다.

참고문헌

코세키 쇼오이찌 저. 김창록 옮김. 『일본국 헌법의 탄생』 서울: 뿌리와이파리, 2010.

케네스 파일 저. 이종삼 옮김. 『강대국 일본의 부활』 파주: 한울, 2008.

구유진. "역사문제를 둘러싼 일본 보수의원연맹 연구." 국민대학교 일본학연구소 편. 『일본 파워엘리트의 대한정책』 서울: 선인, 2016.

김지연. "일본의 헌법개정과 보통국가화: 헌법조사회 중간보고서를 중심으로." 『한일군사문화연구』 제3집 (2005).

나카노 고이치 저. 김수희 옮김. 『우경화하는 일본 정치』 서울: 에이케이커뮤니케이션즈, 2016.

남기정. 『기지국가의 탄생: 일본이 치른 한국전쟁』 서울: 서울대학교출판문화원, 2016.

박철희. "일본 정당들의 헌법개정안 시안 분석을 통해서 본 개헌 논의의 정치과정." 『일본연구논총』 제27호 (2008).

박철희 편. 『일본의 집단적 자위권 도입과 한반도』 서울: 서울대학교출판문화원, 2016.

이기태. "일본 공명당과 집단적 자위권 행사 용인 문제." 『한일군사문화연구』 제20집 (2015).

이정환. "2000년대 자민당 온건보수의 향방." 국민대학교 일본학연구소 편. 『일본 파워엘리트의 대한정책』 서울: 선인, 2016.

전진호. "21세기 일본의 국가이념과 헌법조사회." 『일본연구논총』 제25집 (2007).

전황수. "일본의 헌법조사회발족과 개헌논의." 『한국과 국제정치』 제33호 (2000).

조세영. 『봉인을 떼려 하는가: 미일동맹을 중심으로 본 일본의 헌법개정 문제』 서울: 아침, 2004.

Samuels, Richard. *Securing Japan: Tokyo's Grand Strategy and the Future of East Asia*. Ithaca: Cornell University Press, 2007.

菅原琢. "再生産される混迷と影響力を増す有権者." 小熊英二 編 『平成史【増補新版】』河出書房新社, 2014.

国内情勢研究会 編. 『検証自民党憲法改正草案』ゴマブックス, 2016.

小熊英二. 『〈民主〉と〈愛国〉—戦後日本のナショナリズムと公共性』新曜社, 2002.

小沢一郎. 『日本改造計画』講談社, 1993.

安倍晋三. 『美しい国へ』文藝春秋, 2006.

舛添要一. 『憲法改正のオモテとウラ』講談社, 2014.

中北浩爾. 『自民党政治の変容』NHK出版, 2014.

中北浩爾. "自民党の右傾化 — その原因を分析する." 塚田穂高 編 『徹底検証 日本の右傾化』筑摩書房, 2017.

倉田保雄. "参議院憲法審査会規程の制定を受けて - 憲法改正手続法の課題." 『立法と調査』318 (2011).

樋口陽一・小林節. 『『憲法改正』の真実』集英社, 2016.

"改憲協議は視界不良　自民, 4項目条文案提示." 『日本経済新聞』2018년 3월 25일.

国立国会図書館. "日本国憲法の誕生." http://www.ndl.go.jp/constitution/index.html, 최종검색일: 2018년 4월 10일.

石破茂. "政策コラム: 自民党大会など." http://www.suigetsukai.org/201800330_ishiba/
　　(최종검색일: 2018년 4월 10일).

自由民主党 憲法改正推進本部. "日本国憲法改正草案." http://constitution.jimin.jp/draft/ (최종검색일:
　　2018년 4월 10일).

自由民主党 憲法改正推進本部. "日本国憲法改正草案Q&A." http://constitution.jimin.jp/faq/
　　(최종검색일: 2018년 4월 10일_.

憲法学習会. "自民党新憲法草案(2005)." http://www.kenpou-gakushuukai.pw/kaiken_an_2005.
　　html (최종검색일: 2018년 4월 10일).

제10장

디아스포라 이론과 동아시아 속의 재일코리안

신기영(오차노미즈여자대학교)

* 이 글은 2016년 "디아스포라론과 동아시아 속의 재일코리안"이라는 제목으로 『일본비평』 제14호에
게재된 논문임.

I. 들어가며

이 글은 전후 동아시아의 국제정치학적인 맥락에서 재일코리안의 역사와 현재 및 집단적, 개인적 경험을 이해하는 개념틀로서 디아스포라론이 가지는 유용성과 한계를 검토하는 것을 목적으로 한다. 일본의 한반도 식민지화와 패전, 그리고 전후 남북 분단의 냉전시대를 걸쳐 형성된 재일코리안의 역사는 이제 100년을 넘어서고 있다. 그동안 재일코리안은 내부적으로 다양화되었고 도일 1세대가 저물고 3, 4세가 핵심으로 등장하는 긴 역사를 가지게 되었다. 이에 따라, 재일코리안을 이해하는 방식도 그만큼 다양해졌으며, 한국학계에서도 뒤늦게 이에 관한 연구가 활발해지고 있다.

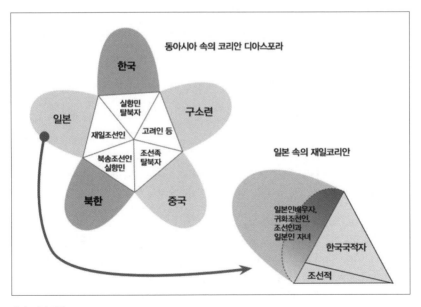

출처: 저자 작성

아마도 재일코리안을 이해하는 가장 일반적인 시각은 일본 내의 차별받는 소수민족 집단이라는 것일 것이다. 이는 국민국가로의 동화압력이 강하고 거주외국인을 배제하는 정책과 이념을 가진 정주국 일본에서 살아 온 재일코리안 당사자들의 저항적 정체성이기도 하다. 피차별 소수민족 정체성은 부락민이나 아이누, 오키나와주민과 같은 다른 소수집단과의 연대를 형성하는 기반이 되기도 하였다. 그러나, 과거 식민지 지배를 한 국가에 계속해서 거주하게 된 재일코리안들은, 한편으로는 정주국에 완전히 정착하여 다수집단의 문화와 삶의 방식을 수용하면서도, 다른 한편으로는 과거에 떠나왔으며 미래에 귀환할 수 있는 모국(그것이 현실적인 존재 또는 상상속의 고향이든)을 가지고 있다는 점에서 국민국가 내의 다른 소수집단과는 다르다.

또한, 일본사회에서 과거부터 거주해 온 외국인들(재일조선인[1]이나 대만인과 같이)을 올드커머라고 별도로 명명하는 것에서도 알 수 있듯이, 재일코리안은 초국가적 월경으로 대변되는 국제이주자 집단과도 차별된다. 선행연구들이 지적하는 것처럼, 탈냉전기의 일본과 한국에서 나타난 다문화사회 정책의 조류는 1990년대 이후 이주한 이민 및 이주자들을 대상으로 하고 있으며, 그 궁극적인 목표는 통합과 동화를 통해 이주자들을 국민국가의 일원으로 포섭하는 것이다. 그러나, 재일코리안은 이미 사회경제적으로 일본 사회에서 가장 주류사회에 동화된 외국인 집단이고,[2] 그럼에도 불구하고

....

1   이 글에서는 '재일코리안'이라는 용어를 사용한다. 그 이유는 첫째, 이 글의 목적상, 일반적으로 '재일조선인'이라는 용어가 가지는 특수한 역사성과 단일한 집단정체성이 지나치게 강조되는 것을 피하고, 둘째, 한반도에 대한 일본의 식민지지배가 종료된 전후에도 한반도와 일본 사이의 이동이 공식적, 비공식적으로 존재하였다는 점, 셋째, 따라서 올드커머(재일조선인) 대 뉴커머 (1990년대 이후 이주)와 같이 일본의 이민정책의 시각에 의거한 분류틀이 재일코리안 디아스포라에 적용되기 어렵다고 판단하기 때문이다. 이 글에서는 일반적인 용어로서 정착된 의미를 전달하기 위해 재일조선인이 더 적절하다고 생각되는 경우에 한에 제한적으로 사용한다.
2   히구치 나오토, "재일코리안의 직업적 지위의 동태: 인구 센서스 데이터로 보는 1980~2010년의 변화," 『일본비평』 (14)호 (2016) 참조.

'굳이' 외국인집단으로 남아 민족적 정체성을 유지해왔다. 오늘날까지 정주국 사회 내에서 지속적인 배제와 차별을 경험하고 있는 재일코리안에게 정주국 국민으로의 동화나 귀화를 통한 제권리 획득은 그들이 추구하는 이상적인 모습은 아닌 것이다.

이러한 의미에서 초국가적 이주집단이나 국민국가 내의 소수민족집단이라는 분석시각은 모두 재일코리안의 이주와 정주, 그리고 정체성을 설명하기에 충분치 않다. 이러한 부족함을 보충하기 위해 재일코리안을 코리안 디아스포라로 이해하는 방식이 비교적 최근에 등장하였다. 재일코리안 디아스포라론은 한국과 일본을 막론하고 재일코리안 지식인들이 주요 담론 생산자이다. 한국에서는, 1990년대 이후 서구학계에서 부상한 디아스포라론에의 관심을 배경으로, 탈냉전기를 맞아 다양한 재외코리안과의 접촉이 증가하면서 그동안 특수한 사례로 간주해온 재일코리안을 디아스포라라는 보편적인 이론적 지평에서 재인식하기 시작하였다.[3] 한국정부도 해외의 한민족 인적자원이라는 측면에서 보다 적극적으로 재외코리안에 대한 정책적 관심을 가지기 시작했다. 이렇게 디아스포라 이론을 통해 재일코리안을 재조명하려는 시도는 다양한 입장과 동기를 배경으로 하고 있으나 점차 재일코리안을 이해하는 중요한 이론적 틀로서 정착되고 있다. 그렇다면 디아스포라 이론은 재일코리안의 역사와 현재를 조명하기 위해 어떠한 구체적 유

....

3   디아스포라는 우리말로는 '민족분산' 또는 '민족이산'으로 번역되는데, 국내에서도 이러한 추세를 반영하여 코리안 디아스포라 연구가 태두하였다. 그러나, 초기의 연구는 주로 재외동포나 한민족 공동체론 등과 같은 민족주의적이고 정책적 필요성이 주도한 경향이 있었다. 2000년대 이후 다양한 초국가적인 이주와 정주집단을 포함하는 확장된 디아스포라 개념에 영향을 받아 코리안 디아스포라에 관한 관심이 높아지며, 한인디아스포라들을 개관하는 연구들이 나타났다. 대표적으로 윤인진, "코리안 다이스포라: 재외한인의 이주, 적응, 정체성,"『한국사회학』제37집(4)호 (2003), pp. 101-42; 허성태, 임영언,『글로벌 디아스포라와 세계의 한민족』(성남: 북코리아, 2014) 등. 또한 전남대학교 세계한상문화연구단에서 한인디아스포라를 중심으로 한 연구성과를 자체 학술지를 통해 발행하고 있다. 재일코리안에 대해 주목한 연구는 한일의 재일코리안 연구자들을 제외하면 청암대 재일코리안 연구소가 발행한『재일코리안 디아스포라의 형성: 이주와 정주를 중심으로』(서울: 선인, 2013)이 있다.

용성을 제시하였는가? 지금까지의 분석틀과 달리 디아스포라 이론이 제시할 수 있는 새로운 이론적 가능성은 무엇이며, 디아스포라 이론을 통해 재일코리안의 이주과 정주, 그리고 정체성을 분석하는 것이 어떻게 재일코리안에 대한 이해의 지평을 넓힐 수 있는가? 이 글에서는 이와 같은 질문에 답하고자 먼저 1990년대 이후 급속히 부상한 디아스포라 연구가 어떠한 논점들을 가지고 있는지 포괄적으로 살펴보고, 이러한 논점들이 재일코리안을 이해하는데 어떠한 함의를 가지는지 고찰한다. 이어 디아스포라론의 시점에서 국내외에서 축적된 재일코리안에 대한 최근의 논의를 중심으로 디아스포라로서의 재일코리안 연구가 이룬 성과와 앞으로의 과제에 대해서도 평가해 본다.

II. 디아스포라 개념과 주요 논점

1. 디아스포라의 정의

디아스포라는 2300년의 역사를 가진 개념이다. 널리 알려진 바와 같이 기원전 250년경에 고대 유대민족이 전쟁에 패한 후 고향을 떠나 각지에 흩어져 살게 되면서, 알렉산드리아의 유대인들이 자신들의 이산의 경험을 표현하기 위해 처음 사용한 그리스어에서 유래한다.[4] 이들은 강제적으로 고향을 잃고 낯선 곳에서 정주하면서 고향에 대한 그리움과 향수를 공유하고, 미래의 귀환에 대한 종교적인 해석을 통해 민족적, 문화적 공동체를 유지하였다. 따라서 전통적인 의미의 디아스포라는 추방, 퇴거, 슬픔, 피해 그리고 나약함 등과 연관된 개념이었다. 반면 민족국가가 존재양식의 규범이 된 오

....

4   Khachig Tölölyan, "The Contemporary Discourse of Diaspora Studies," *Comparative Studies of South Asia, Africa and the Middle East* 27-3 (2007), pp. 647-55.

늘날의 시점에서 보면 디아스포라는 민족국가 형식이 일반화되기 이전부터 하나의 정치공동체의 경계 밖으로 흩어진 복수의 민족적 유대집단으로 소위 초국가적인 존재양식의 전형이기도 하였다. 이렇게 유대인의 세계확산을 의미하는 용어였던 디아스포라는, 1960년대부터 유대인의 특수한 경험에 국한되지 않고 민족이산을 겪은 다른 초국가적 집단들의 경험을 기술하는 보편적 개념으로 확장되었다. 현재 전 세계적으로 당사자들 스스로, 또는 연구자가 연구대상으로 명명하는 초국가적인 디아스포라가 약 36개 정도 존재한다고 한다.[5]

디아스포라가 이렇게 어원적이고 원론적인 개념에서 벗어나 서구학계에서 본격적으로 주목받기 시작한 것은 1991년에 학술잡지 *Diaspora*가 창간[6]된 것이 계기가 되었다. 이를 통해 디아스포라는 다양한 분야의 연구자들이 산발적으로 다루던 연구대상에서 벗어나 본격적인 학술 담론의 대상이 되었고, *Diaspora*는 이들 담론을 선도하는 역할을 하였다. 그동안 디아스포라 개념은 민족, 종족, 인종, 이주, 그리고 탈식민주의를 다루는 개별연구 분야내에 새롭게 등장한 초국가적, 지구적 현상을 설명하기 위한 개념으로도 주목받게 되었다.[7] 따라서 디아스포라는 처음부터 체계적인 이론으로 등장한 것이 아니라 다양한 사례와 방법론을 중심으로 하는 학제간 연구를 전제로 한 기술적(descriptive and heuristic) 개념으로 사용되었다.

Diaspora 잡지의 창간호에서는 디아스포라를 유대인의 경험이라는 어원적 제한을 탈피하고 고국에서 추방된 모든 소수민족 집단을 연구하는 이론적 개념으로 보편화하려는 시도들이 제안되었다. 널리 인용되고 있는 사프란의 디아스포라의 정의를 다시 확인해 보면[8] 1) 특정 중심지에서 복수의

....

5   Tölölyan (2007), p. 648.
6   *Diaspora: A Journal of Transnational Studies*는 1991년 창간하여 2009년 가을호 18(3)를 끝으로 정간되었다.
7   Tölölyan (2007), p. 647.
8   William Safran, "Diasporas in Modern Societies: Myths of Homeland and Return," *Diaspo-*

주변지역, 또는 해외지역으로 이산, 2) 집단적 기억, 전망, 또는 신화의 보유, 3) 정주국에 완전히 수용될 수 없다는 믿음과 그로 인한 소외감 및 정서적 상처, 4) 조상의 모국이 진정하고 이상적인 고향이며 귀환의 장소라는 생각, 5) 모국의 안전과 번영, 유지를 위한 헌신, 6) 민족의식에 기반한 모국과의 개인적, 대리적인 유대에 대한 헌신과 같은 요소들이 디아스포라를 정의하는 기준으로 제시되었다. 물론 오늘날의 많은 유대인 집단들조차도 이 조건들을 완벽하게 만족시키지는 못하며, 특히 모국에의 귀환이나 유대감은 젊은 세대들에게는 거의 의미을 상실하고 있다. 이들 조건들은 디아스포라 개념이 무한정 확대되어 분석틀로서의 의미를 상실하는 것을 방지하기 위한 하나의 기준인 것이다.

실제로 이주와 초국가주의 연구에 천착하는 최근의 연구들은 초국가적 이주자들에 의한 해외의 정주집단이나, 비자발적 이산뿐 아니라 자발적인 이민까지 광의의 디아스포라 개념에 포함시킨다. 초국가적 경제네트워크와 노동이민집단도 포함하는 추세이다.[9] 또한 디아스포라의 초국가적 성격에 주목하여 사프란의 개념에 지리적으로 흩어진 디아스포라 간의 연대와 네트워크를 요건으로 첨가하기도 한다.[10]

디아스포라가 다양한 학문분야에서 사용됨에 따라 그 개념이 무한정 확대되는 것에 대한 우려 또한 등장하였다. 이에 대해 한편으로는 디아스포라의 개념을 더욱 정치하게 하려는 논의가 이어지고,[11] 다른 한편으로는 유대인 민족이산 모델을 벗어나 다양한 형태의 디아스포라가 형성되는 과정을 비교분석하기 위한 개념화가 시도되었다.[12] 이주연구와 초국가주의와의 접

....

ra 1-1 (1991), pp. 83-99.

9   Robert Cohen, *Global Diasporas: An Introduction* (London: UCL Press, 1997).

10 Kim D. Butler, "Defining Diaspora, Refining a Discourse," *Diaspora* 10-2 (2001), pp. 189-219.

11 예를 들면, Butler (2001); Rogers Brubaker, "The 'Diaspora' Diaspora," *Ethnic and Racial Studies* 28-1 (2005); Khachig Tölölyan, "Rethinking Diaspora(s): Stateless Power in the Transnational Moment," *Diaspora: A Journal of Transnational Studies* 5-1 (1996) 등.

점과 차이점들을 비교함으로써 디아스포라의 개념적, 이론적 유용성을 실험하기도 하였다.[13]

초기 디아스포라론에서 개념의 유연한 확대를 주장했던 퇼뢰얀 자신이 디아스포라 논의에 내포된 긴장관계들의 축들을 정리하고 확산(dispersion)과 디아스포라를 혼용하지 말 것을 주문하였다. 그는 유대인을 전형적인 모델로 하는 전통적인 디아스포라 개념을 확장할 것을 주장했으나, 디아스포라 개념이 여러 학문분야에서 사용됨에 따라 다양한 긴장관계가 형성되었고 때론 경계가 불분명한 개념이 되고 있다고 지적한다.[14] 특히 원거주지로부터 타지역으로 흩어진 모든 이주 집단을 디아스포라로 간주하는 경향이 나타났다고 평하며, 디아스포라는 다양한 이유에 의해 타지역으로 분산된 집단이나, 이주에 의해 형성된 이민자 집단과 구분되어야 한다고 제안한다. 디아스포라는 흩어짐을 의미하는 것으로, 한 지점에서 다른 지점으로 수평 이동하거나 단순한 월경을 의미하는 것은 아니기 때문이다. 즉, 디아스포라는 이동 중에서도 특수한 형태의 이동을 의미하는데,[15] 바로 이러한 이산의 경험이 디아스포라 민족집단 간의 연대와 네트워크의 기반이 되는 것이다. 이산에 대한 집단적 트라우마 경험을 공유하고 이에 대한 기억, 애도, 추모와 같은 감정적 공감이 디아스포라 형성에 매우 중요하다. 이것이 디아스포라 문화 생산의 근간이 되며 모국에 대한 저치적 헌신의 동력이 된다.

따라서 디아스포라는 정주국의 소수민족의 하나이지만 모든 소수민족이 디아스포라는 아니다. 일반적으로 소수민족 집단은 모국과의 연계 및 다른 국가 내의 동일 민족집단과의 연계를 유지하려는 노력 및 소수민족 집단으로서의 자신만의 차이를 유지하고 이를 스스로 표상하려는 노력이 결여

....

12   Butler (2001).
13   Nadja C. Johnson, "Global Journeys: From Transnationalism to Diaspora," *Journal of International & Global Studies* 4-1 (2012), pp. 41-58.
14   Tölölyan (1996), pp. 3-36; Brubaker (2005), pp. 1-19.
15   Tölölyan (1996).

되어 있다. 더구나 디아스포라는 모국의 회복과 귀환이 무엇보다 중요한 담론적 특징이다. 이를 위해 다른 지역의 디아스포라 및 모국과의 관계형성에 지속적이고도 조직적인 헌신을 보인다. 물론 이때의 귀환은 반드시 물리적이고 영구적인 귀환을 의미하는 것은 아니다. 귀환은 수사학적인 것일 수도 있고, 여행, 송금, 문화교류, 또는 모국을 위한 정치적 로비와 같은 모국과의 지속적인 연계를 위한 다양한 형태의 노력을 의미한다.[16]

톨뢰얀은 이러한 노력들이 집단정체성에 대한 자각에 의한 것임을 강조하고 이러한 자각이야말로 모국으로부터 흩어진 집단들을 묶어내는 중요한 열쇠이며 모국 자체가 상실되거나 직접적 이산의 경험을 겪지 않은 다음세대까지 디아스포라가 독립적인 민족문화 집단으로 살아남을 수 있는 조건이라고 한다. 그에 의하면 디아스포라 민족집단은,

가능한 한 정주국에 동화하지 않으면서 정주국 사회와의 통합과 시민적 권리를 추구한다. 이를 위해서 그들은 스스로 자기 공동체의 경계를 감시하며 공동체 구성원간의 혼인을 장려하고 모국어를 유지하고자 하며, 전통을 철저히 지키고 혼종(hybridized)이 되었다 하더라도 자신들의 정체성에 충실성을 보인다. 그들의 문화적, 정치적인 표상은 조직적, 제도적, 재정적으로 지원되어 재생산되고, 그러한 재생산은 예술가, 정치가, 종교지도자, 또는 대중 친화적인 엘리트 집단들에 의해서 수행된다.[17]

따라서 디아스포라의 공통된 특성은 1) 이산의 경험(자발적 또는 비자발적), 2) 민족적인 정체성(종족적 또는 문화적), 3) 모국(현실적 또는 상상적 의미에서)과의 관계유지로 집약된다.[18] 또는 시공간적인 축을 중심으로 보면,

....

16 Tölölyan (2007), pp. 652-3.
17 Tölölyan (2007), p. 650.
18 부루베이커는 공간적 확산, 모국지향, 경계유지(정체성)으로 요약하였다. Brubaker (2005).

1) 이주(이산) 2) 정주 3) 모국을 포함 초국가적 디아스포라 네트워크 형성
세 단계로 분류하기도 한다.[19] 이들 디아스포라론은 디아스포라를 민족국가
로 환원할 수는 없지만 민족국가와의 관계 내에서 공존하고 있는 복수의 초
국가적인 민족집단으로 개념화하고, 다양한 디아스포라의 성격은 **모국-디
아스포라-정주국**의 삼각구도(triad relation) 내에서 이해될 수 있다고 본다.

2. 구조적 조건으로서의 삼각구도

모국-디아스포라-정주국의 삼각구도는 전형적인 형태의 디아스포라
의 외부구조적 조건이다. 삼각구도 속에서 디아스포라를 이해하는 입장은
디아스포라를 하나의 독립된 정치, 경제적인 단위 행위자로 간주하고, 모국
및 정주국과 물질적, 사회적 관계 내에서 디아스포라의 역할을 이해하려는
입장이다. 이는 **모국-디아스포라-정주국** 사이의 사회, 정치, 그리고 경제적
관계의 다양한 측면에서 행위자로서의 디아스포라의 역할과 성격을 강조한
다. 이러한 시각은, 특히 국제정치학이나 안보, 분쟁연구 분야에서 국가단위
들만으로는 이해될 수 없는 국가외부의 민족집단의 역할이 국제정치, 경제
적 행위자의 하나로 등장하면서 주목받게 되었다.[20]

디아스포라는 정주국으로부터는 정주국의 주권 내에 존재하는 소수민
족집단이라는 논리에 의해 충성을 요구받고, 모국으로부터는 국가의 지리
적 경계 밖에 있는 민족의 일부로서(outside the state, but inside the peo-
ple)[21] 명시적, 암묵적 충성을 요구받는 한 국가로 완전히 포섭되지 않는 국

....

19 Kevin Kenny, *Diaspora: A Short Introduction* (New York: Oxford University Press, 2013).
    물론 디아스포라는 반드시 단선적으로 세 단계를 시기별로 거치는 것만은 아니며, 정주를 거치
    지 않고 또 다른 디아스포라로 이동하거나, 정주국에 동화되어 정체성을 잃기도 한다.

20 Benedict Anderson, *The Spectre of Comparisons: Nationalism, Southeast Asia and the
    World* (New York: Verso, 1998); Gabriel Sheffer, "A New Field of Study: Modern Diaspo-
    ras in International Politics," in Gabriel Sheffer (ed.), *Modern Diasporas in International
    Politics* (London: Croom Helm, 1986), pp. 1-15.

민국가 사이의 특수한 위치를 점하게 된다. 예를 들면, 모국은 정주국과 분쟁시에 디아스포라가 모국을 위하여 기여하기를 바라며, 평상시에는 모국의 경제를 위한 자원과 노동의 공급을 기대하기도 한다. 또한 반대로 디아스포라와의 관계를 강화하기 위해 모국이 직접적으로 디아스포라를 지원하기도 한다. 이러한 의미에서 디아스포라와 모국과의 관계는 정주국에게 매우 중요한데, 특히 모국과의 연대가 강하다고 여겨질 때, 정주국 내의 이질적 집단으로 간주되어 경계와 차별의 대상이 되기 쉽다.

반면, 디아스포라 역시 초국가적 비정부단체를 결성하여 독자적인 활동을 통해 정주국에 대한 입지를 확보하거나, 정주국 또는 모국의 국내 및 외교정책에 대한 로비활동을 전개하는 정치적 압력단체를 형성하기도 한다.[22] 때로는 모국의 요청에 응답하여 초국가적 네트워크를 통해 적극적으로 모국에 노동력 공급이나 자본을 투자하기도 한다.[23] 이렇게 독립적인 행위자로서의 디아스포라는 정주국의 소수자이면서도 독립된 정체성과 이해관계를 주장하기 때문에 전통적인 국가 개념과 시민권, 충성과 같은 개념에 도전적인 존재가 된다. 모국과 정주국 사이에서 디아스포라의 분할되고 불완전하며 이중적인 충성심의 문제는, 민족이산의 발생지며 미래 귀환의 대상인 모국과의 민족적 유대에서 발생하는 것이다. 이 정체성은 디아스포라를 둘러싼 삼각구도의 구조가 만들어내는 독특한 정체성으로, 디아스포라에 대한 정주국과 모국의 태도와 실질적 영향력을 둘러싼 경쟁 관계에 의해 강화되기도 하고 약화되기도 한다. 따라서 삼각구도의 모국-디아스포라, 정주

....

21 Yossi Shain and Aharon Barth, "Diasporas and International Relations Theory," *International Organization* 57-3 (2003), pp. 449-79.

22 Gabriel Sheffer (1986); *Diaspora Politics: At Home Abroad* (New York: Cambridge University Press, 2003); Shain and Barth (2003).

23 Inbom Choi, "Korean Diaspora in the Making: Its Current Status and Impact on the Korean Economy," in Fred C. Bergsten and Inbom Choi (eds.), *Korean Diaspora in the World Economy* (Washington DC: Institute for International Economics, 2003). 중국 화교나 유대인, 인도의 디아스포라 등이 이에 해당된다.

국-디아스포라, 모국-정주국의 관계를 이해하는 것은 디아스포라를 둘러싼 정치학을 이해하기 위해서 필수불가결하다.

물론, 모든 디아스포라가 삼각구도 내에서 독립적인 행위자가 될 수 있는 것은 아니다. 특히 디아스포라가 국민국가의 경계를 넘어서 모국의 국내 정책에 영향을 주는 정도는 디아스포라와 모국과의 세력균형 관계에 의해 크게 달라진다. 즉, 디아스포라가 모국의 정책에 영향을 주는 행위자가 되기 위해서는 동기, 기회 그리고 실질적 수단이 모두 갖추어져야 하는데, 이때 디아스포라의 의지와 능력이 뒷받침되어야 한다. 이 능력은 디아스포라 커뮤니티를 영향력 있는 집단으로 조직할 수 있느냐의 여부(이때 정주국 레짐이 중요)와 모국의 정치체제가 디아스포라의 영향력에 얼마나 열려 있느냐가 관건이다. 즉, 디아스포라의 영향력은 디아스포라 집단의 동기, 모국과 정주국의 사회-정치적 성격, 그리고 디아스포라와 모국의 힘의 관계에 의해서 결정되는 것이다(이 모두는 물론 상호 연결되어 있는 요소들이다).[24] 일반적으로 모국이 민주적이고 정주국이 포용적이며 디아스포라가 정체성을 중심으로 강력하게 결집된 집단일 때, 모국의 정책에 강력한 영향력을 가지게 된다.[25]

3. 디아스포라 의식과 정체성

디아스포라론의 또 다른 연구방향은, 디아스포라의 객관적 조건이나 통일된 집단(entity)으로서의 행위양태를 탐구하는 것이 아니라 담론적 실천이나 정체성 형성에 주목하는 것이다. 이러한 연구방향을 제시하는 이들은 디아스포라를 하나의 역사를 가진 동질적인 민족집단으로 간주하면 디아스포라 내부의 다양성이나 대립구도, 민족적 특성(ethinicity)을 본질화하게

....

24   Shain and Barth (2003), p. 462.
25   Shain and Barth (2003), p. 466.

될 위험을 지적한다. 또한 디아스포라를 하나의 집단으로 간주하면 누가 그 집단에 속하는지, 정주국에 완전히 동화되었지만 민족적 루트를 가진다고 간주되는 이들을 포함시켜야 하는지 등에 대한 경계의 문제를 지적한다. 이에 대해 부루베이커는 디아스포라를 존재론적 실체나 인구학적 사실로서가 아니라 디아스포라적인 입장, 주장, 기호, 담론적 기획 및 실천으로 보는 것이 더 생산적이라고 주장하였다.[26] 베르토벡도 통일된 집단(entity)으로서의 디아스포라론 이외에 인식(type of consciouness) 및 문화생산양식(moder of cultural production)으로서의 디아스포라론을 중요한 흐름으로 소개하였다.[27]

이민 집단의 동화를 강조하는 민족국가의 이데올로기에서 볼때, 디아스포라 집단은 국가외부의 어디에선가 온 이민집단과는 다르다. 이민자들은 그 민족국가가 새로운 고향이 될 것을 전제로 하지만, 모국에 대해 정서적인 충성심을 유지하고 다른 지역에 흩어져 있는 같은 민족집단과 실질적인 연계를 유지하고 있는 디아스포라 집단을 정주국의 동화 정책으로 완전히 동화시키기는 어렵기 때문이다. 디아스포라 정체성은 집단적 이산과 역사와 기억, 고향의 상실과 정주국에서 타자로서 겪는 소외에 대한 고통에 기반한다. 이렇게 "이산과 폭력적 상실에 대한 집단적 역사를 중심으로 형성된 정체성을 가진 디아스포라의 사람들은 새로운 민족국가집단 내로 포섭하는 것만으로 '치유'되지는 않는다. 이것은 특히 그들이 지금까지도 지속되는 구조적 편견의 희생자인 경우에 더더욱 그러하다. 디아스포라 정체성의 긍정적인 발현은 민족-국가의 규범적인 영역과 시공간(신화/역사) 밖으로 확장"[28]되는 것이다. 그러므로, 클리포드는 정주국 밖으로 형성한 복수의 정서적, 실질적 애착으로 인해 디아스포라의 문화와 이념은 필연적으로 한 국

....

26   Brubaker (2005).

27   Steven Vertovec, "Three Meanings of 'Diaspora,' Exemplified among South Asian Religions," *Diaspora* 7-2 (1999), pp. 277-97.

28   James Clifford, "Diasporas," *Cultural Anthropology* 9-3 (1994), p. 307.

가의 영역을 넘어선 초국가적인 네트워크 안에서 펼쳐지며, 정주국에 대한 적응과 동시에 저항의 실현이 코드화되어 있는 것이라고 강조하였다.[29]

이주나 정주국에서의 사회적 조건과 같은 물리적이고 구조적인 외부적인 조건은 다양한 디아스포라 집단 구성원들이 다양한 디아스포라 정체성을 형성하는 데 중요한 요건이 된다. 그러나, 모든 소수민족이 디아스포라에 속하는 것이 아니듯, 같은 물리적 조건에 있는 모든 소수민족이 같은 정체성을 형성하는 것은 아니다. 오직 일부의 소수민족만이 디아스포라적인 정체성을 적극적으로 형성한다. 따라서, 다이아스포라의 개인의 행위자성은 디아스포라적 정체성 형성에 매우 중요한 요소이다.

그러나, 다른 한편으로 많은 실존하는 디아스포라의 개인들에게는 모국과의 정서적 관계가 더이상 중요치 않거나, 모국보다 다른 지역의 유사한 디아스포라와의 초국가적 문화연대가 (자메이카 디아스포라와 같이) 더 중요시된다. 그들에게 실질적 모국귀환은 디아스포라로서의 존재 근거를 제공하는 것은 아니다. 디아스포라의 개인들에게 모국의 의미와 모국과의 만남의 경험은 다양하며, 또한 정주국과의 접촉과 타협의 방식도 일률적이지 않다. 정체성이란 고정되지 않고 끊임없이 변화하는 자기의식이라고 하는 문화연구의 이론적 전제하에서는, 모두가 공유하는 고정적이고 단일한 집단적 디아스포라 정체성이란 불가능하다. 다양한 개인들에게 정주국 내의 소수민족적 정체성은 그 사회를 가로지르는 젠더, 계급, 연령, 섹슈엘리티의 규범과 교차하면서 민족 집단 내부의 다양한 하부 집단은 서로 다른 디아스포라 정체성을 형성한다. 디아스포라 집단을 정주국의 주류집단과 대비시켜 그 차이를 강조한 획일적인 집단정체성은 대표되지 못한 내부의 다른 정체성을 억압하는 기제가 된다.[30]

....

29 Clifford (1994).

30 신기영, "마이너리티 이론의 탐색: 비본질적·포괄적 연구를 위하여,"『일본비평』(8)호 (2013), pp. 22-51. 또한, 디아스포라의 정체성은 남성들의 이산과 정주 경험에 기초하여 형성되어 왔으며 이는 디아스포라 내부의 가부장성을 본질적인 것으로 받아들이고 강화하는 역할을 하였다

이렇게 집단 내부의 다양한 정체성과 디아스포라적인 의식의 존재에 주목할 때, 디아스포라 정체성의 복합적인 성격을 드러낼 수 있다. 디아스포라 정체성은 정주국에 동화를 거부하는 적극적, 방어적 의미의 민족적 정체성과 정주국에 정주하는 타자로서의 정체성을 동시적으로 가진다. 예를 들어, '집잃은 자'(homeless), '반난민'(半難民)과 같이 차별이나 소외, 배제와 같은 조건하에서 타자적이고 부정적인 정체성도 가지게 되지만[31] 정주국에 포섭되지 않고 경계에 위치하기 때문에 끊임없이 경계를 넘어서는 초국가적 디아스포라 정체성도 형성할 수 있는 것이다. 이러한 정체성은 모국이나 다른 디아스포라 집단과의 초국가적인 연대를 위한 디아스포라 집단이나 개인들의 적극적인 정체성 전략으로 선택되기도 한다.[32] 정주국에서 주변적인 위치에 존재하게 되는 디아스포라 개인이 내포하는 복수의 혼용(hybridity)된 문화정체성이나 이중인식(double-consciousness)은 이러한 정체성 정치의 중요한 자원으로 지적되어 왔다.[33]

....

는 지적도 중요하다. Tina Campt and Deborah A. Thomas, "Editorial: Gendering Diaspora: Transnational Feminism, Diaspora and its Hegemonies," *Feminist Review* 90 (2008), pp. 1-8.

31 Sonia Ryang, "Introduction," in Sonia Ryang and John Lie (eds.), *Diaspora Without Homeland: Being Korean in Japan* (Berkeley: University of California Press, 2009); 서경식 저, 임성모, 이규수 옮김, 『난민과 국민사이: 재일조선인 서경식의 사유와 성찰』 (파주: 돌베개, 2006) 등.

32 대표적인 연구로 Stuart Hall, "Cultural Identity and Diaspora," in Jonathan Rutherford (ed.), *Identity: Community, Culture, Difference* (London: Lawrence & Wishart, 1990) pp. 222-37; Paul Gilroy, *The Black Atlantic: Modernity and Double Consciousness* (London: Verso, 1993).

33 이러한 디아스포라적인 정체성 형성 공간은 반드시 물리적인 공동체나 모국과의 직접적 만남에 한정할 필요는 없다. 베르토벡은 디아스포라 문화생산의 중요한 매체로써 인터넷이나 미디어와 같은 가상공간의 역할을 들고 있으며 블랙 디아스포라론자들도 레게음악이나 문화적 매개체를 통한 디아스포라인들의 정체성의 형성, 변화과정에 주목하고 있다. 가상공간을 통해 지리적으로 떨어져 있는 디아스포라의 구성원들과 함께 향수와 문화를 함께 공유하면서 새로운 디아스포라의 문화를 생산, 공유해 나간다.

4. 역사적 과정(Process)으로서의 디아스포라

디아스포라의 민족성을 주어진 것으로 본질화하지 않으면서 개인적이고 문화적인 정체성에 매몰되지 않는 방식으로 디아스포라의 형성, 변화의 과정에 천착하는 입장이 있다. 디아스포라론이 특정한 민족적 경험과 특성을 전제하고 그 기준에 부합하는지 아닌지를 중심으로 하는 논의는 디아스포라 자체가 역사성을 가지고 내외부적인 조건과 구조의 변화에 따라 가변적이라는 점이 잊혀지기 쉽다. 디아스포라는 과거부터 이미 그렇게 존재하는 실체가 아니라 특수한 역사와 형성과정을 통해 이산 및 정주의 과정을 거쳐 **디아스포라가 되는 것**이다. 삼각구도 내에서 왜 특정 디아스포라가 현재의 역할을 하게 되었는지, 디아스포라의 개인들이 어떻게 특정한 경험을 하고 차별적인 정체성을 선택하게 되는지에 대한 탐구는 역사성에 바탕을 둔 디아스포라화(Diasporization)의 과정을 탐구하지 않으면 안 된다. 이 시각에서는 디아스포라를 과거부터 존재해 온 특정한 마이노리티 집단을 의미하는 것이 아니라 디아스포라로서의 실천을 통해 특정 집단이 디아스포라로 구축되는 과정에서 현재화되는 것으로 본다. 이러한 시각을 가질 때 디아스포라를 영속적인 특징을 가진 실체로 본질화하지 않고 디아스포라가 구축되어 온 역사적 맥락과 지정학적 공간의 의미를 논의할 수 있게 된다.

버틀러는, 다른 소수민족 집단과 디아스포라를 구별하기 위해 전통적인 디아스포라의 삼각구도의 중요성을 받아들이되, 디아스포라를 디아스포라로 불릴 수 있는 특수한 형태의 공동체가 형성되는 과정으로 재개념화하고자 하였다.[34] 버틀러는 주어진 집단의 성격을 밝히기 위한 연구방법으로 다음과 같은 다섯가지 측면에 대한 분석을 제시하였다.[35]

• 이산의 원인과 조건

....

34 Butler (2001), p.194.
35 Butler (2001), p.195.

- 모국과의 관계성
- 정주국과의 관계성
- 디아스포라 집단 간의 상호관계성
- 다양한 디아스포라 간의 비교연구

예를 들어, 이산의 이유와 조건으로 포로(captivity), 국가소멸로 인한 망명(state-eradication exile), 강제적 및 자발적 망명(forced and voluntary exile), 이민(emigration), 이주(migration), 제국건설 디아스포라(imperial diaspora)와 같이 유형화를 시도하였다. 이들 초기의 이산의 조건과 과정은 디아스포라화의 과정에서 모국과의 관계성이나 디아스포라 정체성의 형성과 경험방식에 중요한 요인으로 작용한다. 따라서 네 가지의 관계성은 디아스포라화의 과정에서 서로간 상호 연관성을 가지는 다른 단계로 이해할 수 있다. 이러한 개념화는 다양한 디아스포라를 개별적인 역사의 특수성에 매몰시키지 않고 디아스포라의 형성과 정주단계에 있어 상호 비교 가능한 전형을 제시하여 디아스포라의 성격과 정치학을 비교 분석할 수 있다는 장점이 있다. 이때 시간축(역사, 세대)과 공간축(집주지, 초국가적 네트워크)을 모두 고려할 것을 제안한다.

그러나, 이러한 디아스포라화의 과정은 생성에서 소멸에 이르는 과정을 가정한 단선적인 디아스포라 생애주기와 같은 것으로 이해해서는 안 된다. 버틀러도 지적하고 있듯이 디아스포라의 긴 역사를 고찰하면 초기세대와 후기세대(4세 이후)[36]는 매우 다른 특징들이 나타나지만 후기세대는 모국과의 관계성을 새롭게 규정하거나, 다른 지역의 디아스포라들과의 관계성을 통해 디아스포라 정체성을 유지하기도 한다. 특히 최근에는 모국에의 귀환[37]

....

36 초기세대인 경우 모국에 대한 공통의 유대감이 정체성의 기반이라고 한다면, 오래된 디아스포라의 4세 이상의 세대인 경우는 동화에 저항하기 위해 적극적으로 디아스포라 정체성을 강화할 필요가 있다. Butler (2001), p. 210.

37 Erik Olsson and Russell King, "Introduction: Diasporic Return," *Diaspora* 17-3 (2008), pp. 255-61.

이나 세대 간의 다이나믹한 관계를 보다 정치하게 이론화하는 시도가 나타났으며,[38] 이들 연구는 귀환이 반드시 탈디아스포라화(de-diasporization)를 의미하는 것은 아니며 다양한 형태로 진행되고 있는 재디아스포라화(re-diasporization)에 대해서도 주목하고 있다.

III. 재일코리안 디아스포라론

앞에서 논의한 디아스포라의 개념과 방법론은 재일코리안 연구에 있어서 어떠한 유용성을 가지며 또한 어떠한 한계를 가지는가? 지금까지 축적되어 온 재일코리안 연구들을 중심으로 디아스포라론이 제시해 온 가능성과 재일코리안 연구의 성과와 과제를 살펴보자. 재일코리안을 디아스포라로 보아야 하는가에 대해서는 아마도 재론의 여지가 없을 것이다. 그러나, 디아스포라로서의 재일코리안에 대해 주목한 연구는 재일코리안 연구자들을 포함해 상대적으로 최근이다.[39]

정부통계에 의한 재일코리안의 규모는 약 90만 명으로, 전체 재외코리안이 2013년 현재 710만 명을 넘어선 가운데 12.73%를 차지하며 중국(36.70%)과 미국(29.82%) 다음으로 큰 재외코리안 집단이다.[40] 이 중 일본

....

38 *Diaspora* 18-1/2 (2009)의 기획 논문들을 참조.

39 일본에서도 시기적으로 일찍이 재일코리안 당사자들에 의한 민족이주 및 정주의 역사발굴과 기록이 다각적으로 진행되어 왔지만, 디아스포라 연구와의 연결은 시기적으로 국내연구와 크게 다르지 않은 듯하다. 이는 전통적인 디아스포라 개념이 모국지향성이 너무 강하다는 데서 오는 거부감이 있었던 것 같다. 디아스포라 개념을 적극적으로 받아들인 일본 내 대표적인 연구들로는, 中国朝鮮族研究会, 『朝鮮族のグローバルな移動と国際ネットワーク』(アジア経済文化研究所, 2006); 権香淑, 『移動する朝鮮族─エスニック・マイノリティの自己統治』(彩流社, 2010); 松田素二, 鄭根埴(編), 『コリアン・ディアスポラと東アジア社会』(京都大学学術出版会, 2013); 玄武岩, 『コリアン・ネットワーク』(北海道大学出版会, 2013); 小林知子, 陳天璽 編著, 駒井洋 監修, 『東アジアのディアスポラ』(叢書グローバル・ディアスポラ1) (明石書店, 2011)가 있다.

40 이는 한국 외교통상부의 자료이다. 그러나, 이들 통계는 '코리안'의 기준을 어떻게 볼 것인가

과 중국을 포함한 동북아시아 지역에 346만 명(49.44%)이 집중되어 절반을 차지하고 있다. 구소련지역인 CIS지역을 유럽으로부터 분리하여 보면 약 50만 명으로 8% 정도를 차지하게 되어 이들이 동북아시아에서 중앙아시아로의 이차 이산임을 감안하면 코리안 디아스포라의 약 58% 정도가 동북아시아 지역을 중심으로 형성되었음을 알 수 있다.[41] 이는 재일코리안 디아스포라가 디아스포라 개념의 많은 부분을 공유하고 있음과 동시에, 식민지지배의 유산과 냉전과 같은 동아시아의 지정학적 역사성에 의해 그 특수성이 규정되어 왔음을 시사하는 부분이다. 이 장에서는 앞서 디아스포라의 개념과 다양한 이론적 시각에 의거하여 재일코리안 디아스포라론을 살펴본다.

1. 외부적 구조로서의 사각구도

디아스포라를 **모국-디아스포라-정주국**의 삼각구도의 관계성 내에서 파악하는 시각은 재일코리안 디아스포라를 이해하는 데에도 중요한 시각이다. 이 시각은 첫째, 재일코리안 디아스포라를 모국(한국이든 북한이든)의 종속적인 하위민족집단으로 간주하거나, 재일코리안 문제를 일본의 국내정치문제의 양자관계로 파악하려는 시각이 모두 불충분함을 시사하며, 재일코리안 디아스포라를 모국과 정주국 모두와 동시적 영향을 주고 받는 독립된 행위자로 이해할 수 있는 시각을 제시한다.

선행연구에서 재일코리안 문제를 분석하는 지배적인 시각은 일본사회와 재일코리안의 대립 또는 공생이라는 이항대립적인 양자적 관계를 중심으로 하는 시각이다. 최근에는 재일-일본의 양자관계에서 벗어나 재일코리

....

에 따라 (국적, 민족 등) 반드시 각국의 통계와 일치하지는 않는다. 예를 들어, 일본의 경우 같은 2013년 총재류외국인 통계로 본 조선, 한국 국적자는 549,798명으로 국적으로 분류하고 있어 외교통상부의 재일동포 수치인 892,704명보다 훨씬 적다. 이는 미국의 경우도 비슷하여 인구조사에서 나타난 코리안의 수는 재일동포의 통계치보다 훨씬 적다.

41   허성태, 임영언 (2014), pp. 50-1.

안의 지방참정권문제를 일본-디아스포라-한국의 삼각구도 내에서 이해하려는 연구[42]도 나타났다. 그러나, 전통적인 삼각구도는 재일코리안 디아스포라를 둘러싼 외부구조를 이해하기에 여전히 부족하다. 전통적인 삼각구도는 하나의 단일한 모국과 디아스포라의 민족적 연대를 상정하지만, 한반도가 남북으로 분단되어 모국의 존재가 불분명해지고, 이것이 재일코리안 디아스포라의 성격을 결정적으로 형성하게 되었던 전후의 과정을 충분히 설명하지 못하기 때문이다.[43] 디아스포라의 구성원이 분단된 한쪽만을 모국으로 간주하는 경우에도, 남북한의 대립과 경쟁은 디아스포라에 복합적인 영향을 미쳐왔다. 예를 들어, 조선적 코리안이 북한을 모국이라고 생각하는 경우에도 한일 관계의 전개에 영향을 받으며, 최근의 혐오발언의 경우와 같이 한국적이라도 북일 관계의 잠정적인 영향하에 있다. 따라서 재일코리안 디아스포라의 이주 및 정주의 경험을 동아시아의 역사적, 지정학적 맥락내에서 고찰하기 위해서는 전통적인 삼각구도가 아니라, **일본-재일코리안디아스포라-경쟁적인 두 모국**의 사각구도와 이 사각구도를 지배하는 전후 냉전 및 탈냉전의 국제관계에 대한 이해에서 출발하여야 한다.

다른 디아스포라와 마찬가지로, 재일코리안 디아스포라에게 가장 핵심적인 문제는 모국이다. 다만 재일코리안의 경우 이 사각구도가 모국과의 관계뿐 아니라 정주국 일본과의 관계를 더욱 복잡하게 한다. 재일코리안에게는 과거에 떠나온 모국이 동아시아의 냉전구조에 의해 두 개의 적대적인 모

....

42   예를 들어, 히구치는 재일조선인의 지방참정권 부여가 일반적인 다문화국가와 소수민족이라는
     양자관계로 보기 어려운 점을 지적하고, 탈냉전기의 동유럽의 소수민족에 대한 부루베이커의
     연구에 의거하며 일본-재일조선인-한국의 삼자관계, 특히 한일의 외교문제의 일환으로 분석하
     려 했다. 히구치 나오토 저, 김영숙 옮김, 『폭주하는 일본의 극우주의: 재특회, 왜 재일코리안을
     배척하는가』(서울: 미래를소유한사람들, 2015); 樋口直人, 『日本型排外主義』(名古屋大学出版会,
     2014).

43   그런 의미에서 한반도의 분단과 한국전쟁이 재일코리안 디아스포라에 미친 영향을 "남북과 해
     외를 잇는 '관계사'" 속에서 파악하려는 김귀옥의 연구는 주목할 만하다. 김귀옥, "분단과 전쟁
     의 디아스포라: 재일조선인 문제를 중심으로," 『역사비평』(91)호 (2010).

국으로 분단되면서 통일된 모국이 상실되었다. 또한 전후의 남한과 북한은 서로가 적대적이며 재일코리안 디아스포라에 대해서 각자가 유일한 모국으로서의 주권을 주장하여 왔다.[44] 북한은 외교관계가 없음에도 불구하고 일찍부터 재일코리안의 모국으로서 지원과 보호를 자청했고, 일본 내 재일코리안 조직을 지원하면서 남한에 대해 우위를 점했다.[45] '해외공민'으로서의 지위와 민족학교에 대한 지원, 그리고 북송사업 등을 통해 재일코리안 디아스포라에게는 실감할 수 있는 모국으로서 존재하였다고 할 수 있다.

그러나 북한의 권위주의적인 체제와 적대적 북일관계는 결국 재일코리안에게 초국가적인 이동의 자유 및 네트워크를 형성할 수 있는 상황을 제공하지 못했고, 모국으로 귀환한 이들은 그 자체로 또 다른 디아스포라가 되는 운명을 반복해야 했다. 무엇보다 북일관계의 악화 및 외교관계의 부재는 세계적인 탈냉전기에도 관계개선으로 이어지지 못함으로써 북한은 실질적인 모국으로서의 능력과 존재감을 점차 상실해 가고 있다.

한국의 경우는 북한과의 경쟁과 일본과의 외교관계의 틀 내에서 재일코리안에 대한 정책을 펼쳐왔다. 1945년의 해방 후에서 한참이나 뒤늦게 1965년이 되어서야 한일협정을 통해 재일조선인들의 법적지위에 대해 합의하게 되지만, 지극히 제한적인 법적 지위에 그쳤고 그나마 그 대상은 재일코리안 전체가 아닌 한국국적 보유자에 한정되었다. 그리하여, 1947년 이후 일본 내 외국인등록령(이후 외국인등록법)에 따라 '조선적'으로 등록되어 실질적으로 외국인이 된 조선적 코리안들은 한국의 재일동포의 대상에서 제외되고, 스스로 한국국적으로 외국인등록을 한 재일코리안만이 한국의 '재일동포'가 되었다.[46]

....

44 그러나, 실제로 한반도에서 일본으로 건너간 인구는 80% 정도가 한반도 남쪽에서 건너간 사람들이라고 한다.
45 북한과 재외공민정책과 재일조선인총연합회와의 관계에 대해서는, 진희관, "북한의 재외동포정책 연구: 재중총련, 재CIS동포, 재일총련, 그리고 재미동포 정책 비교 연구를 중심으로," 『통일문제연구』 (55)호 (2011), pp. 53-106.

한국정부는 이후에도 꾸준히 북한을 의식하여 조선이라는 호칭의 사용이 아닌 '한국'이라는 외국인 등록을 장려하여 재일코리안을 포섭하고자 하였고, 민단을 통해 남북경쟁의 대리전을 펼치게 함으로써 재일조선인 사회에 한반도의 남북분단 구조가 구체적 형태로 투영되는 결과를 가져왔다.[47] 탈냉전기의 재외코리안 정책에서도 조선적 재일코리안에 대해서는 그 기본적인 입장이 크게 변화하지는 않았다.[48] 재외국민 참정권 부여와 한국으로의 이동의 자유라는 실질적인 혜택을 내걸고 재일조선적코리안에게 한국적으로의 변경을 적극적으로 추진하고 있으며, 이는 재일코리안의 인권적인 고려보다 재일사회에 대한 북한의 영향력을 최소화하려는 냉전적 논리가 연장된 측면이 강하다고 할 수 있다.[49]

이와 같이, 해방 후 70여 만의 재일코리안 디아스포라는 식민종주국 일본의 무책임한 태도에 의해 외국인(법적 효과에 의한 디아스포라화)이 되고, 이후 남북한의 재일코리안에 대한 상호견제적인 정책과 북일/한일 관계가 상호작용한 결과 형성된 것이다. 남/북한은 재일 조선인을 대상으로 통일된 정책을 고민한 적이 없으며 체제유지의 논리에 따라 대립적이며 경쟁적인 정책(때에 따라 해외자원으로서 포섭하거나 정주국에 일임하는 기민)을 반복해 왔다. 이때에 때로는 북송사업과 같이 일본과 북한의 이익이 부합하기도

....

46　오가타 요시히로, "재일조선인에 대한 한국정부의 정책과 인식," 전남대학교 세계한상문화연구단 국제학술회의 자료집 (2008), pp. 441-58.

47　오가타 요시히로 (2008), p. 449.

48　1997년 재외동포재단법과 1998년의 재외동포의 출입국과 법적 지위에 관한 법률(일명 재외동포법)에서 재외동포의 정의를 '대한민국 국적을 보유하였던 자 또는 그 직계비속으로 외국국적을 취득한 자'로 하여 사실상 중국과 구소련 동포, 그리고 조선적 재일동포를 제외하는 결과를 가져왔다. 이는 재외동포의 범위에 대한 논란을 가져와 제2조(정의)는 재외동포를 재외국민과 외국적 동포로 분류하고 문제가 되었던 '대한민국 정부 수립 전에 국외로 이주한 동포를 포함한다'를 규정을 두어 그 범위를 넓혔다.

49　예를 들어, 조경희는 한국사회에서 재일조선인들을 여전히 '위험한' 동포로 생각하고 출입국정책도 그러한 인식에 기반하고 있다고 비판하였다. 조경희, "탈냉전기 재일조선인의 한국이동과 경계정치," 『사회와 역사』 제91집 (2011), pp. 61-98.

하고,[50] 때로는 한일협정과 같이 한국과 일본의 이익이 일치하는 경우들이 발생하지만, 이 사자구도 내에서 재일코리안 디아스포라는 모국의 지지를 얻어 정주국 일본에 대해 정치적 영향력을 발휘하는 집단이 되기는 어려웠다. 오히려 일본에게는 재일코리안에 대한 '분리 통치(devide and rule)'가 가능한 조건이 형성되었다고 볼 수 있다. 북한의 고립과 공격적인 대외정책으로 인한 최근의 북일 간의 긴장이 일본정부의 총련계 코리안에 대한 노골적인 탄압과 이에 대한 한국 암묵적인 방조는 사자구도 내의 재일코리안의 취약한 위치를 잘 드러낸다고 할 수 있다.

전통적 디아스포라의 삼각구도는 모국과 디아스포라의 세력관계가 디아스포라의 영향력을 결정하는 중요한 변수이며, 디아스포라의 모국과 정주국에 대한 분열된 충성심이 문제된다. 그러나, 재일 코리안 디아스포라의 경우에는 디아스포라에 대한 모국의 대립적인 경쟁이 모국과의 연대를 분열시키고 디아스포라의 정치적 영향력을 축소시키는 구조를 형성하였다. 이것이 21세기까지 지속되고 있는 동아시아 속의 재일코리안 디아스포라가 처해 있는 구조적 조건이다.

2. 재일코리안 디아스포라의 정체성

재일코리안 정체성 연구는 에스니스티(소수민족성)와 네이션(조국지향)을 두 축으로 보는 시각이 지배적이다. 후쿠오카의 "이화(異化)지향 대 동화(同化)지향",[51] 또는 서경식의 "에스닉 마이너리티인가 네이션인가"[52]는 모두

....

50 북한은 국가건설을 위한 노동력과 자원을 확보하고 국제적인 입지를 강화하려는 의도에 의해, 일본은 방대한 빈곤인구의 부담을 줄일 수 있는 기회로 보았다. 테사 모리스 스즈키 저, 한철호 옮김, 『북한행 엑서더스: 그들은 왜 '북송선'을 타야만 했는가?』(서울: 책과함께, 2008).

51 후쿠오카는 일찍이 재일조선인의 정체성을 이화(異化)지향과 동화(同化)지향의 양 극단 사이에 있는 것으로 보고, 그 정도에 따라 다섯 가지(조국지향, 동포지향, 공생지향, 개인지향, 귀화지향) 형태의 정체성을 유형화하였다. 福岡安則, 『在日韓国·朝鮮人』(中公新書, 1993).

52 서경식, "재일조선인이 나아갈 길: '에스닉 마이너리티'인가 '네이션'인가," 『창작과 비평』 겨울

이러한 이항대립적인 인식틀의 대표적인 예들이다. 즉, 일본 내 소수민족으로서 '재일(在日)'의 현실을 중요시하여 일본사회 내에서 공생의 길을 택함이 바람직한 것인가, 아니면 모국과 민족적인 공동체를 유지하며 모국귀환의 가능성을 염두에 두며 정주국에서 외국인으로 존재할 것인가의 선택을 의미한다. 이러한 대립축 속에서 재일코리안의 국적과 민족명은 두 지점 중 어디에 정체성을 두느냐를 드러내는 중요한 표식으로 인식되어왔다.[53] 조선적을 유지하며 일본식 이름 사용(通名)을 거부하는 것은 가장 민족지향적인 태도를 의미하며, 이것은 동시에 일본의 식민주의와 차별에 대한 저항을 실천하는 것으로 인식된다. 디아스포라의 개념을 받아들인 마츠다도 코리안 디아스포라 집단이 공동성(생활)을 형성하는 핵심 자원은 에스니스티(민족성)와 내셔널리티(조국)라고 하였으며, 따라서 재일코리안 연구에 서구의 문화학자들이 주장하는 초국가적 문화 재창조/상상력을 중심으로 하는 정체성 이론을 정면으로 받아들이는 것은 부적절하다고 하였다.[54]

　그러나, 소수민족성과 모국을 동시에 사유하고 공유하는 것이야말로 디아스포라 정체성의 핵심이다. 문제는 마치 이것이 양자택일할 수 있는(해야하는) 것으로 인식되어 왔다는 것이며, 그러한 선택을 강요하는 구조가 존재했다는 것이다. 정주국 일본에서는 일본인＝보편으로 두고 이에 대조적인 카테고리로 비일본인＝비일본국적＝'특정민족'을 설정하여 재일코리안을 특정민족집단으로 특수화, 타자화하였다. 이름이나 문화(예를 들어 음식이나 복장), 또는 '조선적'은 그러한 타자성을 각인(mark)하는 기호였다. 이러한 인식틀은 근대 이후에 형성된 민족＝국가, 즉 민족국가를 규범

....

호 (1998).
53　그러나, 국적과 민족명도 개인의 모국과 민족에 대한 정체성과 반드시 일치하지 않으며, 민족명 및 통명, 혼명등의 다양한 실천과 그에 대한 개개인의 의미 부여는 다양하다. 한영혜, "'민족명' 사용의 통해 보는 재일조선인의 아이덴티티: '민족'의 한계와 새로운 의미,"『일본연구논총』27집 (2008), pp. 815-32; 리홍장, "재일조선인의 정체성을 보는 시각: '더블'의 역사성에 관한 담론을 통해,"『일본비평』(14)호 (2016).
54　松田素二, 鄭根植 (編),『コリアン・ディアスポラと東アジア社会』(京都大学学術出版会, 2013), p. v.

으로 두는 것에서 비롯되고, 재일코리안의 존재양식이 이러한 근대국가적인 삶의 규범과 불일치하는 것으로 파악되어 다름＝차별로 위치지어졌기 때문이다. 민족국가 내부에 존재하는 이질적인 민족으로 국가 밖의 민족집단과 정서적, 물질적 유대를 유지하는 디아스포라는 그 존재 자체가 민족과 국가의 일치를 주장하는 단일민족국가의 통합적 정체성에 배치된다. 일본도 모국도 이러한 단일민족국가를 명시적으로 지향하였고, 이때 디아스포라는 그 어디에도 온전히 소속되지 못하게 되어, 디아스포라적인 정체성은 부정적이고 불완전한 것이 된다. 재일코리안 지식인들이 사용하고 있는 '집 잃은 자'(homeless)나 '반난민' 개념도 국민국가라는 집을 가진 시민과 대비되는 결핍의 주체를 상징하는 것이다.[55] 이러한 상황에서는 조국지향이든 동화지향이든 모든 디아스포라의 정체성은 언제나 불완전한 정체성일 수밖에 없다.

그러나, 정체성은 단일하고 불변적인 것이 아니다. 뿐만 아니라, 디아스포라 정체성의 핵심을 이루는 '조국'이나 '민족'도 결코 단일하고 고정적인 실체가 아니다. 코리안 디아스포라의 이상적 모국은 상실되었고, 재일코리안에게 있어 모국은 미래의 통일된 한반도에서부터 구체적인 현실의 정치체제인 한국이나 북한까지 매우 다양하다. 재일코리안 내부에는, 조선적을 유지하고 있으나 원래의 출신지나 부모의 고향이 남한인 경우, 국적은 한국이지만 북한을 심정적으로 더 가까운 모국으로 여길 수도 있다. 1세대의 재일코리안에게는 아직도 모국이 과거 자신이 떠나온 '조선'인 경우도 많다. 조국과 모국, 그리고 고향이 일치하지 않아서[56] 동시에 복수의 모국을 가지고 있을 수 있고 이상적인 모국에 대한 향수를 정체성의 뿌리로 하는 것도 가능하다. 그럼에도 불구하고 정체성을 단일하고 고정적인 것으로 사고하는 인식틀 내에서는 민족과 동화 사이에 선택을 강요할 뿐 아니라 모국에

....

55   Ryang (2009); 서경식 (2006).
56   서경식 (2006).

대한 상상까지 단일한 선택을 강요하는 것이 된다.

민족정체성도 국적이나 혈연집단과 동일하지 않음은 자명하다. 일본인과의 결혼은 이미 재일코리안 간의 결혼의 수배에 달하며 일본 국적으로의 귀화도 1990년대 이후 매년 만 명에 이른다. 일본 국적의 코리안 재패니즈, 일본 국적의 자녀를 가진 조선적 또는 한국적 재일코리안, 한국적으로 귀화한 일본인 배우자 등은 국적과 혈연이 모두 '순수하게' 코리안인 경우가 이미 소수가 되었음을 의미한다. 이런 현실에서 혈연이나 국적이 '객관적인' 기준이 되지 못함은 물론이고, 민족에의 소속을 나타내는 표식이 디아스포라의 정체성의 기반이 되지 못한다. 이는 안정적이고 단일한 민족적 정체성은 오히려 환상에 가까울지 모르며, 모두가 복수의 소속을 동시에 가지는 '더블'[57]의 정체성이 현실에 가까울 것이다.

디아스포라의 정체성이 본질적으로 복수적이고 하이브리드적인 정체성이라는 점에서 어느 쪽에도 속하지 않는 불완전성을 경계에 위치하는 존재로 긍정할 수 있게 된 것은 디아스포라라는 개념이 가져온 긍정적인 제3의 정체성이다. 이는 역설적으로 모국과의 만남과 소외의 경험을 통해 얻어지는 경우가 많다.[58] 조경희는 한국으로 귀환이주를 한 재일코리안들의 다양한 정체성 정치의 실천을 기록하면서, 모국으로 귀환한 재일코리안들은 한편으로 이방인으로밖에 받아들이지 않는 모국에 대한 실망과 소외감을 겪게 되나, 다른 한편으로는 경계인으로서의 정체성 재정립, 적극적인 복수 정체성 전략등의 다양한 개인의 정체성 정치를 실천하기도 한다고 하였다. 이들에게 한국은, "단순히 민족적 아이덴티티를 걸고 '귀환'하는 곳이 아니라, 확장된 생활공간이며 자신의 이쪽도 저쪽도 아닌 점을 활용하여, 자신의 불

....

57   일본에서의 '더블'에 대해서는 이 특집의 리홍장을 참조하라. 리홍장에 의하면 재일조선인과 일본인 사이에 태어난 세대를 더블이라고 명명하나, 여기서는 혈연적 의미보다 문화적인 의미로 순혈주의적인 단일정체성을 거부하고 복합적인 복수의 정체성의 의미로 넓게 사용했다.

58   예를 들어, 권숙인, "디아스포라 재일한인의 '귀환': 한국사회에서의 경험과 정체성," 『국제지역연구』 17권 (4)호 (2008), pp. 33-60; 조경희 (2011).

안정성을 오히려 긍정적인 자원으로 전환하는 것이 가능한 장소"로 인식하게 된다.[59] 이때 태어나고 자란 정주국 일본에서 쌓아온 언어나 정서적 유대 및 문화 향유와 같은 문화자본은 새로 만난 모국과의 관계를 재정립해 가는 데 주요한 자원이 된다.

클리포드가 지적한 대로, 디아스포라 정체성의 근원인 집단적인 역사와 상실감의 공유는 오히려 어떠한 경계선으로 제한된 영토(Bounded territory)로 통합될 수 없는, 따라서 국민국가의 영역과 경계로 축소될 수 없는 일종의 대안적 공론장(alternate public spheres)으로 기능할 수 있는 열린 가능성을 내포하고 있다.[60] 이는 국민국가와 다른 존재로서 국민국가의 내부에서 살기 위한 목적으로 국민국가의 시공간 밖의 정체성을 유지하는 공동체의 의식인 것이다. 이때, 불완전하고 집잃은 자의 정체성은 정주국국가의 '일본국민화' 압력과, 두 모국의 대립과 경쟁을 상대화할 수 있는 새로운 정체성으로 재인식될 가능성을 제시하는 것으로 전환될 수 있다. 어디에도 속하지 않는 것이 아니라, 양쪽에 동시적으로 속하는 존재로 "일본에서는 외국인 주민으로서, 한국에서는 재외국민으로서, 주체적으로 두 개 나라에 속하고 관여할 수 있고, 또 그래야" 하는 '탈근대적' 정치적 주체로서의[61] 미래상이나, '국가(국적)≠정체성'을 전복적으로 사유하면서 국가 또는 민족으로 환원되지 않는 제3의 '재일조선인'이라는 정체성에의 탐구[62]는 그러한 가능성의 예이다.

....

59 趙慶喜, "ポスト冷戦期における在日朝鮮人の移動と境界の政治," 松田素二, 鄭根埴(編) (2013), p. 116.

60 Clifford (1994); Paul Gilroy, *There Ain't No Black in the Union Jack: The Cultural Politics of Race and Nation* (London: Hutchinson, 1987).

61 이성, "한국의 재외국민, 일본의 외국인 주민," 『황해문화』 81권 (2013), pp. 171-82. 또한, 이성은 국적과 참정권을 둘러싼 재일조선인의 세 가지 삶의 양식을, 해외공민, 정주외국인, 귀화일본인(조선계 일본인)으로 분류하는데 각각의 논리를 살펴보면 남북한과 일본의 재일코리안에 대한 제 나름의 '국민화' 압력을 짐작할 수 있다. 이성, "재일조선인과 참정권," 『황해문화』 57권 (2007), pp. 76-102.

62 김종곤, "'재일' & '조선인'으로서의 정체성과 가치지향성—재일 조선인 3세를 중심으로," 『통일인문학』 59권 (2014).

3. 복수(複數)의 역사로서의 재일코리안 디아스포라

재일코리안의 정체성의 본질화의 위험을 벗어나려는 시도로 정체성의 기반을 혈연적 민족이나 국적이 아닌 디아스포라로서의 역사에 대한 공유에 두기도 한다. 그러나, 동일한 피해의 역사나 일률적인 식민지 경험을 공동체 연대의 근거로 할 때, 그 역사와 경험을 본질화하여 이를 공유하지 않은 세대와 개인들이 소외될 위험이 있다. 앞서도 언급한 것처럼, 공동체 내부의 다양한 개인의 위치만큼이나 공동체 내에서도 디아스포라화의 역사는 매우 다양하다. 이는 디아스포라의 역사를 개인 수만큼 복수화해야 한다는 의미가 아니라, 모두가 공유하는 단일 담론의 디아스포라의 역사는, 다양한 내부집단의 디아스포라화에의 과정에 대한 이해를 불가능하게 하여 억압적이 될 수 있다는 의미이다.

디아스포라 내의 다양한 권력축—계급, 젠더, 지역, 세대 등—은 이산과 식민지배, 전쟁과 분단, 정주국에서의 차별의 경험을 다르게 구성한다. 이러한 시각은 거시적인 구조의 변화와 지속되는 식민지주의가 각 디아스포라의 개개인의 사회적 위치에 의해 어떻게 다르게 나타나는지, 각 주체들에 대한 어떠한 기회와 장벽을 만들어내는지를 보다 미시적으로 분석할 것을 요구한다. 윤경원은 1990년대 이후 한국의 코리안 디아스포라 연구를 비판하며, "코리안 디아스포라를 문제삼을 때에는, 현재의 한국사회를 지배하고 있는 식민지주의에 대한 근본적이고 총체적인 재검토를 필요로 하며, … 코리안 디아스포라의 문제는, 민족이나 국가의 분열의 문제가 아닌, 인권의 차원을 넘어서, 젠더, 계급, 민족의 문제가 중층적으로 얽혀 있는 식민지주의의 문제"라고 하였다.[63] 이러한 역사쓰기를 위한 방법론은 하나의 거대담론으로서의 디아스포라의 구조와 역사성을 탐구하는 것이 아니라, 디아스포라의 중층적인 권력구조 속에 은폐된 복수의 역사들을 밝혀내는 것일 것이

....

63 尹京媛, "コリアン・デイアスポラー植民地主義と離散," 小林知子, 陳天璽 (2011), p. 238.

다. 그렇게 함으로써 식민지 피해자로서의 디아스포라의 역사만이 아니라 디아스포라의 지배적인 담론속에서 침묵되어 온 다양한 주체들의 역사를 조망할 수 있을 것이다.

예를 들어, 이산, 정주 모국귀환과 탈냉전기의 경계이동의 모든 측면에서, 디아스포라의 여성들은 남성들과는 다른 역사를 가지고 있다.[64] 남성들이 가장으로서 자발적, 비자발적인 노동력으로 고향을 떠난 경우가 많은 데 비해, 여성들은 남성들의 가족으로서, 먼저 떠난 남성가족을 찾아 이주한 경우가 압도적으로 많았다.[65] 결혼에 실패하거나 남편을 잃어 독립된 생활을 영위할 수 없는 경우 모국으로 돌아갔다가 다시 도일하는 여성들도 많았으며, 식민지기에 위안부였던 이들은 고향에 돌아가지 않는 선택을 하기도 하였다. 이주지에서 여성은 남성노동력의 정주를 유도하기 위한 정책적 기제로 인식되었다. 이렇듯 디아스포라화의 과정은 젠더질서 및 성별규범과 밀접한 관련을 갖는다.

정주를 통한 공동체 형성 과정도 마찬가지다. 재일코리안 내부의 가부장적 민족주의가 같은 민족의 여성 억압을 합리화해 왔음은 재일코리안 여성들에 의해 신랄하게 비판받아 왔다.[66] 재일코리안 1, 2세 남성들과 결혼한 일본인 여성들 중에서는 조선의 가부장적 문화를 존중하여 진정한 '조선인

....

64 재일코리안 사회 내부뿐 아니라 한국의 재일조선인 표상 속에서도 여성의 부재하거나 남성시각
    의 대상으로만 존재하였다. 조경희, "'탈냉전'기 한국사회의 재일조선인 인식과 젠더," 『코리안
    디아스포라: 젠더, 계급, 민족』제2회 Korean Diaspora Women's Studies 심포지움 자료집, 서
    울대학교 여성연구소, 2007, pp. 33-46.
65 이정은, "식민제국과 전쟁, 그리고 디아스포라의 삶—'우토로' 지역 재일조선인 1세 여성의 정착
    과 생활,"『한국사회학』제45집 (4)호 (2011), pp. 169-97. 이는 다른 동아시아 코리안 디아스포
    라에도 적용된다.
66 정영혜, 송연옥, 김부자 등 재일코리안 페미니스트이 대표적이다. 김부자, "HARUKO-재일여성,
    디아스포라, 젠더,"『황해문화』(57)호 (2007), pp. 117-47. 또한 재일코리안내의 성소수자들
    은 젠더, 민족, 섹슈엘리트의 억압구조 내에서 민족집단과 일본 양쪽에서 모두 주변화되는 위치
    에 있음을 토로한다. 김우기, "재일조선인 페미니즘을 향하여: 재일조선인 여성들의 사회운동 기
    록,"『일본비평』(14)호 (2016) 참조.

아내'가 되려 노력하였다.[67] 정주국사회의 민족화, 주변화방식도 역시 젠더화되었다. 민족학교의 여학생들은 치마저고리를 착용하여 민족성을 상징하였으나, 바로 그러한 이유로 인해 거리에서 직접적이고 폭력적인 공격의 대상이 되었다. 이러한 공동체 내부에서 소수이거나 주변화된 이들의 역사도 디아스포라의 또 다른 역사로 자리매김될 필요가 있을 것이다.

디아스포라화의 다양한 과정에 대한 탐구는 또한 디아스포라의 역사가 모국의 역사와 다면적으로 얽혀 있음을 밝힐 수 있다. 북한으로 귀환을 선택한 이들 중 다수가 한국과 일본 모두에서 삶의 터전을 찾기 어려운 이들이었다는 점은, 한국의 근대화가 재일코리안의 인적, 물적 자원을 필요로 했을지언정 이들을 진정으로 포용하려는 의사는 없었음을 반증한다. 4·3사태와 같은 한국 내의 분쟁은 해방 후의 일본이주를 촉진하여 재일 디아스포라화를 가속화시키기도 하였다. 이렇듯 동전의 양면으로서의 모국과 재일코리안 디아스포라의 역사는 계속되는 식민지주의와 해방 후에도 끊임없이 코리안 디아스포라가 재생산되는 역사와 정치구조를 드러내게 하며, "해방 후의 한국사회가 코리안 디아스포라의 역사 위에서 만들어졌다는 점"을 드러내 준다.[68]

탈냉전기를 맞아도 재일코리안의 냉전기의 디아스포라적 성격은 지속되고 있으며, 재일코리안의 대부분은 자유로운 초국가적 이동주체가 되지 못하였다. 일본국적을 취득한 경우를 제외하고는, 아직도 많은 이들이 실질적인 '비이동성'에 묶여 있다. 모국으로의 귀환이주마저 제한적으로밖에 허락되지 않는다. 한국과 북한에의 이동이 자유롭지 않은 것은 물론이며, 국적에 따라 여행의 범위가 결정된다. 조선적 코리안에 대한 여권문제와 한국의 여행증명서 발급제한, 일본정부의 재입국허가 등은 아직도 재일코리안을

....

67 야마시타 영애 저, 박은미 옮김, 『내셔널리즘의 틈새에서: 위안부 문제를 보는 또 하나의 시각』 (파주: 한울, 2012).

68 尹京媛 (2011), p. 222.

엄연한 냉전적 현실 속에 묶어두는 요소인 것이다. 이들을 제한적인 이동주체로 만들고 있는 것은 일본뿐 아니라 모국인 한국과 북한이기도 하다는 점은, 역설적으로 재일코리안의 디아스포라적인 성격을 밝힐 때 분명히 드러나는 한반도의 자화상이다.

IV. 나가며

이 글은 재일코리안의 역사와 현재를 디아스포라론에 입각하여 고찰하는 장점과 한계에 대해서 살펴보았다. 디아스포라론은 공간적으로는 **모국-디아스포라-정주국**의 삼각구도 내에서 국민국가의 경계를 넘어 연결되는 민족단위로서 그 특수한 정치적 입지와 초국가적인 정체성에 주목한다. 시간축으로는 이주의 동기 및 과정, 나아가 정주와 모국귀환 및 다른 지역의 디아스포라와의 네트워크와 같은 거시적인 이산과 정주의 역사에 대한 시각을 제공한다. 재일코리안을 디아스포라의 개념으로 보면, 동아시아의 지정학적, 역사적 구조 내에서 모국 및 정주국과의 관계를 보다 보편적인 분석틀 내에서 이해할 수 있게 된다.

이 글은 특히 남북한이 적대적인 경쟁관계에 있는 동아시아적인 특수성에 주목하여 전통적인 디아스포라의 삼자구도가 아닌 남북한-재일코리안 디아스포라-일본의 사자구도 내에서 재일코리안의 디아스포라화되어 온 복수(複數)의 역사를 듣고 고찰할 것을 제안하였다. 이 복수의 역사에는 세대, 젠더, 계급과 교차되는 복합적인 정체성뿐만 아니라 귀환의 경험을 통한 새로운 탈/재디아스포라화의 역사도 포함한다. 또한 재일코리안에게 디아스포라적인 삶을 지우고, 남북한의 분단가족에게 또 다른 디아스포라적 삶을 강요하는 21세기의 한반도의 현실까지 포함한 역사를 의미한다.

참고문헌

권숙인. "디아스포라 재일한인의 '귀환': 한국사회에서의 경험과 정체성." 『국제지역연구』 17권 4호 (2008).

김귀옥. "분단과 전쟁의 디아스포라: 재일조선인 문제를 중심으로." 『역사비평』 91호 (2010).

김부자. "HARUKO-재일여성, 디아스포라, 젠더." 『황해문화』 57호 (2007).

김우기. "재일조선인 페미니즘을 향하여: 재일조선인 여성들의 사회운동 기록." 『일본비평』 14호 (2016).

김종곤. "'재일' & '조선인'으로서의 정체성과 가치지향성 — 재일 조선인 3세를 중심으로." 『통일인문학』 59권 (2014).

리홍장. "재일조선인의 정체성을 보는 시각: '더블'의 역사성에 관한 담론을 통해." 『일본비평』 14호 (2016).

서경식. "재일조선인이 나아갈 길: '에스닉 마이너리티'인가 '네이션'인가." 『창작과 비평』 겨울호 (1998).

서경식 저. 임성모, 이규수 옮김. 『난민과 국민사이: 재일조선인 서경식의 사유와 성찰』 파주: 돌베개, 2006.

스즈키, 테사 모리스 저. 한철호 옮김. 『북한행 엑서더스: 그들은 왜 '북송선'을 타야만 했는가?』 서울: 책과함께, 2008.

신기영. "마이너리티 이론의 탐색: 비본질적 · 포괄적 연구를 위하여." 『일본비평』 8호 (2013).

야마시타 영애 저. 박은미 옮김. 『내셔널리즘의 틈새에서: 위안부 문제를 보는 또 하나의 시각』 파주: 한울, 2012.

오가타 요시히로. "재일조선인에 대한 한국정부의 정책과 인식." 전남대학교 세계한상문화연구단 국제학술회의 자료집. 2008.

윤인진. "코리안 다이스포라: 재외한인의 이주, 적응, 정체성." 『한국사회학』 제37집 4호 (2003).

이성. "재일조선인과 참정권." 『황해문화』 57권 (2007).

_____. "한국의 재외국민, 일본의 외국인 주민." 『황해문화』 81권 (2013).

이정은. "식민제국과 전쟁, 그리고 디아스포라의 삶 — '우토로' 지역 재일조선인 1세 여성의 정착과 생활." 『한국사회학』 제45집 4호 (2011).

조경희. "'탈냉전'기 한국사회의 재일조선인 인식과 젠더." 『코리안 다이스포라: 젠더, 계급, 민족』 제2회 Korean Diaspora Women's Studies 심포지움 자료집. 서울대학교 여성연구소. 2007.

_____. "탈냉전기 재일조선인의 한국이동과 경계정치." 『사회와 역사』 제91집 (2011).

진희관. "북한의 재외동포정책 연구: 재중총련, 재CIS동포, 재일총련, 그리고 재미동포 정책 비교 연구를 중심으로." 『통일문제연구』 55호 (2011).

청암대 재일코리안 연구소. 『재일코리안 디아스포라의 형성: 이주와 정주를 중심으로』 서울: 선인, 2013.

한영혜. "'민족명' 사용의 통해 보는 재일조선인의 아이덴티티: '민족'의 한계와 새로운 의미." 『일본연구논총』 27집 (2008).

허성태, 임영언. 『글로벌 디아스포라와 세계의 한민족』 (성남: 북코리아, 2014).

히구치 나오토 저. 김영숙 옮김. 『폭주하는 일본의 극우주의: 재특회, 왜 재일코리안을 배척하는가』 서울: 미래를소유한사람들, 2015.

_____. "재일코리안의 직업적 지위의 동태: 인구 센서스 데이터로 보는 1980~2010년의 변화." 『일본비평』 14호 (2016).

Anderson, Benedict. *The Spectre of Comparisons: Nationalism, Southeast Asia and the World.* New York: Verso, 1998.

Brubaker, Rogers. "The 'Diaspora' Diaspora." *Ethnic and Racial Studies* 28-1 (2005).

Butler, Kim D. "Defining Diaspora, Refining a Discourse." *Diaspora* 10-2 (2001).

Campt, Tina and Deborah A. Thomas. "Editorial: Gendering Diaspora: Transnational Feminism, Diaspora and its Hegemonies." *Feminist Review* 90 (2008),

Choi, Inbom. "Korean Diaspora in the Making: Its Current Status and Impact on the Korean Economy." In Fred C. Bergsten and Inbom Choi. eds. *Korean Diaspora in the World Economy.* Washington DC: Institute for International Economics, 2003.

Clifford, James. "Diasporas." *Cultural Anthropology* 9-3 (1994).

Cohen, Robert. *Global Diasporas: An Introduction.* London: UCL Press, 1997.

Gilroy, Paul. *There Ain't No Black in the Union Jack: The Cultural Politics of Race and Nation.* London: Hutchinson, 1987.

_____. *The Black Atlantic: Modernity and Double Consciousness.* London: Verso, 1993.

Hall, Stuart. "Cultural Identity and Diaspora." In Jonathan Rutherford. ed. *Identity: Community, Culture, Difference.* London: Lawrence & Wishart, 1990.

Johnson, Nadja C. "Global Journeys: From Transnationalism to Diaspora." *Journal of International & Global Studies* 4-1 (2012).

Kenny, Kevin. *Diaspora: A Short Introduction.* New York: Oxford University Press, 2013.

Olsson, Erik and Russell King. "Introduction: Diasporic Return." *Diaspora* 17-3 (2008).

Ryang, Sonia. "Introduction." In Sonia Ryang and John Lie. eds. *Diaspora Without Homeland: Being Korean in Japan.* Berkeley: University of California Press, 2009.

Safran, William. "Diasporas in Modern Societies: Myths of Homeland and Return." *Diaspora* 1-1 (1991).

Shain, Yossi and Aharon Barth. "Diasporas and International Relations Theory." *International Organization.* 57-3 (2003).

Sheffer, Gabriel. "A New Field of Study: Modern Diasporas in International Politics." In Gabriel Sheffer. ed. *Modern Diasporas in International Politics.* London: Croom Helm, 1986.

_____. *Diaspora Politics: At Home Abroad.* New York: Cambridge University Press, 2003.

Tölölyan, Khachig. "Rethinking Diaspora(s): Stateless Power in the Transnational Moment." *Diaspora: A Journal of Transnational Studies* 5-1 (1996).

_____. "The Contemporary Discourse of Diaspora Studies." *Comparative Studies of South Asia, Africa and the Middle East* 27-3 (2007).

Vertovec, Steven. "Three Meanings of 'Diaspora,' Exemplified among South Asian Religions." *Diaspora* 7-2 (1999).

福岡安則.『在日韓国・朝鮮人』中公新書, 1993.

中国朝鮮族研究会.『朝鮮族のグローバルな移動と国際ネットワーク』アジア経済文化研究所, 2006.

権香淑.『移動する朝鮮族─エスニック・マイノリティの自己統治』彩流社, 2010.

小林知子, 陳天璽 編著, 駒井洋 監修.『東アジアのディアスポラ』(叢書グローバル・ディアスポラ1)
　　明石書店, 2011.

松田素二, 鄭根植 編.『コリアン・ディアスポラと東アジア社会』京都大学学術出版会, 2013.

玄武岩.『コリアン・ネットワーク』北海道大学出版会, 2013.

松田素二, 鄭根植 編.『コリアン・ディアスポラと東アジア社会』京都大学学術出版会, 2013.

樋口直人.『日本型排外主義』名古屋大学出版会, 2014.

제11장

주권과 주체사상: 식량 원조 사례를 통해 본 북한 주권개념의 특수성과 대외정책 구속력

최경준(서울대학교)

I. 서론

북한의 주권(sovereignty)개념은 서구에서 기원한 근대적 주권개념과 비교하여 어떠한 보편성(universality)과 특수성(uniqueness)을 지니고 있는가? 북한의 주권개념을 구성하는 핵심적인 내용과 이를 구현하기 위한 전략을 제공하는 주체사상은 북한의 외교정책 결정과 집행에 영향을 미치는 원인변수인가 아니면 외교정책을 합리화하는 수단에 불과한가? 본 논문은 주체사상에 기반을 둔 북한의 주권개념이 내용과 형성과정에서 드러내는 보편성과 특수성, 그리고 그것이 구체적인 외교정책에 대한 적용에서 보여주는 경직성(rigidity)과 탄력성(malleability)을 17세기 이후 국제사회의 보편적 규범과 원리가 된 웨스트팔리아 주권개념과의 비교를 통해 살펴봄으로써, 이념과 국내 및 국제체제, 그리고 국가의 외교정책 사이에 형성되는 다양한 상관관계를 규명하는 것을 목표로 한다.

대내적 최고성과 대외적 평등성, 그리고 타국의 내부 문제에 대한 불간섭주의를 핵심적인 내용으로 하는 근대적 주권개념은 1648년 웨스트팔리아 평화(the Peace of Westphalia) 이후 유럽의 지역 질서를 관장하는 주된 원칙이자 행태로 자리 잡았고, 이후 서구 중심의 세계질서가 전 세계로 파급되면서 오늘날 근대 국제정치의 주된 원리와 행동 규범이 되었다. 북한의 주권개념은 국제관계에 있어서 국가 간의 평등성, 자주성, 호혜주의, 그리고 불간섭주의를 주장한다는 측면에서 표면상 유럽에서 기원한 근대적인 주권개념과 상당한 유사성을 지니고 있다.

그러나 주체사상에 기반한 북한의 주권개념은 국내적, 국제적 차원에서 미완성(incomplete) 상태에 머물고 있는 자신의 불완전한 주권을 완성된 형태로 실현하기 위해 제국주의 세력에 저항하는 반제국주의 세력들 사이의 단합과 개별 국가 차원의 경제적 자력갱생이라는 상호 모순적인 정책을 동시에 제시한다는 점에서 서구의 주권개념과는 다른 독특성을 지니고 있다. 또한, 20세기 중후반 약소국이 직면한 특수한 대내외적 환경 속에서 하나의 외교적 생존전략으로 극소수의 국가지도자에 의해 개발된 이념에 기반을 두고 있다는 점에서 주권개념의 형성과정에서 서구의 그것과 차이점을 보여주고 있다. 본 논문은 주체사상에 기반을 둔 북한의 주권개념이 지닌 특수성을 주권개념이 만들어진 역사적 맥락, 개념형성의 주체, 그리고 국내 및 국제체제의 동의구조(consensus structure)를 중심으로 살펴보고, 이러한 특수한 주권개념이 북한의 외교정책에 어떻게 적용 및 발현되는지를 북한이 국제사회에 요청하거나 국제사회로부터 제안받은 식량 원조에 대한 수용 및 거부의 사례들을 통해 규명하고자 한다.

외부 세력들, 특히 남한, 미국, 일본 등 북한이 주적으로 설정하는 적성국가들로부터 북한에 대해 제공되는 식량 원조는 북한의 주체사상이 대외정책에 미치는 영향력과 정책 합리화에 있어서의 탄력성을 평가할 수 있는 좋은 사례이다. 이들 외부 세력들로부터 제공되는 식량 원조는 정치적 자주와 경제적 자립을 내용으로 하는 주체의 원리와 양립하기 어려울 뿐만 아니라, 북한경제체제의 실패에 대한 인정을 의미하고 주체사상을 통치이념으로 내세우는 북한체제의 안정성에 대한 위협으로 이어질 수 있다. 또한, 투자나 경제협력을 통한 다른 형태의 지원에 비해 최종적으로 주민에게 직접 제공되어야 하는 식량 원조의 특성상 식량 지원이 북한의 주체원리와 부합하는지 또는 모순되는지의 여부가 북한 정부의 입장에서는 더욱 민감한 문제로 여겨질 수밖에 없다. 본 논문은 북한에 대한 식량 지원을 네 가지 유형—자존, 조공, 구걸, 굴욕—으로 분류한 후 주체사상과 조화 또는 모순될 수 있는 각각의 유형이 어떻게 존재해 왔고 또 북한 당국에 의해 어떻게 합리화되고 있는지 분석하여 주체사상이 정책에 미치는 영향력과 정책에 대한 적용에 있어서의 탄력성을 검증할 것이다. 이를 통해 본 논문은 주체사상에 기반한 북한의 주권개념은 이것과 모순될 수 있는 다양한 대외정책과 양립할 수 있을 정도로 탄력적이지만, 이러한 탄력성은 정보에 대한 통제와 현실에 대한 왜곡을 통해 확보되며, '이념에 의한 현실의 합리화'가 아니라 왜곡된 '현실에 의한 이념의 합리화'가 주체에 기반한 주권개념이 지배하는 북한에서 나타나고 있음을 주장한다.

II. 이념과 외교정책

1. 이념의 정책 구속력

이념(ideology) 또는 아이디어(idea)는 "여러 사람들에 의해 받아들여지고 공유되는 것으로서 일반적인 도덕적 원칙에서 과학적 지식의 특수한 적용에 대한 합의까지 그 범위에 해당"되는 것으로 정의된다."[1] 이념과 아이디어는 옳은 것을 그른 것으로부터 구분하는 세계관과 원칙들, 그리고 원인과 효과 사이에 존재하는 관계에 대한 믿음을 포함하고 있다. 이렇게 규정되는 이념과 아이디어가 국제정치 영역에서 의미를 갖는 이유는 그것이 국가의 외교정책과 관련을 맺기 때문이다. 어떠한 특정한 아이디어가 정책 결정자들에 의해 받아들여지느냐의 여부는 국가의 정책 선호와 이익에 대한 규정에 있어서 변화와 다양성을 야기한다. 예컨대 정책 결정자가 프랑스 혁명 이념을 받아들인다면 자유와 평등이 구 엘리트 계층의 특권보다 더 높은 우선순위를 차지하게 될 것이며, 정책 아이디어로서의 공산주의는 특정한 국가들의 민족적 이익보다 프롤레타리아트 계급의 이익이 보다 높은 우선순위에 놓이도록 만들 것이다.[2]

....

1   Judith Goldstein and Robert O. Keohane, "Ideas and Foreign Policy: An Analytical Framework," in Judith Goldstein and Robert O. Keohane (eds.), *Ideas and Foreign Policy: Beliefs, Institutions, and Political Change* (Ithaca: Cornell University Press, 1993), p. 7.

2   David Armstrong, *Revolution and World Order: The Revolutionary State in International*

그러나 이념과 아이디어가 외교정책 또는 국제관계에서 수행하는 역할은 그동안 국제정치학의 영역에서 충분한 관심을 받아 오지 못했다. 이는 오랫동안 국제정치학의 주요 패러다임으로 군림해 왔던 현실주의 국제정치 이론이 지닌 독특한 관점과 무관하지 않다. 정치권력과 물질적 이익을 외교정책 선택의 주요 결정인자로 간주하는 현실주의자들에게 아이디어가 행사하는 역할은 부차적이고 미미한 것으로 여겨진다. 아이디어는 기껏해야 정책 결정자들의 정책 선택을 합리화시켜주는 수사(rhetoric)에 불과하며, 다른 정책 선호를 가지고 있는 정치적 행위자들이나 선택된 정책을 집행하기 위해 동원되어야 하는 대중들을 설득하기 위한 도구일 따름이다. 즉, 아이디어로부터 정책이 나오는 것이 아니라 이와 반대로 정책 결정자들에 의해 자신들의 정책 목표를 잘 선전하고 합리화시켜줄 아이디어가 선택된다.[3]

자유주의는 현실주의의 여러 가정들을 받아들이는 신자유주의로 전환되면서 물질주의(materialist)와 합리주의(rationalist) 접근법을 취하게 되었고, 이로 인해 이념이 정책에 행사하는 영향에 대해 현실주의와 비슷한 관점을 보이게 된다. 현실주의가 무정부적인 국제체제의 구조에 의해 국민국가라는 국제정치의 주요 행위자들에게 선험적으로 주어진 권력과 물질적 이익의 추구라는 '전가된 선호(imputed preference)'를 가정하였다면,[4] 신자유주의는 제도적 환경(institutional settings)이라는 구조적 조건 속에서 발현되는 행위자들의 유인동기(incentive), 즉 국제정치 행위자들에게 부여되는 '유인된 선호(induced preference)'를 가정하였다.[5] 문제는 신자유주의자

....

   Society (Oxford: Clarendon Press, 1993).

3   Susan Sell and Aseem Prakash, "Using Ideas Strategically: The Contest between Business and NGO Networks in Intellectual Property Rights," *International Studies Quarterly* 48 (2004).

4   Joseph M. Grieco, "Anarchy and the Limits of Cooperation: A Realist Critique of the Newest Liberal Institutionalism," *International Organization* 42-3 (1988), pp. 498-9.

5   Andrew Moravcsik, "Taking Preferences Seriously: A Liberal Theory of International Politics," *International Organization* 51-4 (1997), pp. 513-20.

들이 어떠한 제도적 환경이 행위자들의 행동을 제약 및 규율할 만큼 구체화되었는가를 중시한 반면, 이러한 제도적 환경이 어떠한 아이디어와 이념 및 규범에 기반하여 생성되고 공고화되었는지 그 구성의 과정에 대해서는 충분한 관심을 기울이지 않았다는 점이다. 현실주의가 행위자들에게 내재화되어 있는 물질적이고 고정된 선호를 가정했다면, 신자유주의자들은 물질적, 전략적 선호를 가져오는 고정된 제도적 환경 또는 구조를 가정했고, 이로 인해 행위자들이 지니고 있는 아이디어와 이념이라는 비물질적인 요소가 새로운 제도적 환경을 구성함으로써 다시 행위자들의 선호와 정책에 미치는 재구성의 과정과 비물질적 요소가 행사하는 역할은 관심의 영역에서 밀려났다고 할 수 있다.

아이디어와 이념이 외교정책에서 수행하는 역할은 행위자들 사이에서 발생하는 사회적 과정이 이들의 이익과 선호의 형성에 미치는 영향에 대해 주목한 구성주의 국제정치 이론의 주요 관심 영역이 되어 왔다.[6] 현실주의와 자유주의가 '전가된 선호'와 '유인된 선호'를 가정해 왔던 반면, 구성주의는 사회적인 합의에 의해 선호가 형성되는 '구성된 선호(constructed preference)'가 만들어지는 과정에 대해 관심을 기울여 왔다.[7] 구성주의자들은 아이디어를 중시하는데 이는 행위자들이 지니고 있는 '인과성에 대한 지식(knowledge of causation)'이 본질적으로 불완전하기 때문이다. 행위자들은 자신들의 행동을 결정해야 할 세상에서 나타나는 원인과 그것이 발휘하는 효과 사이의 관계에 대한 객관적인 지식을 충분히 가지고 있지 못하다. 인과관계에 대한 객관적인 지식이 부재하는 이러한 불확실성의 조건은 정

....

6   Peter J. Katzenstein, *Cultural Norms and National Security: Police and Military in Postwar Japan* (Ithaca: Cornell University Press, 1996); Elizabeth Kier, "Culture and French Military Doctrine Before World War II," in Peter J. Katzenstein (ed.), *The Culture of National Security: Norms and Identity in World Politics* (New York: Columbia University Press, 1996).

7   Rawi Abdelal, *National Purpose in the World Economy: Post-Soviet States in Comparative Perspective* (Ithaca: Cornell University Press, 2001), pp. 37-8.

치적 행위자들로 하여금 타당한(relevant) 인과관계를 규명하고 적절한(appropriate) 정책을 결정하기 위해 아이디어와 이념에 의존하도록 만든다.[8]

2. 주체사상의 정책 구속력

북한의 주체사상이 어떠한 특정한 외교정책이 선택 및 집행되도록 만드는 원인인지, 아니면 이미 선택된 정책을 합리화하는 수단으로 활용되는지, 그리고 이것이 북한의 외교정책에 대한 지침을 제공하거나 이를 합리화하는 데 있어 얼마만큼의 경직성 또는 탄력성을 지니고 있는지는 북한정치를 다루는 학자들 사이에서 그동안 논쟁의 대상이었다.

서대숙은 주체사상이 매우 모호한 원칙들의 조합으로 구성되어 있어 거의 모든 정책이 주체사상과 양립할 수 있다고 주장한다.[9] 오공단과 해식(Kongdan Oh & Ralph C. Hassig) 역시 주체사상이 다루는 영역이 광범위하다는 점과 이를 해석할 수 있는 사람이 지도자 한 사람밖에 없다는 특성으로 인해 주체사상은 다양한 상황에 맞추기 위해 자유자재로 늘려질 수 있다고 주장한다.[10]

반면, 변대호는 주체사상이 외교정책상의 독립성을 북한이 취해야 할 정책 목표로 엄격하게 규정 및 제안하고 있기에 북한 정부의 활동반경(운신의 폭)을 제약하고 있다고 주장한다. 그에 따르면 주체사상은 너무나 경직되어 있어 이에 기반을 둔 북한의 국제적인 활동들이 많은 경우 비합리적인 것으로 보이도록 만든다. 그는 북한이 자신의 정책이념으로 주체사상을 버

....

8   Keith A. Darden, *Economic Liberalism and its Rivals: The Formation of International Institutions among the Post-Soviet States* (Cambridge: Cambridge University Press, 2009), pp. 9-10.

9   Dae-Sook Suh, *Kim Il Sung: The North Korean Leader* (New York: Columbia University Press, 1988).

10 Kongdan Oh and Ralph C. Hassig, *North Korea: Through the Looking Glass* (Washington, D.C.: Brookings Institute Press, 2000), p. 175.

리지 않는 이상 북한은 미국이나 남한(한국)으로부터의 해외 원조와 같이 자신의 독립성과 상충되는 어떠한 대외정책도 받아들이기 어렵다고 주장한다.[11]

허인혜 역시 북한에서 정치적 권위를 뒷받침하고 있는 주체사상에 대한 강조로 인해 경제개방의 확대와 심화를 위한 대외경제정책을 선택하고 추진하지 못하게 되는 제약이 초래되었다고 주장한다. 즉, 자주성, 창조성, 의식성이라는 주체사상의 핵심적 지도원칙과 자력갱생, 자립경제 등 북한의 경제운영 방식의 특정한 경향들 사이에 긴밀한 연관성이 있으며, 경제개방처럼 주체사상과 양립하기 어려운 대외정책은 대내적으로 정치적 권위를 뒷받침하는 주체사상의 중요성으로 인해 채택될 수 없다고 주장한다.[12]

그러나 주체사상을 특정한 대외정책을 야기하고 그것과 모순 및 상충되는 다른 정책의 선택을 불가능하게 만드는 경직된 외교정책의 지침이자 원리로 바라보는 이러한 관점은 주체사상과 모순 및 상충될 수 있는 식량 원조의 수용을 비롯하여 북한이 그동안 취해온 다양한 외교정책을 설명하는 데 한계가 있다. 또한, 강대국 속에서 살아남기 위한 생존전략으로 국가지도자에 의해 만들어지고 사상에 대한 해석의 권한 역시 국가지도자에게 주어진 '도그마/프로파간다(dogma/propaganda)'로서의 북한의 주체사상이 지닐 수 있는 탄력성을 간과하고 있다.

본문의 다음 절에서 구체적으로 논의될 바와 같이 서구의 웨스트팔리아 주권개념은 지역 차원에 존재하는 복수의 국가들에 의한 협약(조약)을 통해 국제관계를 규율하는 원칙으로서의 지위를 부여받았고 이후 국제사회의 규범으로 발전되면서 국제체제 수준의 구속력을 강화시켜 왔다. 반면 단일 약소국의 생존전략으로 소수의 국가지도자에 의해 만들어진 주체사상에 기반

....

11 Dae-Ho Byun, *North Korea's Foreign policy: The Juche Ideology and the Challenge of Gorbachev's New Thinking* (Seoul: Research Center for Peace and Unification of Korea, 1991), p. 2.

12 허인혜, "북한 경제개방의 사상적 딜레마," 『한국정치학회보』 제45집 (1)호 (2011), p. 211.

을 둔 북한의 주권개념은 국내적 차원의 일방적인 '도그마/프로파간다'로 출발하였으며, 이로 인해 국내 및 국제체제 수준에서 가해지는 규범적 구속력으로부터 비교적 자유롭다. 따라서 북한의 주권개념은 서구에서 출발한 근대적 주권개념에 비해 대내외적인 동의구조(consensus structure)의 측면에서 높은 수준의 탄력성을 누린다고 할 수 있다.

이하 본 논문의 사례연구는 주체사상이 스스로 담고 있는 엄격하고 경직된 원칙으로 인해 대외정책에 있어서 북한 정부가 누릴 수 있는 운신의 폭을 실제로 제한하고 있는지, 아니면 주체사상이 자주적이고, 자립적이며, 독립적인 외교정책과 충돌하는 것이라 여겨질 수도 있는 다양한 대외정책들과도 공존할 정도로 충분히 탄력적인 것인지를 외부 세력들, 특히 남한, 미국, 일본 등 북한이 적성 국가로 분류하는 국가들로부터 제공되는 식량 지원에 대해 북한이 보여준 수용과 거부의 사례들을 통해 검증할 것이다.

III. 북한의 주권개념과 주체사상

1. 웨스트팔리아 주권개념

유럽은 중세 말에 주권에 대한 관념이 도입되면서 정치적 조직화에 있어 큰 변화를 맞이하게 된다. 교황, 황제, 왕, 봉신, 주교, 기사 등 복수의 권위체들 사이에 교차(crosscutting)되고 산개(dispersed)된 형태로 관할권이 존재하던 중세적 정치구조를 대신하여 새로 등장한 주권개념은 정치적인 권위(political authority)를 영토적 배타성(territorial exclusivity)의 원칙에 기반하도록 함으로써 유럽 세계 내의 국제체제의 구조를 변화시켰다.[13] 주

....

13　Hendrik Spruyt, *The Sovereign State and Its Competitors* (Princeton: Princeton University Press, 1994), p. 3.

권은 "주어진 영토 내에서의 배타적인 권위가 다른 국가들에 의해 인정받음 (the recognition by other states of the right to exclusive authority within a given territory)"을 의미한다. 즉, 최종적이고 절대적인 권위가 영토적 배타성을 지닌 국가라는 정치 공동체에 존재하고, 그곳 바깥에는 정치 공동체 내부의 일에 간섭할 어떠한 최종적이고 절대적인 권위가 존재하지 않는다는 생각이 근대적인 주권개념의 핵심적인 내용이다.[14]

30년전쟁을 종결시킨 1648년 웨스트팔리아 평화(the Peace of Westphalia)는 오늘날 (처음에는 유럽, 그 다음에는 전세계적인 차원에서) 보편적으로 받아들여지는 주권국가의 주요 원칙에 대한 합의가 형성되도록 만들었다는 측면에서 근대적인 국제체제 형성에 있어서 중요한 전환점이었다. 30년전쟁은 합스부르크 왕조의 구성원이었던 신성로마제국 황제와 스페인 왕이라는 보편주의적 행위자들(universalist actors)과 덴마크, 네덜란드(Dutch Republic), 프랑스, 스웨덴이라는 특수주의적 행위자들(particularist actors) 사이의 전쟁이었다. 전자는 로마 교회에 충성하며 기독교 세계 전체를 통제할 자신들과 교황의 권리를 주장했던 반면, 후자는 제국적 지배(overlordship)와 교황의 권위를 거부하며 모든 국가들의 완전한 독립(주권)을 옹호하였다.[15]

5년간의 협상 끝에 30년전쟁을 종결시킨 1648년의 뮌스터 조약(the Treaty of Münster)과 오스나브뤽 조약(the Treaty of Osnabrück)은 신성로마제국의 헤게모니 야심을 제약하고 새로운 주권 통치자들에게 배타적인 영토적 지배권을 부여하였다. 주권국가들은 자신들의 영토 내에서 폭력 수단에 대한 독점이 가능케 되고, 전쟁과 외교와 같은 대외정책 수단에 대한 통제 능력을 인정받게 되었다. 웨스트팔리아 평화를 구성하는 두 개의 조약

....

14 Derek Croxton, "The Peace of Westphalia of 1648 and the Origins of Sovereignty," *The International History Review* 21-3 (1999), p. 570.

15 Andreas Osiander, "Sovereignty, International Relations, and the Westphalian Myth," *International Organization* 55-2 (2001), p. 252.

들을 통해 유럽 세계 내에서 국가 주권의 대외적 동등성과 국가 내부 문제에 대한 불간섭(특히, 타국의 종교문제에 대한 관용)이 공식적인 국제체제의 원칙으로 받아들여지게 되었다. 이후 서구 국가들은 모든 국가들이 대외적으로 동등하며, 대내적으로는 자국의 영토 내에서 최고의 권위를 누리며, 어떠한 외부 세력도 다른 국가의 영토 내에서 벌어지는 사안에 대해 간섭할 수 없다는 불간섭주의를 주장하고 이를 받아들여 왔다.[16]

웨스트팔리아 평화를 통해 나타난 웨스트팔리아 모델(the Westphalian model)—주권국가들로 구성된 국제사회 또는 체제—은 국제체제를 창출하고 이를 강요하며 이 체제의 구성원들을 규율하고자 하는 국가들의 집단적인 노력이었다.[17] 평화협상에는 신성로마제국(Holy Roman Empire), 스페인, 프랑스, 스웨덴, 네덜란드(Dutch Republic), 여러 자유도시들(free cities) 등 유럽의 강대국과 약소국을 아우르는 다양한 국가들이 참여하였다. 특히 작은 국가들은 자신들보다 큰 국가들과의 관계 또는 그들 사이의 관계에서 자신들의 위상을 증대시켜 국가들 사이의 평등성에 대한 요구를 표명하였다.[18]

물론 생각(idea)과 실행(practice)으로서의 주권이 시기적으로 이보다 먼저 또는 늦게 나타났을 수 있고, 주권의 측면에서 웨스트팔리아 평화가 갖는 의미가 주권개념에 대한 집착이 강하게 나타나던 19세기-20세기에 뒤늦게 부여된 하나의 신화에 불과할 수도 있다.[19] 그러나 웨스트팔리아 평화

....

16 Leo Gross, "The Peace of Westphalia, 1648-1948," *American Journal of International Law* 42-1 (1948); James Caporaso, "Changes in the Westphalian Order: Territory, Public Authority, and Sovereignty," *International Studies Association* 2-2 (2000).

17 Peter M.R. Stirk, "The Westphalian Model and Sovereign Equality," *Review of International Studies* 38-3 (2012), p. 642.

18 예컨대 조약 체결 협상에 참여한 프랑스 대표는 작은 국가들이 그들이 프랑스에 대해 부여하는 명예(honor)와 동등한 것을 프랑스가 자신들에게 제공할 것을 요구하는 것에 대해 분개하였다. 네덜란드(Dutch)는 프랑스가 그들과 베네치아 대표들 사이에 어떠한 차이를 두려고 하면 프랑스 대표를 보려고 하지 않았다. 사보이(Savoy)의 사절은 프랑스가 네덜란드를 대하는 식으로 자신을 대하지 않으면 역시 만나려고 하지 않았다. Stirk (2012), p. 644.

를 통해 주권의 원칙에 대한 공식적인 표명이 이루어진 사실은 부정될 수 없다. 이후 유럽에서 주권국가의 존재는 어떠한 개별적인 통치자들의 행동이 아니라 이러한 행동들이 전체 국제체제에 적용될 때 야기되는 결과인 체제 차원의 효과(systemic effect)를 발휘하게 된다. 즉, 주권은 유럽 세계의 정치인들에 의해 점차적으로 인정되고 궁극적으로는 현실로서 여겨지게 된 역사적인 사실로 출현하였다.[20] 그리고 웨스트팔리아 평화를 계기로 국제헌법(international constitution)이라 불릴 수 있는 것이 최초로 등장하였다. 이는 근대적인 국제법 발전의 출발점이자 협조적 행동에 의한 공통된 규율이 의도적으로 제정된 최초의 사례이다.[21] 국제법은 서로의 주권에 대한 존중(정치적 관용, political tolerance)으로부터 출현하였고, 이러한 웨스트팔리아 원칙과 제도들은 근대 초기 유럽을 국가들의 사회(a society of states)로 전환시키는 동력이었다.[22]

고도로 형식화된 외교, 주권의 동등성에 대한 상호인정을 특징으로 하는 유럽의 국제사회는 웨스트팔리아 평화조약이 맺어진 1648년을 기점으로 만개하게 된다.[23] 이렇게 해서 만들어진 유럽의 국제사회와 그 사회를 구성하는 주권국가라는 지배적인 단위 형태는 유럽의 힘을 바탕으로 세계의 다른 지역에 자신의 형태를 강요하며 자신의 이미지를 닮은 세계적 차원의 국제체제를 재창출하였다.[24] 정치적, 종교적 관용에 기반한 공유된 이념과 제도로서의 웨스트팔리아 국제사회가 일단 유럽 내에서 공고화된 이후 유럽은 식민지 지배를 통해 이러한 틀을 전 세계로 확산시켰다.[25]

....

19 Osiander (2001), p. 251.
20 Croxton (1999), pp. 570-1.
21 Gross (1948), pp. 20-6.
22 Turan Kayaoglu, "Westphalian Eurocentrism in International Relations Theory," *International Studies Review* 12-2 (2010), p. 194.
23 Barry Buzan and Richard Little, *International Systems in World History: Remaking the Study of International Relations* (Oxford: Oxford University Press, 2000), p. 337.
24 Buzan and Little (2000), pp. 402-3.

2. 북한 주권개념의 보편성과 특수성

1) 주체와 주권개념

북한은 주체사상이라는 특수하고 명확한 형태의 대내외 정책이념을 수립해 왔고, 북한의 주권개념은 주체사상의 핵심적인 원리와 요소들에 바탕을 두고 있다. 주체사상은 정치적 활동에서의 자주(自主), 경제적 분야에서의 자립(自立), 그리고 군사적 사안에서의 자위(自衛)를 주된 내용으로 하는 단일한 이념적 체계이자 북한의 국내정책과 대외정책의 중심적인 지침(guideline)이다.[26] 북한의 거의 모든 국내 및 대외정책들은 주체사상의 맥락 속에서 설명되고 선전된다.[27]

주체사상은 독립(independence)과 주권(sovereignty)을 외교정책의 핵심적인 목표로 천명하고 있다. 오늘날 대부분의 국가들이 근대적인 주권개념을 외교정책의 원리로서 수용하고 있으며 민족주의와 같이 국제사회에서의 동등한 주권개념에 대한 어느 정도의 이념들을 가지고 있지만, 이것이 지배적인 통치이념으로 존재하는 나라는 북한이 거의 유일하다.[28]

국제관계에 있어서 평등과 자주성의 원칙은 김일성에 의해 북한의 로동당이 고수하고 관철해나가야 하는 대외정책의 지침으로 교시되었다. 김일성은 "국제관계에서 그 어떤 특권과 전횡도 허용하지 말아야 하며 호상 존중과 내정불간섭, 평등과 호혜의 원칙에서 나라들사이의 친선과 협조를 적극 발전시켜나가야 합니다"라고 주장하였으며, 이에 따라 "지배와 예속의 낡은 국제질서를 끝장내고 새로운 공정한 국제질서를 수립"하기 위해 "모

....

25   Kayaoglu (2010), p. 194.

26   Dae-Sook Suh (1988), p. 302.

27   Cheehyung Kim, "Total, Thus Broken: Chuch'e Sasang and North Korea's Terrain of Subjectivity," *The Journal of Korean Studies* 17-1 (2012), p. 72.

28   Kyung-Ae Park, "North Korea's Defensive Power and U.S.-North Korea Relations," *Pacific Affairs* 73-4 (2000), pp. 544-6.

든 나라와 민족들이 국제관계에서 평등과 자주성의 원칙"을 견지하고 "모든 나라들이 똑같은 자유와 동등한 자격과 권리를 가지고 국제문제해결에 참가할 것을 요구"하는 것이 북한이 추구하는 기본행동준칙이며 대외활동의 근본지침으로 받아들여지고 있다.[29]

국가들 간의 상호존중, 평등, 내정불간섭에 대한 북한의 이러한 주장은 대내적 최고위성, 대외적 평등성, 불간섭주의를 특징으로 하는 웨스트팔리아 주권개념과 표면상 매우 유사하다. "세계에는 큰 나라와 작은 나라, 발전된 나라와 덜 발전된 나라는 있어도 높고 낮은 나라, 지시하는 나라와 지시받는 나라가 있을수 없다. 큰 나라, 발전된 나라라고 하여 국제관계에서 우위적지위를 차지하고 작고 덜 발전한 나라들에 대하여 이래라저래라 훈시하며 일방적인 요구를 강요할 특권을 가질수 없다"라는 『로동신문』에 나타나는 주장은 북한이 서구의 웨스트팔리아 주권개념과는 질적으로 상이한 새로운 형태와 내용의 주권을 추구한다기보다는 북한 스스로에게 아직 미완에 머물고 있는 웨스트팔리아 주권개념을 현실의 국제정치 속에서 완성하는 것을 목표로 하고 있다는 인상을 준다.[30]

그러나 북한의 주권개념이 서구적 형태의 웨스트팔리아 주권개념과 다른 점은 불완전하고 미완성 상태의 주권이 국내적, 국제적으로 완성되고 실현되기 위해 취해져야 할 방법과 전략의 측면에서 드러난다. 주권의 완성은 국제사회의 평등성을 저해하고 있는 세력들에 대한 국제체제 수준에서의 제거와 아직 평등한 주권을 달성하지 못한 북한이 내부적 역량을 강화하여 주체성을 회복하는 것이 동시에 완수될 때만이 가능하다. 국제체제 차원에서 주권이 완성되기 위해서는 지배와 예속, 간섭과 압력을 행사하려는 제국주의 세력에 대항하여 "자주성을 옹호하는 모든 인민들이 단결하여 투쟁"하여야 한다.[31] 김정일은 "온 세계를 자주화하기 위한 투쟁에서 주체는

....

29 "국제관계에서 평등과 자주성의 원칙을 견지하자," 『로동신문』 (1995년 5월 19일).

30 『로동신문』 (1995년 5월 19일).

모든 반제자주력량이다. 제국주의자들의 지배와 예속, 간섭과 압력을 끝장 내고 자주성에 기초한 공정한 국제질서를 세우며 침략과 전쟁을 없애고 세계의 평화와 안전을 보장하기 위하여서는 모든 반제자주력량이 단결하여야 한다"고 교시하여 주체가 제국주의에 반대하는 모든 자주적 역량임을 밝히고 있다.[32]

한편 국내적 수준에 있어서 주권 완성을 위해 주체사상이 제시하는 전략과 정책은 북한 주권개념의 독특성을 더욱 극명하게 드러낸다. "자주성을 견지하는 것은 자주독립국가로서의 존엄을 지키고 민족의 영예를 떨치기 위한 필수적요구"인데 이를 위해서는 국가활동에 있어서 "모든 로선과 정책을 자기 인민의 요구와 자기 나라의 실정에 맞게 독자적으로 세우고 자체의 힘으로 관철"시킬 필요가 있다. 이는 특히 경제정책에 있어서 자력갱생으로 구현되어야 하는데, "나라와 민족의 륭성번영을 이룩해나가자면 자기 인민의 지향과 요구를 옳게 반영하여 로선과 정책을 자주적으로 규정할뿐 아니라 모든 문제를 자신이 책임지고 자력갱생의 원칙에서 자체의 힘으로 해결해나가야 한다. 자력갱생, 이것은 자기 나라 건설은 자기 인민의 로동과 자기 나라의 부원으로 진행하려는 자주적립장"임이 주장되고 있다.[33] 즉, 국제체제 수준에 있어서 평등한 주권실현을 위해 제국주의 세력에 대한 반제국주의 세력들의 결집과 단합이 요구됨과 동시에 국내적으로는 자력갱생에 기반한 경제적 자립이 이루어져야 함이 주장되고 있다. 반제국주의 세력을 국제적으로 규합하고 개별 국가들의 독립성을 위해 필요한 내부적 역량 강화를 위한 원칙과 전략을 제공하는 북한의 주체사상은 '단합'과 '고립'이라는 상반된 정책지향을 동시에 담고 있는 모순을 드러내고 있다.

....

31　"세계의 자주화를 더욱 힘있게 다그쳐 나가자,"『로동신문』(1995년 5월 4일).
32　"반제자주력량은 단결하여 세계의 자주화를 실현하자,"『로동신문』(1995년 5월 16일).
33　"자주성은 나라와 민족의 생명,"『로동신문』(1995년 6월 10일).

2) 주권개념 형성의 특수성

주체사상은 1955년 12월 28일 개최된 당 선전선동원대회에서 김일성이 행한 "사상사업에서 교조주의와 형식주의를 퇴치하고 주체를 확립할 데 대하여"라는 연설에서 처음으로 대중들에게 공개적으로 언급되었다.[34] 그러나 그로부터 불과 4개월 후인 1956년 4월에 열린 제3차 북한로동당대회에서는 김일성이 이 회의에 제출한 보고에서 주체사상에 대한 어떠한 언급도 없었다.[35] 이 시기 주체사상은 외교정책의 이념으로서의 모호성과 취약성을 지니고 있었는데, 중국과 소련의 강한 정치적, 군사적 영향력하에서 북한 정부는 주체사상을 외교정책, 군사, 그리고 경제 영역에 있어서 근본적인 외교정책의 원칙으로 쉽사리 공표하기 어려웠다. 1960년대 중반 이전까지는 주체가 조선로동당 또는 북한 정부의 공식적인 이념적 토대(ideological platform)로 언급된 적이 없다. 1961년의 제4차 북한로동당대회는 여전히 "맑스-레닌주의와 과학적 지식이 혁명의 강력한 무기"라고 주장하였다.[36]

주체사상이 북한의 공식적인 외교이념으로 수립된 것은 1960년대 중-소 분쟁 동안이다.[37] 1966년 8월 12일 북한 로동당의 공식 기관지『로동신문』은 "독립을 수호하자"라는 사설을 게재하였는데, 북한이 더 이상 중국이나 소련의 판단에 의존하지 않는다는 것을 보여주기 위해 "강대국 쇼비니즘"을 거부할 것이고, 완전한 평등성, 주권, 다른 나라의 내부 문제에 대한 불간섭, 그리고 상호존중에 기반한 독립적인 정책을 적용시킬 것이란 점이 사설에서 언급되었다. 1967년 12월 16일 최고인민회의 연설에서 김일성

....

34   허인혜 (2011), p. 207.

35   Ingeborg Gothel, "Juche and the Issue of National Identity in the DPRK of the 1960s," in Han S. Park (ed.), *North Korea: Ideology, Politics, Economy* (New Jersey: Prentice-Hall, Inc., 1996), p. 21, 23.

36   Vasily Mikheev, "Politics and Ideology in the Post Cold War Era," in Han S. Park (ed.), *North Korea: Ideology, Politics, Economy* (New Jersey: Prentice-Hall, Inc., 1996), p. 89.

37   Bruce Cumings, "Corporatism in North Korea," *The Journal of Korean Studies* 4 (1982), pp. 288-9.

은 자주, 자립, 그리고 자위라는 세 가지 혁명적 정신을 공표하였다.[38] 이 연설은 주체사상이 단순한 이념이 아니라 국가의 정책 결정에 있어서 중요한 기반이 되었다는 점에서 중요한 의미를 지닌다. 즉, 이 시기부터 북한에서는 주체사상과 국가정책 사이의 결합 양상이 나타나게 되고, 주체사상은 추상적이고 형이상학적인 것을 벗어나 보다 정교화되고 북한의 발전 경로를 제시할 로드맵(roadmap)으로 주장되기 시작한다.[39]

이후 주체사상은 북한의 공식적인 국가 이념으로 승격되어간다. 1970년 11월 제5차 북한로동당대회 동안 주체사상은 맑스-레닌주의와 함께 지도적 이념으로 선전되었고, 이때 개정된 당 규약은 맑스-레닌주의와 함께 주체사상을 당의 공식적인 지배이데올로기로 규정하였다. 1972년 12월에 개정된 사회주의 헌법은 주체사상을 자기활동의 지도적 지침으로 삼을 것을 규정하였다. 1980년대에 이르러 주체사상은 마침내 맑스-레닌주의를 대체하여 북한의 유일한 이념으로서의 지위를 차지하게 된다. 북한의 로동당 헌장(institution)은 주체를 유일한 이념으로 인정하였고 전후 소련의 지배 하에서 교조주의적으로 적용되던 맑스-레닌주의를 대체하여 주체사상이 지배이념이 되었다.[40]

서구의 웨스트팔리아 주권개념이 지역 차원의 평화와 공존을 위해 강대국과 약소국을 아우르는 다양한 행위자들에 의해 합의되고 수용된 원칙에 기반하고 있다면, 주체사상에 기반한 북한의 주권개념은 강대국을 상대해야 할 약소국의 생존전략으로서 만들어졌다. 북한 주체사상의 형성은 주변 강국들로부터의 반복되는 침략과 예속의 기간들에 대한 기억이라는 한반도

....

38 Byun (1991), p. 70.

39 Han S. Park, "North Korean Perceptions of Self and Others: Implications for Policy Choices," *Pacific Affairs* 73-4 (2000), p. 506.

40 김태운, "주체사상의 기능이 북한의 대외정책에 미친 영향," 『지역개발연구』 제2호 (1997), pp. 148-9; Young Chul Chung, "The Suryŏng System as the Institution of Collectivist Development," *The Journal of Korean Studies* 12-1 (2007), p. 62.

국가의 특수한 역사적 배경과 깊이 결부되어 있다. 일본으로부터의 해방 이후 정치적 독립을 위한 북한의 투쟁은 주적(main enemy)인 미국뿐만 아니라 후원자(patron)이자 동맹인 중국과 소련이라는 두 개의 거대한 공산주의 국가들로부터의 정치적 자율성을 유지하면서 (북한이 자신들의 영토의 일부라고 간주하는) 한반도의 남쪽 절반(즉, 남한)을 해방시키는 것을 추구하는 맥락 속에서 전개되어 왔다.[41]

자주, 자립, 자위의 원칙에 바탕을 둔 주체사상은 초기부터 북한식 사회주의의 생존전략으로 형성되었다.[42] 북한은 제2차 세계대전 이후 가장 먼저 소련으로부터 거리를 둔 국가들 중의 하나였는데 이는 1955년부터 김일성이 주체에 대한 진술(enunciation)을 시작하면서부터 나타났다.[43] 북한 정부는 1950년대 중후반부터 자신의 문제에 대한 소련의 간섭을 "근대 수정주의(modern revisionism)"로 규정하고 이에 반대하였다. 이는 북한이 자신의 방식으로 나아간다는 주체원리를 수립하는 계기가 되었고, 북한은 다른 동유럽 사회주의 국가들과는 권력 승계전략, 지도력 행사 방식 등에서 상이한 자신만의 독특한 체제를 발전시켰다.[44] 전후, 특히 중-소 분쟁 당시 김일성이 직면한 전술적 문제는 어떻게 하면 소련과 중국으로부터 받아야 할 원조의 필요성과 이들 국가들로부터의 정치적 독립성의 유지라는 양립하기 어려운 목표를 조율할 것인가였다. 강력한 공산주의 이웃 국가들 중 어느 한쪽에 종속되는 것을 피하기 위한 바램에서 김일성은 외국의 영향으로부터 독립성을 이룩하기 위해 주체의 원칙을 대외관계에 적용하였다.[45] 중-소 분쟁 당시 북한은 정치적, 경제적, 군사적 분야에 있어서의 자주, 자립, 자위를

....

41   Oh and Hassig (2000), p. 148.

42   허인혜 (2011), p. 212.

43   Cumings (1982), p. 273.

44   Gwang-Oon Kim, "The Making of the North Korean State," *The Journal of Korean Studies* 12-1 (2007), p. 22.

45   Oh and Hassig (2000), p. 158.

표방하는 주체사상이 중국과 소련으로부터의 경제적, 군사적, 외교적 원조와 지원의 중단이라는 물질적인 불리함을 야기할 수 있음에도 불구하고, 강대국 간의 갈등 속에서 자신의 생존이라는 보다 위급하고 현실적인 목표를 위해 주체사상을 정책이념으로 표방하였다.

즉, 주체사상은 국가의 독립과 존립에 대한 리더쉽의 위기감을 반영한 약소국의 생존전략으로서 개발되었다. 그리고 이러한 사상을 개발한 것도, 구체적인 국가정책과 관련하여 이 사상을 해석할 수 있는 권한을 지닌 것도 북한의 최고 지도자였다. 김일성은 주체사상을 해석할 수 있는 궁극적인 권위를 보유하였으며, 공산주의 혁명의 달성을 위해 당의 지도적인 역할을 강조하는 맑스-레닌주의 원칙과는 상반되게 주체에 대한 해석의 권위를 당에 위임하지 않았다.[46] 김일성을 계승한 김정일의 정당성 역시 "주체사상의 실행자(the executor of the Juche idea)"라는 그의 이념적 지위에 기반을 두고 있었다.[47]

이는 비록 북한의 주권개념이 대내적 최고위성과 대외적 평등성, 그리고 불간섭주의를 핵심적인 특징으로 하는 서구의 웨스트팔리아 주권개념과 표면상 상당한 유사점을 지니고 있음에도 불구하고, 주체사상에 기반을 둔 북한의 주권개념이 그것이 개발된 역사적 상황, 발명 주체, 그리고 국내외적인 공유성의 측면에서 상당한 차이가 있음을 말해주고 있다. 〈표 1〉은 웨스트팔리아 주권개념과 주체사상에 기반한 북한의 주권개념에 대한 비교를 요약하여 보여주고 있다. 30년전쟁이라는 역사적 배경 속에서 유럽이라는 지역 차원의 평화와 공존을 위해 약소국과 강대국을 포함한 복수의 국가들에 의해 만들어지고 합의된 것이 유럽의 웨스트팔리아 주권개념이라면, 북한의 주권개념은 중-소 분쟁이라는 역사적 상황 속에서 강대국을 상대해야

....

46   Patrick McEachern, *Inside the Red Box: North Korea's Post-Totalitarian Politics* (New York: Columbia University Press, 2010), p. 60.
47   Park (2000), p. 549.

하는 약소국의 국가지도자에 의해 하나의 생존전략으로 만들어졌다. 웨스트팔리아 주권개념이 유럽에서 하나의 "문명표준(standard of civilization)"으로 발전된 후 서구 세력의 확대와 함께 세계적 차원으로 전파되어 오늘날 국제체제의 핵심원리로 자리잡은 반면, 북한의 주권개념은 단일국가의 리더에 의한 도그마(dogma) 또는 프로파간다(propaganda)로 시작하여 국가의 통치질서와 대내외 정책의 근간을 이루는 민족이념(national ideology)으로서의 지위를 지향해 왔다.

표 1 웨스트팔리아 주권개념과 북한 주권개념의 비교

	웨스트팔리아 주권개념	북한 주권개념
역사적 상황	• 30년전쟁 −지역 차원의 평화 · 공존을 위한 합의	• 중−소 분쟁 −강대국을 상대하는 약소국 생존전략
발명 주체	• 지역 차원의 복수의 국가들	• 단일국가의 정치지도자
핵심 내용	• 주권의 대내적 최고성, 대외적 평등성, 불간섭주의	• 주권의 평등, 자주성, 불간섭주의 • 제국주의 세력에 대한 반제국주의(주체) 세력의 국제적 단합 • 정치적 자주(自主), 경제적 자립(自立), 군사적 자위(自衛)
공유성	• 지역 차원의 공유된 역사적 경험 −약소국, 중견국, 강대국 포괄 • 유럽의 지역체제에서 국제체제로 확대	• 단일국가 차원의 특수한 역사적 경험 −약소국 • 단일국가 정치지도자에서 단일국가 전체 국민으로의 확대 지향

출처: 저자 작성

IV. 대외정책과 주체사상

1. 주체적 관점에서 본 식량 원조

북한이 외부로부터 식량 원조를 받는다는 것은 주체사상의 핵심적인 내용인 정치적인 자주와 경제적인 자립의 원칙과 어긋나는 것으로 여겨질 수 있다. 주체사상이 만들어진 중-소 분쟁의 상황을 감안하면 중국과 소련(러시아) 등 구공산주의 진영으로부터의 식량 원조 역시 주체사상과 부조화를 이루지만, 특히 남한, 미국, 일본 등 북한이 적성 국가로 분류하는 외부세력들로부터 제공되는 식량 원조는 주체의 원리와 양립하기 어려울 뿐만 아니라, "우리식 사회주의"에 기반한 북한경제체제의 실패에 대한 인정과 주체사상을 통치이념으로 내세우는 북한체제의 안정성에 대한 위협으로 이어질 수 있다. 자본의 투자와 경제협력과 같은 다른 형태의 대북원조와 달리 식량은 궁극적으로 북한 주민들에게 전달되어야 한다는 측면에서 외부로부터의 식량 원조가 주체사상에 미치는 부정적 영향은 더욱 직접적이고 치명적이다. 반면 북한이 외부로부터 받는 식량 원조가 부재하거나, 외부로부터의 식량 원조에 대한 제안을 북한이 거절한다면, 이는 주체사상의 원리와 부합한다고 할 수 있다.

그러나 북한이 외부로부터의 식량 원조를 받는다는 사실 자체가 곧바로 북한이 체제 및 외교정책에 있어서 자주와 독립성을 상실했다는 것을 의미하는 것은 아니다. 만약 식량 원조에 대해 북한이 요구하지도 않았음에도 불구하고 외부세력들이 먼저 자발적으로 북한 측에 식량 제공을 제안하고 북한이 이를 수용하게 된 것이라면, 외부로부터의 식량 원조는 오히려 북한이 외부세력으로부터 얻어낸 승전물이자 전리품으로 여겨질 수 있기 때문이다. 특히 북한이 개발을 강행해온 핵과 미사일 프로그램에 대한 보상의 일환으로 식량 원조가 이루어진 것이라면, 이는 오히려 주체사상의 자위 원칙에 기반한 외교정책이 국제사회에서 북한의 정치적 지위, 즉 자주를 증진시킨 것으로 여겨질 수 있다. 이러한 가능성은 단순히 북한에 대한 식량 원조의 존재가 주체사상과의 부조화를, 식량 원조의 부재가 주체사상과의 조화를 의미하는 것이 아니라, 식량 원조와 주체사상과의 조화와 부조화를 판단하기 위해서는 식량 원조에 대한 요청과 제안을 누가 하였는가, 즉 북한에 의한 요청인가 외부세력에 의한 제안인가, 그리고 이러한 요청 또는 제안이 승낙되었는가 또는 거부되었는가라는 요소가 동시에 고려될 필요성을 제기한다.

〈표 2〉는 식량 원조에 대한 요구 또는 제안을 누가 했는지, 그리고 이러한 요구와 제안이 승낙 또는 거부되었는지에 따라 네 가지 유형의 식량 원조 형태—①'구걸(Begging)', ②'조공(Tribute)', ③'굴욕(Humiliation)', ④'자존(Honor)'—를 제시하고 있다. '구걸'은 북한이 먼저 식량 원조를 요청하여 외부세력에 의해 식량 원조가 받아들여진 유형이다. '조공'은 외부세력이 먼저 식량 제공을 제안하고 이를 북한이 받아들인 유형이다. '굴욕'은 북한이 먼저 식량 원조를 요청했으나 외부세력에 의해 거부된 경우이다. 마지막으로 '자존'은 외부세력이 먼저 식량 원조를 제안했으나 북한이 이를 거부한 형태이다.

표 2 요구/제안의 주체와 승낙/거부에 따른 식량 원조 형태의 다양성

		요구/제안	
		북한 요구	외부 제안
승낙/거부	승낙	I 구걸 (Begging)	II 조공 (Tribute)
	거부	III 굴욕 (Humiliation)	IV 자존 (Honor)

출처: 저자 작성

이러한 네 가지 유형의 식량 원조는 〈표 3〉이 보여주듯 주체사상과의 조화/부조화의 정도에 따라 순위를 매길 수 있다. 주체사상과 가장 조화를 이루는 식량 지원의 형태는 '자존'이다. 외부로부터의 식량 지원에 대한 제안을 거부함으로써 북한은 자신이 경제적으로 자립할 수 있음을 과시할 수 있음과 동시에 정치적 자주성과 위신을 지킬 수가 있다. 외부로부터 먼저 이루어진 식량 지원에 대한 제안을 북한이 수용한 '조공'의 경우 비록 식량

을 받았다는 측면에서 '자존'의 유형만큼 주체사상과 부합하지는 않지만, 북한이 요청하지도 않은 물질적 자원을 외부세력들이 자발적으로 제공한다는 측면에서 북한에 대한 존중의 의미를 지녀 주체의 원리와 어느 정도 조화를 이룰 수 있다. 북한이 먼저 외부세력에 식량 지원을 요청하고 이것이 외부세력에 의해 받아들여져 식량 원조가 이루어진 '구걸'의 경우 북한이 식량 지원을 요청할 정도로 경제적 자립이 위협을 받고 있고 외부세력에 지원을 갈구하는 비자주적인 행위를 보인다는 측면에서 주체의 원리와 배치된다. 북한이 외부세력에 식량 지원을 먼저 요청했으나 이것이 외부세력에 의해 거부된 '굴욕'의 유형은 가장 심각하게 주체사상과 모순을 일으키는 경우이다. 북한은 스스로 경제적 자립의 능력이 없음을 인정하고 도움을 요청하는 비자주적인 모습을 보임과 동시에, 외부세력에 의해 자신의 요청이 거부되는 국가자존의 상실을 드러내기 때문이다.

표 3 식량 지원의 형태와 주체사상과의 조화/모순의 정도

모순 (Incompatible)	⇦⇦⇦	주체사상 (Juche Ideology)	⇨⇨⇨	조화 (Compatible)

굴욕 (Humiliation)	구걸 (Begging)	조공 (Tribute)	자존 (Honor)

출처: 저자 작성

주체사상과의 조화에서부터 이것과의 모순까지 단계별로 드러내는 '자존', '조공', '구걸', '굴욕'의 네 가지 식량 지원의 유형들에 대한 사례검토는 과연 주체사상이 특정한 외교정책에 대한 선택과 집행을 초래하는 원인인지, 아니면 이와 모순될 수 있는 외교정책까지도 주체사상의 원리에 부합하는 것으로 포함시킬 수 있는 탄력적인 정책 합리화의 수단인지를 평가할 기회를 제공한다. 만약 주체사상이 북한의 외교정책에 영향을 주는 독립적인 변수라면 주체사상과 모순을 일으키는 '구걸'과 '굴욕' 유형의 식량 원조는

나타나지 않을 것이다. 그러나 만약 주체사상과 조화를 이루는 '자존'과 '조공' 유형의 식량 원조뿐만 아니라 주체사상과 모순을 일으키는 '구걸'과 '굴욕' 유형의 식량 원조까지도 북한의 외교정책으로 나타나고 '자존'부터 '굴욕'에 이르는 이러한 다양한 식량 원조의 유형들이 모두 주체사상에 부합하는 것으로 북한에 의해 해석되고 주장된다면 주체사상은 외교정책을 합리화하는 탄력적인 도구적 수단이라고 말할 수 있다. 즉, 네 가지 유형의 식량 원조에 대한 사례연구를 통해 주체사상의 정책 영향력과 탄력성의 정도를 평가할 수 있다.

2. 북한 식량 원조의 수용과 거부

1) 식량 원조 제공 사례: 조공 vs. 구걸

1980년대 중반까지만 해도 북한의 식량 사정은 나쁘지 않았다. 오히려 북한은 1984년 남한에 수해가 발생하자 그해 9월 대남수재물자 제공을 제의하였고, 9월 29일에서 10월 4일 사이 동안 북한적십자사를 통해 쌀 7천2백 톤 등을 포함한 수해구호물자를 남한에 제공하였다.[48] 그러나 이후 북한의 식량 사정은 급격히 나빠졌다. 1990년에 북한의 식량 생산량은 1989년의 생산량보다 67만 톤이 감소된 4백 81만 톤으로 떨어졌다. 이는 1980년대 평년작 5백 10만 톤 수준을 크게 밑도는 것이었다. 구소련과 동유럽의 몰락으로 이들 국가들로부터 부족분을 메워왔던 식량 수입이 급격히 감소하면서 1991년 이후 사정은 더욱 나빠졌다. 더욱이 1993년 여름 동아시아 이상 한파는 북한의 곡물 생산량에 심각한 영향을 미쳐, 1980년대 이후 처음으로 400만 톤을 밑도는 3백 88만 4천 톤을 기록하였다.[49] 1990년대 중반 이른바

....

48   대한민국 통일원, 『통일백서, 1995』 (서울: 통일원, 1995), pp. 579-80; "자급률 58%…「사료용」먹고 버틴다,"『동아일보』 (1995년 3월 25일); "인도주의바탕 「대화복원」포석,"『동아일보』 (1995년 5월 27일).
49   『동아일보』 (1995년 3월 25일).

'고난의 행군' 시절에는 북한 주민 200만-300만 명이 기아로 사망하였다. 2000년대 초반 2차 식량위기가 닥쳤을 때는 10만 명 이상이 중국으로 탈출해 구걸하거나 풀뿌리를 캐며 연명하였다.[50]

(1) 남한에 의한 식량 지원(1995.6-10): 조공

1995년 5월 26일 일본을 방문한 북한의 이성록 국제무역촉진위원장은 일본 연립여당 대표들과의 회담에서 일본의 긴급 식량 지원을 요청하였다. 북한이 요구한 원조의 형식은 '쌀대여'였는데 북한은 장마철 이전에 일본의 비축미 80여 만 톤 전량을 '대여'해 달라고 요청하였다. 일본 측은 쌀 원조의 가장 큰 문제는 한국의 양해라 판단하고, 이성록 위원장에게 한국의 쌀 원조도 받아들이라 권유하였다. 이성록 위원장은 어떠한 전제조건이 없다면 남한의 곡물 제공 제의를 검토할 용의가 있다고 답하였다. 한국의 식량 지원에 대한 북한의 수용 의사는 일본 외무성을 통해 간접적으로 한국정부에 통보되었다.[51]

한국정부는 5월 26일 북한에 아무 조건 없는 곡물 제공과 이를 위한 남북대화를 제의하였다. 남한 측 통일원 장관은 긴급 기자회견을 갖고, "정부는 아무런 전제조건이나 정치적 부대조건 없이 북측이 필요로 하는 곡물을 제공할 용의가 있다"며 "북측에 제공할 곡물의 종류, 수량, 인도 장소 및 시기, 수송 및 운반수단 등 절차문제를 협의하기 위해 당국 대표들이 만나자"고 발표하였다.[52] 한국 측의 조건 없는 대북곡물지원 제의에 아무런 입장을 밝히지 않던 북한 측은 제의가 있은 후 1주일여 만인 6월 5일에 한국과 쌀 문제에 관해 회담할 용의가 있으며, 과거 1984년 북한이 남한 측에 제공한

....

50 "북한, 미국의 식량지원 왜 거부했나 했더니," 『조선일보』 (2009년 3월 25일).

51 "대북 교섭재개 호재로," 『경향신문』 (1995년 5월 28일); "쌀 매개로 남북대화 의지," 『한겨레신문』 (1995년 5월 27일); "북「대화의 장」끌어내기," 『경향신문』 (1995년 5월 27일).

52 "인도주의바탕「대화복원」포석," 『동아일보』 (1995년 5월 27일); "북에 조건없이 쌀 제공," 『매일경제』 (1995년 5월 27일).

수재 물자에 대한 상환의 일환으로 한국정부의 곡물을 받겠다는 뜻을 일본 측에 전달하였다.[53] 6월 6일 한국은 북한이 우리의 쌀제공 제의에 대해 직접적인 수용 의사를 밝히지 않는 한 이를 인정할 수 없으며, 북한이 공식 채널을 통해 직접 한국 측에 자신들의 입장을 밝힐 것을 요구하였다.[54] 6월 9일 북한은 한국 측에 북경에서 민간차원 협상을 가질 것을 제의하였고, 한국 측은 당국 간 협상 방침을 강조하였다,

1995년 6월 13일부터 6월 16일 사이 북경에서 북한 측 조선삼천리총회사와 한국 측 한국무역진흥공사(KOTRA)가 접촉하였다. 한국 측은 쌀제공 문제는 남북 당국 간 접촉을 통해 협의해야 한다는 점을 통보하였다. 남북한은 협상대표를 차관급으로 격상하는 데 합의하였다.[55] 이에 따라 6월 17일부터 6월 21일까지 5일간 남한의 이석채 재정경제원 차관과 북한의 전금철 아태평화위원회 부원장을 대표로 하는 남북쌀회담이 북경에서 개최되었다. 북한은 "이번의 남북한간 협의에서는 원만한 합의가 이루어질 것"이라고 전제한 후 "일본도 약속했던 쌀을 제공해달라고 요청"하였다.[56] 남북쌀회담에서 북한은 당초 30만 톤을 민간차원에서 무상 제공해줄 것을 요구한 것으로 알려졌다. 한국은 최대한 15만 톤을 지원하되 우선 5만 톤을 정부 차원에서 무상으로 제공하고, 나머지는 앞으로 남북관계 개선 등을 보아가며 민간 차원에서 장기저리로 공여하는 형식을 밟겠다고 제안하였다.[57]

남한과 북한은 합의문에 대한 "서명주체"를 둘러싸고 이견을 노출하였다. 북한 측은 처음에 "민간차원"을 요구하다 한국 측의 주장에 양보하여 1

....

53   "북 한국과 쌀회담 용의,"『경향신문』(1995년 6월 6일); 「선한국쌀」 정부주장 주효,"『매일경제』(1995년 6월 17일).

54   "「쌀 제공」 민족내부문제 재확인,"『동아일보』(1995년 6월 7일); "북서 쌀 직접제의해야, 송 통일원차관 밝혀,"『매일경제』(1995년 6월 7일).

55   "남북한 쌀관련 일지,"『동아일보』(1995년 6월 21일); "남북 쌀제공 합의발표문 전문,"『매일경제』(1995년 6월 22일).

56   "남북 오늘 북경서 쌀회담,"『매일경제』(1995년 6월 17일).

57   "형식은 유상…사실상 무상,"『경향신문』(1995년 6월 20일).

차분 5만 톤의 쌀에 대해서는 "정부레벨"로 한다는 것에 동의하였다. 그러나 한국 측이 합의문 정리 과정에서 "대한민국"과 "조선민주주의인민공화국"이란 국호를 명기할 것을 주장했을 때 북한이 이에 반발하면서 회담이 한때 교착상태에 이르렀다. 1995년 6월 21일 남북한대표는 합의문에 서명한 뒤 이를 공동발표하지 않고 서울과 평양에서 각자 발표하였다.[58]

쌀지원에 대한 남북한 간의 합의는 남한 측은 북한 측에 1차로 쌀 15만 톤을 인도하며, 이 1차분은 전량 무상으로 제공할 것, 남한 측은 본 합의서에 서명한 날로부터 10일 이내에 첫 선박을 출항시킬 것, 남한 측은 상기 1차분을 해상을 통해 남한 측 선박으로 청진, 나진항 등에 인도할 것, 북한 측에 1차분으로 인도되는 쌀은 정미 40킬로 단위 PP포대로 포장하며 일절 표기를 하지 않을 것, 본 합의서에 명시된 합의사항을 실행에 옮기는 쌍방 상사는 한국 측에서는 대한무역진흥공사, 북한 측에서는 조선삼천리총회사로 할 것, 본 합의서는 대한민국과 조선민주주의인민공화국 당국자가 서명하였음 등을 포함하였다.[59]

1995년 6월에서 10월 사이 북한은 남한으로부터 식량지원 15만 톤을 받아들였다. 그러나 남한의 식량이 북한으로 도달되는 과정에서 문제가 발생하였다. 대북 지원미 2천 톤을 실은 첫 선박인 남한의 화물선 씨아펙스(Sea Apex)호가 6월 25일 동해항을 출항하여 북한의 청진항에 입항할 때 북한은 쌀 수송선에는 양측 모두의 국가를 달지 않기로 한 북경회담에서의 구두 합의사항을 어기고 강제로 태극기를 내리게 한 다음 북한의 인공기를 게양하도록 하였다. 이에 대해 남한이 북한으로 향하고 있던 3척의 선박을

....

58 "북 강력반발…공동발표 무산,"『경향신문』(1995년 6월 22일); 합의서의 서명자 직함과 관련하여 남한 측은 필히 쌍방의 당국자가 서명해야 함을 강조하면서 남한 측 명의는 대한민국 재정경제원 차관으로 하고 북한 측 명의는 전금철의 당 직함을 사용토록 할 것을 종용하였으나, 북한 측은 당·정 직함 사용을 완강히 거부하다가 '조선민주주의인민공화국 대외경제위원회 위임에 의하여 조선 대외경제협력추진위원회 고문 전금철'로 한다는 데 합의를 이루었다. 대한민국 통일원,『통일백서 1997』(서울: 통일원, 1997), p. 265.
59 "남북 쌀제공 합의발표문 전문,"『매일경제』(1995년 6월 22일).

회항토록 하는 것을 포함한 강력한 항의가 있자 북한은 남한 측에 사과전문을 보냈고 쌀의 선적이 재개되었다.[60]

8월에는 남한의 다른 쌀 수송선의 한 선원이 사진을 찍은 일로 북한인들에 의해 감금되는 사건이 발생하였다. 8월 2일 남한의 삼선 비너스호가 쌀 5천 톤(7만여 가마니)을 청진항에 모두 부리고 나자 북한은 배를 억류한 채 남한 측의 정탐행위에 대해 조사하였다. 북한은 선원(1등 항해사)의 기념사진 촬영을 문제삼았고, 이것이 개인적인 실책에 의한 우발적인 사건이 아니라 남한 측의 반북 대결정책에서 나온 계획적인 도발 행위임을 주장하였다.[61] 일등항해사를 강제연행·조사한 후 북한은 전금철 단장 명의로 보낸 전문을 통해 "우리 측에 대해 사죄와 재발 방지 약속, 그리고 이미 합의된 쌀수송을 성실히 이행하는 동시에 쌀지원을 변함없이 추진시킬 것에 대한 보장"을 요구하였다.[62] 이에 대해 남한 측은 이석채 북경회담 수석대표 명의로 해당 사건에 대한 유감 표시와 재발 방지 대책 강구, 그리고 제공키로 합의된 쌀의 잔여분 수송 약속을 밝히고, 북한 측은 삼선 비너스호의 선원 전원과 선박의 무사 귀환을 보장한다는 선에서 절충이 이루어졌다. 삼선 비너스호가 무사히 귀환하면서 사건이 해결되자 남한 정부는 쌀 지원을 재개하였으며, 마지막 쌀 수송선박인 코렉스 부산호가 청진항에서 하역을 마치고 10월 10일 귀환하면서 북한에 대한 쌀 15만 톤 지원사업은 마무리되었다.[63]

(2) 일본에 의한 식량 지원(1995-1996): 구걸

앞에서 언급한 것처럼 1995년 5월 26일 북한은 일본에 대해 긴급 식량

....

60 대한민국 통일원 (1995), p. 326; "「인공기분풀이」 등 다목적 카드,"『동아일보』 (1995년 8월 10일); Oh and Hassig (2000), p. 172.
61 "쌀받고 뺨때리기?,"『경향신문』 (1995년 8월 10일); "「인공기분풀이」 등 다목적 카드,"『동아일보』 (1995년 8월 10일).
62 "돌발아닌 계획된 행동,"『매일경제』 (1995년 8월 10일).
63 대한민국 통일원 (1995), pp. 327-8.

원조를 공식 요청하였다. 6월 23일에는 북한 측 대표단이 일본 측과 쌀지원 문제를 협의하기 위해 방일하여 일본 연립여당 및 정부 관계자들과 본격 협상에 들어갔다. 이종혁 아태평화위부위원장을 단장으로 한 북한대표단 3명은 호리 고스케 자민당 정조회장 대리 등 연정 3당 인사 및 외무성관계자 등 정부 관계자들과 환영연을 겸한 실무회담을 가졌다. 북한 측은『동아일보』와의 인터뷰에서 제공되는 쌀의 양에 대해 "많으면 많을수록 좋다"고 밝혔다.[64] 일본은 1995년에 50만 톤(무상 15만 톤, 유상 35만 톤)의 식량을 포함한 2,300만 달러의 지원을 북한에 제공하였는데, 이는 평양이 남한으로부터의 식량 원조 역시 받아들이기로 합의한 이후에야 이루어졌다.[65]

1995년 여름 홍수 이후로 북한의 식량에 대한 호소는 더욱 급박해졌고, 그해 8월 23일 북한은 UN 세계식량계획(WFP: World Food Program)에 수해구호품과 식량 원조를 긴급 요청하였다. 또한, UN과 별도로 미국, 프랑스, 스위스, 독일 등 개별 국가들에 대해서도 수해지원을 요청하였다.[66] 북한은 전례 없이 UN 피해조사단의 방북을 허용하였고, 9월 4일-9일 동안 UN 홍수피해 조사단이 방북하였다. WFP는 "북한에 제공되는 최초의 UN 식량 원조가 될 것이며 5,140톤의 쌀이 제공될 것"이라 발표하였다.[67] 9월 7일 미국은 북한에 대한 초기 원조로 상징적인 액수인 25,000달러의 지원을 결정하였고, 남한은 50,000달러를 기부하였으며, 일본은 500,000달러의 홍수 구호품을 제공하였다. 1995년 이후 WFP의 호소에 의해 원조의 규모가 커졌다. 1995년 6월부터 1998년 말까지 모든 국제적 차원의 기부는 10억 8천만 달러에 이르렀고, 남한은 3억 1천 6백만 달러를 기부하였다.[68]

....

64 "일, 북에 쌀70만톤 제공,"『동아일보』(1995년 6월 24일).
65 대한민국 통일원 (1997), p. 202.
66 "정부, 북한 수해지원 할까말까,"『한겨레신문』(1995년 9월 3일); 1995년 9월 6일 북한은 조총련을 통해 일본에 수해지원을 요청하였다. 대한민국 통일원 (1995), p. 608.
67 "유엔, 북 구호용쌀 5천톤 긴급수송,"『동아일보』(1995년 11월 24일).
68 Oh and Hassig (2000), p. 172.

1996년 일본은 UN을 통해 6백만 달러(14,776톤)의 식량을 북한에 추가로 원조하였다. 일본으로부터의 식량 원조에 만족하지 않은 북한은 일본이 과거의 범죄에 대해 적절한 사과를 하지 않고, 관계정상화 회담을 질질 끌고 있으며, 미국과의 안보동맹을 유지하고 있음을 비난하였다. 1997년 10월 일본은 2천 7백만 달러(67,000톤) 상당의 식량 원조를 제공하였다. 이에 대한 대가로 북한 당국은 일본인 여성들 중 15명을 선별하여 일본에 있는 그들의 가족을 만나러 갈 수 있도록 허락하였고, 1998년 1월에 또 다른 10명의 일본인 여성들이 일본을 방문하였다. 그러나 일본이 몇몇 여성들만의 방문 허가라는 점과 북한에 의한 이들의 선별과정에 대해 불만을 표출하자 북한은 방문프로그램을 종결시켰다.[69]

(3) 남한에 의한 식량 지원(2000.10-2001.3): 조공

2000년 3월 9일 김대중 대통령은 베를린 선언(베를린 자유대학 연설)을 통해 "대한민국 정부는 북한이 경제적 어려움을 극복할 수 있도록 도와줄 수 있는 준비가 되어 있다"면서 북한 식량난의 근본적 해결을 위한 비료지원, 농기구·종자개량, 관계시설 개선 등 농업구조 개혁 등을 협력과제로 제시하였다.[70]

2000년 9월 8일 북한의 대규모 식량차관 요청을 계기로 한국정부는 9월 28일 대북식량차관 제공을 발표하였고, 10월 4일 남한 측의 한국수출입은행과 북한 측의 조선무역은행 사이에 남북식량차관제공 합의서("차관계약서")가 체결되었다. 그해 10월에서 2001년 3월까지 차관공여방식을 통한 대북 식량차관이 남한 측에 의해 최초로 실시(쌀 30만 톤, 옥수수 20만 톤)되었다. 이는 8,836만 달러에 해당되는 양인데 국회동의가 필요하지 않은 남북협력기금에서 전액 충당되었다.[71] 한국정부는 이와는 별도로 외국산 옥수

....

69 대한민국 통일원 (1997), p. 202; Oh and Hassig (2000), p. 162.
70 "남북당국간 경협 논의하자," 『조선일보』 (2000년 3월 10일).

수 10만 톤(1,100만 달러 상당)을 WFP를 통해 인도적 차원에서 무상지원키로 하였다.[72] 그러나 남북한 사이에 체결된 남북식량차관제공 합의서는 합의서의 주체가 정부가 아니라 '남측'과 '북측'으로 돼 있어 국제법상 당국간 합의문이라 보기 어렵고, 분쟁 발생 때 이행조치가 명시돼 있지 않아 북한 당국의 책임을 묻기가 쉽지 않은 문제를 지니고 있었다. 남북은 당시 차관 공여와 상환의 구체적인 방법을 한국수출입은행과 조선무역은행 사이에 별도로 체결하는 차관계약에 따르도록 했다. 차관계약의 전문을 공개하지 않았으나 '2%의 연체이자를 부담한다'는 구절을 제외하면 계약불이행을 강제할 수단은 없는 것으로 알려졌다.[73]

(4) 남한에 의한 식량 지원(2004년): 구걸

2004년 4월 22일 북한의 평안북도 용천역 인근에서 대형 폭발사고가 발생하였고, 다음날 북한은 UNOCHA(유엔인도주의조정국), IFRC(국제적십자연맹), WFP(세계식량계획) 등 국제기구들과 중국을 비롯한 평양 주재 외국 대사관들에 사고발생 사실을 알리면서 국제사회에 실질적인 지원을 호소하였다. 사고 발생 당시 북한을 방문 중이던 남한의 이윤구 대한적십자사 총재는 북한의 조선적십자회로부터 용천사고에 대한 긴급지원을 공식 요청받았다. 남한 측은 비상 지원대책기구인 '용천재해대책 실무기획단'을 구성하여 세부 지원대책을 결정하였고, 4월 26일 남북 간 전화통지문을 통해 대한적십자사 총재 명의의 긴급구호품 전달계획을 북측에 통보하였다. 4월 28일에는 의약품, 라면, 생수, 모포 등의 긴급구호품(100만 달러 상당)을 적재한 첫 배가 출항하여 29일 남포에 도착하였다. 이에 앞서 4월 27일 개성 자남산 여관에서 "용천 재난구호회담"이 개최되었는데 북측은 긴급구호품은

....

71 "북에 식량 50만톤 지원,"『조선일보』 2000년 9월 27일; "수출입은, 북에 식량차관 상환 통보,"『동아일보』(2012년 5월 5일).

72 대한민국 통일부,『통일백서 2001』(서울: 통일부, 2001), p. 206, 536.

73 "남북 식량차관 합의서 '부실'…북 안갚아도 책임 못묻는다,"『동아일보』(2012년 6월 9일).

국제사회의 지원으로 어느 정도 수요가 충족된다고 하면서 철근, 시멘트, 건설장비 등의 복구용 자재·장비 13개 품목의 지원을 요청하였다. 이 회담을 계기로 남한 측의 대북 지원활동은 긴급 구호물품보다는 자재·장비의 지원에 비중을 두면서 본격화되었다. 용천재해에 대한 남측의 지원은 정부와 적십자 차원의 긴급구호품(의약품, 식료품, 생수 등)이 115억 원(962만 달러), 자재·장비(트럭, 굴삭기, 시멘트 등)가 247억 원(2,060만 달러)이었으며, 민간 차원의 지원(의약품, 라면, 생필품 등)은 283억 원(2,358만 달러)이었다. 북한 측은 8월 30일 용천피해 복구 지원에 사의를 표하면서 지원물자별 분배결과를 남한 측에 통보하였다.[74]

(5) 남한에 의한 식량 지원(2009): 구걸

2009년 8월 26-28일 금강산에서 열린 남북 적십자회담에 참석한 북측 대표단은 남한에 쌀이 남아도는 문제를 거론하며 우회적으로 인도적 대북 식량 지원을 희망하는 뜻을 내비쳤다. 북측 대표단은 "남한에는 쌀이 남아돌아서 정부와 농민들이 고민이 많은 것으로 알고 있다"라고 말하고, 구체적으로 "남측 농민들은 쌀값이 떨어져 고민이고 정부도 보관료가 많이 들어 걱정이라고 들었다"고 말했다. 남한 당국자는 "북측이 비록 쌀을 좀 달라고 직접적으로 말하지는 않았지만, 남측의 사정을 걱정해 준 것은 내심 쌀을 좀 달라는 취지가 아니겠느냐"고 해석하였다. 비록 우회적이지만 북측이 남측 당국자들에게 쌀 지원을 희망한다는 의사를 비친 것은 이명박 정부 들어 처음이었다.[75]

2009년 10월 16일 북한은 남북회담을 통해 한국에 인도적 지원을 공식 요청하였다. 남북은 이날 개성공단 경협협의사무소에서 적십자 실무접촉을

....

74 대한민국 통일부, 『통일백서, 2005』(서울: 통일부), pp. 168-70, 268.
75 "북, 적십자회담서 남 쌀 남아돌아 고민많다 들어-남는 쌀 좀 달라 우회적 요청인 듯," 『동아일보』(2009년 8월 31일).

갖고 이산가족 상봉 확대와 인도적 대북 지원문제 등을 논의하였다. 남한의 대북 쌀 지원은 2007년을 마지막으로 중단된 상황이었다. 이때는 미국도 북한에 식량을 지원하다가 북핵 협상이 교착되면서 중단한 상태였다.[76] 남한은 서울과 평양에서 이산가족 교환 상봉과 이듬해 금강산에서 상봉 행사를 개최할 것을 제의하였고, 이에 북한은 "남측의 성의가 있기를 바란다"며 "인도적 지원을 요청한다"고 말하였다. 그러나 북측은 인도적 지원의 구체적인 품목이나 규모는 언급하지 않았다.[77]

2009년 10월 26일 남한은 "대한적십자사를 통해 북한 조선적십자회에 영·유아와 임산부 등 취약계층을 위한 옥수수(외국산) 1만 톤과 분유 20톤, 의약품을 지원하겠다는 전통문을 발송했다"고 발표하였다. 북한이 16일 열린 남북 적십자 실무접촉에서 인도적 지원을 공식 요청한 데 대한 화답이었다.[78] 형식상 지원주체는 한적(한국적십자사)이지만 옥수수 1만 톤을 구입하고 배송하는 비용 약 40억 원은 정부가 남북협력기금에서 조달하고, 분유 20톤(1억 5,000만 원 상당)과 의약품만 한적이 자체 재원으로 마련하기로 하였다.[79] 북한은 당초 식량 10만 톤을 요구했지만 남한은 이번에는 1만 톤만 지원하겠다고 선을 그었고, 지원품이 한국 측이 지정한 특정 지역에 전달되어야 한다는 조건을 달았다. 한국은 북측에 옥수수를 지원하되 식량난이 심한 함경북도의 특정 지역에 전달될 수 있도록 해달라는 도착지 단서조항을 처음으로 제시하였다.[80]

(6) 남한에 의한 식량 지원(2010-2012): 조공

2010년 10월에서 11월 사이 남한에 의한 대북한 수해지원(쌀, 시멘트,

....

76 "손 벌릴 곳은 남한뿐 판단한 듯,"『동아일보』(2009년 10월 17일).
77 "북, 인도적 지원 공식 요청,"『조선일보』(2009년 10월 17일).
78 "정부, 북에 옥수수 1만톤-분유 20톤 지원 제의,"『동아일보』(2009년 10월 27일).
79 "북에 옥수수 1만톤, MB정부 첫 지원,"『조선일보』(2009년 10월 27일).
80 "북 식량 10만톤 요구했지만 옥수수 1만톤만 지원,"『동아일보』(2009년 10월 29일).

컵라면 등)이 이루어졌다. 2010년 8월 26일 대한적십자사는 "적십자사 차원의 수해지원 의사를 알리는 통지문을 개성공단관리위원회를 통해 북한 조선적십자회에 전달"하였다. 대한적십자사는 총재 명의의 통지문에서 신의주 지역 등 "수해로 어려움을 겪고 있는 북한 주민들에게 인도주의와 동포애 차원에서 긴급 구호물자를 지원하기로 했다"고 밝혔다.[81] 그러나 한국 측이 보낸 수해 구호물자 지원 의사에 대해 북측 반응이 없어 비상식량, 생활용품 및 의약품 등으로 총 100억 원 상당의 긴급구호 물자를 신의주·개성 지역에 단동·경의선 육로를 통해 전달하겠다는 지원 규모와 경로를 구체적으로 밝힌 전통문을 8월 31일 다시 북한에 보냈다.[82]

북한은 이에 대해 9월 4일 "남측이 수해 물자를 제공할 바에는 쌀과 수해 복구에 필요한 시멘트, 자동차, 굴착기 등을 제공하면 좋겠다"는 내용의 통지문을 남한 측에 보냈다.[83] 9월 13일 대한적십자사는 총재 명의의 통지문을 통해 수해가 난 북한 신의주에 5킬로그램짜리 쌀 100만 포대(5천 톤), 40킬로그램 시멘트 25만 포대(1만 톤), 컵라면 300만 개를 보내겠다고 밝혔고, 북한 측은 "남쪽에서 발송일자를 통지해 주면 그에 맞춰 접수준비를 하겠다"는 뜻을 전해왔다. 지원은 한적이 주체로 나섰지만 실제로는 정부가 주도하는 것이었는데, 구입비용(약 110억 원)을 통일부가 관리하는 남북협력기금으로 충당하기로 하였다.[84] 10월 25일 5킬로그램 단위로 포장된 쌀 5,000톤과 컵라면 300만 개가 단동에서 신의주로 전달되어 북한에 지원되었다. 그러나 당초 보낼 예정이었던 시멘트 1만 톤은 그해 11월 23일 북한이 연평도 포격도발을 감행함에 따라 3,000톤만 전달된 상태에서 지원이 중단되었다.[85]

....

81   "대한적십자 북 수해 구호품 지원," 『조선일보』 (2010년 8월 27일).
82   대한민국 통일부, 『통일백서, 2012』(서울: 통일부, 2012), pp. 254-255; "한적, 북 수해 복구에 100억 규모 물자 지원," 『조선일보』 (2010년 9월 1일).
83   "북, 쌀·시멘트·굴착기 달라," 『조선일보』 (2010년 9월 8일).
84   "한적, 쌀 5000톤, 시멘트 25만 포대 주겠다," 『조선일보』 (2010년 9월 14일).

2012년 8월 4일 북한 조선중앙통신은 "6월 말부터 7월 31일 사이에 내린 태풍과 폭우, 무더기 비(집중호우)로 인한 큰물(홍수)로 169명이 사망하고 144명이 부상당했으며 400여 명이 행방불명 됐다"고 보도하였다. 또한, 가옥 8,600여 채가 완전 및 부분 파괴되고 4만 3,770여 가구가 침수돼 수재민 21만 2,200여 명이 발생했다고 전하였다. 유엔 세계식량계획(WFP)은 북한에 곡물 336톤을 긴급 지원하기로 했다고 미국의 소리(VOA) 방송이 전하였다.[86] 2012년 9월 통일부가 대북 수해지원 의사를 밝힌지 1주일만인 19일 북한이 조건부 수용 의사를 밝혔다. 북한은 2011년 6월부터 "남조선과 상종하지 않겠다" 밝혀놓은 상태였기에 "남측이 제시하는 지원 품목과 수량을 보고 판단하겠다"는 조건을 달아 "남조선 불상종 원칙"을 허무는게 아니라는 것을 강조하였다. 9월 8-9일 베이징에서 열린 국제적십자회의에서 북한은 "회의 때 다른 사업은 얘기하지 않고 (수해로) 176명 사망, 22만 명 이재민 발생 등을 솔직하게 얘기"했다고 통일부 관계자가 밝혔다.[87]

2) 식량 원조 무산 사례: 자존 vs. 굴욕

(1) 대북 식량 원조에 대한 일본의 거부(1997년): 굴욕

앞에서 언급한 바와 같이 일본은 1995년과 1996년 사이 북한에 대한 식량 원조를 단행하였다. 그러나 1997년에 과거 1970년대와 1980년대에 일본 해안가에서 북한특공대원들에 의해 납치되었다고 주장되는 10명의 일본인의 운명에 대해 북한과 일본 사이에 이견이 노출되었다. 북한은 이들 실종된 사람들에 대해 아는 바가 없다고 주장하였으나 일본 측의 주장에 의해 조사를 진행하기로 약속하였다. 그러나 예상대로 북한 측의 조사는 이들 중 누구도 북한에 있어본 적이 없다는 것이었다. 이 조사에 대해 만족하지

....

85   대한민국 통일부 (2012), p. 257; "남과 상종 않겠다던 북, 수해지원 조건부 수용," 『조선일보』 (2012년 9월 11일).

86   "북 홍수로 수재민 21만여명, 유엔 곡물 336톤 긴급지원," 『동아일보』 (2012년 8월 6일).

87   "남과 상종 않겠다던 북, 수해지원 조건부 수용," 『조선일보』 (2012년 9월 11일).

못하고 이 납치 사안과 일본인 여성들의 방문 사안을 인도주의적 문제로 바라본 일본 정부는 추가적인 식량 원조에 대한 북한 측의 인도주의적 요구를 거절하였다.[88]

(2) 미국의 식량 원조에 대한 북한의 거부(2009년): 자존

2008년 북한은 영변 핵 시설의 냉각탑을 폭파하는 대가로 그해 6월부터 1년 동안 미국으로부터 50만 톤의 식량 지원을 받기로 한 후 이 중 33%인 17만 톤을 받았다. 그러나 2009년 식량 분배에 대한 검증이 제대로 진행되지 않고 미북관계가 악화되자 북한은 미국이 제공해 온 인도적 식량 수령을 거부하겠다는 의사를 미국 정부에 통보하였다.[89] 북한은 미국의 대북 식량 지원을 받아들이면서 한국말 사용자를 감시 요원으로 배치하는 데 합의했지만, 그 규모를 놓고 미국 측과 계속 갈등을 빚어 왔다.[90] 로버트 우드 미국무부 대변인은 2009년 3월 17일 "북한이 현 상황에서 추가적인 식량 지원을 받고 싶지 않다는 뜻을 통보해 왔다"고 밝혔다. 북한이 미국에 의한 식량 지원에 대한 제안을 거부한 것은 북한이 핵 폐기 절차를 지연시키고 다음달 위성을 발사하려는 계획을 세우고 있는 중에 결정된 일이었다. 이는 북한이 다음 달 초라고 명시해온 '인공위성' 발사를 강행할 경우 어짜피 미국의 식량 지원이 중단될 것이 뻔하다고 생각해서 나온 선제조치라는 분석이 제기되었다. 북한에 대한 미국의 식량 지원은 조지 W. 부시 행정부 시절인 2008년 6월 북한이 핵 프로그램 신고서를 제출하고 영변의 핵시설 불능화 작업에 적극 나선 것을 계기로 1,500만 달러의 예산을 배정해 이루어진 것이었다.[91] 북한은 미국에 식량 지원을 추가로 받기를 거부한다는 뜻을 밝

....

88 Oh and Hassig (2000), p. 163.
89 "미, 대북 식량지원 감독 강화," 『조선일보』 (2012년 3월 2일).
90 "북한, 미국의 식량지원 왜 거부했나 했더니," 『조선일보』 (2009년 3월 25일).
91 "북, 미의 식량제공 거부," 『조선일보』 (2009년 3월 18일); "북, '미 인도적 식량지원' 거부," 『동아일보』 (2009년 3월 19일).

힌 데 이어, 2009년 3월 17일 구호단체 머시코(Mercy Corps) 등 북한에서 식량배분 활동을 해온 5개 NGO에 대해 철수를 통보하였다.[92] 또한, 2009년 11월 북한 정부는 미국 정부에 의해 제안된 식량 원조를 공식적으로 거절하였다.[93]

(3) 남한의 식량 원조에 대한 북한의 거부(2011년): 자존

2011년 8월 3일 남한의 대한적십자사는 총재 명의의 전통문을 보내 북한지역 수해피해와 관련한 물품 지원 의사를 전달하였다. 남한 정부가 영·유아 영양식, 초코파이, 라면 등 50억 원 상당의 물품을 준비했지만, 북한은 "통 크게 달라"며 한국 측 제의를 거부하였다.[94] 수해 지원에 대한 협의 과정에서 남측은 영·유아용 영양식 등 식료품을, 북측은 쌀과 시멘트, 중장비를 고집하면서 지원 자체가 무산되었다.[95]

(4) 대북 식량 원조에 대한 미국의 거부(2012년): 굴욕

2011년 12월 15-16일 북한은 베이징에서 미국 측과 만나 매달 2만 톤씩 모두 24만 톤가량의 식량 지원을 받는 대신 국제원자력기구(IAEA) 사찰단 복귀와 대량살상무기(WMD) 개발중단을 잠정 합의하였다. 12월 28일경 북한은 미국 측에 먼저 요청해 중국 베이징에서 잠정 합의된 24만 톤보다 식량 지원 규모를 늘려줄 것과 영양식보다 곡물 지원을 늘릴 수 있는지를 타진하였다. 북한은 쌀, 옥수수 등 알곡이 더 많이 포함되어야 한다고 미국 측에 요구하였다. 반면 미국은 식량 지원이 아닌 영양 지원인 만큼 비스킷 등 영양식을 주로 지원하되 앞으로 곡물 비중을 늘릴 수 있다고 밝혔다.[96]

....

92 "북, 미 식량 거부 왜?," 『조선일보』 (2009년 3월 19일).
93 "미 상원, 대북 식량지원 사실상 금지," 『조선일보』 (2012년 6월 23일).
94 "남과 상종 않겠다던 북, 수해지원 조건부 수용," 『조선일보』 (2012년 9월 11일).
95 대한민국 통일부 (2012), pp. 272-3; "정부, 북 수해지원, 되는 쪽으로 하겠다," 『동아일보』 (2012년 9월 12일).

북한은 3차 회담에서 영양 지원 외에도 옥수수 5만 톤을 더 지원해 달라고 요구하였다.[97]

2012년 2월 29일 북미 간 합의가 이루어져 24만 톤 대북 영양 지원이 결정되었다. 미국과 북한은 베이징에서 고위급 회담을 갖고 북한의 비핵화 조치 이행과 미국의 영양(식량) 지원을 맞바꾸는 데 합의하였다. 그러나 북한의 장거리 미사일 시험발사 후 미국은 대북 식량 지원 중단을 선언하면서 북한과의 합의가 깨졌다는 입장을 밝혔다.[98] 북한은 미국의 대북 식량 지원 중단 선언에 대해 이는 "2-29 북미 합의 위반"이라고 주장하였다. 북한 외무성 대변인은 3월 31일 "인도주의적 문제는 정치와 연계시키지 않는다고 표방하던 미국이 우리의 위성 발사에 대항해 식량 지원 공약이행을 중지한다고 발표한 것은 조미합의를 통째로 깨버리는 위험천만한 행위"라고 주장했다고 조선중앙통신이 보도하였다.[99]

(5) 남한의 식량 원조에 대한 북한의 거부(2012년): 자존

2012년 6월부터 발생한 북한의 수해와 관련하여 남한 정부는 인도적 차원에서 북한에 대한 수해지원을 추진하기로 결정하였고, 그해 9월 3일 남한의 대한적십자사는 북한에 수해지원 의사를 전달하였다. 남한 정부는 대한적십자사 총재 명의의 통지문을 통해 밀가루 1만 톤, 컵라면 300만 개, 의약품 등 우선지원 품목을 제시하고 추가지원 문제를 협의하자고 북한에 제의하였다.[100] 그러나 남한의 제안은 2012년 9월 12일 수해지원 관련 지원 품목 및 수량에 불만을 표시한 북한에 의해 거절되었다. 북한은 한국정부가 북측에 지원 물품으로 제시한 밀가루, 컵라면, 의약품 등을 "보잘 것 없는

....

96 "북, 김정일 사망후 2번째 미와 접촉,"『동아일보』(2012년 1월 9일).
97 『조선일보』(2012년 3월 2일).
98 "추가도발 않겠다는 약속 땐…미, 수해 입은 북에 식량지원 검토,"『조선일보』(2012년 8월 4일).
99 "북, 미 식량지원 중단은 합의 위반,"『동아일보』(2012년 4월 2일).
100 대한민국 통일부,『통일백서, 2013』(서울: 통일부, 2013), pp. 144-145.

얼마간의 물자"로 매도하며, "적십자 인도주의 정신을 우롱했다. 불순한 심보와 너절한 속통이 여실히 드러났다"고 맹비난하며 지원거부를 통보하였다.[101]

3. 식량 원조를 통해 본 주체사상의 정책 구속력

〈표 4〉는 1995년에서 2012년의 기간 동안 북한과 자본주의 진영 국가들 사이에 있었던 주요 대북 식량 지원의 유형별 주요 사례를 요약하여 보여주고 있다. 앞에서 살펴본 바와 같이 식량 원조를 둘러싼 북한의 외교정책은 주체사상과 가장 조화를 이루는 '자존'의 사례부터, '조공', '구걸', 그리고 주체사상과 가장 모순을 일으키는 '굴욕'의 사례까지 모두 포괄하는 양상을 보여주고 있다. 이는 북한의 주체사상이 경제에 있어서 자립 또는 자력갱생을 구현하는 것을 목표로 하고 있음에도 불구하고 구체적인 외교정책의 행태에 대해서는 직접적인 영향을 미치는 원인이 아님을 의미하는 것이며, 그것이 어떠한 외교정책 행태와도 결합될 수 있는 매우 탄력적인 이

표 4 대북 식량 지원의 유형별 주요 사례 (1995-2012)

굴욕	구걸	조공	자존
• 1997: 추가적인 식량 원조에 대한 북한 측 요구를 일본이 거절 • 2012: 식량 원조에 대한 북한 측 요구를 미국이 거절	• 1995: 북한의 일본에 대한 요청. 일본의 수용 및 제공 • 2004: 북한의 남한에 대한 요청. 남한의 수용 및 제공 • 2009: 북한의 남한에 대한 요청. 남한의 수용 및 제공	• 1995: 남한에 의한 제안, 북한의 수용 • 2000-2001: 남한에 의한 제안, 북한의 수용 • 2010-2012: 남한에 의한 제안, 북한의 수용	• 2009: 미국에 의한 제안, 북한의 거절 • 2011: 남한에 의한 제안, 북한의 거절 • 2012: 남한에 의한 제안, 북한의 거절

출처: 『조선일보』, 『동아일보』, 『경향신문』, 『한겨레신문』, 『매일경제』 등 주요 국내(한국) 일간지와 대한민국 통일부(구 통일원)의 『통일백서』를 바탕으로 저자 작성.

....

101 "수해지원 논의중에도 대남 비방," 『조선일보』 (2012년 9월 13일).

념임을 말해주고 있다.

주체사상이 드러내는 이러한 탄력성은 국제체제에서의 합의된 공유성에 기반하지 않고 있으며 주체에 대한 해석의 권한을 국가지도자가 지니고 있는 주체사상의 특수성에서 일부 기인하고 있다. 앞에서 살펴본 바와 같이 서구의 웨스트팔리아 주권개념은 복수의 국가들이 체결한 협약(조약)을 통해 국제관계를 규율하는 원칙으로서의 지위를 부여받고 점차 국내와 국제 체제에서 규범으로서의 구속력을 강화시켜 왔다. 반면, 개별 약소국의 생존 전략으로 소수의 국가지도자에 의해 만들어진 주체사상에 기반을 둔 북한의 주권개념은 국내적 차원의 '도그마/프로파간다'로 출발하였고 이로 인해 국내와 국제체제 수준에서 가해지는 규범적 구속력으로부터 자유로우며 높은 수준의 탄력성을 누린다.

앞에서 살펴본 대북 식량 원조의 사례들이 보여주듯 이념이 담고 있는 원칙과 정책적 방향성과 상충하는 정책과도 폭넓게 공존할 수 있는 주체사상은 북한이 특정한 대외정책을 선택하고 그것을 집행하도록 만드는 독립적인 원인변수로 작용해 오지 않았다. 그러나 이것이 주체사상이 북한의 대외정책 결정과 집행에 있어 아무런 의미와 영향력을 지니고 있지 않다는 것을 의미하는 것은 아니다. 주체사상이 북한의 대외정책에 미치는 구속력은 대외정책을 구성하는 핵심적인 내용 그 자체가 아니라 해당 정책이 북한 내부에서 어떻게 보여지고 인식되는가와 관련된 부차적이고 형식적인 절차의 측면에 대해 가해지고 있다. 이는 북한이 식량 원조를 요청하는 과정에서 식량 원조가 아닌 '대여' 또는 '차관'의 형식을 취하거나, 과거에 북한이 원조를 제공했던 것을 되돌려 받는 '상환' 형식을 취하려는 정책, 그리고 합의서의 주체를 북한 정부가 아닌 '북측' 등의 표현으로 모호하게 처리하려는 노력을 통해 드러나고 있다.[102]

주체사상이 북한의 국가지도자에 의해 만들어지고 설파되는 공식적인

....

102 『경향신문』(1995년 6월 6일); 『동아일보』(2012년 5월 5일).

통치이념이기에 주체사상과 양립할 수 없는 다양한 대외정책이 선택 및 집행될 때에는 이러한 정책과 이념 사이의 불일치(부조화)를 감추기 위한 몇 가지 방법들이 활용되고 이것이 주체사상의 탄력성을 보완해 주고 있다.

첫째, 이념과 정책 사이의 괴리를 숨기기 위해 정보에 대한 통제가 이루어진다. 1995년 남한에 의한 대북 식량 지원의 사례에서 보여지듯 북한은 남한으로부터의 식량 원조를 숨기기 위해 남한에서 제공되는 쌀 포대에 어떠한 표시도 할 수 없도록 요구하였다. 또한 북한은 식량 사정이 급하다면서도 실제 인구가 많은 서해안 지방의 항구나 원산 등 동해안의 남부지방 항구를 피하고 북쪽 끝에 있는 외진 항구인 청진항을 선택하였다. 이는 정치적으로 덜 예민한 벽지를 선택하는 것이 남한으로부터의 쌀 지원 사실을 숨기는 데 용이하기 때문이다. 북한으로 들어오는 남한의 쌀 수송선에 북한 국기를 달도록 강요했던 것도 정보통제라는 비슷한 맥락에서 해석될 수 있다.[103]

둘째, 이념과 정책 사이에 존재하는 불일치를 해소하기 위해 현실에 대한 왜곡이 이루어진다. 이는 거짓된 현실을 보여줌으로써 이념과 정책의 조화를 도모하는 것이다. 북한이 최초로 국제사회에 대해 식량 지원을 호소한 1995년 북한은 "날로 악화되고있는 세계식량위기"라는 기사를 『로동신문』에 게재하여 식량 위기는 북한만의 문제가 아니라 미국을 포함한 전 세계가 당면한 문제임을 다음과 같이 강조하였다.

위대한 수령 김일성동지께서는 다음과 같이 교시하시였다.《지금 세계의 많은 나라들이 식량위기를 겪고 있으며 세계적으로 먹을것이 없어 해마다 수억의 인구가 굶주림에 허덕이고 있습니다.》[…] 미국의 경우만 보더라도 흉작으로 밀재고량이 계속 줄어들고 식량부족으로 굶어죽는 사람수가 늘어나고 있다. 자료에 의하면 지금 미국에서 농촌세계의 약 6분의 1이 기아선상에서

....
103 「쌀합의」 의문점 세가지," 『경향신문』 (1995년 6월 23일).

허덕이고있으며 영양부족으로 숨져가는 농촌어린이들이 도시에 비해 10배나 더 많다. […] 이처럼 여러 가지 요인에 의하여 식량생산이 계속 줄어듦으로써 세계적 범위에서 식량위기는 더욱 심화되고 있으며 돈을 가지고도 식량을 사올수 없게 되었다고 외신들은 전하고 있다.[104]

현실에 대한 왜곡을 통해 이념과 정책 사이의 간극을 좁히고자 하는 북한의 노력은 일본에 식량 원조를 요청하기 위해 북한 대표단이 일본에 도착하기 바로 전날 『로동신문』에 실린 기사를 통해서도 확인할 수 있다. 북한은 남한의 "식민지예속경제"를 "땅속의 지렁이"에 비유하고 북한의 "자립적민족경제"를 "하늘의 룡"에 비유하며 대조시키고 있다.

> […] 괴뢰국에게 묻고 싶다. 족제비도 낯짝이 있다고 하였는데 다 죽어가는 병신경제를 붙안고있는 주제에 감히 그 무엇을 하겠다고 떠들어대기가 그래 부끄럽지도 않은가. […] 승승장구하는 우리의 자립적 민족경제의 위력과 생활력에 대한 남조선인민들의 동경심을 차단해보려는 고약한 심보를 가진 괴뢰들만이 이따위 밸빠진 소리를 할수 있다. […] 조선민주주의인민공화국의 위력한 자립적민족경제를 하늘의 룡이라고 하면 남조선의 식민지예속경제는 땅속의 지렁이와 같다고 비유해야 옳을 것이다.[105]

이렇게 현실에 대한 정보의 통제와 현실에 대한 왜곡을 통해 주체사상과 대외정책 사이의 괴리를 감추고자 하는 북한의 노력은 주체사상이 다른 원인과 이유에 의해 이미 결정된 특정한 대외정책을 단순히 합리화하기 위한 도구로 북한 당국에 의해 활용되고 있는 것 역시 아님을 의미한다. 북한에서 주체사상은 현실을 합리화하는 것이 아니라 오히려 주체사상이 왜곡

....

104 "날로 악화되고있는 세계식량위기," 『로동신문』 (1995년 5월 13일).
105 "제 처지나 알고 덤비는 것이 좋을 것이다," 『로동신문』 (1995년 5월 25일).

된 현실과 정보에 대한 통제를 통해 합리화되고 있다. 즉, '이념에 의한 현실의 합리화(rationalization of reality by ideology)'가 아니라 '현실에 의한 이념의 합리화(rationalization of ideology by reality)'를 위한 노력이 주체에 기반한 주권관념이 지배하는 북한에서 나타나고 있다. 주체사상은 그것과 모순되는 다양한 대외경제정책까지도 포괄할 수 있는 탄력성을 지닌 것처럼 보이지만 사실상 이러한 탄력성은 정보에 대한 통제와 현실에 대한 왜곡을 통해 '현실에 의한 이념의 합리화'가 이루어질 때 가능한 것이다.

V. 결론

본 논문은 북한의 주권개념이 지닌 특수성을 주권개념이 만들어진 역사적 맥락, 개념형성의 주체, 그리고 국내 및 국제체제의 동의구조(consensus structure)를 중심으로 살펴보고, 이러한 특수한 주권개념이 북한의 외교정책에서 어떻게 탄력적으로 적용 및 발현되는지를 북한에 대한 식량 원조의 사례를 통해 규명하고자 하였다. 북한의 주권개념은 대내적 최고성과 대외적 평등성, 그리고 타국의 내부 문제에 대한 불간섭이라는 근대적 주권개념과 표면상 유사하지만, 국내체제와 국제체제에서의 공유성의 측면에서 상이한 특성을 보여주고 있다. 즉, 약소국의 생존전략으로서 개발된 주체사상에 기반을 둔 북한의 주권개념은 국내 및 국제체제 차원의 합의에 기반하지 않고 있으며 주체에 대한 해석의 권리를 국가지도자가 지니고 있다는 점에서 탄력성을 지니고 있다.

북한 주권개념의 탄력성은 대북 식량 원조라는 구체적인 외교정책에 대한 분석을 통해서도 드러나는데, 주체의 원칙과 모순되는 형태의 식량 원조가 북한의 대외정책으로 구현되고 있다. 그러나 주체사상은 또한 충분히 탄력적이지 않다. 식량 원조에서 드러나는 이념과 정책 사이의 괴리는 정보에 대한 통제와 현실에 대한 왜곡을 통해 가려지며 이것이 주체사상의 탄력성을 실질적으로 보장해 주고 있다. 북한의 주체사상은 정책에 대한 인과적 효과를 야기하는 원인이나 현실을 합리화하는 도구가 아니며, 오히려 현실에 대한 왜곡을 통해 이념이 합리화되고 있다. 주체에 기반한 북한의 주권 개념의 탄력성은 이념을 해석할 권한이 소수의 국가지도자에게 주어져 있다는 것뿐만 아니라, 현실에 대한 왜곡을 통해 이념을 합리화할 수 있는 정보통제의 조건이 마련되어 있고, 그러한 조건을 통제할 수 있는 권한이 바로 그 소수의 국가지도자들에 의해 행사된다는 데에서 기원한다.

참고문헌

김태운. "주체사상의 기능이 북한의 대외정책에 미친 영향."『지역개발연구』제2호 (1997).

대한민국 통일부.『통일백서, 2001』서울: 통일부, 2001.

_____.『통일백서, 2005』서울: 통일부, 2005.

_____.『통일백서, 2012』서울: 통일부, 2012.

_____.『통일백서, 2013』서울: 통일부, 2013.

대한민국 통일원.『통일백서, 1995』서울: 통일원, 1995

_____.『통일백서, 1997』서울: 통일원, 1997.

허인혜. "북한 경제개방의 사상적 딜레마."『한국정치학회보』제45집 1호 (2011).

Abdelal, Rawi. *National Purpose in the World Economy: Post-Soviet States in Comparative Perspective*. Ithaca: Cornell University Press, 2001.

Armstrong, David. *Revolution and World Order: The Revolutionary State in International Society*. Oxford: Clarendon Press, 1993.

Buzan, Barry, and Richard Little. *International Systems in World History: Remaking the Study of International Relations*. Oxford: Oxford University Press, 2000.

Byun, Dae-Ho. *North Korea's Foreign Policy: The Juche Ideology and the Challenge of Gorbachev's New Thinking*. Seoul: Research Center for Peace and Unification of Korea, 1991.

Caporaso, James. "Changes in the Westphalian Order: Territory, Public Authority, and Sovereignty." *International Studies Association* 2-2 (2000).

Chung, Young Chul. "The Suryŏng System as the Institution of Collectivist Development." *The Journal of Korean Studies* 12-1 (2007).

Croxton, Derek. "The Peace of Westphalia of 1648 and the Origins of Sovereignty." *The International History Review* 21-3 (1999).

Cumings, Bruce. "Corporatism in North Korea." *The Journal of Korean Studies* 4 (1982).

Darden, Keith A. *Economic Liberalism and its Rivals: The Formation of International Institutions among the Post-Soviet States*. Cambridge: Cambridge University Press, 2009.

Goldstein, Judith, and Robert O. Keohane. "Ideas and Foreign Policy: An Analytical Framework." In Judith Goldstein and Robert O. Keohane. eds. *Ideas and Foreign Policy: Beliefs, Institutions, and Political Change*. Ithaca: Cornell University Press, 1993.

Gothel, Ingeborg. "Juche and the Issue of National Identity in the DPRK of the 1960s." In Han S. Park. ed. *North Korea: Ideology, Politics, Economy*. New Jersey: Prentice-Hall, Inc., 1996.

Grieco, Joseph M. "Anarchy and the Limits of Cooperation: A Realist Critique of the Newest Liberal Institutionalism." *International Organization* 42-3 (1988).

Gross, Leo. "The Peace of Westphalia, 1648-1948." *American Journal of International Law* 42-1 (1948).

Katzenstein, Peter. *Cultural Norms and National Security: Police and Military in Postwar Japan*. Ithaca: Cornell University Press, 1996.

Kayaoglu, Turan. "Westphalian Eurocentrism in International Relations Theory." *International Studies Review* 12-2 (2010).

Kier, Elizabeth. "Culture and French Military Doctrine Before World War II." In P. Katzenstein. ed. *The Culture of National Security: Norms and Identity in World Politics*. New York: Columbia University Press, 1996.

Kim, Cheehyung. "Total, Thus Broken: Chuch'e Sasang and North Korea's Terrain of Subjectivity." *The Journal of Korean Studies* 17-1 (2012).

Kim, Gwang-Oon. "The Making of the North Korean State." *The Journal of Korean Studies* 12-1 (2007).

Mikheev, Vasily. "Politics and Ideology in the Post Cold War Era." In Han S. Park. ed. *North Korea: Ideology, Politics, Economy*. New Jersey: Prentice-Hall, Inc., 1996.

McEachern, Patrick. *Inside the Red Box: North Korea's Post-Totalitarian Politics*. New York: Columbia University Press, 2010.

Moravcsik, Andrew. "Taking Preferences Seriously: A Liberal Theory of International Politics." *International Organization* 51-4 (1997).

Oh, Kongdan, and Ralph C. Hassig. *North Korea: Through the Looking Glass*. Washington. D.C.: Brookings Institute Press, 2000.

Osiander, Andreas. "Sovereignty, International Relations, and the Westphalian Myth." *International Organization* 55-2 (2001).

Park, Han S. "North Korean Perceptions of Self and Others: Implications for Policy Choices." *Pacific Affairs* 73-4 (2000).

Park, Kyung-Ae. "North Korea's Defensive Power and U.S.-North Korea Relations." *Pacific Affairs* 73-4 (2000).

Sell, Susan, and Aseem Prakash. "Using Ideas Strategically: The Contest between Business and NGO Networks in Intellectual Property Rights." *International Studies Quarterly* 48 (2004).

Spruyt, Hendrik. *The Sovereign State and Its Competitors*. Princeton: Princeton University Press, 1994.

Stirk, Peter M.R. "The Westphalian Model and Sovereign Equality." *Review of International Studies* 38-3 (2012).

Suh, Dae-Sook. *Kim Il Sung: The North Korean Leader*. New York: Columbia University Press, 1988.

신문자료
"자급률 58%…「사료용」먹고 버틴다."『동아일보』1995년 3월 25일.
"세계의 자주화를 더욱 힘있게 다그쳐 나가자."『로동신문』1995년 5월 4일.
"날로 악화되고있는 세계식량위기."『로동신문』1995년 5월 13일.
"반제자주력량은 단결하여 세계의 자주화를 실현하자."『로동신문』1995년 5월 16일.
"국제관계에서 평등과 자주성의 원칙을 견지하자."『로동신문』1995년 5월 19일.
"제 처지나 알고 덤비는 것이 좋을 것이다."『로동신문』1995년 5월 25일.
"북「대화의 장」끌어내기."『경향신문』1995년 5월 27일.

"인도주의바탕 「대화복원」 포석."『동아일보』 1995년 5월 27일.

"북에 조건없이 쌀 제공."『매일경제』 1995년 5월 27일.

"쌀 매개로 남북대화 의지."『한겨레신문』 1995년 5월 27일.

"대북 교섭재개 호재로"『경향신문』 1995년 5월 28일.

"북 한국과 쌀회담 용의."『경향신문』 1995년 6월 6일.

"「쌀 제공」 민족내부문제 재확인."『동아일보』 1995년 6월 7일.

"북서 쌀 직접제의해야, 송 통일원차관 밝혀."『매일경제』 1995년 6월 7일.

"자주성은 나라와 민족의 생명."『로동신문』 1995년 6월 10일.

"「선한국쌀」 정부주장 주효."『매일경제』 1995년 6월 17일.

"남북 오늘 북경서 쌀회담."『매일경제』 1995년 6월 17일.

"형식은 유상⋯사실상 무상."『경향신문』 1995년 6월 20일.

"남북한 쌀관련 일지."『동아일보』 1995년 6월 21일.

"북 강력반발⋯공동발표 무산."『경향신문』, 1995년 6월 22일

"남북 쌀제공 합의발표문 전문."『매일경제』 1995년 6월 22일.

"「쌀합의」의문점 세가지."『경향신문』 1995년 6월 23일.

"일, 북에 쌀70만톤 제공."『동아일보』 1995년 6월 24일.

"쌀받고 뺨때리기?."『경향신문』 1995년 8월 10일.

"「인공기분풀이」 등 다목적 카드."『동아일보』 1995년 8월 10일.

"돌발아닌 계획된 행동."『매일경제』, 1995년 8월 10일

"정부, 북한 수해지원 할까말까."『한겨레신문』 1995년 9월 3일.

"유엔, 북 구호용쌀 5천톤 긴급수송."『동아일보』 1995년 11월 24일.

"남북당국간 경협 논의하자."『조선일보』 2000년 3월 10일.

"북에 식량 50만톤 지원."『조선일보』 2000년 9월 27일.

"북, 미의 식량제공 거부."『조선일보』 2009년 3월 18일.

"북, '미 인도적 식량지원' 거부."『동아일보』 2009년 3월 19일.

"북, 미 식량 거부 왜?."『조선일보』 2009년 3월 19일.

"북한, 미국의 식량지원 왜 거부했나 했더니."『조선일보』 2009년 3월 25일.

"북, 적십자회담서 남 쌀 남아돌아 고민많다 들어-남는 쌀 좀 달라 우회적 요청인 듯."『동아일보』
　　　2009년 8월 31일.

"손 벌릴 곳은 남한뿐 판단한 듯."『동아일보』 2009년 10월 17일.

"북, 인도적 지원 공식 요청."『조선일보』 2009년 10월 17일.

"정부, 북에 옥수수 1만톤-분유 20톤 지원 제의."『동아일보』 2009년 10월 27일.

"북에 옥수수 1만톤, MB정부 첫 지원."『조선일보』 2009년 10월 27일.

"북 식량 10만톤 요구했지만 옥수수 1만톤만 지원."『동아일보』 2009년 10월 29일.

"대한적십자 북 수해 구호품 지원."『조선일보』 2010년 8월 27일.

"한적, 북 수해 복구에 100억 규모 물자 지원."『조선일보』 2010년 9월 1일.

"북, 쌀·시멘트·굴착기 달라."『조선일보』 2010년 9월 8일.

"한적, 쌀 5000톤, 시멘트 25만 포대 주겠다."『조선일보』 2010년 9월 14일.

"북, 김정일 사망후 2번째 미와 접촉."『동아일보』 2012년 1월 9일.

"미, 대북 식량지원 감독 강화."『조선일보』 2012년 3월 2일.

"북, 미 식량지원 중단은 합의 위반." 『동아일보』 2012년 4월 2일.

"수출입은, 북에 식량차관 상환 통보." 『동아일보』 2012년 5월 5일.

"남북 식량차관 합의서 '부실'…북 안갚아도 책임 못묻는다." 『동아일보』 2012년 6월 9일.

"미 상원, 대북 식량지원 사실상 금지." 『조선일보』 2012년 6월 23일.

"추가도발 않겠다는 약속 땐…미, 수해 입은 북에 식량지원 검토." 『조선일보』 2012년 8월 4일.

"북 홍수로 수재민 21만여명, 유엔 곡물 336톤 긴급지원." 『동아일보』 2012년 8월 6일.

"남과 상종 않겠다던 북, 수해지원 조건부 수용." 『조선일보』 2012년 9월 11일.

"정부, 북 수해지원, 되는 쪽으로 하겠다." 『동아일보』 2012년 9월 12일.

"수해지원 논의중에도 대남 비방." 『조선일보』 2012년 9월 13일.

제12장

냉전초기(1945-1952)의 안보환경 변화가 미국 정치엘리트들의 재일조선인 인식에 미치는 영향: 구성주의 시각을 중심으로

장기영(서울대학교)

* 이 글은 2018년 "냉전 초기 안보환경 변화가 미국 정치엘리트들의 재일조선인 인식에 미치는 영향: 구성주의 시각을 중심으로"라는 제목으로 『국제정치논총』 제58집 2호에 게재된 논문을 수정 및 보완한 것임.

I. 서론

본 연구는 일본이 패전을 선언한 1945년부터 샌프란시스코 평화조약체제[1]에 편입한 1952년까지 냉전이라는 구조적 변화 속에서 미국의 엘리트 정치인들의 안보위협 인식이 일본 사회 내의 재일조선인이라는 소수민족집단의 사회적 지위에 끼친 영향에 대하여 규명하고자 한다. 2차대전 이후 재일조선인 집단이 자신들을 승전국민으로 인식하고 있던 현실과 달리 미국은 왜 재일조선인을 점차 부정적인 존재로 인식하게 되었을까? 또한 냉전초기 안보환경에 대한 미국 정치엘리트들의 새로운 인식이 동아시아 국제질서에 어떠한 영향을 미쳤을까?

본 연구에서 저자는 냉전이 전개되는 시점(1945-1952)에서 미국 정치엘리트들이 인식했던 안보위협과 그에 따른 전략적 선택으로 말미암아 일본사회 내에서 한층 차별받는 존재로 전락해버린 재일조선인의 사회적 지위 변화요인에 대하여 주목한다. 일반적으로 특정 국가의 소수민족 정책은 지배국가의 국내적 필요성과 개별 소수민족에 대한 사회적 인식에 의해 영

....

1   Akira Iriye, *The Cold War in Asia: A Historical Introduction* (Englewood Cliff, N. J.: Prentice-Hall Press, 1974), pp. 93-7, 182-91. 이리에는 1951년 샌프란시스코 평화회담에서 기인한 미일관계의 새로운 형태의 레짐을 기술하기 위하여 '샌프란시스코 체제'(San Francisco system)라는 용어로 설명하고 있다. 이러한 개념틀은 1945년 1월 루스벨트, 스탈린, 처칠에 의해 창출된 동아시아의 얄타 체제(Yalta System)의 "국제주의"(internationalism)를 대신하는 것이었다. 얄타 체제는 주로 영향권역을 확립함으로써 협조적인 접근으로 열강들을 결합하였다. 반면에 샌프란시스코 체제는 열강들 사이에 경쟁을 강화시켰고, 미국과 중국 본토 사이의 갈등을 고조시켰다. 그러나 핀(Finn)은 미일 간의 긴밀한 관계에 근거를 둔 샌프란시스코 체제는 한국전쟁과 중화인민공화국의 성장에 의한 충격을 이겨내고 결국에는 동아시아에서 폭력과 갈등의 전면적인 감소의 길을 열어놓았다고 주장한다. Richard B. Finn, *Winners in Peace: MacArthur, Yoshida, and Postwar Japan* (Berkeley: University of California Press, 1995), p. 306.

향을 받는다. 하지만 1945년 8월 15일 이후부터 샌프란시스코 평화조약체제에 편입하게 된 1952년 4월 28일까지 일본은 직간접적으로 미국의 영향 하에 있었다. 당시 일본은 사실상 미국이 장악하고 있었던 '연합국 총사령부'(SCAP: Supreme Commander for the Allied Powers, 이하 SCAP로 칭함)에 의해 간접 통치되고 있었으며 일본정부는 미국정부 및 SCAP의 지시에 의하여 정책을 수행하였다. 따라서 본 논문은 일본의 패망 직후 재일조선인이 '해방민족'(liberated people)으로 여겨지다가 궁극적으로 왜 일본정부의 통제 및 배제의 대상('완전한 외국인')으로 전락하게 되었는지를 이해하기 위해서 냉전초기 동아시아 안보환경 변화가 미국 정치엘리트들의 재일조선인 인식에 어떠한 영향을 끼쳤는지 살펴보고자 한다.[2]

본 연구는 사회적 구성주의(social constructivism) 관점에서 냉전의 전개라는 '구조'적 변화 속에서 '주체'인 미국 정치엘리트들의 안보인식의 변화가 재일조선인 인식 및 정책 수립에 있어 결정적 역할을 하였다는 가설에서 출발한다. 본 논문에서는 SCAP과 미국의 트루만(Harry Truman) 정권을 미국이라는 동일한 행위자로 간주한다. 비록 구체적인 정책수립 및 집행 과정에서 SCAP가 어느 정도 자율성을 견지하고 있었던 것은 사실이나 재일조선인 문제에 대하여는 미국 정부와 공통된 인식을 공유하고 있었고, 재일조선인에 대한 많은 전문 및 보고서가 국무부와 SCAP 등 사이에서 왕래되었으며, 재일조선인에 관한 정책을 두고 SCAP와 미국정부 사이에 뚜렷한 이견이 없었기 때문이다. 본 논문에서 저자는 냉전초기 미국 정치엘리트들이 재일조선인을 위협적인 공산주의 세력으로 인식함으로써 점차적으로 재일조선인에 대한 일본정부의 통제력이 강화되어가는 결과를 야기하였으며, 그러한 과정에는 미국 정치엘리트들의 동아시아 및 일본의 정치적 환경에

....

2   재일조선인을 연구하는 많은 연구자들은 이러한 사실을 간과하고 식민지 수탈 및 민족정기의 단절이라는 인식의 연장선상에서 억압자인 일본과 피억압자인 재일조선인이라는 도식적인 관계만으로 분석하는 경향이 있다.

대한 새로운 이해가 바탕이 되었다고 주장한다.

본 논문은 다음과 같이 구성되어 있다. 먼저 제2절에서는 정치엘리트들의 사회화와 대외정책을 설명하는 기존의 국제정치이론을 검토해보고, 구성주의 분석틀 및 인과관계를 위한 미시적 경로(micro-process)를 제시한다. 제3절과 4절에서는 구성주의 시각을 이용하여 냉전초기 미국 정치엘리트의 위협인식과 재일조선인에 대한 부정적 인식의 연관성을 설명한다. 제3절에서는 냉전초기 구조적 안보환경의 변화에 대하여 알아보고, 제4절에서는 미국 정치엘리트들의 사회화 과정을 통한 재일조선인 인식의 변화를 살펴본다. 마지막으로 제5절은 저자의 주장을 요약하고 본 논문의 국제정치적 함의를 찾아본다.

II. '주체-구조': 정치엘리트들의 '사회화'와 대외정책

일반적으로 주류 국제정치이론들은 행위자의 사회화(socialization)의 가능성에 대하여 대체로 관심이 없거나 사회화 과정을 이론화하는 데 있어 다소 소홀히 다루는 경향이 있다. 예를 들어 주류 국제정치이론중의 하나인 신현실주의(neo-realism)는 무정부 상태에서 안보를 우선시하는 국가들에게 자구(self-help)의 원칙이 변함없이 적용되는 현실을 기술하기 위하여 사회화라는 개념을 사용하기는 한다.[3] 하지만 존스턴(Johnston, 2001)에 따르면 신현실주의에서 사용하는 이러한 사회화는 일반적으로 통용되는 개념과는 다소 거리가 있는 선택(selection)이나 경쟁(competition)의 과정이라고 한다. 그는 많은 국가들은 20세기에 소멸하였지만 그 이후 자구 원칙을 따르지 않는다고 해서 소멸된 국가는 없었음을 지적하며 자구 원칙을 모방하

....

3   Kenneth Waltz, *Theory of International Politics* (Reading, Mass.: Addison-Wesley, 1979), pp. 127-8.

지 않는 국가들은 체제에서 낙오된다는 신현실주의적 설명은 실재와는 맞지 않다고 지적한다.[4]

신현실주의의 기본가정을 공유하는 신자유주의(Neo-liberalism) 역시 제도(institution) 안의 사회적 관계들이 행위자의 정체성이나 이익에 영향을 미치지 않는다고 암묵적으로 가정한다. 신자유주의의 설명에 의하면 제도 안에서 제공되는 정보(information)는 국가라는 행위자의 고정된 선호(fixed preferences) 자체에 직접적으로 영향을 주기보다는 국가들이 자신들의 변화하지 않는 선호를 추구하는 전략적 환경에 대한 국가의 믿음(beliefs)에 주로 영향을 미친다고 한다. 따라서 신자유주의 역시 국가 행위자의 사회화 과정에 별다른 관심을 두고 있지 않아 보인다.

반면에 사회적 구성주의자들(social constructivists)에게 있어서 사회화는 주요한 개념이었다. 일찍이 크라토크빌과 러기(Kratochwil and Ruggie, 1986)에 따르면 사회적 제도(social institutions)를 중심으로 행위자들의 기대가 수렴되며, 사회적 제도 안에서 행위자들의 간주관적인 기대(intersubjective expectation)가 어떤 과정에 의하여 수렴하는지가 중요하다고 보았다. 그러나 많은 구성주의 연구에 있어서도 사회화 과정(socialization processes)이 명백하게 규명되어 있지 않은 경우가 빈번하다고 할 수 있다.[5] 웬트는 인지이론(cognitive theory), 쉬멜페니그는 합리적 선택(rational choice), 체켈은 합리적 선택과 사회 심리학(social psychology), 존스턴 역시 사회 심리학에서 구성주의 이론의 미시적 기반(micro-foundations)을 찾으려고 했지만 구성주의의 미시적 기반(micro-foundation)은 여전히 많은 영역에서 규명될 필요가 있다.[6] 이러한 문제의식에서 체켈 역시 여전히 많

....

4   Alastair Iain Johnston, "Treating International Institutions as Social Environments," *International Studies Quarterly* 45 (2001), p. 489.

5   Friedrich Kratochwil and John G. Ruggie, "International Relations: A State of the Art on an Art of the State," *International Organization* 40 (1986).

6   Emanuel Adler, "Constructivism and International Relations," in Walter Carlsnaes, Thomas

은 구성주의자들의 연구에서 행위자들이 사회적 환경 내의 주된 규범적인 논점들(normative arguments)에 정확히 어떻게 노출되었고, 어떻게 특정 규범들을 받아들게 되었으며, 결과적으로 어떻게 행위자들에게 영향을 미치게 되었는지를 설명할 수 있는 구체적인 미시적 경로(microprocess)가 결여되어 있다고 주장한다.[7]

　구성주의의 사회화에 관한 경험적 연구들은 주로 유럽의 제도 안에서 관료들이나 유럽의 제도에 처음 가입한 동유럽 국가들이 경험한 사회화 과정에 중점을 두고 있다.[8] 이러한 맥락에서 존스턴은 사회화에 대한 세 개의 미시적 경로—흉내내기(mimicking), 사회적 영향(social influence), 설득(persuasion)—를 제시하면서 포괄적 핵실험 금지조약(Comprehensive Nuclear Test Ban), 특정 재래식 무기 금지조약(Convention on Certain Conventional Weapons), 아시안 지역안보 포럼(Asian Regional Forum)과 같은 국제안보기구에서 중국 관료들의 점증되었던 사회적 교류가 마오쩌둥 이후 중국이 군축조약에 더욱 헌신하게 되었던 요인이었다고 설명한다.[9] 존스턴에 의하면 '흉내내기'(mimicking)는 특정 행위자가 다른 행위자들이 하는 행동을 따라하는 것이며, '사회적 영향'(social influence)은 다른 행위자

....

Risse, and Beth Simmons (eds.), *Handbook of International Relations* (Los Angeles: Sage, 2008). 아들러는 구성주의의 미시적 기반은 사회적 구조와 유리되지 말아야 한다고 주장한다. Alexander Wendt, *Social Theory of International Politics* (Cambridge: Cambridge University Press, 1999); Frank Schimmelfennig, "International Socialization in the New Europe: Rational Action in an Institutional Environment," *European Journal of International Relations* 6-1 (2000); Jeffrey T. Checkel, "Why Comply? Social Learning and European Identity Change," *International Organization* 55-3 (2001); Johnston (2001).

7　Jeffrey T. Checkel, "The Constructivist Turn in International Relations Theory," *World Politics* 50 (1998).

8　유럽제도 안의 사회화에 관한 *International Organization* (Fall 2005)의 2005년 특별호와 유럽연합의 운영에 관한 합리주의 관점과 구성주의 관점에 대한 *Comparative Political Studies* (February-March 2003)의 2003년 특별호가 대표적인 예라고 할 수 있다.

9　Alastair Iain Johnston, *Social States* (Princeton: Princeton University Press, 2008).

들이 특정 행위가 적합한 것으로 믿고 그렇게 따라 하는 것이 사회적으로 보상을 받기 때문에 같은 행위를 해야 한다고 인식하는 것을 의미하며, 끝으로 '설득'(persuasion)은 행위자의 환경에 대한 새로운 이해가 점차 내재화되고, 정상적인 것이 되며, 규범적으로 올바른 것으로 여기는 과정이라고 할 수 있다.

본 연구는 냉전초기 재일조선인에 대한 정치적 인식의 변화라는 단일사례를 통하여 미국 정치엘리트들의 변화된 인식을 '설득'이라는 미시적 경로를 바탕으로 규명하고자 한다. 이러한 저자의 주장은 몇 가지 사실의 타당성을 전제로 성립한다고 할 수 있다. 첫째, 1945년 이후 재일조선인에 대한 미국 정치엘리트들의 인식이 변화하였느냐는 점이다. 둘째, 냉전이라는 구조적인 변화가 재일조선인에 대한 미국 정치엘리트들의 인식에 영향을 주었냐는 점이다. 마지막으로 일본 내의 '사회화' 과정이 재일조선인에 대한 미국 정치엘리트들을 부정적 인식이 내재화되는 데 있어서 핵심적이었는가에 관한 점이다. 본 논문은 이러한 세 가지 사실을 규명하기 위하여 미국정부의 외교사료를 바탕으로 재일조선인에 대한 미국 정치엘리트들의 인식변화에 관한 인과적 경로를 밝히고자 한다.

III. '구조'의 변화: 냉전의 시작과 동아시아의 변화된 안보환경

2차 대전 이후 미국은 연합국 총사령부(SCAP)에 의하여 일본을 간접통치 하였기 때문에 일본정부는 미국정부 및 SCAP 지시에 의하여 정책을 수행하였다. 당시 미국이 추구한 점령통치의 주요 목표는 첫째, 일본으로 하여금 다시 미국의 위협이 되거나 세계의 평화와 안전의 위협이 되지 못하도록 제도적으로나 내용적으로 확실히 하는 것과 둘째, 다른 국가의 권리를 존중하고 유엔헌장의 이상과 원칙에 부합하는 평화적이고 책임 있는 정부를 수립하는 것이었다. 이러한 목적을 달성하기 위하여 점령당국은 일본의 주권은 '카이로 선언'에서 밝힌 대로 혼슈(本州), 홋카이도(北海島), 큐슈(九州), 시코쿠(四國)와 근접한 작은 섬들에 국한하고, 비군사화를 실현하기 위하여 완전한 무장해제를 실시하고, 일본의 정치, 경제, 사회생활에서 군국주의적 요소를 일소하며, 군국주의와 침략정신을 표시하고 있는 제도를 해체함을 강조하였다. 또한 개인의 자유와 기본적 인권, 종교·집회·언론 및 출판의 자유를 보장하고 강화할 수 있는 민주적 조직을 장려하려고 하였다.[10]

그러나 이러한 미국의 초기 점령목표는 동아시아에서 냉전이 전개됨에 따라 수정되기 시작하였다. 흔히 많은 학자들이 동유럽을 냉전의 발생지로 간주하고 있는 반면에 갈리치오는 냉전이 1945년 4월부터 12월 동안 동아시아에서 전개되기 시작하였다고 주장한다. 갈리치오는 일본의 이른 항복과 미국의 동아시아 전략이 부재한 상태에서 미소 간의 대립과 갈등이 시작되었다고 언급한다.[11] 신욱희 역시 1940년대 말 일본 내에서 미국의 역코스 정책과 미국의 동아시아 정책이 변화함에 따라 동아시아의 냉전이 시작된다고 말하고 있다.[12] 냉전의 기원이 동유럽이든 아니면 동아시아든 상관없이 적어도 1940년대 말에는 동아시아에서 미소를 중심으로 냉전이 전개되기 시작했다고 할 수 있다.

동아시아의 냉전의 전개는 중국의 국내적 정치환경과 밀접하게 관련이 있었다. 원래 미국은 태평양전쟁 종전 이후부터 미국에 친밀했던 장제스(蔣介石) 통치하의 중국이 동아시아의 지배세력이 되기를 원했다. 하지만 국공내전(1945-1949)에서 마오쩌둥(毛澤東)의 세력확대는 미국의 기대와는 벗어난 것이었고 이것은 곧 미국의 대아시아 정책에 대한 수정을 의미하는 것이었다. 결국 중화인민공화국은 1949년 10월 1일에 공식적으로 등장하였

....

10   한상일, 『일본전후정치의 변동-점령통치에서 새 체제의 모색까지』 (서울: 법문사, 1997), pp. 28-9.

11   Marc S. Gallicchio, *The Cold War Begins in Asia: American East Asian Policy and the Fall of Japanese Empire* (New York: Columbia University Press, 1988).

12   신욱희, "냉전: 동아시아의 냉전: 형성, 결과, 유산," 『세계정치』 제24권 (1)호 (2002).

고 중화인민공화국의 마오쩌둥과 소비에트 연방의 스탈린은 1950년 2월 14일 모스크바에서 '중소 우호 동맹 상호원조 조약'(A Treaty of Cooperation, Alliance, and Mutual Assistance)을 맺었다. 따라서 미국은 마오쩌둥의 새로운 중국과는 어떠한 협력도 기대할 수 없었으며, 이러한 미국의 전략적 우려는 인도차이나, 인도네시아, 필리핀에서 역동적인 공산주의 운동이 일어남에 따라 더욱 심화되었다. 이러한 환경 속에서 미국의 정책결정자들은 일본을 동아시아에서 미국의 이익을 뒷받침할 수 있는 대안적인 존재로 바라보기 시작하였다. 케넌(George Kennan)에 의하여 시작되고 맥아더(Douglas MacArthur)에 의해 승인된 1948년 미국의 대일정책은 효과적인 정부와 재건된 경제를 가진 일본이 동아시아에서 안정적인 힘이 될 수 있다는 판단에 기인한 것이었다.

미국의 대일점령정책의 전환에는 제2차 대전 이후에 등장한 '냉전'이라는 새로운 국제질서의 형성에서 유발된 것이었다. 자유진영과 공산진영으로 분리된 범세계적인 상황에서 미국은 일본을 미국이 세계전략을 수행하는 데 있어 필요한 잠재적 동맹국으로 간주하게 되었다. 한반도에 공산정권이 등장하고 중국대륙에서 공산당이 국민당을 제압하고 그 세력을 확대해 나가자, 미국은 그동안 근간으로 삼았던 중국을 축으로 한 극동정책을 수정하지 않을 수 없었다. 이러한 상황변화 속에서 미국은 일본을 아시아의 보루로 삼아야 한다고 판단하였다. 1947년 초 미국 국무장관인 애치슨은 독일과 일본이라는 '2대 공장'을 재건하고, 일본을 '아시아의 주공장(主工場)'으로 만들겠다고 천명하였고, 1948년초 육군장관인 로얄(Kenneth Royal)은 일본은 안정된 강력한 '자유민주주의 국가'로 자립함과 동시에 동아시아에서 '전체주의 세력을 막는 방벽'이 되어야 한다고 강조했고, 이를 위한 정책이 '수정'되고 있음을 밝힌 바 있다.

이러한 미국의 대일점령정책의 전환을 나타내는 중요한 근거가 1948년 10월 7일 작성된 NSC 13/2이다. 당초 케넌은 미 국무부 정책기획실 문서(PPS-28)[13]를 통해 일본에 대한 정책변화를 제시한 적이 있다. 그러한 케난의 권고가 국가안전보장회의 문서인 NSC 13/2로 개정되고 트루만 대통령이 서명하게 이른다. NSC 13/2는 추방(purge)과 배상(reparation)에 대한 종결과 후에 있을 비징벌적인 평화조약, 일본경찰제도의 강화, 수출에 의한 경제복구 등을 포함하여 20가지 주요한 대일정책을 나열하고 있다. NSC 13/2에 의하면 미국이 일본 점령통치를 계속하더라도, 점령관리의 완화와 일본의 경제부흥을 우선시해야 한다는 것이었다. NSC 13/2는 적어도 경제정책 및 정치적 자유와 비군사화 영역에서 표면상 육군의 기본지침(Basic Directive)을 위반하는 것으로 보이는 것처럼 획기적인 정책의 변화를 보여주는 것이었다.[14]

국내 정치 및 경제 변화: 일본정부가 이미 행했거나 시행중에 있는 개혁조치에 대하여, SCAP은 지속적으로 압력을 완화시키도록 조언해야 한다.
공직추방: 공직추방의 목적이 대부분 달성되었기 때문에, 미국은 SCAP로 하여금 일본정부에게 비공식적으로 더 이상의 공식추방의 확대는 고려되지 않고 있음을 알리도록 조언해야 한다.
경제 회복: 미국의 안보이익만을 제외하고, 앞으로 경제복구가 일본에서의 미국 정책의 주요목표가 되어야 한다.[15]

이렇듯 미국은 그동안 추진해 온 민주화의 방침을 완전히 포기하지는 않았지만, 일본의 경제력은 물론이고 가능하다면 어느 정도의 군사력까지도 회복하는 정책을 고려하게 되었다. 경제 재건의 주역에는 효율성과 기술을 가지고 있는 대기업이 적격이라는 판단에서 경제분산 정책이 완화되었다. 또한 지나친 재벌의 해체도 민간기업의 활성화에 적합하지 않다고 평가

....

13   PPS-28, "Recommendations with Respect to U.S. Policy toward Japan," (Mar. 25, 1948).
14   Takemae Eiji, p. 468.
15   NSC 13/2, "Recommendations with Respect to U.S. Policy toward Japan", (Oct. 7, 1948).

하고, 재벌해체의 대상으로 지정되었던 1천 개 이상의 회사가 18개로 줄었다. 그리고 경제를 악화시키는 인플레이션, 암거래, 임금과 물가상승의 악순환에 대하여 이제까지 방관적이던 입장을 적극적인 개입정책으로 전환하였다.

1948년 12월 10일, 점령당국은 일본의 경제부흥을 위한 '경제안정 9원칙'(nine-point stabilization directive)[16]을 요시다 내각에 지시하였고, 1949년 초에 이 원칙을 구체적으로 실시하기 위하여 디트로이트 은행의 총재인 닷지(Joseph Dodge)를 대표로 하는 사절단을 파견하여 9원칙을 구체적으로 실시하였다. '닷지라인'(Dodge Line)으로 알려진 이 경제안정정책은 균형예산, 집중생산, 단일 외환율의 설정 등과 같은 정책을 강행하여 만성적인 적자재정을 극복하고, 임금인상의 중지에 의하여 인플레이션을 수습하며, 수출증진에 의한 경제의 자립화가 추진되었다. 전후 일본 자본주의 경제는 '닷지 라인'을 통해서 부흥할 수 있는 기초가 확립되었고, 후에 한국전쟁으로 인한 특수경기에 힘입어 비약적인 발전을 할 수 있었다.[17]

점령정책의 전환은 경제뿐만 아니라 사회 각 분야로 파급되어 나갔다. 점령초기의 민주화 정책에 의하여 권장되었던 노동정책에도 변화가 나타났다. 노동조합과 조합의 활동이 점차 사회주의와 공산당 계열에 의하여 장악되자, 점령당국은 그들에 의해서 유도되는 노동쟁의에 대하여 규제하고 나섰다. 또한 공산주의자에 대한 정책도 근본적으로 변화하였다. SCAP는 1945년 이후 일본의 민주화를 위해 일본공산당을 때로는 지원하고, 때로는 이용하기도 했다. 그러나 공산당이 마르크스·레닌주의적 입장을 취하고, 미

....

16 이 조치는 극동위원회(Far Eastern Commission) 국가들에 의하여 비난받았다. 소련의 대표인 판유스킨(Alexander Panyushkin)은 일본의 점령체제를 일방적으로 수정한 것이라고 하고, 극동위원회 헌장을 위반하였다고 공격하였다. 오스트레일리아, 뉴질랜드 역시 워싱턴의 긴급조치는 정당화될 수 없다고 비난했다. 그러나 미국은 과도지침(interim directive)으로써 이러한 명령을 맥아더에게 말하였다. Takemae Eiji, p.469. 과도지침은 실질적으로 미국이 극동위원회를 넘어서 일본을 통치하는 하나의 수단이었다.

17 한상일 (1997), pp. 47-9.

국의 대일정책의 변화가 생기기 시각하면서 공산당에 대한 직접적 규제는 물론이고, 공무원이나 공공기업체, 교육계, 언론계 등에서 공산당 계열의 인물들이 대거 추방되었다. 이 추방으로 인하여 정부관계 기관에서 약 9천 명, 민간기관에서 약 2만 명이 제거되었다.

IV. '주체'의 인식: 냉전초기 미국 정치엘리트의 위협인식과 재일조선인에 대한 인식

사실 1945년 이전 재일조선인 문제를 포함한 재일외국인 정책은 미국 국무부의 중요한 관심사도 아니었으며 독자적인 정책테마로 취급되고 있지 않았다.[18] 전쟁 이전 재일조선인 문제는 미국 내 최고 정책결정자 차원에서 관심이 있었던 사안이 아니었다는 사실은 1945년 이후 미국 정책엘리트들이 일본 점령시기 재일조선인에 대하여 새롭게 형성했던 인식이나 경험이 재일조선인 정책수립에 있어 중요하게 영향을 미쳤다는 사실을 말해준다.

이오키베 마코토(五白旗頭眞)에 따르면 미국 국무부 내부에는 일본정치 변혁론에 대하여 적어도 다음과 같은 네 가지 시각이 존재하였다. 첫째, 일본 군부의 폭주로 전쟁이 일어났기 때문에 미국은 일본정치 개입에 신중해야 한다는 입장이다("개입신중론").[19] 따라서 이러한 시각은 일본 온건파에 의한 자발적 개혁을 원하는 조셉 발렌타인(Joseph Ballantine)이 대표적이다. 둘째, 일본의 제도적 결함이 전쟁을 야기하였기 때문에 일본 온건파의 적극적인 제도개혁을 유도해야 한다는 시각으로 휴 보튼(Hugh Burton)이 이러한 시각을 대변한다("적극유도론"). 셋째, 천황제와 군구주의를 불가

....

18   김태기, "미국무성의 대일점령정책안과 재일조선인 정책,"『한국동북아논총』33 (2004).

19   정병준, "윌리암 시볼드(William J. Sebald)와 '독도분쟁'의 시발,"『역사비평』5 (2005), p. 168, 재인용.

분의 것으로 여기고, 미국이 일본 정치에 개입하여 보편주의적 교의로서의 민주주의를 정착시켜야 한다는 견해이다("개입변혁론"). 넷째, 일본인은 바뀌지 않기 때문에 격리·방치해야 한다는 시각으로 국무부 인사였던 스텐리 혼벡(Stanley Hornbeck)이 대표적이라 할 수 있다("격리·방치론"). 이처럼 제2차 세계대전이 막바지에 접어들 무렵 미국 국무부 안에서는 일본의 개혁방향에 대하여 적어도 다양한 관점이 존재하였다. 특히 미국이 대일점령계획을 작성하였던 시기인 1944-1945년 사이에 국무차관인 조셉 그류(Joseph G. Grew)와 주일 영사인 유진 두먼(Eugene Dooman) 등은 일본이 약간의 정치개혁을 하면 문명세계로 진입할 수 있다는 견해를 견지했던 반면에 뉴딜주의자와 경제학자들은 근본적인 정치·경제 개혁만이 평화적이고 민주적인 일본발전을 보장한다고 확신하였다. 1945년 그류와 두먼 진영은 논쟁에서 패배하였고, 일본의 전반적인 개혁을 원하는 진영이 정치적 힘을 얻게 되었다.[20]

미국 정치엘리트들의 재일조선인에 대한 부정적 인식은 일본인에 대한 긍정적인 인식과 상관관계가 있기에 우선 미국 정치엘리트들의 일본인에 대한 인식의 변화를 살펴본다. 우선 적어도 1940년대 중반까지 미국은 일본인에 대하여 극단적인 증오심을 표출하고 있었다고 해도 과언이 아니었다. 예를 들어 1944년 갤럽(Gallup) 조사에 의하면 미국인의 13%가 모든 일본인을 몰살시키는 것에 찬성하고 있었고, 1945년 6월에는 조사자의 3분의 1 이상이 히로히토(裕仁) 천황을 처형해야 한다고 주장하였으며, 나머지 대부분 역시 천황을 전범으로 기소해야 한다고 생각하고 있었다. 미국 국민들뿐만 아니라 정계나 군대에서도 일본을 철저히 파괴하여 진주만을 공격한 것에 대한 응징을 해야 한다고 주장하고 있었다. 특히 미 상원에서는 천황을 전범으로 체포해야 한다는 결의안이 통과되기도 하였다.[21]

....

20   정병준 (2005), p. 146.
21   Michael Schaller, *The American Occupation of Japan* (New York: Oxford University Press,

이러한 맥락에서 점령 초기 미국 정치엘리트들은 재일소수민족에 대해 상대적으로 우호적인 정책을 펼쳤고 이러한 정책은 일본사회를 민주화 시키려는 미국의 의도 및 필요성에 기인한 것이었다. 점령 초기 미국의 정치엘리트들은 일본 내 소수민족의 필요성을 아래와 같이 인식하고 있었다. 즉 미국은 점령 초기 비이성적인 일본사회를 전반적으로 재구축하기 위하여 일본을 견제할 필요성에서뿐만 아니라 전쟁 직후의 혼란을 수습하는 단계에서 재일아시아인 및 재일조선인을 적절히 이용할 의도를 가지고 있었다는 것을 알 수 있다.

재일아시아인의 빈곤에 대한 고용과 구제도 더 중요한 문제가 될 것이다. 만약 국내송환이 늦어진다거나 긴급히 구제할 필요가 있다면 몇 군데의 지정지역, 예를 들면 연합국군이 석탄이 필요하다면 탄광지대에, 또 도로건설이나 철도공사처럼 노동력으로서 재일조선인을 쓸 수 있는 지역에 재일조선인을 모아두는 것이 가장 바람직할 것이다. 군정부는 군사적인 목적으로 노동력을 필요로 하는 곳이니까 일하고 싶어 하는 조선인 노동자를 일본인에 우선해서 고용하는 것이 바람직하다. 재일조선인은 일본인보다도 연합국군에게 저항하지 않을 것이고 육체적 중노동에는 더욱 익숙할 것이다.[22]

반일이라고 생각되는 조선인, 중국인, 그 밖의 학생으로 영어도 모국어도 할 수 있는 자는 난민과의 송환부문에 고용하여 중국인과 조선인의 귀환신청자와의 면접, 기록과 보고의 번역, 행정업무에 사용해도 좋다.[23]

전쟁 동안 일본인에 대하여 극단적으로 표출되었던 미국의 적개심은 미

....

1985), p. 3.

22 『民政가이드』(GHQ/SCAP Records. ESS-12322-24), pp. 36-7. 홍인숙, "제2차 세계대전 직후, GHQ의 재일조선인정책," 『한일민족문제연구』 1권 (2001), pp. 142-5에서 재인용.

23 『民政가이드』 p. 32.

국의 전략적인 필요성뿐만 아니라 일본의 자발적인 협조에 의하여 점차 완화되기 시작하였다. 이리에(Iriye)에 의하면 이미 1943년경 많은 일본의 관료들은 전쟁의 무익함을 인지하고 있었고 조건적 항복을 협의하기를 희망했다고 한다.[24] 이러한 중상위 관료들은 일본이 아시아 경제를 발전시키는 데 있어 비군사적 팽창인 1931년 윌슨 선언 이전으로 돌아감으로써 미국의 협조를 재차 시도해야 한다고 믿고 있었다. 이러한 관료집단들은 일본은 평화회담을 시작해야 하고, 정부의 급진적인 요인들을 제거해야 한다고 믿었다. 그러한 조치만이 미국의 호의를 이끌어 낼 수 있고, 일본이 세계의 선진공동체의 대열에 영구히 편입하는 움직임을 가속화시킬 수 있다는 것이다. 이리에는 전쟁기간 동안 국제협력에 대한 윌슨(Wilson) 식 시각을 일본 정치엘리트들이 공유하고 있었다고 주장한다. 따라서 전쟁이 끝날 무렵 일본 지도층은 미국 정책결자들과 놀랄 정도로 유사한 '협조적인 국제구조'(cooperative world structure)를 계획하기 시작하였다고 한다. 이리에는 전후 미일관계의 성공을 미국과 일본 양국의 이상의 깊은 일치(deep convergence of their ideals)에서 이해될 수 있다고 보았다.[25] 많은 일본인들 역시 천황의 항복 선언 이전에 패배에 대하여 이미 준비하고 있었는데, 이후에 외무대신으로 일했던 기업가 후지야마 아이이치로(藤山愛一郎)는 "점령세력이 미국이라는 것을 알았을 때 많은 기업가들이 샴페인을 터트리고 새로운 산업시대의 도래에 대하여 축배를 들었다"고 회고하였다.[26]

....

24 Akira Iriye, *Power and Culture: The Japanese-American War, 1941-1945* (MA: Cambridge: Harvard University Press, 1981).

25 Iriye (1981).

26 이러한 현상은 당시 미국 점령세력에 대하여 독일인과 일본인의 반응의 차이에서 찾아볼 수 있다. 독일과는 다르게 일본에서 미국의 점령세력은 많은 환대를 받았다. 독일인들은 패배를 당하고 군사점령을 경험한 것이 처음이 아니었던 것과 대조적으로 일본인들은 역사상 처음으로 지배를 당했다. 그러나 그러한 이유보다는 점령체제의 특성과 점령사령관의 개성이 독일과 일본의 차이를 형성했다고 봄이 적실할 것이다. 일본에서 맥아더는 최고 권력이었고, 마치 계몽군주와 같은 역할을 하였다. 반면에 독일점령은 미국, 영국, 프랑스, 소련에 의하여 분할되어 있었고, 미국지역 사령관인 클레이(Lucius Clay) 장군은 상당한 권위를 가지고 있지 않았다. 비록 클레

점령 초기 맥아더는 일본을 민주적으로 개혁하는 것은 신이 부여한 임무이고 그 자신이 "경제학자, 정치학자, 기술자, 기술관료, 심지어는 신학자가 되어야 한다"[27]고 믿었다. 이러한 배경에서 미국 점령당국은 평화헌법, 토지개혁, 재벌해체 및 미국에서의 제도 이상으로 발전된 여성 및 인종 간 평등을 보장하는 원대한 프로그램에 착수하였다.[28] 이러한 점령개혁에 일본인들은 믿기 어려울 정도로 순응적이었다. 맥아더는 그러한 일본인에 대하여 "일본인들은 모두 동양인(Orientals) 그대로의 모습이다. 그들은 승자에게 아첨하고 패자에게 최고의 수치를 갖는 경향을 갖는다"고 말했다. 일본 국민의 자존심이 패배와 함께 땅에 떨어졌을 때, 일본인들은 그들 자신에 대하여 냉소하였고, 승자인 미국에게 도움을 청하기 시작하였다.[29]

미국 정치엘리트들이 일본인을 순응적이고 협조적인 존재로 인식하는 반면 재일조선인은 점차 부정적이고 위협적인 존재로 인식하기 시작하였다. 특히 점령통치 마지막 2년 동안 SCAP은 공직추방 프로그램을 폐지하였고, 자위대를 창출하고, 좌익세력을 박해하였다. 이러한 행위들은 초기 개혁조치들과 반대되는 것이었다. 그러한 배경에는 냉전초기 미국 정치엘리트들의 동아시아 환경에 대한 새로운 이해가 점차 내재화되어 갔고, 그러한 이해를 올바른 것이라고 여기게 되었던 사회화 과정이 작동하였다고 볼 수 있다. 1947년 이후 일본에서는 역코스 정책이 취해졌는데, 이는 유럽과 아시아에서 격화되었던 냉전이라는 국제정치적 환경이 중요한 영향을 미쳤기 때문이다. 이 시점에서 일본은 적극적인 대미(對美) 로비를 시작하였고 일본의 로비활동은 대일(對日) 미국협의회(American Council on Japan, ACJ)가

....

이 장군이 주어진 임무에 충실하였을지라도 그는 미국에 존재하는 민주적 제도 이상의 개혁은 가능하지 않다고 믿고 있었다. John D. Montgomery, *Forced to Be Free: The Artificial Revolution in Germany and Japan* (Chicago: University of Chicago Press, 1957), pp. 106-7.

27 Douglas MacArthur, *Reminiscences* (New York: McGraw-Hill,1964), pp. 281-2.

28 Rinjiro Sodei, *Dear General MacArthur - Letters from the Japanese during the American Occupation* (Roman & Littlefield Publishers, 2001), pp. 3-5.

29 Sodei (2001), p. 21.

조직적으로 매개하였다. 지일파인 막스 비숍, 조셉 그류, 발렌타인, 앨리슨 등 국무부 외교관들 역시 로비스트로 개입하여 미국의 대일(對日) 민주화 및 탈군국주의화 정책을 저지하려고 노력하였다.[30]

냉전초기 미국 정치엘리트들은 일본 정치엘리트들과 빈번한 교류를 함으로써 재일조선인에 대한 부정적인 인식을 공유하였다. 예를 들어 미 상원 의원인 엘버트 토마스(Elbert D. Thomas)는 1948년 1월 28일 일본 국회의 원에게 받았던 신년 연하장을 국무장관인 마샬(George C. Marshall)에게 동봉하며 재일조선인을 다음과 같이 소개하고 있다.

> 경제적 어려움을 이용하여 소련이 교묘하게 일본에서 공산주의를 확장하고 있다. 일본에서 공산주의자들은 소련에 의해 지원을 받고 있으며 조직적으로 일하고 있으며, 잘 조직되어 있다. 그들은 일본에서 미국이 행한 좋은 업적들을 의심하고 만들고 혼란과 무질서를 일으키기 위하여 열심히 일하고 있다. 매일 밤 10시 30분에 모스크바는 일본에 일본어로 방송을 하고 있으며 그것은 미국의 좋은 영향을 많이 손상시켰다. 우리의 산업들은 공산주의 노동자에 의하여 마비되었고, 공산주의자들의 선동과 같은 현재의 상황이 계속된다면 일본의 산업을 복구하기에 시간이 많이 걸릴 것이다…. 막대한 양의 자금이 러시아에 의하여 일본에 보내지는데, 재일조선인(공산주의자들)을 통해서 라고 한다.[31]

이러한 설득의 경로는 1951년 4월 23일 덜레스와 일본 수상 요시다 시게루 회담 및 7월 19일 덜레스와 한국의 양유찬 대사와의 회담에서도 드러난다. 일본의 요시다 수상은 한국의 샌프란시스코 평화조약 참여를 반대하

....

30   Howard Schonberger, "The Japan Lobby in American Diplomacy, 1947‒1952," *Pacific Historical Review* 46-3 (1977).

31   RG 59 Internal Affairs of Japan, (894.00B/1-2848).

면서 그 이유를 "대부분 공산주의자인 재일조선인이 평화조약의 혜택을 받아서는 안 된다"고 우려하고 있고 덜레스 역시 이러한 시각에 동의하고 있다.[32] 또한 7월 19일 한국의 양유찬 대사가 재일조선인이 일본 내에서 차별받고 있음을 지적하자 덜레스는 "많은 재일조선인은 북한에서 왔으며 일본에서 공산주의 운동의 기축을 담당하는 바람직하지 못한 존재이다…재일조선인에 대한 일본의 두려움은 정당하며 그러한 두려움은 일본정부가 행한 행동을 잘 설명해준다"고 일본정부의 차별을 정당화하고 있다.[33] 김숭배(2017) 역시 재일조선인에 대한 덜레스의 이러한 인식은 일본으로부터 영향을 받은 것이라고 지적하고 있다.[34]

재일조선인에 대한 부정적 인식을 설명하는 두 번째 경로는 지일파인 미국 정치엘리트들을 통해서이다. 즉 재일조선인에 대한 미국의 인식의 변화에는 지일파인 미국 정치엘리트들의 영향 또한 중요하게 작용하였다. 예를 들어 국무부 주일정치고문인 시볼드(William Sebald)는 냉전초기 한일관계에서 중요한 역할을 한 인물 중의 하나이다. 당시 주일정치고문은 국무장관이 맥아더에게 정치나 외교문제에 대한 자문을 하고 국무부의 대일정책을 전달하기 위하여 설치한 직위로 전후 일본에서 가장 중요한 민간인 직위 중의 하나였다. 시볼드에게 있어서 일본은 정감 있는 근대문명국가였으며 그는 일본사회에 깊이 매료되어 있었다. 시볼드는 1946년부터 일본의 유력한 정치·경제 지도자들의 입을 빌어 일본의 공산주의화를 우려하였고, 일본은 공산주의 팽창을 저지하는 데 있어 중요하다고 말하였다. 그는 일본

....

32 Foreign Relations of The United States, (1951/4/23) in "Memorandum of Conversation, by Mr. Robert A. Fearey of the Office of Northeast Asian Affairs," *Asia and the Pacific*, vol. VI, part 1.

33 Foreign Relations of The United States, 1951/7/19, in "Memorandum of Conversation, by the Officer in Charge of Korean Affairs in the Office of Northeast Asian Affairs (Emmons)," *Asia and the Pacific*, vol. VI, part. 1.

34 김숭배, "존 포스터 덜레스(John Foster Dulles)의 신념과 한·일 관계의 양가성," 『국제정치논총』 제57집 (2)호 (2017).

극우 정치인들과도 활발하게 교류했고 개인적으로도 일본인 황족, 고급장교, 정치인들과 자주 교제하였다.[35]

1948년 5월 19일과 9월 3일 주일정치고문인 시볼드가 국무부에 보내는 문서에 재일조선인을 다음과 같이 기술하고 있다.

재일조선인 대다수는 전쟁 중 일본인들이 막노동을 시키기 위하여 들여왔다. 그들은 일반적으로 교육수준도 낮고 많은 비율의 사람들이 흉악하고 난폭한 사람들이다. 더구나 재일조선인들은 자신들을 오만한 방식으로 다룬 일본인들에 대한 신랄한 증오를 숨기고 있다. 이 다수의 사납고, 불만족스러운 외국인 집단(alien group)은 선동가들의 손쉬운 먹잇감이 되고 있다. 재일조선인 지도자들 중에 많은 수가 아마도 북한의 지령을 받거나 밀접한 연관이 없다면 공산당의 노선을 확실히 따르는 공산주의자거나 준공산주의자이다. 임박한 남한의 선거에서 재일조선인과 점령당국의 어떠한 충돌도 남한에서 유용한 정치선전의 원천으로 작동할 수 있을 것이다. 점령당국이 재일조선인보다 일본인을 지원하는 것으로 선전될 수도 있고 그러한 사실은 전 세계에 미국 제국주의의 예로서 이용될 수도 있다.[36]

재일조선인은 점령국과 일본인에 많은 문제를 가져다준다. 정치적으로 재일조선인은 일본에서 상당한 정도의 자율성 확립을 기도해 왔다. 많은 재일조선인들은 점점 공산주의 활동에 참여하는 경향이 있으며, 재일조선인의 주요 단체인 조련은 주로 공산주의자들에 의해 지배를 받고 있다. 일본과 한국을 불법적으로 이동하는 한국인들은 일본 공산주의자들과 아시아 대륙—한국, 중국, 러시아에 있는 사람들을 연계하는 역할을 한다. 특히 노동과 교육에 있어서 일본 공산주의자들과 재일조선인의 협력은 단언할 수 있다.[37]

....

35   정병준 (2005), pp. 148-50.
36   LM 105 Rol. 15, (894.4016/5-1148).

이러한 사례들은 당시 미국 정치엘리트들이 일본 정치엘리트나 지일파 미국 관료들의 영향으로 냉전의 위험과 재일조선인의 사회적 불만을 관련지어 인식하고 있음을 보여준다. 냉전이 전개되는 시점에서 동아시아 및 일본의 정치 환경에 대한 새로운 이해를 바탕으로 재일조선인에 대한 미국 정치엘리트들의 부정적인 이해와 차별이 점차 내재화되고 당위적인 것이 되었음을 보여준다. 결과적으로 냉전으로 말미암아 재일조선인에 대한 미국 정치엘리트들의 인식은 일본 정치엘리트들의 인식과 점차 유사하게 변해갔다고 할 수 있다.

앞에서 언급하였던 것처럼 초기 재일조선인을 '해방민족'으로서 우호적인 시각을 견지하던 미국은 냉전으로 인한 점령정책과 재일조선인에 대한 인식의 변화로 인하여 점차 재일조선인에 대한 보다 엄격한 통제의 필요성을 느끼게 된다. 결과적으로 냉전의 현실을 반영하는 미국의 전략적 구도 하에서 일본과 평화조약을 맺는 것은 가장 최우선적으로 고려되는 사항이었다. 당초 미국은 조속한 한국전쟁의 해결 이후 평화조약체제를 상정하고 있었지만, 점차 동아시아에서 일본을 포함한 자유세계의 연대를 중요시하게 되었다. 그 결과 1951년 9월 8일 샌프란시스코 평화조약에 일본은 서명을 하게 되었고, 바야흐로 1952년 4월 28일 조약이 발효가 되었다. 이러한 평화조약체결 이후에 일본정부는 샌프란시스코 조약 제2조 a항[38]에 근거하여 재일조선인의 일본국적이 상실되었다는 해석을 하였다. 전쟁 이전의 '황국신민', 종전 후의 '해방민족', 미국 점령기의 '일본인', 그리고 샌프란시스코 조약체제하의 '외국인'으로의 법적 지위 변화는 일본의 2차대전의 패전에도 불구하고 재일조선인 법적 지위의 지속적인 하락을 의미하게 되었으며 이러한 인식의 변화에는 냉전초기 미국 정치엘리트들의 위협인식이 중

....

37 "Status of Koreans in Japan," (894.4016/9-348); RG59. LM105 Rol.15, "Internal Affairs of Japan."

38 제2조 a항은 '일본국은 한국의 독립을 승인하고, 제주도·거문도 및 울릉도를 포함하는 한국에 대한 모든 權利, 權原 및 請求權을 포기한다.'고 규정하고 있다.

요하게 작용했다고 할 수 있다.

패전 후 일본은 대략 전범을 처단하기 위해 열린 국제군사재판, 민주화 개혁, 미국의 역코스적 조치, 그리고 샌프란시스코 조약을 통한 주권회복 과정을 겪어 왔다. 이러한 전환의 이면에는 새로 형성되는 국제정치적 환경에서 일본의 전략적 가치를 중요시했던 미국 정치엘리트들의 인식이 작용했던 것이다. 동아시아에서 냉전이 전개됨에 따라 공산주의에 맞서 싸우는 일본의 전략적 가치는 크게 상승했다. 미국 입장에서 일본의 요시다 정권은 공산주의자들의 공격에 맞서 강하게 대처하고 있었고 이러한 맥락에서 중국의 국민당 정권과 친밀한 관계를 맺고 있었다.[39] 이러한 상황에서 국무장관 고문이었던 덜레스(Dulles)는 애치슨(Dean Acheson) 국무장관에게 프랑스령 인도차이나, 태국, 버마 등으로부터 일본까지의 식량공급 경로를 공산주의 세력이 막고 있었기에 일본 국민이나 일본 정치지도자들이 미국을 계속 지지하는 것을 위험하다고 여기지는 않을지에 대해 우려를 표명하기도 하였다.[40]

따라서 1945년 이전 재일조선인에 대한 관심이 거의 없었던[41] 미국 정치엘리트들은 일본의 전략적 가치가 상승함에 따라 재일조선인에 대한 일본 정치엘리트들의 부정적 인식을 점차 공유하게 되었다고 볼 수 있다. 즉, 인식의 변화는 정책의 전환으로 이어졌고, 정책의 변화는 곧 구체적인 현실로 드러났다고 볼 수 있겠다. 해방 이후 재일조선인의 사회적 지위 변화

....

39 Foreign Relations of The United States, (1951/9/9), in "Memorandum of Conversation, by the Consultant to the Secretary (Dulles)," *Asia and the Pacific*, vol. VI, part 1.

40 Foreign Relations of The United States, (1951/1/4), in "The Consultant to the Secretary (Dulles) to the Secretary of State," *Asia and the Pacific*, vol. VI, part 1.

41 예를 들어 민정국의 찰스 케이테스 대령은 신헌법의 기초를 다지는 데 중추적인 인물이었지 자신은 일본에 대해서는 백지상태나 마찬가지였으며, "전쟁 중에 있었던 일본의 잔학행위나 일본이 중국과 동남아시아에 영토를 확장했다는 사실은 알고 있었지만 일본에 대해서 신문에서 주위 읽은 정도의 지식밖에는 없었다"라고 회상하였다. 존 다우어 저, 최은석 옮김, 『패배를 껴안고』 (서울: 민음사, 2009), p. 284.

는 재일조선인에 대한 미국의 '부정적 인식'으로의 전환으로 인해 재일조선인의 사회적 지위 하락이라는 '정책의 전환'으로 이어졌고, 결국 정책의 변화는 재일조선인의 피폐한 삶이라는 '구체적인 현실'로 나타났다고 할 수 있다.

V. 결론

본 연구는 구성주의 시각을 중심으로 일본이 패전을 선언한 1945년부터 샌프란시스코 평화조약체제에 편입한 1952년까지 냉전이라는 구조적 변화 속에서 주체인 미국의 엘리트 정치인들의 안보위협 인식이 일본 사회 내의 재일조선인이라는 소수민족집단의 사회적 지위에 끼친 영향에 대하여 조명하였다. 점령초기 SCAP은 재일조선인을 '해방민족'으로 취급하다가 점차 일본정부의 통제 및 배제의 대상(궁극적으로는 '완전한 외국인')으로 전락하도록 하였다. 이러한 과정에는 냉전초기 미국 정치엘리트들의 안보 위협 인식이 중요하게 작용하였으며, 미국 정치엘리트들의 동아시아 및 일본의 정치적 환경에 대한 새로운 이해 및 사회화 과정이 바탕이 되었다. 재일조선인에 대한 관심사 및 정보가 많지 않았던 미국 정치엘리트들은 일본 정치엘리트나 지일파 미국 관료들의 영향으로 냉전의 위험과 재일조선인을 부정적인 존재로 인식하게 되었다. 이는 냉전이 전개되는 시점에서 동아시아 및 일본의 정치 환경에 대한 새로운 이해를 바탕으로 재일조선인에 대한 미국 정치엘리트들의 부정적인 이해와 차별이 점차 내재화되고 당위적인 것이 되었음을 보여준다. 결과적으로 냉전으로 말미암아 재일조선인에 대한 미국 정치엘리트들의 인식은 일본 정치엘리트들의 인식과 점차 유사하게 변해갔다고 할 수 있다.

냉전으로 인한 미국 정치엘리트들의 위협인식이 심각해지고 일본의 전략가치가 높아짐에 따라 단일한 인종, 문화로서의 일본이 더욱 조명받게 되었고 단일민족인 일본사회 안에서 자연스럽게 마이너리티의 삶은 희생되게 되었다. 따라서 일본에 거주하는 모든 외국인의 93.1%을 이루는 재일조선 인은 미국 통치하에서 미일 양국으로부터의 배타주의적 태도로 인해 복합 적인 차별을 겪어야만 했다. 특히 미국은 전략적으로 일본의 안보를 강화시 키기 위하여 일본인의 동질성이라는 개념을 강조하고 재일조선인을 일본사 회의 법적 체제에서 벗어나게 하는 것이 서로간의 이익에 부합된다고 생각 하였던 것이다. 이는 냉전이 전개됨에 따라 인종적, 문화적, 종족적 마이너 리티의 등장은 미국이 지지하는 일본사회의 통합에 저해가 되는 것이었기 때문이다.[42]

1945년 이후 한국, 중국, 타이완, 일본, 그리고 오키나와를 비롯한 동북 아시아에서 새로운 질서가 도입되었으나, 이러한 국제질서는 언제나 그렇 듯이 강자를 위한 위계적 질서였으며 이러한 질서의 형성 배경에는 냉전으 로 인한 미국 정치엘리트들의 위협인식이 중요한 역할을 하였다. 스스로를 전승국민(戰勝國民)으로 인식하고 있는 재일조선인 집단을 그들이 적국으로 여겨왔던 일본이라는 행위자로 하여금 보다 공고하게 통제되도록 만들었던 미국의 정책 및 의도의 원인 및 배경에 대한 분석은 2차대전 이후 동북아시 아에서 강력한 힘의 원천이었던 미국의 동북아질서 재편성과 직결된다. 냉 전초기 미국 정치엘리트들의 위협인식과 재일조선인의 사회적 지위에 관한 연구는 일본사회 내의 마이너리티 문제뿐만 아니라 냉전이 동북아에서 전 개되는 양상을 보여준다는 데에서 그 정치적 함의를 찾아볼 수 있을 것이 다. 마지막으로 본 사례는 국가의 이익을 추구하는 '합리성'과 도덕을 근거 로 한 '정당성'이 언제나 공존하는 것은 아니라는 국제정치의 비정한 현실 을 보여줄 뿐만 아니라 동아시아 주권국가들 사이의 형식적인 평등의 이면 에는 미국이 암묵적으로 주도한 실질적인 불평등이 내재되어 있다는 것을

....

42　Yukiko Koshiro, *Trans-Pacific Racisms and the U.S. Occupation of Japan* (New York: Columbia University, 1999), p. 112.

보여주고 있다.[43]

....

43 전재성에 따르면 신현실주의(neorealism)와 같은 국제정치학의 주류 이론들은 흔히 국가들 간
의 실질적인 불평등성을 무시하고 분석적인 차원에서 형식적인 평등성을 강조하는 경향이 있다.
하지만 동아시아 국가들 간에는 이러한 실질적인 불평등과 형식적인 평등성 사이의 긴장이 역
사적으로 지속해 왔다. 전재성, "국제정치 조직원리 논쟁과 위계론,"『국제정치논총』제54집 (2)
호 (2014), pp. 7-45.

참고문헌

김숭배. "존 포스터 덜레스(John Foster Dulles)의 신념과 한·일 관계의 양가성." 『국제정치논총』 제57집 2호 (2017).

김태기. "미국무성의 대일점령정책안과 재일조선인 정책." 『한국동북아논총』 33호 (2004).

다우어, 존 저. 최은석 옮김. 『패배를 껴안고』 서울: 민음사, 2009.

신욱희. "냉전: 동아시아의 냉전: 형성, 결과, 유산." 『세계정치』 24권 1호 (2002).

전재성. "국제정치 조직원리 논쟁과 위계론." 『국제정치논총』 제54집 2호 (2014).

정병준. "윌리암 시볼드(William J. Sebald)와 '독도분쟁'의 시발." 『역사비평』 5호 (2005).

한상일. 『일본전후정치의 변동-점령통치에서 새 체제의 모색까지』 서울: 법문사, 1997.

홍인숙. "제2차 세계대전 직후, GHQ의 재일조선인정책." 『한일민족문제연구』 1권 (2001).

Adler, Emanuel. "Constructivism and International Relations." In Walter Carlsnaes, Thomas Risse, and Beth Simmons. eds. *Handbook of International Relations*. Los Angeles: Sage, 2008.

Checkel, Jeffrey T. "The Constructivist Turn in International Relations Theory." *World Politics* 50 (1998).

_____. "Why Comply? Social Learning and European Identity Change." *International Organization* 55-3 (2001).

Finn, Richard B. *Winners in Peace: MacArthur, Yoshida, and Postwar Japan*. Berkeley: University of California Press, 1995.

Gallicchio, Marc S. *The Cold War Begins in Asia: Amercian East Asian Policy and the Fall of Japanese Empire*. New York: Columbia University Press, 1988.

Iriye, Akira. *The Cold War in Asia: A Historical Introduction*. Englewood Cliff, N. J.: Prentice-Hall Press, 1974.

_____. *Power and Culture: The Japanese-American War, 1941-1945*. MA: Cambridge: Harvard University Press, 1981.

Johnston, Alastair Iain. "Treating International Institutions as Social Environments." *International Studies Quarterly* 45 (2001).

_____. *Social States*. Princeton: Princeton University Press, 2008.

Koshiro, Yukiko. *Trans-Pacific Racisms and the U.S. Occupation of Japan*. New York: Columbia University, 1999.

Kratochwil, Friedrich and John G. Ruggie. "International Relations: A State of the Art on an Art of the State." *International Organization* 40 (1986).

MacArthur, Douglas. *Reminiscences*. New York: McGraw-Hill, 1964.

Montgomery, John D. *Forced to Be Free: The Artificial Revolution in Germany and Japan*. Chicago: University of Chicago Press, 1957.

Sodei, Rinjiro. *Dear General MacArthur - Letters from the Japanese during the American*

Occupation. Lanham, Md: Roman & Littlefield Publishers, 2001.

Schaller, Michael. *The American Occupation of Japan*. New York: Oxford University Press, 1985.

Schimmelfennig, Frank. "International Socialization in the New Europe: Rational Action in an Institutional Environment." *European Journal of International Relations* 6-1 (2000).

Schonberger, Howard. "The Japan Lobby in American Diplomacy, 1947-1952." *Pacific Historical Review* 46-3 (1977).

Waltz, Kenneth. *Theory of International Politics*. Reading, Mass.: Addison-Wesley Pub. Co, 1979.

Wendt, Alexander. *Social Theory of International Politics*. Cambridge: Cambridge University Press, 2000.

찾아보기

지은이

전재성 서울대학교 정치외교학부 교수
서울대학교 외교학과 학사, 미국 노스웨스턴대학교 정치학 박사
주요 연구 분야는 국제정치이론, 안보론
"동북아의 불완전한 주권국가들과 복합적 무정부상태." 2017.
"국제정치 조직원리 논쟁과 위계론." 2014.
『동아시아 국제정치: 역사에서 이론으로』 2011.

민병원 이화여자대학교 정치외교학과 교수
서울대학교 외교학과 학사 및 석사, 미국 오하이오주립대학교 정치학 박사
주요 연구 분야는 국제정치이론, 문화정치, 사이버공간의 정치
"포스트 휴머니즘과 인공지능의 국제정치: 계몽주의와 인간중심주의를 넘어서." 2018.
"국제정치와 시스템이론: 동아시아 국제정치이론에 대한 메타이론적 고찰." 2017.
"Not So Universal? The Search for Indigenous International Relations Theories in South Korea." 2016.

은용수 한양대학교 정치외교학과 교수
영국 워릭대학교 국제정치학 박사.
주요 연구 분야는 IR 이론, 다원주의, 글로벌 IR, 사회과학철학, 동아시아 국제관계.
Pluralism and Engagement in the discipline of International Relations. 2016.
"Why and How should we go for a multicausal analysis in the study of foreign policy? (Meta-)theoretical rationales and methodological rules." 2012.

신욱희 서울대학교 정치외교학부 교수
서울대학교 외교학과 학사, 미국 예일대학교 정치학 박사
주요 연구 분야는 국제정치이론, 외교정책, 동아시아 국제관계

『삼각관계의 국제정치: 중국, 일본과 한반도』 2017.
"Second Image Reconsidered: Quest for Unit Complexity in Northeast Asia." 2016.

손열 연세대학교 국제학대학원 교수
미국 시카고대학교 정치학 박사
주요 연구 분야는 일본 외교정책 및 동아시아 국제정치경제.
Japan and Asia's Contested Order. 2018
Understanding Public Diplomacy in East Asia. 2016.

이용욱 고려대학교 정치외교학과 교수
미국 남가주대학교 국제정치학 박사
주요 연구 분야는 국제정치이론, 구성주의 국제정치경제, 동아시아 경제협력
"구성주의 국제정치경제: 방법론 고찰과 적용." 2014.
The Japanese Challenge to the American Neoliberal World Order: Identity, Meaning, and Foreign Policy. 2008.

김애경 명지전문대학교 중국비즈니스과 교수
중국 북경대학교 국제관계학원 정치학 박사
주요 연구 분야는 중국의 대외관계와 외교전략
『주변국 국경안보와 한반도 통일환경』 2017.
"탈냉전기 중국의 대이란 정책: 전략적 이익과 책임대국 역할 사이의 딜레마." 2016.

정주연 고려대학교 정치외교학과 교수
미국 스탠포드대학교 정치학 박사
주요 연구 분야는 중국을 중심으로 하는 비교정치경제
『중국의 부상과 국내정치적 취약성』 2017 (책임편집).
"Between the Local Governments and Producers: Why Rare Earth Smuggling Persists in China." 2015 (공저).

이정환 서울대학교 정치외교학부 교수
미국 캘리포니아주립대학교 버클리 정치학 박사
주요 연구 분야는 일본정치경제와 일본 외교
『현대 일본의 분권개혁과 민관협동』 2016.
"현대일본의 보수화 정치변동과 동아시아 국제관계." 2014.

신기영 일본 오차노미즈여자대학교 인간문화창성과학연구과 및 젠더연구소 교수
서울대학교 외교학과 학사, 미국 워싱턴대학교 정치학 박사
주요 연구 분야는 젠더와 정치, 페미니즘 이론, 비교일본사회
『젠더와 일본사회』 2016. (챕터)
The Oxford Handbook of Feminist Theory. 2015. (챕터)
Gender and Power. 2015. (챕터)

최경준 서울대학교 국제문제연구소 선임연구원
미국 워싱턴주립대학교 정치학 박사
주요 연구 분야는 권위주의 체제, 신생민주주의, 법집행과 법치, 동아시아 지역질서
『법집행의 정치: 신생민주주의 국가의 법집행과 공권력의 변화』 2018.
"정치구조의 변화와 법치: 민주화 이후 대만의 경쟁적 정치구조와 법집행의 위기." 2017.

장기영 서울대학교 국제문제연구소 선임연구원
미국 메릴랜드주립대학교 정치학 박사
주요 연구 분야는 국제정치이론(협상이론, 테러리즘, 내전) 비교정치(투표행태), 동아시아 국제관계
"North Korea and the East Asian Security Order: Competing Views on What Ought to Do." 2018.
"안보위협이 과거사 인식에 미치는 영향: 한일 일본군 위안부 협상 타결에 관한 국내여론 분석." 2017.